普通高等教育土建学科专业"十五"规划教材

高等学校给水排水工程专业指导委员会规划推荐教材

水 工 程 经 济

张　勤　张建高　主编

张　杰　主审

U0368890

中国建筑工业出版社

图书在版编目（CIP）数据

水工程经济/张勤，张建高主编　张杰主审.—北京：中国
建筑工业出版社，2002

普通高等教育土建学科专业"十五"规划教材．高等学校
给水排水工程专业指导委员会规划推荐教材

ISBN.978-7-112-04824-3

I. 水… Ⅱ.①张…②张… Ⅲ. 水利工程-工程经济-高等学
校-教材 Ⅳ.F407.937

中国版本图书馆 CIP 数据核字（2002）第 038893 号

水工程经济是建立在工程学与经济学基础上的一门新型学科。本书是为了
适应我国培养水工程复合型人才的需要而编写的。全书共分 10 章，其内容包
括工程经济学基础；水工程建设项目投资；水工程经济分析与评价等三大部
分，主要阐述了水工程经济的基本理论、基本原理和基本的评价方法。

本书的主要特点是：突出了基本原理和方法，反映了最新理论的发展，加
强了实际分析和应用能力的训练和培养。本书内容详实，阐述深入浅出，讲、
练结合，有供参考的技术经济资料，具有很强的实用性和可操作性，使其更容
易教学或自学。

本书可供高等学校给水排水专业师生使用，亦可供从事本专业工程技术或
工程经济的实际工作者参考。

* * *

普通高等教育土建学科专业"十五"规划教材
高等学校给水排水工程专业指导委员会规划推荐教材
水 工 程 经 济
张　勤　张建高　主编
张　杰　主审

*

中国建筑工业出版社出版、发行（北京西郊百万庄）
各地新华书店、建筑书店经销
北京京华铭诚工贸有限公司印刷

*

开本：787×960 毫米　1/16　印张：25¼　字数：508 千字
2002 年 7 月第一版　2019 年 1 月第二十二次印刷
定价：**43.00** 元
ISBN 978-7-112-04824-3
（20972）

前　　言

本书是高等学校给水排水工程专业教材。本教材编写是根据全国高等学校给水排水工程学科专业指导委员会第三届第三次会议确定的原则，以及关于"水工程经济"教材编写大纲的几点意见进行的。

"水工程经济"是从工程经济学角度出发来研究水工程投资、营运和管理的经济可行性，也是给水排水工程专业的专业技术课程之一。其主要任务是通过本课程的学习，使学生掌握"水工程经济"的基本原理、基础知识和基本分析评价方法；能进行水工程项目估算或概算编制，水工程项目财务分析、敏感度和风险分析以及各投资方案的选优；了解费用—效益分析、国民经济评价的基本方法以及水资源经济评价。

本教材包括工程经济学基础、水工程建设项目投资、水工程经济分析与评价等三大部分内容，主要介绍了工程经济学基础、水工程项目建设投资、水工程经济分析与评价以及水资源的经济评价等方面的基本理论、基本原理和基本评价方法。为了便于学生理解课文内容，还安排了部分工程实例和供参考的技术经济资料，具有较强的实用性和可操作性，使之更容易教学或自学。在使用本教材时，如限于课时，可将其中某些章节结合具体要求酌情增减，或作为选修、自修，或结合课程设计组织讲授。

本书由重庆大学张勤、张建高担任主编，并与重庆大学赵春平、张智、傅斌共同编写。具体分工为：张勤（绪论、第二、六、七、八章）；张建高（第三、四章和全书校对）；赵春平（第一、五章）；张智（第十章）；傅斌（第九章和附录）。全书最后由张勤整理和修改。

本书由哈尔滨工业大学张杰教授主审。

本书在编写过程中得到了有关单位的支持，他们提出了许多宝贵意见和建议。同时，编者还参考了有关文献和资料，吸收了其中的技术成就和丰富的实践经验（见书末所附主要参考书目），在此一并表示衷心的谢意。

限于编者的理论水平和实践经验，书中难免存在缺点和欠妥之处，恳切地希望读者批评指正。

目 录

绪　　论

一、工程技术经济学科的产生与发展

工程技术经济包括工程技术和工程经济两部分。

工程（engineering）是指按一定的计划、应用科学知识进行的将各种资源最佳地为人类服务的专门技术，有时也指具体的科研或建设项目，如建筑、建造、环境治理等对人们生活、国民经济有益的工作。其目的就是如何将自然资源转变为有益于人类的产品，将人们丢弃的废物、废品回复自然或转化利用。它的任务是应用科学知识解决生产和生活问题来满足人们的需要。要实现资源向产品的转变，必须依赖于技术。技术（technology）是人类改变或控制其周围环境的手段或活动，是人类活动的一个专门领域，简单地说是知识，经验，技能，劳动工具和装备，劳动手段和劳动对象的总称。工程实践是工程师应用技术、经过努力才能完成，因此工程师必须具备工程学的知识。工程学包括研究、开发、设计、施工、生产、操作、管理和其他职能，主要依据数学、物理学、化学、材料科学、固体力学、流体力学、热力学、输运过程和系统分析等学科。

工程技术是指进行工程实践全过程所必需的技术，这些工程技术的各个方案和技术措施对企业、国民经济具有重大的影响。我们常常说应用先进的工程技术创造更好的产品、提供优质的服务，那么，什么是先进的工程技术呢？先进的工程技术是指它能够创造落后技术所不能创造的产品和劳务，它能够用更少的物力和人力创造出相同或优质的产品和劳务。简而言之，就是创造其他技术所不能达到的技术目标。工程技术作为人类进行生产斗争的手段应有十分明显的经济目的。

所谓经济（economy）按字面解释主要指节约，即社会活动中的经济合理性。工程经济既要涉及工程节约问题，涉及工程技术方案和技术措施对企业、国民经济影响的问题，还要涉及工程经济活动的组织管理问题。因此，对工程师而言，具有经济学的知识也是相当重要的。

经济学（economics）是研究人类社会在各个发展阶段上的各种经济活动和各种相应的经济关系及其运行、发展的规律的科学。经济活动是人们在一定的经济关系的前提下，进行生产、交换、分配、消费以及与之有密切关联的活动，在经济活动中，存在以较少耗费取得较大效益的问题。经济关系是人们在经济活动中结成的相互关系，在各种经济关系中，占主导地位的是生产关系。因此，经济学是对人类各种经济活动和各种经济关系进行理论、应用、历史以及有关方法研究的各类科学的总称。经济学的任务是使有限的生产资源得到有效的利用,以期获得不断扩大、日益丰富的商品和服务。

一般来说,以国民经济总过程的活动为研究对象,考察国民收入、就业水平、货币流通、总消费、总投资和价格水平等经济总量如何决定和如何发生波动,即将经济活动作为整体来考虑的经济学,称作宏观经济学(macroeconomics),又称为总量分析或总量经济学。而以市场经济中单个经济单位(如:家庭、厂、公司等)的经济行为作为研究对象,研究单个生产者如何以有限的资源从事生产获得最大限度的利润,研究单个消费者如何把有限收入从事消费取得最大限度的满足,即研究局部经济活动的经济学,称为微观经济学(microeconomics),又称为个量经济学或个体经济学。

工程经济学(engineering economy)正是建立在工程学与经济学基础之上的一门新型学科。随着科学技术的飞速发展,社会投资活动的增加,为了用有限的资源来满足人们的需要,可能采用的工程技术方案越来越多。工程师们不得不对许多工程问题进行决策,如:相互竞争的设计方案应该选择哪一个?正在使用的机器是否应该更新?在有限资金的情况下,如何选择投资方案?这些问题有两个明显的特点:一是每个问题都涉及技术方案选择;二是每个问题都需要考虑经济效果问题。怎样以经济效果为标准把许多技术上可能的方案互相比较,作出评价,从中选择最优方案的问题,就越来越突出,越来越复杂。因此,工程师要在日益复杂的经济环境下作出正确的决策,必须兼有工程学和经济学知识,掌握技术经济的评价方法。工程经济学这门学科就是在这样的背景下产生的。

工程经济学是一门运用工程学和经济学,在有限资源条件下,运用有效方法,对多种可行方案进行评价和决策,确定最佳方案的学科。它的任务是以有限资金,最好地完成工程任务,得到最大的经济效益。它的核心就是单个组织的经济决策,因此,工程经济学与微观经济学有着紧密的联系。同时,工程经济学与宏观经济学也有一定联系,项目的工程经济效益直接关系到社会效益的好坏。

工程技术经济学(engineering techno-economics)是研究工程技术与工程经济的相互关系的学科。它通过工程技术比较、工程经济分析和效果评价,寻求工程技术与工程经济的最佳结合,确定技术先进、经济合理的最优经济界限。

工程技术经济的产生与西方的管理科学和工程经济、前苏联的技术经济分析的发展有密切的关系。20世纪30年代以来,在西方工业发达国家曾先后产生了对工程项目和生产经营决策进行分析计算的一些方法,如可行性研究、价值工程等。该方法于20世纪50年代传入中国,并应用于重点建设项目的论证和生产企业经营状况的分析。60年代初期,创立了中国的技术经济学。80年代初,扩大了技术经济学的应用范围,并开设了技术经济方面的专业和课程。同时,扩展到工程领域,发展为工程技术经济学科。

经济规律牵涉到人们的行为和社会现象的研究,情况远比自然现象复杂多变,没有自然规律那么精密和严格,不能期望一下子找到一种能给出绝对正确结论的方法。重要的是要掌握基本的经济概念以求在实际问题中灵活地运用。一个好的工程师不仅要对他所提出的方案的技术可能性负责,也必须对其经济合理性负责,做到技术的先进性同经济合理性相一致。只有这样,他的工作才有利于社会主义经济建设,才有利于满足广大人民的需要。这就要求他掌握这门学科所探讨的规律性。

二、水工程技术与经济的概念及其相互联系

水是人类最宝贵的资源,是人类生存的基本条件,又是国民经济的生命线。日益严重的水资源短缺和水环境污染,就加重了对水的研究的地位和作用,特别是水的社会循环的研究,由此产生并形成了水科学与工程学科。水工程与科学是以水的社会循环为对象,研究水的供给及处理、废水的收集及治理以及水资源保护及利用的工程应用性学科。

水工程技术是研究合理利用及保护水资源,设计及建造水处理工程及水输配、收集系统工程,研制水工业产品等过程中所采用的技术。包括水处理原理、水处理工艺、水处理产品以及各类构筑物、建筑物和设备等方面技术。

保证在有限的资金条件、水资源条件下,合理地选用水工程技术,达到人们预期的工程效果,这就是水工程经济所要研究的内容。值得注意的是在进行经济活动的研究中是不能脱离工程技术的,因此水工程经济应全称为水工程技术经济。

水工程技术经济是水工程技术科学与水工程经济科学相互渗透交叉的、以经济学为理论基础,广泛应用数学、计算机和水工程技术科学进行研究的边缘学科。其主要特点是:综合性、应用性、系统性、定量性和比较性五个方面。综合性体现在水工程技术经济研究的不是纯技术,也不是纯经济,而是把技术与经济两者结合起来进行研究,以选择最佳技术方案。应用性是表明水工程技术经济的研究是将技术更好地应用于水工程经济建设,包括新技术和新产品的开发研制、水资源的综合利用的综合论证。系统性是指用系统的观点、系统的方法研究水工程技术经济问题在经济建设这个大系统中的作用、在水工程建设中的地位。定量性是指把定性研究和定量研究结合起来,并采用数学公式、数学模型进行分析评价水工程技术经济。其比较性表明在研究水工程中应采用两种以上的技术方案进行分析比较。

所谓技术方案(technical scheme)是指为研究解决各类技术问题所提出的办法与对策。它包括科研方案、计划方案、设计方案、施工方案、生产方案、管理方案、技术措施、技术路线、技术改革方案等等。在实际工作中,要么是根据需要提出某种技术方案以及与之适应的其他技术方案(又称:替代技术方案或替代

方案），并进行经济效果比较。比如：某城镇缺水，提出镇内建设自来水厂的技术方案，其替代方案可能是由附近城镇供水，并进行经济效果对比。要么是为了解决某个技术经济问题，一开始就提出几种不同的技术方案（均为替代方案），同时进行技术经济比较，评价它们各自的经济效果。比如为解决自来水厂建设位置问题，提出 A、B、C 三处用地方案。应注意的是技术方案的确定和替代方案的选择，要从实际出发，必须经过认真的调查研究才能实现。

三、水工程经济研究的目的及意义

水工程经济是运用工程技术科学和工程经济科学的方法,在有限资源条件下,对多种可行方案进行评价和决策，最终确定最佳方案。

其任务是研究以有限资金，在较好地完成工程任务的前提下，得到最大的经济效益。有限的资金是指按规定的时间内完成工程数量、工程质量所必需的资金。特别应注意的是不能有意压低资金用量而形成"胡子"工程，亦不能多估冒算、浪费来之不易的资金。最大的经济效益是指工程建设不但应按工期、保质量、保数量地完成，而且还应保证工程项目的正常运行，以达到资金的正常回收、获得较高的利润。

显然，水工程经济研究就是对水工程实践过程中各种技术方案的经济效益进行计算、分析和评价，以求某种技术方案能够有效地应用于工程实践中、获得更大的效益和利润。其重要意义体现在以下三个方面。

水工程经济研究是提高社会水资源利用效率的有效途径。在一个水资源有限的世界上，如何合理分配和有效利用现有的水资源以及资金、劳动力、原材料、其他能源等等，来满足人类对水的需要，如何使水工程产品以最低的成本，可靠地实现其必要功能。要做出合理的决策，则必须同时考虑技术与经济各方面的因素，进行水工程技术经济分析。

水工程经济研究是水工业企业生产出物美价廉产品的重要保证。在市场经济社会里，如果只考虑提高产品质量，不考虑成本，产品价格很高，产品也就卖不出去。降低成本，增加利润，是企业管理人员的重要任务，也是经济发展的要求。如果不懂经济，不能正确处理技术与经济关系，就不能保证企业利润的增加。

水工程经济研究是降低项目投资风险的可靠保证。在水工程项目投资前期进行各种技术方案的论证评价，一方面可以在投资前发现问题，并及时采取相应措施；另一方面对于技术经济论证不可行的方案，及时否定，从而避免不必要的损失，使投资风险最小化。如果盲目从事或凭主观意识发号施令，到头来只会造成人力、物力和财力的浪费。只有加强工程技术经济分析工作，才能降低投资风险，使每项投资获得预期收益。

四、水工程经济研究的对象及内容

水工程经济研究的对象为：水工程项目的技术经济活动全过程。包括水工程项目建设的前期工作、各个阶段的可行性研究、工程设计方案评价、工程实施技术方案对比、项目运行管理的经济效果、水价格制定与评估等方面的经济评价、经济分析。

项目（project）是指一项任务，它必须具有明确的发展目标，有一定的数量和质量要求，各部分有完整的组织关系，实现目标有确定的期限，确定的投资总额，整个过程是一次性的。比如，建一座水厂、办一期培训班、完成一项科研，等等。工程项目（建设项目）是指符合项目条件的工程建设。

工程项目的经济性的研究还有个出发点问题。首先，要求工程项目的经济评价应从整个国民经济或整个社会为出发点进行考察。即：研究其宏观效果——国民经济评价。而工程项目的实现又必须落实到某个部门、地区或企业等具体单位，这些单位在经济上又有相对的独立性，它们所关心的是自己所主持的项目的局部经济效果或微观经济效果——财务评价。财务评价分为工程财务评价和企业财务评价。工程财务评价是站在投资者的角度，研究工程项目盈利能力情况；企业财务评价是站在企业本身的角度，研究企业的盈利能力情况。

理想的情况是：微观的效果与宏观的效果相一致，企业得益越多，社会也因此受益越大。这种情况下，就可以以微观效果（如企业经济评价）来间接地评价工程项目的社会效果。水工程项目中的给水工程就属此类情况。但是，由于种种原因，工程项目的宏观经济效果与微观效果也会有不一致，甚至是矛盾的情况。例如，目前的污水处理项目就属于微观效果差而宏观效果好的项目。牺牲环境、资源等来满足企业效益的项目就属于微观效果好而宏观效果差的项目。因此，作为完整的工程项目的经济评价应包括微观和宏观两个方面，并应以宏观效果作为评价的主要依据。宏观与微观不一致方面的研究将有助于国家制定合理的政策（如税收或补贴政策等），以合理调整部门或企业的得益。

水工程技术经济学研究的内容涉及水生产、分配、交换、消费各个方面和国民经济各个部门、各个方面，也涉及生产和建设的各个阶段。主要内容包括：从全局范围看，有社会进步对水工程经济发展的速度、比例、效果、结构的影响以及它们之间的最佳关系问题；水工程项目的合理布局、合理转移问题；投资方向、项目选择问题；水资源的开源与节流、生产与供应、开发与运输的最优选择问题；技术引进方案的论证问题；外资的利用与偿还、引进前的可行性研究以及引进后的效果评价问题；水价及水资源恢复费用等政策的论证、水资源流通方式与渠道的选择问题等等。从部门和企业范围来看，有厂址选择的论证，企业规模的分析，水工业产品方向的确定，水工程技术设备的选择、适用与更新的分析，原材料路线的选择，新技术、新工艺的经济效果分析，新产品开发的论证与评价等等。从生产与建设的各个阶段看，有试验研究、勘察考察、规划设计、建设施工、生产运行等各个阶段的技术经济问题的研究，综合发展规划和工程建设项目的技术经济论证与评价等等。

水工程项目评价按项目实施过程分为：事前评价（项目的前期评价），该阶段具有预测性、有较大风险和不确定性；事中评价（跟踪评价），该阶段主要是研究原投资决策的正确性；事后评价（项目的后期评价），该阶段用于总结经验、教训。

水工程项目评价按内容可划分为：技术评价，主要研究项目技术、工艺、设备的先进性、可靠性、实用性、可操作性、节能性和环保性等内容；经济评价，即进行财务评价、国民经济评价；社会评价，即对项目是否符合公众利益；其他评价，包括环境影响评价、水土保持评价、地震影响评价、航运影响评价、征地移民动迁影响评价。

水工程项目评价按评价方法可划分为：定量分析法和定性分析法。

本书主要仅涉及水工程技术经济中的水工程经济部分，内容包括工程经济学基础；水工程建设项目估算；水工程经济分析与评价；工程项目财务分析；费用效益分析；价值工程；水资源的经济评价等内容。

五、水工程经济的作用

由于工程技术具有两重性，即技术性和经济性，对于任何一种技术，在一般的情况之下，都不能不考虑经济效果的问题。而技术的先进性与经济的合理性之间又存在着一定的矛盾。为了保证工程技术很好地服务于社会，最大限度地满足社会的要求，就必须研究在当时、当地的条件下采用哪一种技术才合适的问题。这个问题显然不是单纯的技术先进与否所能够决定的，必须通过经济效果的计算和比较才能解决。

水工程经济是用工程经济学的观点，研究水工程项目的经济性并进行经济评价。包括企业财务评价和国民经济评价，即所谓微观评价和宏观评价。

技术和经济之间也往往有相互制约和相互矛盾的一面。技术的发展要受到经济的制约，这是由于在生产实践中，技术的实现总是要依靠当时、当地的具体条件才能得以实现，包括自然条件、社会条件等。同一种技术在不同的条件下，所带来的经济效果不同；同一条件下，不同的技术，所带来的经济效果亦不同。某种技术在某种条件下体现出较高的经济效果，而在另一种条件下就不一定是这样。可能从远景的发展方向来看，应该采用某种技术，而从近期的利益来看，则需要采用另一种技术。有些技术的应用又往往受到经济条件的限制，例如：城市供水管网供给直饮水、污水的大幅度回用等先进技术之所以未能广泛采用，主要就是由于成本昂贵的问题还未完全解决。又如自动化技术可以提高劳动生产率、节约劳动力和降低生产成本，但在某些地区和某些企业，在一定条件下就不宜广泛采用。

此外，有不少技术，如果单从技术本身来看，都是比较先进的，不过在一定条件下，某一种技术可能是最经济，效果较好，在实践中被采用；而另几种技术可能是不太经济，效果较差，在实践中一时不能采用。但是，随着事物的发展变化，原来不经济的技术可以转化为经济的技术，原来经济的技术也可能转化为不经济的技术。一切先进的技术脱离了它必要的使用条件，并非都是经济合理的。

综上所述，技术和经济既有统一，又有矛盾。为了保证水工程技术很好地服务于经济，最大限度地满足社会的需要，就必须研究在当时、当地的具体条件之下采用哪一种技术才是适合的。这个问题显然不是单单由技术是先进或落后所能够决定的，而必须通过经济效果的计算和比较才能够解决。如何使水工程技术和水工程经济相互适应，寻求技术和经济的合理结合或最佳关系，在实践中求得技术上先进且经济上合理。这就是水工程技术经济的作用。

水工程经济的基本方法是：系统综合、方案论证、效果分析，评价原则是效益最大原则。系统综合是指采用系统分析、综合分析的研究方法和思维方法，对技术的研制、应用与发展进行估计；方案论证是技术经济普遍采用的传统方法，主要是通过一套经济效果指标体系对完成同一目标的不同技术方案的计算、分析、比较；效果分析是通过劳动成果与劳动消耗的对比分析，效益与费用的对比分析等方法对技术方案的经济效果和社会效果进行评价。

具体的分析、论证、评价的方法很多，最常见的有：

1. 决定型分析评价法。它以直观判断为基础，用评价项目和评价标准，使综合评价定量化，并以得分高低判断其优劣。常用的方法有评分法、图形表示法、实数法等。

2. 经济型分析评价法。是以经济观点评价水工程技术方案的优劣，以经济最大化为准则进行选优。常用的方法有效益费用比率法、效益费用现值比较法、内部收益率法、投资回收期法等。

3. 不确定型分析评价法。主要采用盈亏分析、敏感性分析、概率分析等方法来确定可行的技术方案。

4. 比较型分析评价法。它通过对实现同一目标、满足同一技术要求的各种不同技术方案的经济计算、分析比较、论证评价，选出最优方案。

5. 系统分析法。它是把研究对象放在一个系统中进行分析与综合，找出各种可行方案，供决策者选择。分析时应考虑外部条件与内部条件的结合、目前利益与长远利益的结合、局部利益与整体利益的结合、定量分析与定性分析的结合。

6. 价值分析法。通过对水工业产品功能成本的分析，在保证产品达到必要功能的条件下，最大限度地降低产品成本。

7. 可行性分析法。它是对投资决策前进行的预先分析与估计，通过研究比较水工程建设项目的不同方案，确定技术可行和经济合理的界限。

为了使技术工作能不断提高经济效益，如前所述，技术人员在执行国家的技术政策、研制新产品、实施技术改造以及提出和审查各种技术方案时，不仅要考虑技术本身的先进性和可行性，还要考虑经济效益，进行必要的技术经济分析与论证，例如是否符合国家的产业政策，是否符合产业结构和产品结构调整的方向，是否符合市场近期和远期的需求等等，否则，技术的实施将是盲目的，不仅不能带来效益，还会造成浪费和损失。

思考题与习题

1. 试述工程技术的含义。
2. 试述工程技术经济学的含义。
3. 水工程技术经济的特点有哪些？
4. 试述水工程经济研究的目的和意义。
5. 试述水工程经济研究的内容。
6. 试述水工程经济研究的基本方法。

第一篇　工程经济学基础

第一章　资金的时间价值与投资方案评价

第一节　利息计算

一、利息的种类及计算

假定某人现以 100 元现金存入银行，一年后从银行取出 106 元，比存入金额多出 6 元，则这 6 元就是 100 元存款在一年内所得的利息。所谓利息（interest）是指一定数量的货币值（本金额）在单位时间内的增加额，利息率（interest rate）是指单位时间（通常为 1 年）的利息额（增加额）与本金额之比，一般用百分数表示。

用来表示计算利息的时间单位称为计息周期，简称计息期。计息期可以是年、半年、季、月等，本书如未特别指出计息的时间单位时，通常计息期是指按年计息。利息分为单利和复利两种。

1. 单利计息

单利计息是指每期仅按本金（原金额）计算利息，而本金所产生的利息不再计算利息的一种计息方式，其利息总额与借款时间成正比。设 P 代表本金，n 代表计息期数，i 代表利率，I 代表所付或所收的总利息，F 代表计息期内的将来值（即本利和），按定义，则有：

$$I = Pni$$
$$F = P + I = P(1 + ni) \tag{1-1}$$

【例 1.1】　借款 1000 元，合同规定借期 3 年，年利率为 6%，单利计息，问 3 年后应还的本利和为多少？

【解】　$F = P(1 + ni) = 1000(1 + 3 \times 6\%) = 1180$ 元

2. 复利计息

复利计息是指借款人在每期末不支付利息，而将该期利息转为下期的本金，下期再按本利和的总额计息。即不但本金产生利息,而且利息的部分也产生利息。若按复利方式计息,则本利和(F)的计算式可以用公式(1-2)表示:

$$F = P(1 + i)^n \qquad\qquad (1-2)$$

【例 1.2】   在例 1.1 中,改单利计息为复利计息,其他不变,问 3 年后应还本利和为多少?

【解】 $F = P(1 + i)^n = 1000(1 + 6\%)^3 = 1191.02$ 元

例 1.1、例 1.2 的计算过程,如表 1-1、1-2 所示。

单利计算   单位:元 表 1-1

年 (1)	年初借款 (2)	年末借款 (3)	年末欠款总额 (4) = (2) + (3)	年末偿还总额 (5)
0	1000			
1	1000	1000×6%=60	1060	0
2	1060	1000×6%=60	1120	0
3	1120	1000×6%=60	1160	1180

复利计算   单位:元 表 1-2

年 (1)	年初借款 (2)	年末借款 (3)	年末欠款总额 (4) = (2) + (3)	年末偿还总额 (5)
0	1000			
1	1000	1000×6%=60	1060	0
2	1060	1060×6%=63.60	1123.60	0
3	1123.60	1123.60×6%=67.42	1191.02	1191.02

从表 1-1、1-2 不难看出,同一笔借款,在 i、n 相同的情况下,用复利计算出来的利息金额数比用单利计算出来的利息金额数大。当所借本金越大,利率越高,年数越多时,两者差距就越大。这个差距就是所谓"利生利"的结果。

3. 资金的时间价值

资金的时间价值又称为资金报酬原理。它是商品经济中的普遍现象,其实质是资金作为生产的一个基本要素,在扩大再生产及其资金流通过程中,资金随时间的推移而产生增值。资金的时间价值表明,一定数量的资金,在不同的时点具有不同的价值,资金必须与时间相结合,才能表示出其真正的价值,因此,资金的时间价值是工程经济分析方法中的基本原理。

资金的增值途径随资金投入的方式而呈现差异。人们可以将钱投放于银行,也可以购买各种债券,从而获得利息;也可以购买股票,获取股息和股本增值;还可以直接投资于企业、项目等而获得利润。一般情况下,收益与风险并存,将钱存入银行或购买债券,获利较少,但由于银行平均信誉较高,因而风险较小;若将钱投资于证券市场,买股票,获利一般较银行利息高,但风险也随之增大;此外，若将资金投资办企业等，则收益的多少不仅仅取决于投资者对市场的把握和运作，而且由于许多不确定因素的存在，风险也是不言而喻的。但是，不论资金的投入方式是什么，资金、时间、利率（含利润率）都是获取利益的三个最关键的因素，缺一不可。对我们评价一个投资方案而言，要做出正确的评价，就必须同时考虑这三者及其之间的关系，即必须考虑资金的时间价值。

资金的时间价值将借助于复利计算来表述。所以本书若无特别说明，均指按复利方式计算获益。必须指出：

在对投资方案进行经济评价时，若考虑了资金的时间价值，则称为动态评价，反之，若不考虑资金的时间价值，则称为静态评价。

二、名义利率与实际利率

通常复利计算中的利率一般指年利率，计息期也以年为单位。但计息期不为一年时也可按上述公式（1-2）进行复利计算。

当年利率相同，而计息期不同时，其利息是不同的，因而存在名义利率与实际利率之分。实际利率(real interest rate)又称为有效利率，名义利率(titular interest rate) 又称为非有效利率。

【例 1.3】 设年利率为 12%，存款额 1000 元，期限为一年，试按：（1）一年 1 次复利计息；（2）一年 4 次按季度 3%计息；（3）一年 12 次按月 1%计息，求这三种情况下的本利和。

【解】 （1）一年 1 次计息：$F = 1000 \times (1 + 12\%)^1 = 1120$ 元

（2）一年 4 次计息：$F = 1000 \times (1 + 3\%)^4 = 1125.51$ 元

（3）一年 12 次计息：$F = 1000 \times (1 + 1\%)^{12} = 1126.83$ 元

由此可见：一年中，计息的次数越多，一年末所得的本利和就越多。另外，这里 12%，对于一年 1 次计息来说，既是实际利率又是名义利率；1 次、4 次、12 次称为计息周期数，3%和 1%称为周期利率，由上述计算可知：

名义利率＝周期利率×每年的计息周期数

若用 r 代表名义利率，i' 代表周期利率，m 代表每年的计息周期数，则 r、i'、m 存在下述关系：

$$r = i' \times m \quad \text{或} \quad i' = \frac{r}{m} \tag{1-3}$$

通常说的年利率都是指名义利率，如果后面不对计息期加以说明，则表示一年计息一次，此时的年利率也就是年实际利率，或说是年有效利率。

一般地，如果名义利率为 r，现在的 P 元现金在一年中计息 m 次，每次计息的利率为 r/m，根据复利计息的计算公式，P 元资金年末本利和为：

$$F = P\left(1 + \frac{r}{m}\right)^m$$

则 P 元资金在一年中产生的利息为：$P\left(1+\dfrac{r}{m}\right)^{m}-P$。

根据利率的定义，利息与本金之比为利率，则年实际利率为：

$$i(年实际利率)=\frac{P\left(1+\dfrac{r}{m}\right)^{m}-P}{P}=\left(1+\frac{r}{m}\right)^{m}-1 \qquad (1-4)$$

式（1-4）所代表的公式称为离散式复利计息的年实际利率计算公式。所谓离散式复利是指按期（年、季、月、日……）计息的方式。

在例 1.3 中(1) 一年 1 次计息的年实际利率 $i=$ 名义利率 $=12\%$

(2) 一年 4 次计息的年实际利率 $i=\left(1+\dfrac{12\%}{4}\right)^{4}-1=12.55\%$

(3) 一年 12 次计息的年实际利率 $i=\left(1+\dfrac{12\%}{4}\right)^{12}-1=12.68\%$

显然，计息次数越多，实际利率越大。

三、连续式复利

按瞬时计息的方式，称为连续式复利，在这种情况下，复利可以在一年中按无限多次计算，其年实际利率为：

$$i=\lim_{m\to\infty}\left(1+\frac{r}{m}\right)^{m}-1$$

考虑到：$\left(1+\dfrac{r}{m}\right)^{m}=\left[\left(1+\dfrac{r}{m}\right)^{\frac{m}{r}}\right]^{r}$

且 $\lim\limits_{m\to\infty}\left(1+\dfrac{r}{m}\right)^{\frac{m}{r}}=e$

所以：$i=\lim\limits_{m\to\infty}\left(1+\dfrac{r}{m}\right)^{m}-1=e^{r}-1$。

即，如果复利是连续地计算，则：

$$i(年实际利率)=e^{r}-1 \qquad (1-5)$$

式（1—5）称为连续式复利计息公式，

式中 e ——自然对数的底，$e\approx2.71828$。

例如上例 1.3，若采取连续式计息的方式，则：

$$i(年实际利率)=e^{r}-1=(2.71828)^{12\%}-1=12.75\%$$

显然，连续式计息方式的年实际利率最大。

说明：(1) 就整个社会而言，资金确实是不停地运动，每时每刻都通过生产和流通在增值，从理论上讲应采用连续复利，但在进行经济评价时，实际应用多为离散式复利的情况。

(2) 在进行投资方案比较时，如果各方案均采用相同的计算期和年名义利率，由于它们计算利息次数不同彼此也不可比，应先将年名义利率化成年实际利率后再进行计算和比较。

四、现金流量图

在经济活动中，任何工程投资方案的实现过程（寿命期或计算期）总要伴随着现金的流进（收入）与流出（支出）。为了形象地表述现金的变化过程，通常用图示的方法将方案现金流进与流出量值的大小、发生的时点描绘出来，并把该图称为现金流量图（cash flow diagram）。资金的流进（收入）叫现金流入（cash income）；资金的流出（支出）叫现金流出（cash expense）；在计算期内，资金在各年的收入与支出量叫做现金流量（cash flow）；同一时期发生的收入与支出量的代数和叫做净现金流量（net cash flow）。

现金流量图的作法，如图 1-1 所示：

（1）画一水平射线，将射线分成相等的时间间隔，间隔的时间单位依计息期为准，通常以年为单位，特别情况下可以用半年、季、月等表示。

（2）射线的起点为零，依次向右延伸。

（3）用带箭头的线段表示现金流量，其长短表示资金流量的大小；箭头向上的线段表示现金流入（收入），其现金流量为正（＋）；箭头向下的线段表示现金的流出（支出），其现金流量为负（－）。

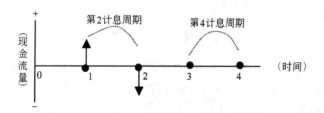

图 1-1　现金流量图的作法

需要说明的是：现金流量图中现金流入（收入）和现金流出（支出）是相对于立足点而言。另外，有时现金流量图可以简化。

【例 1.4】　某人现向银行贷款 2000 元，如果年利率为 12%，复利计息，在

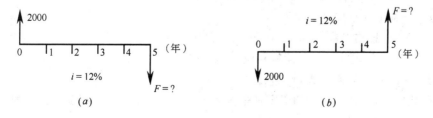

图 1-2　例 1.4 的现金流量图

第 5 年末归还本利和，试画出相应的现金流量图。

【解】   若站在贷款人的角度，则本题所需的现金流量图为图 1-2（a）所示；若站在银行的角度来考虑，其现金流量图则为图 1-2（b）所示。

第二节   等 值 计 算

一、等值的含义

如果两个事物的作用效果相同，则称这两个事物是等值的。例如物理学中关于力矩的概念就是等值的好例子，假如有两力矩，一个是由 10N 和 20m 的力臂所组成的；另一个由 20N 和 10m 的力臂组成的，因二者的作用都是 20N·m，所以我们说这两个事物是等值的。

在工程经济分析中，等值（equal value）是一个很重要的概念，货币的等值包括三个因素，金额的大小、金额发生的时间和利率大小。货币等值是考虑了资金的时间价值的等值，其含义是：由于利息的存在，因而使不同时点上的不同金额的货币可以具有相同的经济价值。比如，现在借入 100 元，年利率是 12%，一年后要还的本利和为 $100+100\times0.12=112$ 元，因而说，现在的 100 元与一年后的 112 元等值，即实际经济价值相等。

二、等值计算公式

资金等值在经济分析中是一个非常重要的概念，利用等值的概念，可以把一个时点发生的资金额折算成另一时点的等值金额，这一过程叫资金等值计算。

（1）常用符号

在考虑资金时间价值的计算中，常用以下符号：

P——现值（现在值，present value），即相对于终值的任何较早时间的价值；

F——终值（将来值，future value），即相对于现值的任何以后时间的价值；

A——连续出现在各计息期末的等额支付金额；

G——每一时间间隔收入与支出的等差变化值；

i——每个计息周期的利率；

n——计息周期数。

（2）等值公式（以下若无特别说明均指按复利方式计息）

1）一次支付现值公式和终值公式

假定在时间点 $t=0$ 时的资金现值为 P，并且利率 i 已定，则复利计息的几个计息周期后的终值 F 的计息公式为：

$$F = P(1+i)^n \tag{1-6}$$

式 (1-6) 中的 $(1+i)^n$ 称为：一次支付终值系数，简记为 $(F/P, i, n)$，其值可查附表 1-1 得到，公式对应的现金流量图为：

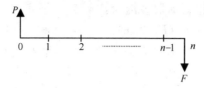

图 1-3 一次支付系列现金流量图

例如，按 6% 复利计息，将 1000 元存入银行，则四年后的终值为：
$$F = P(1+i)^n = 1000(1+6\%)^4 = 1360.5 \text{ 元}$$

在图 1-3 中，当终值 F 和利率 i 已知时，由公式 (1-6)，很容易得到按复利计息的现值 P 的计算公式为：
$$P = F(1+i)^{-n} \tag{1-7}$$

式 (1-7) 中的 $(1+i)^{-n}$ 称为：一次支付现值系数，简记为 $(P/F, i, n)$ 其值可查附表 1-2 得到。显然式 (1-7) 与式 (1-6) 互为倒数关系。

例如，某人按复利 6% 计息，想在 6 年后取出 1000 元，则现在就向银行存入现金：
$$P = F(1+i)^{-n} = 1000(1+6\%)^{-6} = 705 \text{ 元}$$

说明：将未来的金额依据某个利率按复利计息折算成现值，叫做"折现"，而这个利率称为"折现率"或"贴现率"。

2）等额支付系列终值公式和积累基金公式

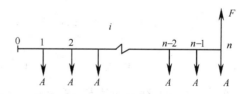

图 1-4 等额支付系列 (F, i, A, n) 现金流量图

在工程经济的研究中，常常需要求出连续在若干期的期末支付等额的资金 A，最后所积累起来的资金为多少。这种财务情况可用图 1-4 表示，假定利率为 i，则第 n 年年末积累的资金即终值 F 为：
$$F = A(1+i)^0 + A(1+i)^1 + \cdots + A(1+i)^{n-1}$$

以 $(1+i)$ 乘上式，可得：
$$F(1+i) = A(1+i)^1 + A(1+i)^2 + \cdots + A(1+i)^n$$

减去前式，整理得：
$$F = A\frac{(1+i)^n - 1}{i} \tag{1-8}$$

式 (1-8) 称为等额支付系列终值公式，式中 $\dfrac{(1+i)^n - 1}{i}$ 简记为 $(F/A, i, n)$，

称为等额支付系列终值系数，其值可以查附表 1-3 求得。

例如：某人从参加工作开始准备每年存入银行 600 元，年利率为 6%，那么此人第十年年末一共可从银行提取金额为：

$$F = A(F/A, i, n) = 600 \ (F/A, 6\%, 10) = 600 \times 13.1808 = 7908.48 \ \text{元}$$

与公式（1-8）相反，如果某人为了能在第 n 年末筹集到一笔钱 F，按年利率 i 计算，从现在开始，每年连续等额存款，各年必须存储多少？

若将公式（1-8）变换，则可以得到等额支付系列积累基金公式：

$$A = F \frac{i}{(1+i)^n - 1} \tag{1-9}$$

式（1-9）中，$\dfrac{i}{(1+i)^n - 1}$ 叫做等额支付系列积累基金系数，通常用 $(A/F, i, n)$ 表示，其值可以计算得到，也可查附表 1-4 而得，其现金流量如前图 1-4 所示。

例如，某人为了在 5 年后拥有 10 万元钱，以便能购买一套单位的集资房，年利率按 6% 计算，问此人从现在起平均每年应向银行存款的金额为：

$$A = F(A/F, i, n) = 10 \times 0.1774 = 1.7740 \ \text{万元 / 年}$$

3）等额支付系列资金恢复公式和现值公式

某人以年利率 i 存入资金 P，他要在今后 n 年内连本带息在每年年末以等额资金 A 的方式取出，这一情况可用图 1-5 表示。

由公式（1-6）和（1-9），即由 $F = P \ (1+i)^n$ 和 $A = F \dfrac{i}{(1+i)^n - 1}$ 有

$$A = P \frac{i(1+i)^n}{(1+i)^n - 1} \tag{1-10}$$

公式（1-10）称为等额支付系列恢复公式，式中 $\dfrac{i(1+i)^n}{(1+i)^n - 1}$ 称为等额支付系列资金恢复系数，记为 $(A/P, i, n)$，其值可计算也可查附表 1-5 而得。

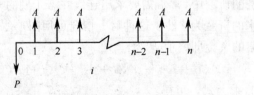

图 1-5 等额支付系列（P、A、i、n）的现金流量图

例如，某同学上大学时，家里为其一次性存入银行 4 万元，假定利率为 5%，则该同学在大学 4 年期间，每年年末可以从银行取出的资金为：

$$A = P(A/P, i, n) = 4 \times \frac{5\%(1 + 5\%)^4}{(1 + 5\%)^4 - 1} = 1.128 \ \text{万元}$$

或 $A = 4(A/P, 5\%, 4) = 4 \times 0.2820 = 1.128$ 万元

与公式 (1-10) 相反,若按年利率 i 计算,为了能在今后几年内,每年年末获取相等金额 A 的收入,那么,现在必须投资的金额可用公式 (1-11) 计算。

$$P = A\frac{(1+i)^n - 1}{i(1+i)^n} \tag{1-11}$$

式 (1-11) 称为等额支付系列现值公式,式中 $\dfrac{(1+i)^n - 1}{i(1+i)^n}$ 称为等额支付系列现值系数,简化为 $(P/A, i, n)$,其值可查附表 1-6 得到。

例如:按年利率 6% 计算,若水厂为了能在今后 5 年中每年年末提取 100 万元的资金,用于设备开发研究,则现在应存入银行的资金为:

$$P = 100(P/A, 6\%, 5) = 100 \times 4.2124 = 421.24 \text{万元}$$

4) 均匀梯度系列公式

均匀梯度系列是一种等额增加或减少的现金流量系列。换句话说,这种现金流量系列的收入或支出每年以相同的数量增、减发生变化。例如设备的维修费用,往往随设备的陈旧程度而逐年增加。这类逐年上升的费用,虽然并不严格地按线性规律变化,但可根据多年资料,整理成梯度系列的简化计算。

若用 G 代表收入或支出的年等差变化值,有一均匀梯度变化现金流量系列如图 1-7 所示,假定 A_1 和 G 为已知,则求与其等值的现值的公式可按下述方法推导。

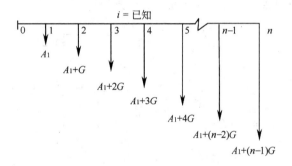

图 1-6 均匀梯度现金流量系列

我们先把图 1-6 所示的均匀梯度现金流量系列分解为如图 1-7 所示的两个现金流量系列,一个系列为自第 1 年年末起每年年末发生等额金额 A_1,另一个系列为从第 2 年年末起发生金额 G,以后每年增加数额 G。

由图 1-7 (a) 的现金流量的等值现值为:

$$P_1 = A_1\left[\frac{(1+i)^n - 1}{i(1+i)^n}\right]$$

而图 1-7 (b) 的等值现值为:

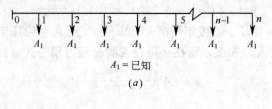

$A_1 = 已知$

(a)

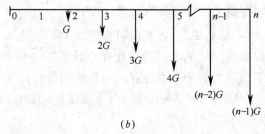

(b)

图 1-7   均匀梯度现金流量系列分解

$$P_2 = \frac{G}{(1+i)^2} + \frac{2G}{(1+i)^3} + \frac{3G}{(1+i)^4} + \cdots + \frac{(n-2)G}{(1+i)^{n-1}} + \frac{(n-1)G}{(1+i)^n}$$

$$= G\left[\frac{1}{(1+i)^2} + \frac{2}{(1+i)^3} + \frac{3}{(1+i)^4} + \cdots + \frac{n-2}{(1+i)^{n-1}} + \frac{n-1}{(1+i)^n}\right]$$

上式两边乘 $(1+i)$，再与其相减后，整理可得：

$$P_2 = \frac{G}{i}\left[\frac{(1+i)^n - 1}{i(1+i)^n} - \frac{n}{(1+i)^n}\right]$$

于是：

$$P = P_1 + P_2 = A_1\left[\frac{(1+i)^n - 1}{i(1+i)^n}\right] + \frac{G}{i}\left[\frac{(1+i)^n - 1}{i(1+i)^n} - \frac{n}{(1+i)^n}\right]$$

$$或：\qquad = A_1(P/A, i, n) + G(P/G, i, n)$$

$$(1\text{-}12)$$

（1-12）式称为均匀梯度增加系列现值公式，式中 $\frac{1}{i}\left[\frac{(1+i)^n - 1}{i(1+i)^n}\right] -$

$\left[\frac{n}{(1+i)^n}\right]$ 称为均匀梯度系列现值系数，用符号 $(P/G, i, n)$ 表示。

把均匀梯度系列现值公式（1-12）两边同乘以一次支付终值系数 $(1+i)^n$，则可得到均匀梯度系列终值公式：

$$F = A_1\left[\frac{(1+i)^n - 1}{i}\right] + \frac{G}{i}\left[\frac{(1+i)^n - 1}{i} - n\right] \qquad (1\text{-}13)$$

式中 $\frac{1}{i}\left[\frac{(1+i)^n - 1}{i}\right] - n$ 称为均匀梯度系列终值系数，用符号 $(F/G, i, n)$ 表示。

因此 (1-13) 式也可记为：$F = A_1(F/A, i, n) + G(F/G, i, n)$

若要将图 1-6 的均匀梯度现金流量系列换成等值等额系列支付 A，则可先求图 1-7 (b) 的等值等额系列支付 A_2。

$$A_2 = \frac{G}{i}\left[\frac{(1+i)^n - 1}{i(1+i)^n} - \frac{n}{(1+i)^n}\right] \cdot \left[\frac{i(1+i)^n}{(1+i)^n - 1}\right]$$

$$= G\left[\frac{1}{i} - \frac{n}{(1+i)^n - 1}\right]$$

于是：

$$A = A_1 + A_2 = A_1 + G\left[\frac{1}{i} - \frac{n}{(1+i)^n - 1}\right] \tag{1-14}$$

(1-14) 式称为均匀梯度系列等值年度费用公式，$\left[\frac{1}{i} - \frac{n}{(1+i)^n - 1}\right]$ 称为均匀梯度系列年度费用系数，用符号 $(A/G, i, n)$ 表示，其值可查附表 1-7 而得，也可计算而得。

例如：假定某人第一年末把 5000 元存入银行，以后 9 年每年递增存款 100 元，如年利率为 8%，若这笔存款折算成 10 年的年末等额支付系列，相当于每年存入：

$$A = A_1 + (A/G, i, n) = 5000 + 100\left(\genfrac{}{}{0pt}{}{A/G, 8\%, 10}{3.8713}\right) = 5387.13 \text{ 元/年，每}$$

年存入 5387.13 元。

说明：梯度系数也可用来计算均匀减少的系列，其计算式为：

$$A = A_1 - A_2 = A_1 - G\left[\frac{1}{i} - \frac{n}{(1+i)^n - 1}\right] = A_1 - (A/G, i, n)$$

例如某人第一个年末存入 1000 元，以后 5 年每年递减 200 元，如年利率为 9%，则相当于这个系列的年末等额支付为：

$$A = A_1 - (A/G, i, n) = 1000 - 200\left(\genfrac{}{}{0pt}{}{A/G, 9\%, 6}{3.2498}\right) = 550.04 \text{ 元／年}$$

5) 运用等值公式计算时，应注意以下几点：

① 对于实施方案的建设投资，假定发生在方案的每个计息期（年）初；

② 方案实施过程中的经常性支出，假定发生在每个计息期（年）末；

③ 本年的年末即是下一年的年初；

④ P 是在当前年度开始时发生；F 是在当前以后的第 n 年年末发生；A 是在考察期间各年年末发生，当问题包括 P 和 A 时，系列的第一个 A 是在 P 发生一年后的年末发生；当问题包括 F 和 A 时，系列的最后一个 A 是和 F 同时发生。

⑤ 均匀梯度系列中，第一个 G 发生在系列的第二年年末。

三、计息期与支付期相同的计算

1. 计息期为一年的等值计算

计息期为一年时，实际利率与名义利率相同，利用等值计算公式可以直接进行等值计算。

【例 1.5】　现金流量图如图 1-8 所示，试求 i。

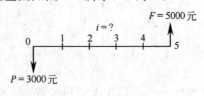

图 1-8

【解】　$P = F\ (P/F,\ i,\ n)$

$3000 = 5000\ (P/F,\ i,\ 5)$

$$(P/F,\ i,\ 5) = \frac{3000}{5000} = 0.6000$$

查附表 1-2 可知，当 $n = 5$ 时，$(P/F,\ i,\ 5)$ 为 0.6000 的 i 值应在 10% 与 11% 之间，即从 10% 的表上查到 0.6209，从 11% 的表上查到 0.5935，然后用直线内插法可得：

$$i = 10\% + \left(\frac{0.6209 - 0.6000}{0.6209 - 0.5935} \right)(11\% - 10\%) = 10.76\%$$

2. 计息期小于一年的等值计算

计息期小于一年时，实际利率与名义利率不相同，此时要先求出计息期的实际利率后，再利用等值计算公式进行计算。

【例 1.6】　年利率为 12%，每季度计息一次，从现在起连续 3 年每季度末支付 100 元的等额支付，问与其等值的第 3 年年末的将来值为多少？

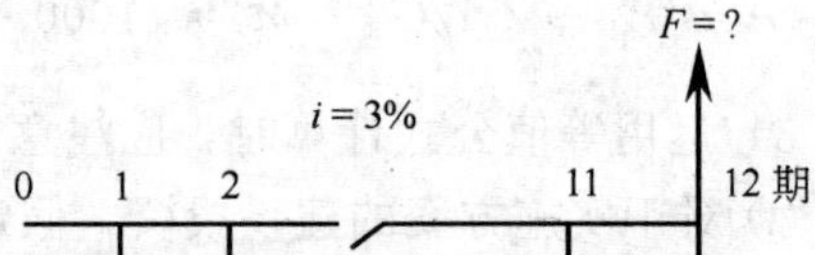

【解】　先求出每计息期的实际利率：

图 1-9　例 1.6 现金流量图

$$i = \frac{12\%}{4} = 3\%$$

$n = (3 \text{ 年}) \times (\text{每年 4 期}) = 12 \text{ 期}$，

现金流量图如图 1-9 所示。

由 $F = A\dfrac{(1+i)^n - 1}{i}$ 有

$$F = 100 \times \frac{(1+3\%)^{12}-1}{3\%} = 1419.20 \text{ 元，（也可由 } F = (F/A, i, n) \text{，查附表 1-}$$
3 求得，略）。

四、计息期与支付期不相同的计算

计息期与支付期不相同的等值计算，通常的办法是将其转化，使计息期与支付期相同后再利用等值公式进行计算。

1. 计息期短于支付期

【例 1.7】　按年利率 12%，每季度计息一次，从现在起连续 3 年的等额年末借款为 1000 元，问与其等值的第 3 年年末的借款金额为多少？

分析：其现金流量如图 1-10 所示：

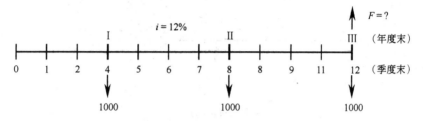

图 1-10　按季计息年度支付的现金流量图（单位：元）

【解】　本例可理解为：每年向银行借一次，支付期为 1 年，年利率为 12%，每季度计息一次，计息期为一个季度，属于计息期短于支付期。由于利息按季度计算，而支付在年底。这样，计算期末不一定有支付，所以例题不能直接采用等值公式计算，而要进行一定的转化，使它符合等值公式要求，具体解法有以下三种：

方法一：先求出支付期的实际利率，本例的支付期为一年，然后以一年为基础进行计算。其现金流量图如图 1-11 (a) 所示。

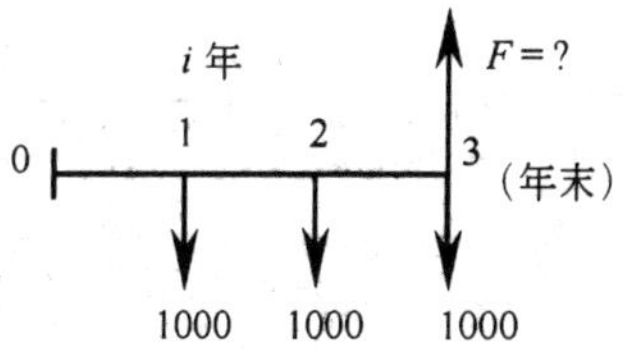

图 1-11 (a)

$$i \text{ 年实际利率} = \left(1 + \frac{r}{m}\right)^{m} - 1$$

$$= \left(1 + \frac{0.12}{4}\right)^4 - 1$$

$$= 12.55\%$$

由此可得：$F = A(F/A, i, n)$

$$= 1000 \times (F/A, 12.55\%, 3)$$

$$= 1000 \times 3.3293 = 3392 \text{ 元}$$

（也可直接用 $F = A \dfrac{(1+i)^n - 1}{i}$ 代值计算而得，略）

方法二：把等额支付的每一个支付看做为一次支付，求出每个支付的将来值，然后把将来值加起来，所得值即是所求的等额支付的实际值。现金流量图如图 1-11 （b）。

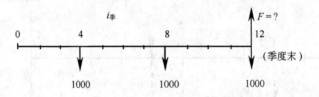

图 1-11 （b）

计息期的实际利率为：$i_\text{季} = \dfrac{r}{m} = \dfrac{12\%}{4} = 3\%$，

$F = 1000 (F/P, 3\%, 8) + 1000 (F/P, 3\%, 4) + 1000 (F/P, 3\%, 0) = 3392$ 元

上式中，第一项代表第 1 年年末借的 1000 元将计息 8 次；第二项代表第 2 年年末借的 1000 元将计息 4 次，最后一次代表第 3 年年末借 1000 元，计息次数为 0 次。

方法三：取一个循环周期（第 I 年为例），使这个周期的年末支付转变成等值的计息期的等额支付系列，其现金流量图如图 1-11 （c）所示。

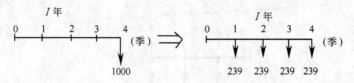

图 1-11 （c）　将年度支付转化为计息期末支付（单位：元）

$$A = F(A/F, i_\text{季}, n) = \left(\begin{array}{c} A/F, 3\%, 4 \\ 0.2390 \end{array}\right) = 239 \text{ 元}$$

式中 $r=12\%$，$n=4$，$i_{季}=\dfrac{12\%}{4}=3\%$

经过转化后，计息期和支付期完全重合，可直接利用等值公式进行计算，并适用于后两年。这样图 1-10，可用图 1-12 取代。

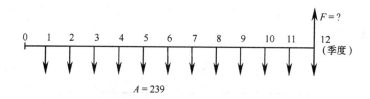

图 1-12 经转变后计息期与支付期重合（单位：元）

由 $F=A\ (F/A,\ i,\ n)$ 可得：

$$F = 239 \left(\underset{14.192}{A/F,3\%,12} \right) = 3392 \text{ 元}$$

综上，通过三种方法计算表明，按年利率 12%，每季度计息一次，从现在起连续 3 年的 1000 元等额年末借款与第 3 年年末的 3392 元等值。

2. 计息期长于支付期

计息期长于支付期的等值计算，通常按如下规定进行处理：存款必须存满一个计息期时才计算利息，这就是说，在计息期间存入（或借入）的款项在该期不计算利息，要到下一期才计算利息。因此，计息期间的存款或借款应放在期末，而计息期间的提款（或还款）应放在期初。

【例 1.8】 假定有某项财务活动，其现金流量如图 1-13 所示，试求出按季度计息的等值将来值为多少（假定年利率为 8%）。

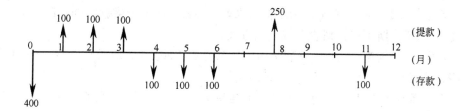

图 1-13 某项财务活动的现金流量图（单位：元）

【解】 按照计息期长于支付期的等值计算处理原则，图 1-13 可以加以整理，得到等值的现金流量图，如图 1-14 所示。

因为年利率为 8%，所以 $i_{季}=\dfrac{r}{m}=\dfrac{8\%}{4}=2\%$

由于此题是存款多，提款少，故我们可以假定存入为正，取出为负，则按季度计息的等值将来值为：

$$F = (400 - 200)(F/P, 2\%, 4) - 100(F/P, 2\%, 3)$$
$$+ (300 - 250)(F/P, 2\%, 2) + 100$$
$$= 200(1.082) - 100(1.061) + 50(1.040) + 100$$
$$= 262.30 \text{ 元}$$

即：该财务活动完成后，还存有现金 262.30 元。

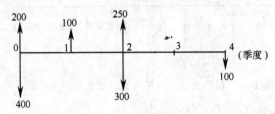

图 1-14   按季度计息整理后的现金流量图（单位：元）

五、等值计算应用

在建设项目经济评价中，资金筹措和还本付息方案是重要内容，为了科学地决策，必须制定资金偿还方案，供比较和选择，其中，等值概念及计算方法是关键。

【例1.9】   某企业两年前有资金 50 万元，积压了两年未发挥作用，如果按 10% 年利率复利计息来考虑资金的时间因素。问，相当于现在损失了多少资金？

【解】   因为现在与两年前 50 万元等值的金额为：

$$50(1 + 0.1)^2 = 60.5 \text{ 万元}$$

所以，资金积压两年未用，相当于损失 60.5－50＝10.5 万元。

【例1.10】   某大型水厂为了扩大水处理规模，向银行借款 8000 万元，年利率 10%，还款期 4 年，请设计其还款方式。

【解】   根据等值概念，现制定四种还款方式（如表 1-3 所示），则该厂可根据自身的实际情况采用其中任一种还款方案。

(1) 等额本金法：每期归还等额本金并支付应付的利息，每期归还的利息因贷款总额递减而递减。如例 1.10 的第一还款方式。

(2) 等额利息法：每期只归还利息，因借款总额不变，所以利息是等额的，本金在最后一年一次还清。如例 1.10 的第二还款方式。

(3) 等额年金法：每年归还等额的本利和，其中还本额逐期递期，付息额逐期递减，其和不变。如例 1.10 第三还款方式。

(4) 一次性偿还：全部本金及利息在最后一期一次还清。如例 1.10 中第四还款方式。以上四种还本付息方式的计算公式见表 1-4。

还款方案　（单位：万元）　表 1-3

方案(1)	年(1)	每年年初欠款(2)	该年所欠利息(3)=10%×(2)	年终欠款(4)=(2)+(3)	本金支付(5)	年终付款总额(6)=(3)+(5)	现金流量图
（一）等额本金法	1	8000	800	8800	2000	2800	
	2	6000	600	6600	2000	2600	
	3	4000	400	4400	2000	2400	
	4	2000	200	2200	2000	2200	
			Σ=2000			Σ=10000	
（二）等额利息法	1	8000	800	8800	0	800	
	2	8000	800	8800	0	800	
	3	8000	800	8800	0	800	
	4	8000	800	8800	8000	8800	
			Σ=3200			Σ=11200	
（三）等额年金法	1	8000	800	8800	1724	2524	
	2	6276	628	6904	1896	2524	
	3	4380	438	4818	2086	2524	
	4	2294	230	2524	2294	2524	
			Σ=2096		Σ=8000	Σ=10096	
（四）一次性偿还	1	8000	800	8800	0	0	
	2	8800	880	9680	0	0	
	3	9680	968	10648	0	0	
	4	10648	1065	11713	8000	11713	
			Σ=3713		Σ=8000	Σ=11713	

还本付息计算公式　表 1-4

方　　法	I_m	P_m
等额本金法	$\left[P_0 - \dfrac{P_0}{n}(m-1)\right]\cdot i$ $m=1,2,\cdots,n$	$\dfrac{P_0}{n}$ $m=1,2,\cdots,n$
等额利息法	$P_0\cdot i$ $m=1,2,\cdots,n$	$P_m\begin{cases} 0 & m=1,2,\cdots(n-1) \\ P_0 & m=n \end{cases}$
等额年金法	P_0 $\dfrac{i\cdot[(1+i)^n-(1+i)^{m-1}]}{(1+i)^n-1}$ $m=1,2,\cdots,n$	$P_0\left[\dfrac{i(1+i)^{m-1}}{(1+i)^n-1}\right]$ $m=1,2,\cdots,n$

续表

方　　法	I_m	P_m
一次性偿还	$I_m+P_m=\begin{bmatrix}0 & m=1,\ 2,\ \cdots,\ (n-1) \\ P_0\ (1+i)^n & m=n\end{bmatrix}$	

表中符号意义如下：

I_m——第 m 年利息额；P_m——第 m 年本金额；P_0——贷款总额；n—贷款期限；i—利率。

第三节　投资方案评价的主要判据

任何一个工程项目或任何一个工程技术方案都可以将它们看做是一种投资方案。对于某一个投资方案而言，仅仅靠技术上可行是不够的，还必须作经济上是否合理的判断，只有技术上可行，经济上又合理的投资方案，才能得以实施。判断方案经济可行性的判据常见的有：投资回收期、投资收益率、净现值、将来值、年度等值，内部收益率和动态投资回收期等等。

一、投资回收期、投资收益率

假如有一个供水工程项目，估算该项目需要投资 800 万元人民币，作为投资人来说，他最关心的问题除了项目的技术上可行性之外，就是该项目何时能回收成本的问题，这"何时回收成本"实际上就是用回收期来评价投资方案。所谓投资回收期（period of investing recovery）是指投资方案所产生的净现金收入补偿全部投资需要的时间长度（通常以"年"为单位表示），是反映项目投资回收能力的重要指标。投资回收期的计算开始时间有两种，一种是从出现正现金流量的那年算起，另一种是从投资开始时（0 年）算起，本书如未特别说明，均指按后一种方法计算。

如用 P 代表投资方案的原始投资，CF_t 代表在时间 t 时发生的净现金流量，则投资回收期就是满足下列公式的 P_t 的值。

$$\sum_{t=0}^{P_t}(CI-CO)_t=0 \quad \text{或} \quad \sum_{t=0}^{P_t}CF_t=0 \tag{1-15}$$

式中　P_t——投资回收期；

　　　CI——现金流入量；

　　　CO——现金流出量；

　　　$(CI-CO)_t$——第 t 年的净现金流出量，$(CI-CO)_t=CF_t$

特别地，若 P 一次性地发生在期初（0 年），且以后每年的净收益相同 $CF_t=A$，则：

$$P_t=\frac{P}{A} \tag{1-16}$$

实际工程中，投资回收期通常按下式（1-17）计算：

$$投资回收期 = \left[\begin{array}{c} 累计净现金流量开始 \\ 出现正值的年份数(m) \end{array}\right] - 1$$

$$+ \frac{上年(m-1)累计净现金流量绝对值}{当年(m)净现金流量} \qquad (1\text{-}17)$$

当投资回收期 P_t 小于或等于基准投资回收期 P_c（所谓基准投资回收期是指按国家或行业部门规定的，投资项目必须达到的回收期标准，用 P_c 表示）时，说明投资方案的经济性较好，方案是可取的；反之，如 P_t 大于 P_c 时，则说明方案的经济性较差，方案不可取。

投资回收期这个评价指标的优点是比较清楚地反映出投资回收的能力和速度。投资回收期短，也就是资金占用的周期短，资金周转快，经济效果较好。它的不足是没有考虑投资回收期以后的收益情况。

与投资回收期等效的另一种判据是投资收益率，其定义为方案每年获得的净收益 A 与原始投资 P 之比，用 E 表示。它反映了项目投资支出所能取得的盈利水平，是一个评价投资项目经济效益的综合性指标，其计算式为：

$$E = \frac{A}{P} \qquad (1\text{-}18)$$

由 $\quad P_t = \dfrac{P}{A}$

显然有：$E = \dfrac{1}{P_t}$ 或 $P_t = \dfrac{1}{E}$

采用投资收益率（rate of investing earnings）进行投资方案评价时，也应将计息所得的结果与本项目所在部门或行业的基准投资收益率 E_c 进行比较：当 $E \geqslant E_c$ 时，方案经济性较好，则方案可取；反之，方案不可取。

【例 1.11】 今拟投资 800 万元建一个供水工程项目，估计每年可获得 60 万元的净收入，假定方案的基准回收期为 15 年，问该投资方案收益率是多少？投资回收期为多少？投资是否可取？

【解】 由 $E = \dfrac{A}{P}$，有 $E = \dfrac{60}{800} = 7.5\%$

又由 $P_t = \dfrac{P}{A} = \dfrac{1}{E}$，得：$P_t = \dfrac{P}{A} = \dfrac{1}{7.5\%} = 13.3$ 年 $< P_c = 15$ 年

由于本投资方案的投资回收期为 13.3 年，小于同行业规定的基准投资回收期 15 年，说明该项目经济性较好，该方案可取。

【例 1.12】 求图 1-15 所示的三个投资方案的投资回收期。

【解】 由定义：A 方案 $\sum\limits_{t=0}^{3} CF_t = -1000 + 500 + 300 + 200 = 0 \quad \therefore P_t = 3$ 年

B 方案 $\sum\limits_{t=0}^{3} CF_t = -1000 + 200 + 300 + 500 = 0 \quad \therefore P_t = 3$ 年

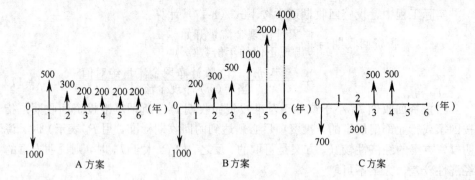

图 1-15 例 1.12 的 A、B、C 三方案现金流量图

$$C \text{ 方案} \sum_{t=0}^{3} \text{CF}_t = -700 - 300 + 500 + 500 = 0 \qquad \therefore P_t = 3 \text{ 年}$$

说明：本例中三个方案的投资回收期均为 3 年，但从现金流量图中不难看出，尽管它们的投资回收期相同，但经济效果却差别较大，究竟哪一个方案更好呢？这个问题属于多个方案优选的问题，我们将在第四节中加以介绍。

二、现值、终值及年度等值

投资方案经济评价种类繁多，如果按照是否考虑资金的时间价值来划分，则可以分为静态评价方法和动态评价方法。凡是没有考虑资金的时间价值，如前面学过的投资回收期和投资收益率的评价方法属于静态方法，凡考虑资金的时间价值的评价方法就属于动态评价方法，常见的有：净现值、将来值、年度等值以及内部收益率等等。一般来说，只有考虑了资金的时间价值，经济评价才是合理的，但是静态评价方法仍有运用的必要。例如当投资方案比较简单，服务年限较短，或在对方案进行粗略分析时，用静态的评价方法可使计算简便而具有一定的适用性。

1. 净现值

净现值（net present value）简称现值。净现值的经济含义是指任何投资方案（或项目）在整个寿命期（或计算期）内，把不同时间上发生的净现金流量，通过某个规定的利率 i，统一折算为现值（0 年），然后求其代数和。这样就可以用一个单一的数字来反映工程技术方案（或项目）的经济性。

若假定方案的寿命期为 n，净现金流量为 CF_t（$t = 0, 1, 2, \cdots n$），净现值为 NPV（i），那么，按净现值的经济含义，可得净现值法判据的计算公式如下：

$$\text{NPV}(i) = \sum_{t=0}^{n} \text{CF}_t (1 + i)^{-t} = \sum_{t=0}^{n} (\text{CI} - \text{CO})_t (1 + i)^{-t} \qquad (1\text{-}19)$$

如果 NPV（i_c）$\geqslant 0$，说明投资方案的获利能力达到了同行业或同部门规定的利率 i_c 的要求，方案经济性较好，因而在财务上是可以考虑接受的。

如果 NPV $(i_c)<0$，说明投资方案的获利能力没有达到同行业或同部门的规定的利率 i_c 的要求，方案经济性较差，因而方案在财务上不可取。

说明：净现值判据中"规定的利率 i_c"一般指方案所在行业或部门的基准收益率，当未制定基准收益率时，可采用该方案所在行业或部门应达到的某一个设定的收益率进行判断。

【例 1.13】 有一个投资方案，其现金流量如表 1-5 所示，用净现值法对该方案进行经济评价。

净现值法评价方案 单位：元 $i_c=10\%$ 表 1-5

年末 (t)	收入	支出	净现金流量 (F_t) = 收入 CI－支出 CO
0	0	−5000	−5000
1	4000	−2000	2000
2	5000	−1000	4000
3	0	−1000	−1000
4	7000	0	7000

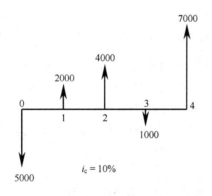

图 1-16

【解】 依照题意，作出相应的净现金流量图，如图 1-16 所示。

由净现值判据公式 (1-19)：

$$\text{NPV}(10\%) = \sum_{t=0}^{n} (\text{CI} - \text{CO})(1+i)^{-t}$$

可得：

$$\text{NPV}(10\%) = -5000 + 2000(1+10\%)^{-1} + 4000(1+10\%)^{-2}$$
$$- 1000(1+10\%)^{-3} + 7000(1+10\%)^{-4}$$
$$= 4154 \text{ 元} > 0$$

因为 NPV $(10\%)>0$，说明该投资方案在 10%的利率条件下经济性较好，故方案可考虑接受。

2. 将来值（终值）

将来值法简称终值（future value）。将来值的经济含义是指任何投资方案（或项目）按部门或行业规定的利率（通常取基准收益率 i_c 或设定的某一个收益率），在整个寿命期（或计算期）内将各年的净现金流量折算到投资活动结束（终点）时的终值之代数和。

将来值用 NFV (i) 表示，是反映项目在寿命期（或计算期）内获利能力的又一个动态评价指标，它和净现值判据是等价的。

按定义，将来值法判据的计算公式如下：

$$NFV(i) = \sum_{t=0}^{n} CF_t(1+i)^{n-t} = \sum_{t=0}^{n} (CI - CO)_t(1+i)^{n-t} \qquad (1-20)$$

公式（1-20）中：NFV (i)——代表将来值（终值）。

如果 NFV $(i_c) \geqslant 0$，说明项目的获利能力达到或超过了同行业或同部门规定的收益率 i_c 要求，因而在财务上是可以考虑接受的；反之，则不能接受。

【例 1.14】   求例 1.13 所示现金流量表示的投资方案，在 $i_c = 10\%$ 下的将来值，并进行经济评价。

【解】   由将来值判据公式（1-20）：NFV $(i) = \sum_{t=0}^{n} CF_t(1+i)^{n-t}$

有：
$$\begin{aligned} NFV(10\%) &= -5000(1+10\%)^4 + 2000(1+10\%)^3 \\ &\quad + 4000(1+10\%)^2 - 1000(1+10\%)^1 + 7000(1+10\%)^0 \\ &= 6080 \text{（元）} > 0 \end{aligned}$$

因为 NFV $(10\%) > 0$，说明该投资方案在 10% 的利率条件下，经济性较好，因而从财务上考虑该方案可以接受。

3. 年度等值

和净现值判据等价的另一个判据是年度等值（age equal value），年度等值用 AE (i) 来表示，它是指把投资方案（或项目）寿命期（或计算期）内各年的净现金流量按其所在部门或行业某一规定的利率（一般是其基准收益率 i_c 或某一个设定的收益率）折算成与其等值的各年年末的等额支付系列，这个等额的数值称为年度等值。

根据前面等值计算公式，不难发现，任何一个投资方案的净现金流量可以先折算成净现值，然后用等额支付系列资金恢复公式即可求得年度等值 AE (i_c)。

即：
$$AE(i) = NPV(i)(A/P, i, n)$$

$$= \sum_{t=0}^{n} CF_t(1+i)^{-t} \left[\frac{i(1+i)^n}{(1+i)^n - 1} \right] \qquad (1-21)$$

类似的，我们也可以将任何一个投资方案的净现金流量折算成将来值，用等额支付系列积累基金公式计算而得，即：

$$AE(i) = NFV(i)(A/F,i,n) = \left[\sum_{t=0}^{n} CF_t(1+i)^{n-t} \right]\left[\frac{i}{(1+i)^n - 1} \right]$$

$$(1\text{-}22)$$

无论采用公式（1-21）还是采用公式（1-22），当 AE（i）$\geqslant 0$ 时，说明方案的经济性较好，因而从财务上投资可考虑接受。反之，则不能考虑。

【例 1.15】　求例 1.13 表 1-5 所示的方案的年度等值，并进行经济评价。

【解】　由 AE（10%）=NPV（10%）（A/P，10%，4）

$$= 4154 \begin{pmatrix} A/P, & 10\%, & 4 \\ & 0.3155 & \end{pmatrix}$$

$$= 1311\ 元$$

或由 AE（i_c）=NFV（i_c）（A/F，i_c，n）= $4154 \begin{pmatrix} A/F, & 10\%, & 4 \\ & 0.2155 & \end{pmatrix}$ =1311 元

因 AE（10%）=1311>0，说明方案的经济性较好，因而从财务上考虑，投资可接受。）

三、内部收益率、动态投资回收期

1. 内部收益率

内部收益率（internal rate of returns）是一个被广泛采用的投资方案评价判据之一，它是指方案（或项目）在寿命期（或计算期）内使各年净现金流量的现值累计等于零时的利率。用 IRR 表示，通常，在实际问题中，IRR 取值为 [0，∞），依照定义，内部收益率可由下列等式（1-23）求得。即：

$$NPV(IRR) = \sum_{t=0}^{n} CF_t(1+IRR)^{-t} = 0 \qquad (1\text{-}23)$$

式中　IRR——方案的内部收益率；

　　　n——方案的寿命期；

　　　CF_t——方案在 t 年的净现金流量。

直接利用（1-23）式计算内部收益率是比较繁琐的，因而一般经过多次试算后采用插入法来求内部收益率，即：先用若干个不同的折现率试算，当用某一个折现率 i_1，求得的各年净现金流量现值累计为正数，而用相邻的一个较高的折现率 i_2 求得的各年净现金流量值累计为负数时，则可知使各年净现金流量现值累计等于零的折现率 i 必在 i_1 和 i_2 之间。然后用插入法可求得 i。这个 i 值就是所求的内部收益率，记为 IRR。一般说来，试算用的两个相邻的高、低折现率之差最好不超过 5%。

求 IRR 的方法可归纳为公式（1-24）。

$$\text{IRR} = i_1 + (i_2 - i_1) \frac{\text{NPV}(i_1)}{\text{NPV}(i_1) + |\text{NPV}(i_2)|} \tag{1-24}$$

注意：这里必须同时满足：NPV $(i_1) > 0$，NPV $(i_2) < 0$，且 $|i_1 - i_2| \leqslant 5\%$。

将 IRR 与方案所在部门或行业的基准收益率 (i_c)（或某一个设定的收益率 (i'_c)）进行比较，如果 IRR $\geqslant i_c$（或 IRR $\geqslant i'_c$）则说明方案的经济性较好，在财务上是可以考虑接受的；若 IRR $< i_c$（或 IRR $< i'_c$）则方案的经济性较差，在财务上是不考虑接受的。

【例 1.16】   假定某项目的有关数据如表 1-6 所示，试求其内部收益率。

某项目有的关数据   单位：万元   **表 1-6**

年 份	1	2	3	4	5	6
初始投资	-1500					
经营投资		-400	-400	-400	-400	-400
销售收入		800	800	800	800	800
净现金流量	-1500	400	400	400	400	400

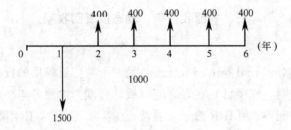

图 1-17

【解】   由表 1-6 作出相应的净现金流量图，如图 1-17 所示。

$$\text{NPV}(i) = -1500(P/F,i,1) + 400(P/F,i,2) + 400(P/F,i,3)$$
$$+ 400(P/F,i,4) + 400(P/F,i,5) + 400(P/F,i,6)$$

先取 $i_1 = 10\%$，代入上式，得：

$$\text{NPV}(10\%) = -1500\binom{P/F,10\%,1}{0.9091} + 400\binom{P/F,10\%,2}{0.8264} + 400\binom{P/F,10\%,3}{0.7513}$$

$$+ 400\binom{P/F,10\%,4}{0.6830} + 400\binom{P/F,10\%,5}{0.6209} + 400\binom{P/F,10\%,6}{0.5645}$$

$$= 14.79 > 0$$

同理，再取 $i_2 = 11\%$，则各年净现金流量现值累计为：

$$\text{NPV}(i_2) = \text{NPV}(11\%) = -19.51 < 0$$

$$\because |i_1 - i_2| = 1\% < 5\%，且 \text{NPV}(i_1) > 0，\text{NPV}(i_2) < 0$$

由计算内部收益率的公式（1-24）有：

$$\mathrm{IRR} = i_1 + (i_2 - i_1) \frac{\mathrm{NPV}(i_1)}{\mathrm{NPV}(i_1) + |\mathrm{NPV}(i_2)|}$$

$$= 10\% + (11\% - 10\%) \frac{14.79}{14.79 + 19.51} = 10.43\%$$

即：该项目的内部收益率为 10.43%。

必须指出：①我们把计算期内各年的净现金流量开始年份为负值（投资支出），以后各年均为正值（收益）的项目称为常规投资项目，反之，在计算内各年净现金流量多次出现正负变化的项目称为非常规投资项目。对于常规投资项目，可以按公式 (1-23) 或 (1-24) 求解，其解一般都只有一个。但对于非常规投资项目，常出现内部收益率不止一个的情况，其内部收益收益率的数目，可以根据 N 次多项式的狄卡尔符号规则来判断。

例如：已知某项目的净现金流量如表 1-7 所示。

某项目的有关数据　　　　　单元：万元　**表 1-7**

t	0	1	2	3
净现金流量值	−1000	4700	−7200	3600

则其内部收益率可由 $-1000(P/F, i, 0) + 4700(P/F, i, 1) - 7200(P/F, i, 2) + 3600(P/F, i, 3) = 0$ 求得。其结果见图 1-18。

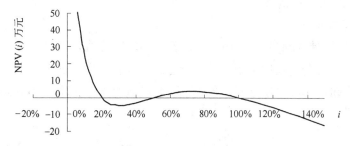

图 1-18　表 7-1　NPV$\sim i$ 图

由表达式，根据狄斯卡尔称号规则，不难看出，此项目正、负号变了多次，其内部收益率就难以确定，但最多不超过 3 个。由图 1-18 可知：IRR 分别为 20%，50% 和 100%。

② 必须注意到，方案的内部收益率 IRR 不存在的几种特殊情况，

a）净现金流量都是正的：如图 1-19（a）。

b）净现金流量都是负的，如图 1-19（b）。

c）净现金流量收入的和小于支出的和，1-19（c）。

为什么上述 3 种情况不存在内部收益率呢？（请同学思考并回答）

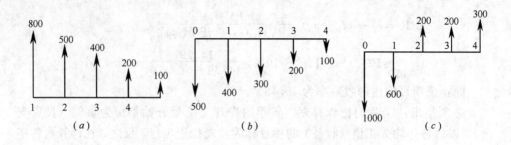

图 1-19

③ 还要弄清楚现金流量具有一个内部收益率时，其净现值函数 NPV (i) 曲线如图 1-20 所示，曲线有如下特点：

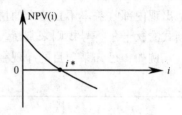

图 1-20   净现值与 i 值关系

$a)$ 同一现金流量条件下，净现值随利率 i 增大而减小。

$b)$ 在某一个 i^* 值上，曲线与横轴相交，该点的 NPV $(i) = 0$。

当 $i < i^*$ 时，NPV $(i) > 0$ 时；当 $i > i^*$ 时，NPV $(i) < 0$ 为负值。

i^* 即项目的内部收益率 IRR。

$c)$ 当 $i > 50\%$ 时，曲线渐近于一条直线。

2. 动态投资回收期

前面介绍的投资回收期，因未考虑资金的时间价值，因而是指的静态投资回收期 P_t。动态投资回收期是指在某一设定的基准收益率 i_c 的前提条件下，从投资活动起点算起，项目（或方案）各年净现金流量的累计净现值补偿全部投资所需的时间，用 P'_t 表示，其值由下式决定：

$$\sum_{t=0}^{P'_t} \mathrm{CF}_t (1 + i_c)^{-t} = 0 \tag{1-25}$$

动态投资回收期 P'_t 也是目前比较流行的一种动态评价判据。在实际问题中，动态投资回收期 P'_t 常用下面的公式进行计算：

$$动态投资回收期(P'_t) = \left[\begin{array}{c}累计净现值开始出\\现正值的年份数(m')\end{array}\right] - 1$$
$$+ \frac{上年(m'-1)累计净现值的绝对值}{当年(m')净现值} \tag{1-26}$$

(1-26) 式中的计算结果若有小数部分，该部分也可化成月数，以年和月表示。

特别的情况：若投资方案只有零年有一个投资为 P，以后各年的净现金流量均为 A，则此种情况下的动态投资回收期 P'_t 也可由公式（1-27）进行计算。

$$P'_t = \frac{-\lg\left(1 - \dfrac{P_i}{A}\right)}{\lg(1 + i)} \qquad (1\text{-}27)$$

（请同学们推导公式 1-27）。

在项目方案评价中，动态投资回收期（P'_t）与基准投资回收期 P_c 相比较，若 $P'_t \leqslant P_c$，则说明项目的经济性较好，在财务上是可以考虑接受的。

【例 1.17】　某项目的现金流量如表 1-8 所示，如果基准收益率为 10%，试计算其动态投资回收期。

某项目现金流量　　　　单位：万元　表 1-8

年　份	1	2	3	4	5～10
现金流入		800	800	800	800
现金流出	−1000	400	400	400	400

解法一：累计现金流量值计算如表 1-9 所示：

计算表　　　　单位：万元　表 1-9

年　份	净现金流量	现值系数	净现金流量现值	累计净现金流量现值
0	−1000	1.0000	−1000	−1000
1	400	0.9091	363.64	−636.36
2	400	0.8264	330.56	−305.80
3	400	0.7513	300.52	−5.28
4	400	0.6830	273.20	367.92

根据公式（1-26），动态投资回收期：

$$P'_t = 4 - 1 + \frac{5.28}{273.20} = 3.02 \text{ 年}$$

解法二：该项目净现金流量属于只有零年投资，以后各年的净现金流量均相等，由公式（1-27），动态投资回收期：

$$P'_t = \frac{-\lg\left(1 - \dfrac{P_i}{A}\right)}{\lg(1 + i)} = \frac{-\lg\left(1 - \dfrac{1000 \times 0.1}{400}\right)}{\lg(1 + 0.1)} = 3.02 \text{ 年}$$

四、几种评价判据的比较

1. 投资方案评价判据按照是否考虑资金的时间价值分为静态评价和动态评价。即：

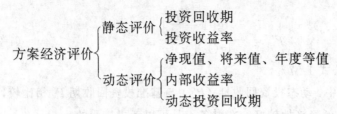

这里，年度等值和将来值可看做是由净现值派生出来的判据，性质上与净现值判据相同。因此，性质不相同的评价判据有三个：投资回收期（含静态和动态）、净现值和内部收益率。

2. 净现值、年度等值和将来值是方案是否可以接受的主要判据之一，它们直接反映了方案较通常投资机会收益值增加的数额。三个指标中任何一个所得的结论都相同的，只是表述意义不一致。另外，进行它们的计算时须事先给出基准收益率(i_c)或设定收益率(i'_c)。

3. 对于常规投资项目而言，净现值和内部收益率有完全相一致的评价结论，即是说，内部收益率（IRR）大于基准贴现率(i_c)时必有净现值 NPV(i_c)大于零；反之亦然。

内部收益率判据的优点是：可在不给定基准贴现值的情况下求出来，它的值可不受外部参数（贴现率）的影响而完全取决于工程项目（或方案）本身的现金流量。内部收益率的缺点是：不能在所有情况下给出惟一的确定值。此外在进行多方案比较和选择时，不能按内部收益率的高低直接进行方案的取舍（详见第四节）。

4. 投资回收期和投资收益率两判据的优点是：简单易懂，通常基准回收期比投资方案的寿命期要短。其缺点是：太粗糙，没有全面考虑投资方案整个寿命期的现金流量的大小和发生的时间。由于这些缺点，投资回收期不能作为一个指标单独使用，只能作为辅助性的参考指标加以应用。在实际问题中投资回收期之所以仍被使用，其主要原因是：对一些资金筹措困难的部门迫切地希望将资金回收，回收期长则风险大，反之则风险小；计算简单，直观性强。期间越短，资金偿还的速度越快，资金的周转加速；另外，投资回收期计算出来后可大致能估计出平均的收益水平。

总之，对于上述各种投资方案，应根据具体应用场合，合理使用。

第四节   投资方案的比较与选择

方案比较是寻求合理的经济和技术决策的必要手段，也是项目经济评价工作的重要组成部分。在项目可行性研究过程中，由于技术的进步，在实现某种目标时往往会形成多个方案，这些方案或是采用不同的技术、工艺和设备，或是不同的规模和坐落位置，或是利用不同的原料、燃料、动力和水资源，或是选择不同的环境保护措施等等。因此，必须对提出的各种可能方案进行筛选，并对筛选出的几个方案进行经济计算，再将拟建项目的工程、技术、经济、环境、政治及社会等各方面因素联系起来进行综合评价，选择最佳方案。

一、投资方案的分类和比较的原则

1. 分类

众所周知，方案之间的关系不同，其选择的方法和结论也不同。根据方案间的关系，可以将投资方案分为四种类型：独立方案、互斥方案、从属方案和混合方案。

所谓独立方案（independent scheme），是指方案间互不干扰，即一个方案的执行不影响另一些方案的执行，在选择方案时可以任意组合，直到资源得到充分运用为止。例如，某部门欲建儿个产品不同、销售数额互不影响的工厂时，这些方案之间的关系就是独立的。

独立方案的定义如果更加严格地讲，应该是：若方案间加法法则成立，则这些方案是彼此独立的。例如，现有甲、乙两个投资项目，假定投资期为 2 年，仅向甲投资，投资额为 10000 元，收益为 5000 元；若仅向乙投资，投资额为 20000 元，收益为 7000 元，若同时向两个项目投资时，投资额为 30000 元（10000＋20000），收益为 12000（5000＋7000）元的关系成立，则说甲、乙两项目方案加法法则成立，即甲、乙两项目方案是互相独立的。

所谓互斥方案（mutual excluding scheme），就是在若干个方案中，选择其中任何一个方案，则其他方案就必然是被排斥的一组方案。例如在某一个确定的地点，有建工厂、商店、住宅、公园等方案，此时因选择其中任何一个方案后，其他方案就无法实施，即具有排他性。因此，这些方案间的关系就是互斥的。

所谓从属方案（subordinate scheme），是指接受某个方案是以接受另一个方案为前提，则前者即为后者的从属方案。例如：工厂的污水处理方案以生产工艺排出污水的水质水量及回收利用程序为前提。工厂的生产工艺方案为前提方案，污水处理方案为从属方案。

以上三种方案的不同组合就形成了混合方案（mixed scheme）。例如，某部门欲对下属不同产品的生产企业分别进行新建、扩建和更新改造的 A、B、C 三个方案，而新建、扩建和更新改造方案中又存在若干个方案，如新建方案有 A_1、A_2，扩建方案有 B_1、B_2，更新改造方案有 C_1、C_2、C_3 等互斥方案，但由于资金有限，需要选择能使资金得到充分运用的方案时，就是面临着混合方案的选择问题。

在方案选择前搞清这些方案属于何种类型是至关重要的，因为方案类型不同，其选择、判断的尺度不同，因而选择的结果也不同。一般说，工程技术方案经常为互斥方案。本书重点介绍互斥方案的比较和选择。

2. 比较原则

投资方案的比较一般应遵守以下四个原则。

原则1：投资方案间必须具有可比性

在进行投资方案比较时，必须注意保持各个方案的可比性，一般应满足以下条件：（1）满足需要上可比；（2）消耗费用上可比；（3）价格指标上可比；（4）时间上可比。在具有可比性的前提下，方案比较可按各个方案所含的全部因素（相同因素和不同因素），计算各方案的全部经济效益，进行全面的对比；也可仅就不同因素计算相对的经济效益，进行局部的对比。

原则2：动态分析与静态分析相结合，以动态分析为主

方案比较时，强调利用复利计算方法计算时间因素，进行价值判断。这种动态计算方法将不同时间内资金的注入和流出核算成同一时点的价值，为不同方案和不同项目的经济比较提供了同等的基础，并能反映出未来时期的发展变化情况。这样做，对投资者和决策者都树立资金时间观念、利息观念、投入产出观念，合理利用建设资金，提高经济效益都具有十分重要的作用。

静态指标一般比较简单、直观，使用起来较方便，在评价过程中，可以根据工作阶段和深度要求的不同，计算一些静态指标以进行辅助分析。

原则3：定量分析与定性分析相结合，以定量分析为主

在以往的经济评价中，由于缺乏定量分析的方法和技术，对一些主要经济因素只能平行罗列，分别进行对比和假定性的描述。而近一个时期来，采用的评价指标则力求正确反映项目方案的费用和效益两个方面，扩大经济因素的数量化范围，进行定量分析。对于一些不能量化的经济因素，则应进行实事求是的、准确的定性描述。

原则4：宏观效益分析与微观效益分析相结合，以宏观效益分析为主。

方案比较原则上应通过国民经济评价来确定（第四章介绍），对产出物基本相同，投入物构成基本一致的方案进行比较时，为了简化计算，在不会与国民经济评价结果发生矛盾的条件下，也可通过财务评价（第二章介绍）确定。

宏观和微观的效益分析，都要以全过程分析为主。即，看项目在整个建设阶段和生产阶段全过程的经济效益大小。也就是说不能只看投资大小、工期长短、造价高低，而对项目投产后流动资金多少、生产成本高低、经济效益等不予重视。要避免项目建成后不能充分发挥生产能力，甚至得不偿失的现象发生。

二、静态分析法

1. 静态差额投资收益率

利用差额投资收益率作评价指标对多个方案进行分析比较，是一种常用的静

态分析法。把参加比较的两个方案增加的投资与其所节省的年度经常费用的百分比称为静态差额投资收益率。差额投资收益率的计算公式：

$$R_a = \frac{C_1 - C_2}{I_2 - I_1} \times 100\% \tag{1-28}$$

式中　R_a——表示静态差额投资收益率；

　　C_1，C_2——分别为方案 I、方案 II 的年经营费用（或单位产品的经营费用），且 $C_2 < C_1$；

　　I_1，I_2——分别为方案 I、方案 II 的总投资（或单位产品投资），$I_2 > I_1$。

按（1-28）式计算，当 R_a 值大于基准的静态投资收益率 i_c 时，即 $R_a > i_c$ 时，说明投资额较大的方案优于投资额较小的方案，多出的投资是值得的；反之，当 $R_a < i_c$ 时，说明投资额较小的方案优于投资较大的方案，多出的投资是不值得的。

值得注意的是，参加比较的方案，其静态投资收益率均要满足大于基准的静态投资收益率的要求。本书，若无特别说明，参加比较的方案均符合此要求。

【例1.18】　某自来水公司拟建一条水处理生产线，今有产量相同的甲、乙两个技术方案可供采用。假定甲方案的总投资为220万元，年生产成本为40万元；乙方案的总投资为180万元，年生产成本为45万元。如果基准的投资收益率为12%，试用静态差额投资收益率法对甲、乙方案进行优选。

【解】　$R_a = \dfrac{C_1 - C_2}{I_2 - I_1} \times 100\% = \dfrac{45 - 40}{220 - 180} \times 100\% = 12.5\% > i_c = 12\%$

因为 $R_a > i_c$，故甲方案优于乙方案，应选甲为宜。

2. 静态差额投资回收期法

通常我们把参加比较的两个方案中，通过投资较大的方案每年所节省的经常费用来回收相对增加的投资所需要的时间长度称为静态差额投资回收期，用 P_a 表示，其计算公式为：

$$P_a = \frac{I_2 - I_1}{C_1 - C_2} \tag{1-29}$$

式（1-29）中，I_1、I_2、C_1、C_2 所表达的含义与公式（1-28）中相同。假定 P_c 为基准投资回收期，那么，当 $P_a > P_c$ 时，说明投资方案较小的优于投资较大的方案；反之，则 $P_a < P_c$ 时，则说明投资较大的方案优于投资较小的方案。

比较式（1-28）和式（1-29），显然有：

$$P_a = \frac{1}{R_a} \quad \text{或} \quad R_a = \frac{1}{P_a}$$

类似于静态差额投资收益率判别方法，参加比较投资的方案，其静态投资回收期均要满足小于基准的静态投资回收期 P_a 的要求。

【例1.19】　若假定例1-18中水厂扩建项目的基准投资回收期为10年，试按静态差额投资回收期法对例 1.18 中的甲、乙两个方案进行比较优选。

【解】　$P_a = \dfrac{I_2 - I_1}{C_1 - C_2} = \dfrac{220 - 180}{45 - 40} = \dfrac{40}{5} = 8$ 年 $< P_c = 10$ 年

因 $P_a < P_c$。所以甲方案优于乙方案，应选甲。

3. 计算费用法

通过上面的学习，我们知道：

当 $R_a > i_c$ 时，也即 $\dfrac{C_1 - C_2}{I_2 - I_1} > i_c$ 时，有方案 2 优于方案 1；

反过来，若方案 2 优于方案 1，必有 $\dfrac{C_1 - C_2}{I_2 - I_1} > i_c$ 成立。

即：$C_2 + i_c I_2 < C_1 + i_c I_1$ 成立

若我们把 $C_2 + i_c I_2$ 和 $C_1 + i_c I_1$，分别叫方案 2 和方案 1 的计算费用（或叫折算费用）。那么，就有如下结论：

在多个方案静态比较中 j 方案为最优化方案的条件是：

方案 j 的计算费用最小：即 $C_j + i_c I_j$ 为最小值者为先。

【例 1.20】　试用计算费用法比较例 1.18 中，甲、乙两个方案。

【解】　甲方案的计算费用为：$C_甲 + i_c I_甲 = 40 + 12\% \times 220 = 66.4$ 万元

　　　　乙方案的计算费用为：$C_乙 + i_c I_乙 = 45 + 12\% \times 180 = 66.6$ 万元

因甲方案的计算费用小于乙方案的计算费用。故，甲优于乙，应选甲方案。

三、动态分析法

考虑资金的时间价值，对多个方案进行比较选择的方法，属于动态分析法，常见的有净现值法、年值比较法、差额投资内部收益率法、效益费用法、最低价格法等。

1. 净现值法

对于同一特定目标，若有两个或两个以上方案可供选择，且它们的计算期相同，为了比较各个方案经济效果的优劣，可用净现值作为指标来衡量。其方法有两个：

方法一：分别计算参加比较的各方案的净现值总额，其值最大者为优选方案，即：净现值总额法；

方法二：首先要将参加比较的各方案，按投资额由小到大进行排列，然后依次计算两个方案现金流量之差，再考虑某一方案比另一方案增加的投资在经济上是否合算。两个方案现金流量之差的现金流量的净现值为投资增额净现值，若投资增额净现值大于零，则投资的增加是合算的，应选投资较大的方案；反之，则应选投资较小的方案。即：投资增额净现值法。

【例 1.21】　现有四个方案（A、B、C、D）有关数据见表 1-10，试用现值法比较优选方案（A 方案为全不投资情况）。

计　算　表　　　$i_c=15\%$　单位：元　**表 1-10**

年末	方　案			
	A	B	C	D
0	0	−5000	−10000	−8000
1～10	0	1400	2500	1900

【解】

解法一：（净现值总额法）

$NPV(15\%)_A = 0$

$NPV(15\%)_B = -5000+1400\left(\dfrac{P/A,15\%,10}{5.0188}\right)=2026.32$ 元

$NPV(15\%)_C = -10000+2500\left(\dfrac{P/A,15\%,10}{5.0188}\right)=2547.00$ 元

$NPV(15\%)_D = -8000+1900\left(\dfrac{P/A,15\%,10}{5.0188}\right)=1535.72$ 元

因　$NPV(15\%)_C > NPV(15\%)_B > NPV(15\%)_D > NPV(15\%)_A$

故　方案 C 为最优方案，应选定 C 方案。

解法二：（投资增额净现值法）

第一步：先把方案按照初始投资的递升次序排列如下，见表 1-11；

计　算　表　　　$i_c=15\%$　单位：元　**表 1-11**

年末	方　案			
	A	B	D	C
0	0	−5000	−8000	−10000
1～10	0	1400	1900	2500

第二步：选择初始投资最少的方案作为临时最优方案，这里选定全不投资方案作为临时最优方案；

第三步：选择初始投资较高的方案 B 作为竞赛方案。计算这两个方案的现金流量之差，并按基准贴现率 $i_c=15\%$ 计算现金流量增额的净现值。则有：

$NPV(15\%)_{B-A} = -5000+1400\left(\dfrac{P/A,15\%,10}{5.0188}\right) = 2026.32$ 元 > 0

说明竞赛方案 B 优于临时最优方案 A，应划掉 A 方案，将 B 方案作为最优方案；

第四步：把上述第三步反复下去，直到所有方案都比较完毕，最后可以找到最优的方案。

$$NPV(15\%)_{D-B} = [-8000 - (-5000)] + (1900 - 1400)\left(\underset{5.0188}{P/A,10\%,10}\right)$$

$$= -490.60 \text{ 元} < 0$$

说明 B 方案优于 D 方案；

又 $NPV(15\%)_{C-B} = -5000 + 1100\left(\underset{5.0188}{P/A,15\%,10}\right) = 520.68 \text{ 元} > 0$

说明 C 方案优于 B 方案，应选 C 方案。

综上所述，C 方案是最后选定的方案。

应说明的是：

(1) A 方案为全不投资方案。并不意味着把资金存在保险箱里得不到任何效益，而是把资金投放在其他机会上，不投到本题中所考虑的那些方案上。

(2) 净现值总额法和投资增额净现值法两种方法的结论是完全一致的。

这是因为：

$NPV(i)_B - NPV(i)_A = NPV(i)_{B-A}$ （由同学自己证明）

所以若有 $NPV(i)_B > NPV(i)_A$ 成立，就一定有：$NPV(i)_{B-A} > 0$。

(3) 如本章前面所述，净现值、将来值、年度等值三者，作为方案的比较判据是相互一致的，即如果有两个方案 A 和 B，在某一给定的基准贴现率的情况下，

若有 $NPV(i_C)_B > NPV(i_C)_A$ 成立

必有 $NFV(i_C)_B > NFV(i_C)_B$ 和 $AE(i_C)_B > AE(i_C)_A$ 成立。

2. 年值比较法

此方法有两种：年度等值法和年度费用法。

方法一：对某一个特定的项目而言，凡是参加比较的方案的服务年限相同，均可计算其各自的年度等值 AE，然后选择 AE 最大者为最优方案。即：年度等值法。

方法二：对某一个特定的项目而言。若参加比较的方案效益相同，则可用年度费用法（用 AC 表示）进行比较，选择年费用最小者为最优方案。此方法的优点是可以用于服务年限不同的方案之间的比较。

【例 1.22】   为了提高自来水的质量，某水厂准备更换原有的设备，现可供选择的新设备有两种，有关数据见表 1-12。如果基准收益率为 12%，假定效益相同，应选哪种设备为好？

A、B 两种设备的数据   单位：元 **表 1-12**

设备种类	A	B
初始投资	2500	32000
年经营费用	5200	4800
残值	2000	3000
服务年限	6 年	10 年

【解】 现金流量图如图 1-21 所示：

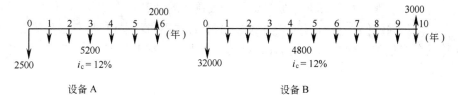

图 1-21 两种设备的现金流量图

$$AC_A = 2500(A/P, 12\%, 6) - 2000(A/F, 12\%, 6) + 5200$$
$$= 2500 \times 0.24323 - 2000 \times 0.12323 + 5200$$
$$= 11034.29 \text{（元）}$$

$$AC_B = 32000(A/P, 12\%, 10) - 3000(A/F, 12\%, 10) + 4800$$
$$= 32000 \times 0.17698 - 3000 \times 0.05698 + 4800$$
$$= 10292.42 \text{（元）}$$

因为 $AC_B < AC_A$，故应选择设备 B。

应说明的是：

(1) 在计算 AC 时，由于效益相同，所以只须比较费用，故可选取现金流量图中向下现金流量为正，向上的现金流量为负。

(2) 采用年费用比较法对具有不同服务年限的方案进行比较，是基于一个假定，这个假定是指：如果同一方案在服务年限终止后再一次重复实施，其年费用仍保持不变。显然，这种假定与实际有出入，故应该明确，这种分析方法只是为了达到方案比较的目的。

3. 差额投资内部收益率法

通过计算参加比较的两个方案各年净现金流量差额的现金流量的内部收益率，来判定方案好坏的方法叫差额投资内部收益率法。其计算式为：

$$\sum_{t=1}^{n} [CF_2 - CF_1]_t (1 + \Delta IRR)^{-t} = 0 \tag{1-30}$$

式中 CF_2——投资较大的方案的净现金流量；

CF_1——投资较小的方案的净现金流量；

ΔIRR——差额投资内部收益率。

ΔIRR 可仿照本章第三节中内部收益率计算的试插法求得。

差额投资内部收益率大于或等于基准收益率（财务评价）或社会折现率（国民经济评价）时，投资较大的方案较优，此方法与净现值法得出的结论是一致的。

【例 1.23】 根据例 1.21 中表 1-10 所给的数据，用差额投资收益率法比较方案。

【解】 A 为全不投资方案，意味着资金没有投在表 1-10 所述互相排斥的方案上，而放在其他机会上。

按以下步骤进行各方案差额投资内部收益率的计算：

计算步骤的第一步和第二步与例 1.21 中的方法二基本相同，只是从第三步起计算现金流量差额的内部收益率，并以其是否大于基准贴现率 i_c，作为选定方案的依据。

第一步：（略）

第二步：（略）

第三步：选择初始投资较高的方案 B 作为竞赛方案，使投资差额（B−A）的净现值等于零，求其内部收益率：

$$-5000 + 1400(P/A, \Delta IRR_{B-A}, 10) = 0$$

用试插法解得：$\Delta IRR_{B-A} = 25\% > 15\%$

所以方案 B 变为临时最优方案，而把全不投资方案 A 淘汰掉；

第四步：取方案 D 同方案 B 比较，计算差额投资（D—B）的内部收益率：

$$-3000 + 500(P/A, \Delta IRR_{D-B}, 10) = 0$$

得：$\Delta IRR_{D-B} = 10.6\% < 15\%$

所以 D 方案被淘汰，B 仍为临时最优方案；

第五步：用 C 方案同 B 方案比较，计算差额投资（C—B）内部收益率：

$$-5000 + 1100(P/A, \Delta IRR_{C-B}, 10) = 0$$

得：$\Delta IRR_{C-B} = 17.7\% > 15\%$

现在方案 C 为最优方案，方案 B 被淘汰。

综上，方案 A、B、C、D 经过差额投资内部收益率方法计算，各方案的优先排序为：C，B，D，A。即：方案 C 为最优方案。与用净现值方法判断的结论一致。

值得注意的是：在进行多方案比较中，不能直接用方案的内部收益率大小来判别方案的优劣。这是因为有可能会出现得出的结论与现值法得出的结论相矛盾的情况。这可以从例 1.21 中表 1-10 所示方案为例来说明之。详见表 1-13。

方案的比较   单位：元 **表 1-13**

评价判据		方案			
		A	B	C	D
现金流量	0 年末	0	−5000	−10000	−8000
	1-10 年末	0	1400	2500	1900
按差额投资内部收益率法的优序		4	2	1	3
按净现值大小的优序		0	2026.32	2547.00	1535.72
（$i = 15\%$）		4	2	1	3
按内部收益率的大小的优序		15%	25%	21.4%	19.9%
		4	1	2	3

由表 1-13 清楚地看出，若用内部收益率的大小对四个方案进行优选，则 B 方案是最优方案，与用净现值法来判断的 C 方案为最优相矛盾，出现这种矛盾的原因是：因为 $IRR_B > IRR_C$ 并不意味着一定有 $\Delta IRR_{B-C} > i_c$（i_c 为基准贴现率）成立。另外，上述不一致的情况，可由图 1-22 来说明。

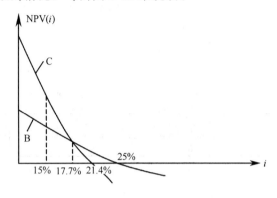

图 1-22　互斥方案的比较

虽然方案 B 的内部收益率是大于方案 C 的，但在基准贴现率 15％处，方案 C 的净现值大于方案 B。差额投资内部收益率 $\Delta IRR_{C-B} = 17.7\%$，表示贴现率为 17.7％时，两个方案的净现值相同。因此只要基准贴现率在差额投资内部收益率的左边（即：$\Delta IRR_{C-B} > i_c$），则方案 C 优于 B，这样就与净现值或差额投资内部收益率等判据一致了。因此，和净现值判据不同，用收益率来比较方案时，一定要用差额投资内部收益率，而不能直接用内部收益率的大小来进行比较。

需要指出的是，采用差额投资内部收益率判据时，要用初始投资大的方案的现金流量减去初始投资小的方案的现金流量。其目的在于形成寻常投资的形式，处理起来比较方便。

4. 最低价格法

对产品产量不同，产品价格收费标准又难以确定的比较方案，当其产品为单一产品或能折合为单一产品时，可采用最低价格法（或称最低收费标准法）。该方法是指：分别计算各比较方案净现值等于零时的产品价格并进行比较，以产品价格较低的方案为优。最低价格（P_{min}）可按下式计算：

$$P_{min} = \frac{\sum_{t=1}^{n} CF_t (1 + i)^{-t}}{\sum_{t=1}^{n} Q_t (1 + i)^{-t}} \qquad (1\text{-}31)$$

式中　Q_t——第 t 年的产品量。

【例 1.24】　某水厂项目有两个建设方案，预计各年的费用支出及产量如表 1-14，要求的收益率为 10％。试用最低价格法比较两方案的优劣。

方案的比较   表 1-14

方案	项目	建设期		投产期		达产期					
		1	2	3	4	5	6	7	8	9	10
A 方案	产量 （万 m³/d）			1825	2920	3650	3650	3650	3650	3650	3650
	CF_t （万元）	−5000	−3500	−1100	−1450	−1825	−1825	−1825	−1825	−1825	−1500
B 方案	产量 （万 m³/d）			2190	2920	3650	3650	3650	3650	3650	3650
	CF_t （万元）	−5000	−5000	−900	−1200	−1460	−1460	−1460	−1460	−1460	−1000

【解】

$$P_{minA}=\frac{5000(1.1)^{-1}+3500(1.1)^{-2}+1100(1.1)^{-3}+1425(1.1)^{-4}+\sum_{t=5}^{9}1825(1.1)^{-t}+1500(1.1)^{-10}}{1825(1.1)^{-3}+2920(1.1)^{-4}+\sum_{t=5}^{10}3650(1.1)^{-t}}$$

$$=\frac{14558.36}{14223.21}=1.024 \ 元/(m^3 \cdot d)$$

$$P_{minB}=\frac{5000(1.1)^{-1}+5000(1.1)^{-2}+900(1.1)^{-3}+1200(1.1)^{-4}+\sum_{t=5}^{9}1460(1.1)^{-t}+1000(1.1)^{-10}}{2190(1.1)^{-3}+2920(1.1)^{-4}+\sum_{t=5}^{10}3650(1.1)^{-t}}$$

$$=\frac{14339.20}{14497.44}=0.989 \ 元/(m^3 \cdot d)$$

$P_{minA}>P_{minB}$，方案 B 优于方案 A 。

5. 效益/费用法

分别计算比较方案各自的效益（用现值或当量年值表示）与费用（当量年成本表示），并通过效益与费用比较，若效益/费用>1，则这个方案在经济上是认为可以接受的；若效益/费用<1，则这个方案在经济上是不可取的。其比较标准是效益/费用=1。

这种方法一般用于评价公用事业的项目（或方案）的经济效果。这里的效益不一定是项目承办者能得到的收益，而应是承办者受益于社会效益之和。

【例 1.25】   某地区在建设中考虑预防洪水侵袭，减少洪水灾害损失，共有四个互相独立的修建水坝方案。它们的寿命为 75 年，费用资料见表 1-15，设基金的利率为 4%，利用效益/费用分析方法选择最优方案。

方案的比较表　　　　单位：万元　**表 1-15**

方　　　案	投　　资	年维护费	水灾年损失
不建	0	0	240
A	1120	28	150
B	880	21	170
C	720	18	200
D	480	12	215

【解】　A 方案：效益/费用＝ $[240-150]$ / $[1120 (A/P，4\%，75) +28]$
$\qquad\qquad\qquad$ ＝90/75.30＝1.19

$\qquad\quad$ B 方案：效益/费用＝ $[240-170]$ / $[880 (A/P，4\%，75) +21]$
$\qquad\qquad\qquad$ ＝70/58.16＝1.20

$\qquad\quad$ C 方案：效益/费用＝ $[240-200]$ / $[720 (A/P，4\%，75) +18]$
$\qquad\qquad\qquad$ ＝40/48.40＝0.83

$\qquad\quad$ D 方案：效益/费用＝ $[240-215]$ / $[480 (A/P，4\%，75) +12]$
$\qquad\qquad\qquad$ ＝25/32.27＝0.77

由此可以看出 A 方案和 B 方案是可取的。而 C、D 方案在经济上是不可取的。

当 A、B 方案不是相互独立，而是互斥时，这就要在 A、B 方案之间进行选择，不能简单地采用比较各个方案的效益/费用之比值来判别方案的优劣。而应比较两方案的增量效益与增量费用，若比值大于1，则费用的增加是值得的；反之，费用的增加就不值得了。下面就 A、B 方案用增量效益/增量费用的方法来确定孰优？

增量效益/增量费用$_{(A-B)}$＝ $(90-70)$ / $(75.30-58.16)$ ＝20/17.14＝1.167

虽然 B 方案的效益/费用为 1.20，大于 A 方案的效益/费用 1.19，但 A 方案相对于 B 方案的增量效益/增量费用$_{(A-B)}$ 为 1.167＞1，故 A 方案优于 B 方案。

四、服务寿命不等的方案比较

前面介绍的动态分析方法，均是在假定参加比较的方案的服务寿命相同的前提条件下采用的。如果参加比较的方案，其服务寿命不相同，那么就必须对服务寿命长短作出某种假定，使得方案在相等期限（通常称作研究期或计算期）的基础上进行比较，才能保证得到合理的结论。关于这类方案的比较，通常采用下述两种方法。

1. 最短寿命方案年限法

该法仅限于考虑参加比较的方案在某一研究期（或计算期）内的效果。一般取最短寿命方案的寿命期作为研究期。具体方法是：先计算各方案在各自的寿命期内的年度等值（或年度费用），然后以最短寿命方案的寿命期作为研究期（或计算期）年限进行比较，得出结论。

【例 1.26】　假设有两个方案，如表 1-16 所示，其每年的产出是相同的，但方案 A_1 可以使用 5 年，方案 A_2 只能使用 3 年。基准贴现率为 7%，试用最短寿命方案年限法比较两方案的优劣。

方案的比较表　　　　　　　单位：元　**表 1-16**

年末	方案 A_1	方案 A_2
0	−15000	−20000
1～3	−7000	−2000
4～5	−7000	—

【解】　由表 1-16 所示，取研究期为 3 年，则两方案的现金流量的年度等值为：

$$AE(7\%)_{A1} = -15000(A/P,7\%,5)-7000$$
$$= -15000 \times 0.2439-7000 = -10659 \text{ 元/年}$$
$$AE(7\%)_{A2} = -20000(A/P,7\%,3)-2000$$
$$= -15000 \times 0.3811-2000 = -9622 \text{ 元/年}$$

由此可看出，在前 3 年中，方案 A_2 的每年支出比方案 A_1 少 1037 元，因而 A_2 优于 A_1。

2. 最小公倍数法：

这种方法的特点就是首先取参加比较的两方案的服务寿命的最小公倍数作为一个共同研究期（或计算期）年限，并假定每一方案在这一期间内反复实施。然后利用前面所学的年度等值法或净现值法进行比较，得出结论。

【例 1.27】　假设有两个方案如表 1-16 所示，试用最小公倍数法比较方案。

解：由于方案 A_1 的服务寿命为 5 年，方案 A_2 的服务寿命为 3 年，所以取其最小公倍数为 15 年，并假定两方案在 15 年内反复实施，则两方案的现金流量图分别为：图 1-23 （a）、（b）。

由上面的现金流量图可以看出，A_1 方案在 15 年内重复实施 3 次，A_2 方案在 15 年内重复实施 5 次，具体可采用年度等值作为评比标准，这样可使评算工作最为简单。由于现金流量是重复的，所以只需计算一个周期的年度等值就足以代表整个时期的年度等值。

$$AE(7\%)_{A1} = -15000\left(\begin{array}{c}A/P,7\%,5\\0.2439\end{array}\right) - 7000 = -10659 \text{ 元／年}$$

$$AE(7\%)_{A2} = -20000\left(\begin{array}{c}A/P,7\%,3\\0.3811\end{array}\right) - 2000 = -9622 \text{ 元／年}$$

因两个方案的共周期为 15 年，如果各个方案都反复实施下去，达到这个期限，则方案 A_2 比方案 A_1 在 15 年内每年可节约 1037 元，所以，方案 A_2 优于方案 A_1。

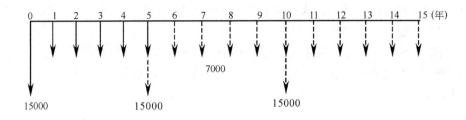

图 1-23 (*a*)　　方案 A₁ 的现金流量图

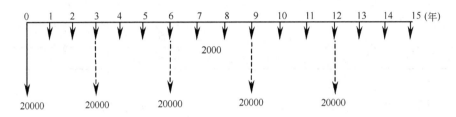

图 1-23 (*b*)　　方案 A₂ 的现金流量图

说明：在实际中由于技术的不断进步和资源的有限性决定了同一方案反复实施的可能性是不大的。因此，最小公倍数方法带有夸大两个方案之间区别的倾向，这一点是应该注意的。

五、有约束条件的方案比较

在方案比较和选择时，常常受资金、资源、劳动力等约束条件的影响，使方案的选择受到一定的制约。其中受资金的制约是很重要的，按资金的来源大致可分为两种：自有资金和借贷资金。若用自有资金进行投资，就意味着失去了进行其他投资时所能获得的收益（机会成本）；若用借贷资金进行投资，就必须在一定期间内偿还，并要支付利息。所以，在进行方案分析时，必须弄清楚资金的限额等制约条件才行。在这里，我们就资金限额这一约束条件对方案的排队选优进行探讨。

项目比较和选优过程中，常常会因为受资金总拥有量的约束，不可能实施所有经济上合理的全部单个项目。比如：项目 A、B、C 所需的资金分别为：P_A、P_B 和 P_C，设 $P_A = P_B + P_C =$ 能够筹集到的资金。由于项目的不可分性（即一个项目只能作为一个整体而被接受或放弃）及存在资金的约束，使决策者不能再简单地按 IRR、ΔIRR、NPV（i_c）等方法来考虑项目的取舍了。只能采用项目组合法把所有可行的投资项目进行组合列出，且必须使组合项目满足约束条件的要求，进行项目的选择、排队和评优。在这只能做出的选择是：选择项目 A 或项目 B+C。即接受项目 A，就必然排斥项目 B+C（简写为项目 BC），反之，亦然。这样，就可以将由于存在约束条件而成为相关的项目转化为互斥的、或独立的项目，采用前述的方法进行项目的比选。

【例 1. 28】   有三个项目 A、B、C（不相关项目），各项目的投资年收益如表 1-17 所示，预先的计算表明各项目的 IRR 均大于基准收益率 15%，均可接受。但建设方仅有 30000 元可投入。试进行合适的项目组合。

资 料 表   单位：元 表 1-17

项 目	投资（生产期初）	年净收益	寿命期（年）
A	12000	4300	5
B	10000	4200	5
C	17000	5800	10

【解】   因为，总投资限额为 30000 元。因此，不能同时上 A、B、C 三个项目（总投资为 39000 元）。现在，我们按以下步骤选出最佳项目组合：

1）列出 A、B、C 三个项目的所有可能的组合。不难证明如项目总数为 M，而不相关的项目数为 m，则除了不投资项目外，存在着 $M = 2^m - 1$ 个组合方案。该例可能的项目组合见表 1-18。

2）去除不满足约束条件的项目组合，留下满足约束条件的互斥方案组。并按投资额大小，从小到大排列出要进行比较的互斥方案组，见表 1-19。

3）此时，可用前述的评价方法来评价并选择最优方案。下面我们用差额投资内部收益率及投资增额净现值法及净现值法来评价表 1-19 的各方案，见表 1-20。显然，三个方法的比较结果是一致的，最好的投资方案是选择 B、C 项目的组合，即：第 6 组（BC 组合）。

比 较 表   单位：元 表 1-18

组 号	方案的组合	投 资	年 净 收 益
1	A	12000	4300（1～5 年）
2	B	10000	4200（1～5 年）
3	C	17000	5800（1～10 年）
4	AB	22000	8500（1～5 年）
5	AC	29000	10100（1～5 年）；5800（6～10 年）
6	BC	27000	10000（1～5 年）；5800（6～10 年）
7	ABC	39000	14300（1～5 年）；5800（6～10 年）

比　较　表　　　　　　　　单位：元　**表 1-19**

组　号	方案的组合	投　资	年　净　收　益
2	B	10000	4200（1～5 年）
1	A	12000	4300（1～5 年）
3	C	17000	5800（1～10 年）
4	AB	22000	8500（1～5 年）
6	BC	27000	10000（1～5 年）；5800（6～10 年）
5	AC	29000	10100（1～5 年）；5800（6～10 年）

比　较　表　　　　　　　　单位：元　**表 1-20**

组　号	方案组合	增量	增量 IRR 数值	增量 IRR 决策	增量 NPV（15%）数值	增量 NPV（15%）决策	NPV（15%）数值	NPV（15%）排队
2	B						4079.05	5
1	A	1—2	负值	放弃 1	负值	放弃 1	2414.27	6
3	C	3—2	32.57%	放弃 2	7194.67	放弃 2	12108.86	3
4	AB	4—3	负值	放弃 4	负值	放弃 4	6493.32	4
6	BC	6—3	31.19%	放弃 3	4079.05	放弃 3	16187.91	1
5	AC	5—6	负值	放弃 5	负值	放弃 5	14523.12	2

思考题与习题

1. 某企业从银行贷款 10 万元，借期为 3 年，试分别用 6% 单利和 6% 复利计算贷款的利息。

2. 现在领独生子女证的青年夫妇，如果将每月补助的独生子女费 5 元留下不用，每年末可得 60 元，在每年末将 60 元定期零存整取存入银行。倘若独生子女费只给 14 年，到 22 周岁时，第 14 年存入的 60 元也已 8 年了，其他年存入的都大于 8 年。按定期 8 年考虑，年利率 10.44%。求到 22 周岁时一次取出的本利和为多少？（按复利计算）

3. 新建污水处理工程投资 1000 万元，在年利率 10% 的前提下，要在 10 年内全部收回初投资，是否可行？说明理由。

4. 某公司购买了一台供水设备，原始成本为 12000 元，估计能使用 20 年，20 年末的残值为 2000 元。运行费用固定为每年 800 元。此外每使用 5 年后必须大修一次，大修理费用每次 2800 元。试求该设备的等值年费用。（利率为 12%）

5. 现有三家银行可向某建筑企业提供贷款，其中甲银行年利率为 10%；乙银行年利率为 10%，每半年计息一次；丙银行年利率为 10%，每季度计算一次。试问，该企业应向哪家银行贷款合算？说明理由。

6. 某工程项目的净现金流量如图 1-24 所示，假如基准贴现率为 10%，求其净现值，静态动态投资回收期。

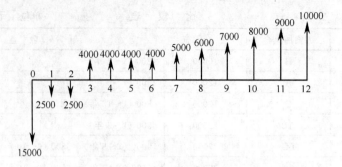

图 1-24　习题 6 的现金流量图

7. 分别求出表 1-21 所列方案现金流量（元）的内部收益率

单位：元　**表 1-21**

现金流量 年末	方　案			
	A	B	C	D
0	−1000	−200	−5000	−100
1	5000	100	−5000	25
2	5000	200	1600	25
3	5000	300	1600	25
4	5000	400	1600	25

8. 某水厂在修建一段输水道时有两个方案可供选择，方案 A 用隧洞，方案 B 采用一段衬砌渠道和一段钢槽，其费用如表 1-22 所示。$i=6\%$，试选择方案。

投资方案与费用　　单位：万元　**表 1-22**

方案 A		方案 B		
投资	45	投资	26	
年经营成本	6.4	其中：渠道（不包括衬砌）	12	寿命期 100 年
寿命期	100 年	渠道衬砌	5	寿命期 20 年
		钢槽	9	寿命期 50 年
		年经营成本	1.05	

9. 为冶炼厂提供两种贮存水的方案，方案 A 在高楼上修建水塔，修建成本为 10.2 万元，方案 B 在距冶炼厂有一定距离的小山上修建贮水池，修建成本为 8.3 万元。两种方案的寿命估计为 40 年，均无残值。方案 B 还需要购置成本为 0.95 万元的附加设备，附加设备的寿命为 20 年，20 年末的残值为 0.05 万元，年运行费用为 0.1 万元，基准贴现率为 7%。
用净现值比较两种方案；
用年度等值比较两种方案。

10. 某一建筑企业正在研究最近承建的购物中心大楼的施工工地是否要预设工地雨水排水系统问题。根据有关部门提供的资料：本工程施工期为三年，若不预设排水系统，估计在三年施工期内每季度将损失 800 元。如预设排水系统，需原始投资 7500 元，施工期末可回收排水系统残值 3000 元，假如利息按年利率为 20%，每季度计息一次。试选择较优方案。

11. 两个互斥的投资方案 A、B，净现金流量如表 1-23 所示。

　　已知：$\Delta IRR_{B-A}=13\%$

　　试问：基准贴现率在什么范围内应挑选方案 A？在什么范围内应挑选方案 B？

表 1-23

方案	年末净现金流量（元）					IRR
	0	1	2	3	4	
A	−1000	100	350	600	850	23.4%
B	−1000	1000	200	200	200	34.5%

第二章 工程项目财务分析

概 述

一、财务分析的目的和作用

财务分析(financial analysis)是指在国家现行财税制度和价格体系的条件下，计算项目（或方案）范围内的效益和费用，分析项目（或方案）的盈利能力、清偿能力，以考察项目（或方案）在财务上的可行性。现行财税制度和价格体系是进行财务分析的基础，其中价格体系是作为财务分析中计算期内各年采用的预测价格。

财务分析的作用在于衡量项目（或方案）投产后的财务盈利能力，确定拟建项目（或拟采用方案）所需的投资额，解决项目（或方案）资金的可能来源，安排恰当的用款计划和选择适宜的筹资方案；权衡国家或地方，对于水工程这类公用事业型非盈利项目或微利项目的财政补偿或实行减免税等经济优惠措施，或者其他弥补亏损，保障正常运营的措施。对于中外合资项目的盈利能力、清偿能力分析，直接涉及到中外投资者及合营者的财务利益，尤其需要作财务分析。

二、财务分析的内容

项目（或方案）的财务分析主要进行下述内容：

1. 基础资料分析

主要是对项目（或方案）的投资估算、资金筹措、成本费用、销售收入、销售税金及附加以及借款还本利息计算表等进行分析计算。这些分析计算应用以现行价格体系为基础的预测价格，计算期内各年采用的预测价格，是在基年（或建设期初）物价总水平的基础上预测的，只考虑相对价格变化，有时考虑物价总水平的上涨因素。物价总水平的上涨因素一般只考虑到建设期末。

2. 财务盈利能力分析

主要是针对基础报表中的现金流量表、损益表等进行分析，并分析计算财务盈利能力及评价指标。

3. 财务清偿能力分析

主要是针对基础报表中的资金来源与应用表、资产负债表等进行分析，并分

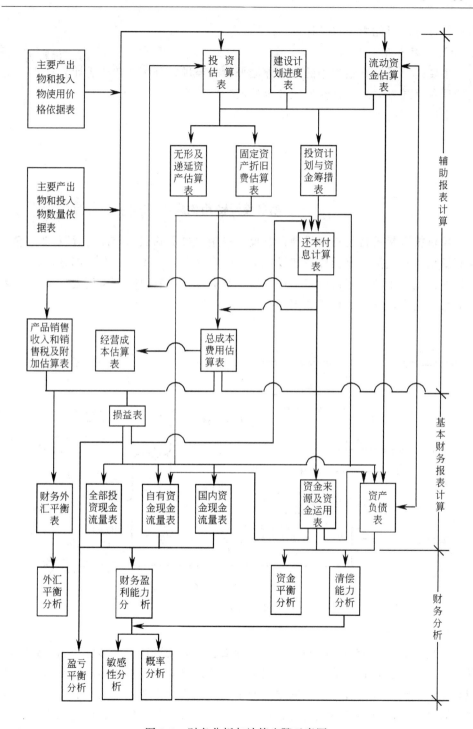

图 2-1　财务分析与计算步骤示意图

析计算财务清偿能力及财务比率。

4. 外汇平衡分析

主要是针对基本报表中的财务外汇平衡表等进行分析，并分析计算有外汇收支的项目（或方案）在计算期内各年外汇余缺程度。

上述分析内容之间的关系见图 2-1。

第一节   项目投资费用

一、项目投资费用构成

项目投资费用就是指建设项目总投资费用（投资总额），有时也简称为投资、投资费用。它包括固定投资（建设投资、固定资金）和流动资金两部分，是保证项目的建设及生产经营活动正常进行的必要资金。按照国际上通用划分规则和我国的会计制度，投资的构成见图 2-2。

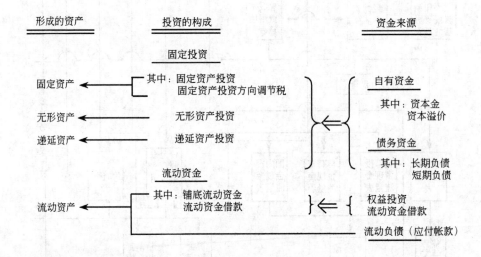

图 2-2   投资构成图

（一）固定投资

固定投资（fixed investment）是指形成企业固定资产、无形资产和递延资产的投资。在过去，企业的无形资产很少，并且筹建期间不形成固定资产的开支可以核销，因此固定投资也就是固定资产投资。现代的企业无形资产的比例逐渐增高，筹建期间的有关开支也已无处核销，都得计入资产的原值，因此称之为固定资产投资就不完整了，所以有的书上把这些投资叫做建设投资。

固定投资中形成固定资产的支出叫固定资产投资（fixed assets investment）。固定资产是指使用期限超过一年，在使用过程中保持原有实物形态的资产，包括房屋、建筑物、机器设备、运输设备及工具器具等。这些资产的建造或购置过程中发生的全部费用（工程建设费、工程建设其他费用中的待摊投资、固定资产投资方向调节税等）都构成固定资产投资。投资者如果用现有的固定资产作为投入，就应以评估确认或者合同、协议约定的价值作为投资。融资租赁的，按照租赁协议或者合同确定的价款加运输费、保险费、安装调试费等计算其投资。

无形资产投资（intangible assets investment）是指企业长期使用但不具有实物形态、能为企业提供未来权益的资产的投资。包括专利权、商标权、著作权、土地使用权、非专利技术和商誉等的投入。

递延资产投资（project prepare assets investment）主要指开办费等这些不能计入工程成本，应当在生产经营期内分期摊销的各项递延费用，包括筹建期间的人员工资、办公费、培训费、差旅费、印刷费和注册登记费等。

除了以上固定投资的实际支出或作价价值形成固定资产、无形资产和递延资产的原值外，建设期间的借款利息和汇兑损益，凡与购建固定资产或者无形资产有关的计入相应的资产原值。其余都计入开办费形成递延资产原值的组成部分。目前，鉴于无形资产投资和递延资产投资占固定投资的比例较小，因此，常常用固定资产投资项总括上述的固定资产投资、无形资产投资和递延资产投资，进行建设项目总投资费用的计算。仅在财务分析时，才将各类资产投资分开。建设项目总投资费用的计算详见第二篇。

（二）流动资金投资

1. 流动资产

流动资产（current assets）是指可以在一年内或者超过一年的一个营业周期内能变现或者运用的资产。企业在生产经营中用于周转的流动资产，分为临时性流动资产和永久性流动资产两部分。临时性的流动资产是指企业由于季节性、周期性的生产高峰，或由于其他暂时性因素而需要增加的资金。这类资金的占用是短期的，一般通过短期借款和商业信用等方式解决。永久性的流动资产是指生产经营需要长期占用的满足企业基本需要的流动资金，除非破产清算，否则这些资金永远不可能脱离企业的生产经营过程。在这里所考虑的流动资金，是伴随固定投资而发生的永久性流动资产投资。这部分资金一般通过长期负债（流动资金借款）和权益投资（资本金、公积金等）等长期性资金来源来解决，在项目的前期研究中必须认真核算。

流动资产包括各种必要的现金、各种存款、应收及应付款项、存货，其构成见图 2-3。

图 2-3   流动资产构成图

2. 流动资金

　　流动资金（operating fund）又称为净流动资金，营运资金。是企业在生产经营周转过程中可供企业周转使用的资金，是建设项目总投资（即初期总投资）的重要组成部分，为项目投产筹资所用。流动资金主要用于为维持正常生产、经营而购买原材料、燃料、支付工资及其他生产经营费用。

　　显然，项目建成投产后为维持正常生产、经营所需要的流动资产，一是通过流动负债解决，二是通过周转资金（流动资金）来解决。

　　值得指出的是这里说的流动资产是指为维持一定规模生产所需最低周转资金和存货；流动负债只含正常生产情况下平均的应付账款，不包括短期借款。为了表示这种区别，我们把资产负债表中通常含义下的流动资产称为流动资产总额，它除上述最低需要的流动资产外，还包括生产经营活动中新产生的盈余资金。同样，我们把通常含义下的流动负债叫流动负债总额，它除应付账款外，还包括短期借款，当然也包括为解决流动资金需要的短期借款。

二、投资计划与资金筹措

（一）投资计划

　　在进行项目（或方案）的财务评价前，应将项目（或方案）的建设资金进行合理的安排，这种按建设时间合理安排项目建设的过程，叫做投资使用计划（简称投资计划）。建设资金是项目建设的基本前提条件，只有在相当明确的筹资前景情况下，才有条件进行建设项目的投资计划研究。如果筹集不到资金，投资计划方案再合理，也不能付诸实施。制定投资计划主要考虑下述几方面因素：

　　1. 资金筹措情况。包括资金的数量、资金到位的时间、资金的利率等内容。

　　2. 建设项目工程量及施工作业现场大小。

　　3. 项目建设单位对项目建设的要求。

　　4. 项目所在地的施工单位的水平、能力等。

（二）资金筹措

　　建设项目资金筹措方案是在项目投资估算确定的资金总需要量的基础上，按投资使用计划所确定的资金使用安排，进行项目资金来源、筹资方式、资金结构、筹资风险及资金使用计划等工作。原则上，在符合国家有关法规条件下，应保证资金结构合理、资金来源及筹资方式可靠、资金成本低且筹资风险小。对于资金来源渠道较多时，应进行筹资方案的比选。

水工程建设项目所需的资金总额由自有资金、赠款和借入资金（负债资金）三部分组成（见图 2-4）。其资金结构包括政府、银行、企业、个体、外商等方面；投资方式包括联合投资、中外合资、企业独资等多种形式；资金来源包括自有资金、拨款资金、贷款资金、利用外资等多种渠道。

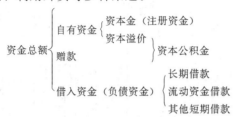

图 2-4　资金总额组成

自有资金（own funds）是指企业投资者缴付的出资额，企业为进行生产经营活动所经常持有、有权自行支配使用并毋须偿还的资金，按规定可用于固定投资和流动资金。它包括资本金和资本溢价两部分。资本金（registered capital）是指设立企业时在工商行政管理部门登记的注册资金。它的筹集途径可采用国内各级政府投资、各方集资或发行股票等方式；根据投资主体的不同，可分为国家资本金、法人资本金、个人资本金和外商资本金等；投资者可以用现金、实物和无形资产等作为资本金。资本溢价（constitutive profit of capital）是指在资金筹集过程中，投资者缴付的出资额超出资本金的差额部分。资本公积金（accumulation fund of capital）是企业接受捐赠、财产重估差价、资本折算差额和资本溢价形成的公积金。接受捐赠资产是指国家及地方政府、社会团体或个人等赠予企业的货币或实物等财产，它可增加企业的资产。

借入资金（负债资金，borrowed funds）亦指企业向外筹措资金，是以企业名义从金融机构和资金市场借入，需要偿还的资金，包括长期借款（主要用于固定投资），短期借款（主要用于流动资金借款和其他原因的短期借款）。它的筹集途径有国内银行（含商业性银行、政策性银行）贷款、发行国内债券等以及外国政府贷款、国外银行贷款、国际金融机构贷款、出口信贷、商业信贷、补偿贸易、融资租赁、发行国际债券等方式。

为了让投资者有风险投资的意识，国家对建设项目的自有资金一般规定有最低的数额或比例，并且还规定了资本金筹集到位的期限，并在整个生产经营期间内不得任意抽走。通常市政工程建设项目的自有资金应占建设项目资金总额的 30% 以上。采用实物（已有的固定资产）和无形资产作为资本金时，需经具有资质的资产评估单位评估作价，出具验资报告，无形资产（不包括土地使用权）的出资一般不得超过注册资金的 20%。这些规定就是让投资者承担必要的风险，不能搞无本经营或过度的负债经营。

对于投资使用计划和资金筹措，一般采用"投资使用计划和资金筹措表"来表达。见表 2-1。

投资使用计划和资金筹措表　　　单位：万元　　**表 2-1**

序号	年份　　　　　项目	建设期			投产期		达到设计能力期				合计
		0	1	2	3	4	5	6	...	n	
1	总投资										
1.1	固定资产投资										
1.2	固定资产投资方向调节税										
1.3	建设期利息										
1.4	流动资金										
2	资金筹措										
2.1	自有资金										
	固定资产投资										
	流动资金										
	建设期利息支付										
2.2	借款										
	固定资产投资										
	流动资金										
	其他短期借款										
2.3	其他										

注：如有多种借款方式、多种货币时，可分项列出。

第二节　盈利能力分析

一、收入、成本和费用

投资项目建成并投入生产经营后，投资者最关心的是尽可能快地收回投资并获取尽可能多的盈利。因此，首先应明确哪些内容以及通过什么途径才能估算出投资的收益。

按现行的财务会计制度，水工程企业单位在生产经营期的收入和利润的核算关系见图 2-5。

（一）年销售收入

销售收入是指企业销售产品或者提供劳务等取得的收入，它是企业生产经营阶段的主要收入来源。由两个基本因素构成，一是销售量（通常假设与产品产量相同），二是产品销售价格。计算方法为：

销售收人＝产品的销售数量×产品销售价格

　　　　＝项目设计能力（即规模）×生产能力利用率×销售价格　　（2-1）

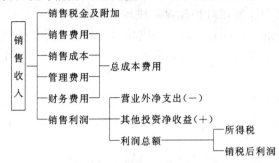

图 2-5　收入、成本和费用关系图

　　对于产品销售价格要作有根据的分析和预测。属于国家控制价格的物质，要按国家规定的价格政策执行；价格已经放开的产品，应根据市场情况合理选用价格，一般不宜超过同类产品的进口价格（含各种税费）。产品销售价格一般采用出厂价格。同时还应注意与投入物价格选用的同期性，并应使价格中不含增值税。

　　增值税（value added tax）：是指对商品生产和流通中各环节的新增价格或商品附加值进行征税。换句话说是对在我国境内销售货物或提供加工、修理修配劳务，以及进口货物的单位和个人，就其取得的货物或应税劳务销售额以及进口货物金额计算税款，并实行税款抵扣制的一种流转税。

　　应纳税额 ＝ 当期销项税额－当期进项税额

　　　　　　 ＝ 当期销售额×增值税率－当期进项税额　　　　　　　（2-2）

　　"当期"是指税务机关依照税法规定对纳税人确定的纳税期限。销售方收取的销项税额，就是购买方支付的进项税额。"销售额"是指纳税人销售货物或者提供应税劳务向购买方收取的全部价款和价外费用（指价外向购买方收取的手续费、补贴、基金、集资费、返还利润、奖励费、违约金、包装费、包装物租金、储备费、优质费、运输装卸费、代收款项、带垫款项及其他各种性质的价外收费），但是不包括收取的销项税额。但在实际工作中，常常出现销售额和销项税额合并价格的情况，此时，销售额应按下式计算：

　　　　　　　销售额 ＝ 含税销售额／（1＋ 增值税率）　　　　　（2-3）

　　对于进口货物的应纳税额由下式计算：

　　应纳税额 ＝ 组成计税价格×增值税率

　　　　　　 ＝（关税完税价格＋关税＋消费税）×增值税率　　　　　（2-4）

　　一般纳税人现行增值税率分为 17％和 13％两档，小规模纳税人的征收率为 6％。自来水、暖气、冷气、热水 、煤气、石油液化气、天然气、沼气、居民用煤炭制品及这类进口货物按 13％计。出口货物免（退）增值税。

（二）销售税金及附加

销售税金及附加是指企业生产经营期内因销售产品而发生的消费税、营业税、资源税、土地增值税、城市维护建设税和教育费附加。

1. 消费税（consumption tax）：是以特定的消费品作为课税对象课征的一种税，属于流转税。它实行价内税，即价款中已包含消费税。水工业产品不存在课征消费税。

2. 营业税（business tax）：是对我国境内提供应税劳务、转让无形资产或者销售不动产的单位和个人，就其取得的营业额征收的一种流转税。营业税按下式计算：

$$应纳税额 = 营业额 \times 税率 \tag{2-5}$$

其中：营业额是纳税人向经营对方收取的全部价款和价外费用，具体确定方法见有关规定。一般地，水工程的税率为 6%；转让无形资产、销售不动产的税率为 5%。

3. 资源税（natural resources tax）：是以各种自然资源为课税对象的一种税。计算方式为：

$$应纳税额 = 应税产品的课税数量 \times 单位税额 \tag{2-6}$$

水工业中的给水处理厂的原水不属于课税对象，但为了进行水资源的合理利用和保护，一些地方开始收水资源费。

4. 土地增值税（land value added tax）：是对有偿转让国有土地使用权、地上建筑物和附着物（简称转让房地产）并取得收入的单位和个人征收的一种地方税。它应以纳税人有偿转让房地产取得的收入扣除有关规定费用之后的余额（即增值额）为基数，按规定的计算方法和税率计算土地增值税。

5. 城市维护建设税（urban construction tax）：是为了加强城市的维护建设，扩大和稳定城市、乡镇维护建设资金来源，向缴纳增值税、营业税、消费税的单位和个人征收的专用于城市维护建设的一种税。其计算式为：

$$应纳税额 = （增值税 + 营业税）\times 税率 \tag{2-7}$$

现行城市维护建设税实行地区差别比例税率，具体分三种情况：市区为 7%，城镇 5%，不在城镇的 1%。对于"三资"企业和进口产品，海关代征增值税、营业税后，不再征收该税。

6. 教育费附加（educational surcharge）：为加快地方教育事业的发展，扩展地方教育经费的资金来源而开征的，作为教育专项基金使用。其计算方式为：

$$教育费附加 = 增值税（营业税）\times 费率 \tag{2-8}$$

其费率为 3%。教育费附加随增值税、营业税同时缴纳。

（三）总成本费用与经营成本

1. 总成本费用

现行财务会计制度对成本（cost of goods）的核算办法是采用制造成本法（production cost）而不是完全成本法（complete cost）。按照制造成本法计算产品成本时，只计算与生产经营最直接和关系密切的费用，而将与生产经营没有直接关系和关系不密切的费用计入当期损益。总成本费用（sum cost）构成见图 2-6。

直接费用是指企业直接为生产产品和提供劳务等发生的各项费用。包括直接的材料、人工和耗费的燃料、动力等支出。

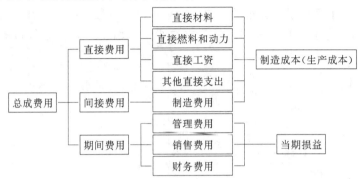

图 2-6　产品成本费用构成

直接材料费包括企业生产经营过程中实际消耗的原材料、辅助材料、备品配件、外购半成品、包装物以及其他直接材料的支出费用；直接燃料、动力费包括企业生产经营过程中实际消耗的燃料、动力费；直接工资包括企业直接从事产品生产人员的工资、奖金、津贴和补助；其他直接支出包括企业直接从事产品生产人员的职工福利费等支出。

间接费用是指企业内部各生产经营单位（分厂、车间）为组织和管理生产活动而发生的制造费用和不能直接进入产品成本的各项费用。包括企业内各个生产单位管理人员工资、职工福利费，生产设备和建筑等的折旧，矿山维简费，修理费，办公费，差旅费，劳动保护费，保险费，试验检验费等费用，它是按一定的标准分配计入生产成本，又称为制造费用。

期间费用是指企业行政管理部门等发生的管理费用(企业总部管理人员工资、职工福利费，工会经费，职工教育经费，劳动保险费，无形资产摊销，递延资产摊销，非生产设备、建设物等折旧等)；财务费用（生产经营期间发生的利息支出、汇兑净损失、筹资时发生其他的费用）；销售费用（企业负担的运输费、装卸费、包装费、保险费、广告费、销售服务费，销售部门人员工资、福利费、办公费、折旧费、修理费等费用）。

总成本费用＝直接材料费＋直接燃料和动力费＋直接工资费＋其他直接支出费

　　　　＋制造费用＋管理费用＋财务费用＋销售费用　　　　　　　(2-9)

直接材料费＝直接材料消耗量×单价

直接燃料和动力费＝直接燃料和动力消耗量×单价   (2-10)

直接工资费＝直接从事产品生产人员数量×人均年工资及福利费   (2-11)

其他直接支出费可采用按实计算，或按一定方式估算。

制造费用、管理费用、销售费用中除折旧费、摊销费外可按照一定标准估算，也可按各自包括的内容详细计算。财务费用应分别计算长期借款和短期借款利息。

可知，制造成本法特点在于同一投入要素分别在不同的项目中加以记录和核算，其优点在于简化了核算过程，便于成本核算的管理，缺点是看不清各种投入要素的比例。为了解决这一问题，总成本费用可由生产要素为基础构成，见图2-7。

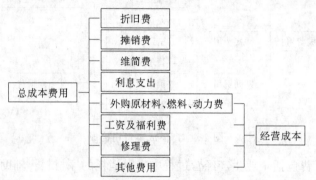

图 2-7   总成本费用与经营成本关系图

总成本费用＝外购材料费＋外购燃料和动力费＋工资及福利费＋折旧费＋摊销费
　　　　　＋矿山维简费＋修理费＋其他费用＋利息支出   (2-12)

这里的折旧、摊销、工资福利费等成本要素除了含有与生产直接有关的制造费用中的成本要素外，还包括在管理费用和销售费用中的成本要素。

以生产要素为基础计算总成本时是按成本费用中各项费用性质进行归类后，分别计算。特别应注意的是各个费用要素中均包含直接费、间接费和期间费中的相同内容。比如：外购材料费包括直接材料费中的原材料、辅助材料、备品备件、外购半成品、包装物以及其他直接材料，制造费用、管理费用以及销售费用中的物料消耗、低值易耗品费用及其运输费用等归并在本科目内。

当采用进口材料或进口零部件时，用外币支付的费用有进口材料或进口零部件货价、国外运输费、国外运输保险费，用人民币支付的费用有进口关税、消费税、增值税、银行财务费、外贸公司手续费、海关监管手续费及国内运杂费。

2. 经营成本费用

经营成本（management cost）是为项目评价的实际需要专门设置的，并由下式计算：

经营成本费用＝总成本费用－折旧费－摊销费－维简费－利息支出　　（2-13）

经营成本是指经常性的实际支出费用，式中折旧费和摊销费是建设期或设备更换时固定资产、无形资产和递延资产投资支出的分摊，显然应把它们看做是总成本费用的组成部分。但是，从项目整个计算期看，按各项现金收支在何时发生，就在何时计入原则。由于投资已在其发生的时间作为一次性支出被计作现金流出，所以不能将折旧费和摊销费作为生产经营期经常性支出。对于矿山项目，将维简费视同折旧费处理。因此，经营成本费用中不包括折旧费、摊销费和维简费。利息支出也是一种实际支出，按税后还贷原则，借款的本金（包括融资租赁的租赁费）要用税后利润和折旧、摊销来归还，而生产经营期的利息，可计入财务费用。在考察全部投资（包括自有资金和债务资金）时，利息无疑也是投资收益的组成部分，因此也不能把它再看做支出。

3. 可变成本与固定成本

为了进行项目的成本结构分析和不确定性分析，应将总成本费用按照费用的性质划分为可变成本（variable cost）和固定成本（fixed cost）。产品总成本费用中随产品产量增减呈比例地增减的部分为可变成本；与产品产量增减无关的部分为固定成本；另外还有一些费用，也随产品产量增减而变化，但非成比例地变化，称为半可变（半固定）成本。通常半可变（半固定）成本可进一步分解为可变成本与固定成本。因此：

总成本费用＝可变成本＋固定成本　　　　　　　　　　　　　　（2-14）

可变成本＝外购原材料、燃料、动力费＋维简费＋利息支出＋其他费用

（2-15）

固定成本＝折旧费＋摊销费＋工资及福利费＋修理费　　　　　　（2-16）

4. 总成本费用估算表

总成本费用的估算，一般采用"总成本费用估算表"来表达，见表 2-2。

（四）折旧费、摊销费及维简费

折旧费、摊销费和维简费都是总成本费用的组成部分。

1. 折旧费

（1）固定资产折旧

固定资产在使用过程中，将受到有形磨损和无形磨损而使固定资产价值发生损失。这种损失通常采用折旧方法来补偿。因此，折旧费（depreciation charge）是指固定资产在使用寿命期内，将其以折旧的形式列入产品总成本中，逐年摊还的费用。即通过折旧的方法获得用于偿还或重新购置、建造固定资产的费用。

折旧的计算包括以下三个要素：

① 固定资产原值：指用于提取折旧的固定资产一次性支出的价值。应提取折旧的固定资产是指投资估算中的建筑物、构筑物及机械设备等，详见附录二。值

得指出的是有些固定资产不提取折旧。如土地；除房屋、建筑物以外的未使用、不需用以及封存的固定资产；以经营租赁方式租入的固定资产；已提足折旧继续使用的固定资产；按照规定提取维简费的固定资产；已在成本中一次性列支而形成的固定资产；破产关停企业的固定资产以及国家与有部门规定的固定资产。

总成本费用估算表　　　　　单位：万元　　**表 2-2**

序号	年份 项目	投产期 3	投产期 4	达到设计能力期 5	达到设计能力期 6	…	n	合计
	生产负荷（%）							
1	外购原材料 ⋮							
2	外购燃料及动力 ⋮							
3	工资及福利费							
4	修理费							
5	折旧费							
6	摊销费							
7	维简费							
8	利息支出(含流动资金、短期、长期借款利息支出)							
9	其他费用 其中：土地使用税							
10	总成本费用（1+2+……+9） 其中：固定成本（3+4+5+6） 　　　可变成本（1+2+7+8+9）							
11	经营成本（10−5−6−7−8）							

② 折旧年限（或预计产量）：固定资产从开始使用到失去其使用价值的时间段称为固定资产的使用年限。固定资产在经济角度上讲最合理的使用年限，也就是产生的总年成本最小或总年净收益最大时的使用年限称为固定资产的经济年限（经济寿命）。按照国家有关部门规定的固定资产折旧方式，逐年进行折旧，一直到账面价值（固定资产净值）减至固定资产残值时所经历的全部时间，称为固定资产的折旧年限（折旧寿命）。从理论上讲，折旧年限以等于或接近于经济年限为宜，详见附录二。一般地，设备常常会出现固定资产未用到经济年限，已出现新型设备，使得继续使用该设备已不经济时，即应更新。这就要求折旧年限短于经济年限。有的企业，由于产品更新快，科学技术水平发展迅猛，出现不可预料的短于固定资产的正常折旧年限，而需报废固定资产的情况，此时，该固定资产还存在一定量的净值。为了避免浪费往往采取使用该固定资产（设备）预计产出产品的数量来代替折旧年限。

③ 固定资产净残值：固定资产在完成了它的使用价值后，余下的实物残值，被

称为固定资产残值。固定资产净残值是指固定资产残值减去清理费用后的余额。一般地，净残值率按照固定资产原值的 3%～5% 确定，中外合资项目规定为 10%。

（2）固定资产折旧费计算

折旧的方法按折旧对象不同划分为：个别折旧法、分类折旧法和综合折旧法。个别折旧法是以每一项固定资产为对象来计算折旧；分类折旧法则以每一类固定资产为对象来计算折旧；综合折旧法则以全部固定资产为对象计算折旧。具体的做法又可分为：平均年限法、工作量法和快速折旧法。固定资产折旧，原则上应采用分类法计算折旧；当项目投资额较小或设备种类较多，且设备投资占固定资产投资比重不大时也可采用综合法计算折旧。

因此，应当根据固定资产原值、净残值、折旧年限或工作量来计算固定资产折旧费用。

① 平均年限法：又称直线折旧法（straight line method），一般情况下，是企业的固定资产折旧通常采用的方法。其计算公式如下。

$$年折旧率 = \frac{1-净残值率}{折旧年限} \times 100\% \tag{2-17}$$

$$年折旧额 = 固定资产原值 \times 年折旧率 \tag{2-18}$$

$$净残值 = 固定资产原值 \times 净残值率 \tag{2-19}$$

② 工作量法：又称作业量法（production method），是以固定资产的使用状况为依据计算折旧的方法。它适用于企业专业车队的客、货运汽车，某些大型设备的折旧。

$$工作量折旧额 = 固定资产原值 \times \frac{1-净残值率}{规定的总工作量} \tag{2-20}$$

1）按照行驶里程计算折旧：

$$单位里程折旧额 = 原值 \times \frac{1-净残值率}{总行驶里程} \tag{2-21}$$

$$年折旧额 = 单位里程折旧额 \times 年行驶里程 \tag{2-22}$$

2）按照工作小时计算折旧

$$每工作小时折旧额 = 原值 \times \frac{1-净残值率}{总工作小时} \tag{2-23}$$

$$年折旧额 = 每工作小时折旧额 \times 年工作小时 \tag{2-24}$$

③ 快速折旧法：又称递减费用法（progressive decrease method），即固定资产每年计提的折旧数额不等，在固定资产使用初期时计提的多，而在后期时计提的少，是一种相对加快折旧速度的方法。在国民经济中具有重要地位、技术进步快的电子生产企业、船舶工业企业、生产"母机"的机械企业、飞机制造企业、汽车制造企业、化工生产企业和医药生产企业以及其他经财政部批准的特殊行业，这类企业的机器设备折旧可以采用快速折旧法。

1）双倍余额递减法（double remaining sum progressive decrease method）：该方法是以平均年限法残值为零时折旧率的两倍作为该方法的折旧率，计算每年折旧额。

$$年折旧率 = \frac{2}{折旧年限} \times 100\% \tag{2-25}$$

$$年折旧额 = 固定资产净值 \times 年折旧率 \tag{2-26}$$

$$固定资产净值 = 固定资产原值 - 累计年折旧额 \tag{2-27}$$

实行双倍余额递减法时，由于固定资产净值不可能完全冲销，因此，在固定资产使用的后期，如果发现某一年用该法计算的折旧额少于平均年限法计算的折旧额时，应改用平均年限法计提折旧。

2）年数总和法（sum of year digit）：是采用固定资产原值减去净残值后的余额，按照逐年递减的分数（即年折旧率，亦称折旧递减系数）计算折旧的方法。

$$年折旧率 = \frac{折旧年限 + 1 - 已使用年限}{折旧年限 \times \frac{1}{2}（折旧年限 + 1）} \times 100\% \tag{2-28}$$

$$年折旧额 = （固定资产原值 - 预计净残值）\times 年折旧率 \tag{2-29}$$

3）余额递减法（remaining sum progressive decrease method）：是采用固定的折旧率乘以固定资产净值，作为该年的折旧额。由于固定资产净值是逐年递减的，因此，折旧额也是逐年递减的。

$$折旧率 = 1 - \sqrt[T]{\frac{净残值}{固定资产原值}} \tag{2-30}$$

式中 T——折旧年限（年）。

$$年折旧额 = 固定资产原值 \times （1 - 折旧率）^{t-1} \times 折旧率 \tag{2-31}$$

式中 t——已使用年限（年）。

值得注意的是该方法中固定资产净残值不得为零。

【例 2.2】   某通用机械设备的资产原值（包括购置、安装、单机调试和筹建期的借款利息）为 5000 万元、折旧年限为 10 年，净残值率为 4%。试按不同的折旧法计算年折旧额。

【解】   1）平均年限法

$$年折旧率 = \frac{1 - 4\%}{10} \times 100\% = 9.6\%$$

年折旧额 = 5000 × 9.6% ＝ 480 万元（10 年内每年相同）见表 2-3。

2）双倍余额递减法

$$年折旧率 = \frac{2}{10} \times 100\% = 20\%（前 6 年每年相同）$$

年折旧额计算表　　　　　　　　　　　　　　　　　　表 2-3

方法	年序 / 项目	1	2	3	4	5	6	7	8	9	10	合计
平均年限法	资产净值（万元）	5000	4520	4040	3560	3080	2600	2120	1640	1160	680	
	年折旧率（%）	9.6	9.6	9.6	9.6	9.6	9.6	9.6	9.6	9.6	9.6	96
	年折旧额（万元）	480	480	480	480	480	480	480	480	480	480	4800
	预计净残值（万元）											200
双倍余额递减法	资产净值（万元）	5000	4000	3200	2560	2048	1638	1310	1032	754	477	
	年折旧率（%）	20	20	20	20	20	20	25	25	25	25	
	年折旧额（万元）	1000	800	640	512	410	328	278	278	277	277	4800
	预计净残值（万元）											200
年数总和法	资产净值（万元）	5000	4127	3342	2644	2033	1509	1073	724	462	287	
	年折旧率（%）	10/55	9/55	8/55	7/55	6/55	5/55	4/55	3/55	2/55	1/55	
	年折旧额（万元）	873	785	698	611	524	436	349	262	175	87	4800
	预计净残值（万元）											200
余额递减法	资产净值（万元）	5000	3624	2627	1904	1380	1000	725	526	381	276	
	年折旧率（%）	27.52	19.95	14.46	10.48	7.59	5.50	3.99	2.89	2.10	1.52	
	年折旧额（万元）	1376	997	723	524	380	275	199	145	105	76	4800
	预计净残值（万元）											200

年折旧额每年不同，先多后少，见表 2-3。但最后 4 年的折旧按第七年初净值 1310 万元减残值 5000×4％＝200 万元后除以 4 得到的，即：按平均年限法计算折旧：

$$年折旧率＝\frac{1}{4}×100\%＝25\%（后 4 年每年相同）$$

$$年折旧额＝（1310-200）×25\%＝277.5 万元$$

3）年数总和法

项目折旧年限为 n 年，已使用年限为 t 年，则：

$$年折旧率＝\frac{(n+1-t)}{0.5n\ (n+1)}×100\%$$

年折旧额＝（5000 万元-5000 万元×4％）×年折旧率＝4800 万元×年折旧率，具体计算见表 2-3。

4）余额递减法

$$折旧率＝（1-\sqrt[10]{200/5000}）×100\%＝27.52\%$$

$$年折旧额＝5000×（1-27.52\%）^{t-1}×27.52\%$$

式中　t —— 已使用年限（年）。

详见表 2-3。

2. 摊销费

（1）摊销费（apportion charge）

除固定资产以外，一次性投入的费用还包括无形资产和递延资产等，这些资产在使用中损耗的价值将转入总成本费用中去。因此，从项目受益之日起，应在一定期间（摊销年限）内分期平均摊销。一般不计残值。

（2）无形资产摊销估算

无形资产是指企业长期使用但没有实物形态的资产，包括专利权、商标权、土地使用权、非专利技术、商誉等。其摊销年限应按法律和合同或企业申请书中分别规定的有效期限和受益年限的长短确定，取两者中较短者为摊销年限。无法确定有效期限和受益年限的，按照不少于 10 年的期限确定摊销年限。

（3）递延资产摊销估算

递延资产是指不能全部计入当年损益，应当在生产经营期内分期摊销的各项递延费用，包括开办费（含筹建期间人员工资、办公费、培训费、差旅费、印刷费、注册登记费以及不计入无形资产购建成本的汇兑损益和利息等支出），以经营租赁方式租入的固定资产改良支出（指对以经营租赁方式租入的固定资产，能增加其效用或延长其使用寿命的改装、翻修、改建等支出）等。其摊销年限一般按照不短于 5 年的期限确定，其中以经营租赁方式租入的固定资产改良工程支出，应以租赁有效期限作为摊销年限。

（五）所得税及利润分配

利润（profit）是企业经营成果的体现，也是重要的财务指标。按照收入、成本和费用的关系，详见图 2-5，利润的表达为：

销售利润＝销售收入－销售税金及附加－总成本费用

$$＝营业外净支出（-）＋其他投资净收益（+）＋利润总额 \qquad (2\text{-}32)$$

$$利润总额＝所得税＋税后利润 \qquad (2\text{-}33)$$

上述内容通常采用损益表（statement of profits and losses）来计算。损益表是财务评价的基本财务报表，是反映项目计算期内各年的利润总额，所得税及税后利润的分配情况，见表 2-4。

损　益　表　　　　单位：万元　　表 2-4

序号	年　份\n项　目	投产期		达到设计能力期							合计
		3	4	5	6	7	8	9	…	n	
1	生产负荷（%）\n产品销售（营业）收入										
2	销售税金及附加										
3	总成本费用\n　折旧费\n　摊销费										
4	利润总额（1－2－3）										
5	弥补前年度亏损										

续表

序号	年　份 项　目	投产期		达到设计能力期							合计
		3	4	5	6	7	8	9	…	n	
6	应纳所得税额（4−5）										
7	所得税										
8	税后利润（4−5−7）										
8.1	盈余公积金										
8.2	公益金										
9	应付利润										
10	未分配利润（8−9）										
11	累计未分配利润										

1. 所得税及其估算

所得税（income tax）包括个人所得税和企业所得税，在这里主要指企业所得税，它是国家对企业的生产经营所得和其他所得征收的一种税。其计算公式为：

$$所得税＝应纳税所得额×所得税率 \qquad (2-34)$$

$$应纳所得税额＝收入总额－准许扣除项目金额 \qquad (2-35)$$

收入总额包括经营收入、财产转让收入、利息收入、租赁收入、股息收入、其他收入。这里的收入总额主要指经营收入中的商品（产品）销售收入。准许扣除项目余额包括总成本费用、销售税金及附加、已发生的经营亏损和投资损失及其他损失。不得扣出项目金额包括资本性支出；无形资产转让，开发支出；违法经营的罚款和被收财产的损失；各项税收的滞纳金、罚金和罚款；自然灾害或意外事故损失有赔偿的部分；非公益性捐赠以及超过国家规定允许扣除的公益、救济性的捐赠；各种赞助支出；与取得收入无关的各项支出。对于纳税人发生年度亏损，可以用下一纳税年度所得弥补，若下一纳税年度的所得不足弥补的，可以逐年延续弥补。但是延续弥补期最长不得超过 5 年。5 年内不论是盈利或亏损，都作为实际弥补年限计算。

有关所得税的减免优惠按国家有关规定执行，内资企业所得税率按表 2-5 执行。对于外商投资企业和外国企业的所得税征收应符合国家有关规定。

企业所得税（内资企业） 表 2-5

企 业 类 型	税率
内资企业，包括国有企业、集体企业、私营企业、联营企业、股份制企业，以及有生产、经营所得和其他所得的其他组织	33%
年应纳税所得额在 3～10 万元的内资企业	27%
年应纳税所得额在 3 万元以下的内资企业	18%

2. 利润分配

税后利润的分配按图 2-8 的顺序进行。

法定盈余公积金额按税后利润的 10% 提取，其累计额达到项目法人注册资本的 50% 以上时可不再提取。法定盈余公积金可用于弥补亏损、扩大企业生产经营或按照国家规定转增资本金等。

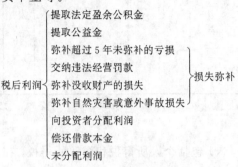

图 2-8   税后利润分配顺序图

公益金主要用于企业职工的集体福利设施支出。公益金额按税后利润的 5%～10% 提取。

向投资者（国家投资、其他单位投资和个人投资）分配利润应按项目当年有无盈利而定。无盈利不得向投资者分配利润；企业上年度未分配的利润，可以并入当年向投资者分配。

应该说，投资者的利益分配有两种形式。一种是现金形式，这就是经上述计算出的已变成现金的利润分配。另一种是资金形式，即作为投资者在企业中的盈余资金，它包括盈余公积金（accumulation fund）、公益金（public welfare fund）、折旧费和摊销费等扣除借款本金偿还以后的余留部分。这些盈余资金虽不能向投资者分配，但可按照规定用于弥补亏损或转增资本金或用于再投资，至少可以存入银行赚取利息。如果把以上两种形式的利益和权益，看做是投资者的收益，完整的收益表述应该是各年的

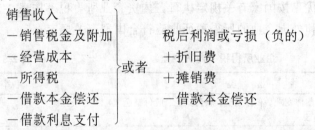

注意，弥补上年度亏损只是在计算当年所得税和计算当年法定公积金时起作用，在计算投资者的现金流入时，各年已考虑了盈余和亏损的因素，不应再用以后年份的税后利润弥补上年度的亏损，否则会造成现金流出的重复计算。

【例2.3】 某投资项目投产后的前两年的收入和成本费用情况如表2-6所示，求投资者在这两年中的全部投资收益。

投资收益与利润的关系　　单位：万元　　**表2-6**

年份 项目	投产期		备注（第3年数字）
	2	3	
1. 销售收入	2500	3500	
2. 销售税金及附加（费率6.6%）	165	231	
3. 总成本费用	2500	2550	
其中：折旧与摊销	950	950	
利息支付	450	400	
经营成本	1100	1200	
4. 利润总额	−165	719	
5. 弥补亏损后应纳税所得额	0	554	719−165＝554
6. 所得税（税率33%）	0	183	554×33%＝183
7. 税后利润	−165	536	719−183＝536
8. 弥补以前年度亏损	0	165	
9. 提取盈余公积金		37	(536−165)×10%＝37
10. 偿还借款本金	500	500	
其中：用折旧费与摊销费	500	500	
用税后利润	0	0	
11. 利润分配	0	334	536−165−37＝334

【解】 虽然投资者在该项目投产后的前两年中只得到现金分配的利润334万元（第三年），其实际可用于回收投产的收益（即自有资金的投资净现金流量）是：

项　　目	第二年	第三年
销售收入	2500	3500
−销售税金及附加	165	231
−经营成本	1100	1200
−所得税	0	183
−借款利息支付	450	400
−借款本金偿还	500	500
净现金流量	285	986

或者：

项　　目	第二年	第三年
税后利润	−165	536
＋折旧费与摊销费	950	950
−借款本金偿还	500	500
投资者的全部收益	285	986

第二年可用于回收投资的收益是285万元，第三年为986万元，其中第三年投资者到手的现金是334万元，其余部分是留在企业的盈余资金。

对于股份制企业，利润以股利的形式分配。先支付优先股股利，再按公司章程或者股东会议决议提取任意盈余公积金，再分配普通股股利。当年无利润时，不得分配股利，但在盈余公积金弥补亏损后，经股东会议特别决议，可以按照不超过股票面值 6% 的比例用盈余公积金分配股利。在分配股利后，企业法定盈余公积金不得低于注册资金的 25%。盈余公积金可以用于转增资本金，以送配股或再发行的方式扩大资本金，但转增资本金后，企业的法定盈余公积金一般不低于注册资金的 25%。

二、现金流量表

现金流量表（statement of cash flow）是财务评价的基本财务报表，是以项目作为一个独立系统，反映项目在整个计算期内各年的现金流入和流出，用以计算各项静态和动态评价指标，进行项目财务盈利能力分析。其计算要点是只计算现金收支，不计算非现金收支（如折旧、应收及应付账款等）。现金收支按发生时间列入相应的年份。这里的"现金"泛指资金或可变现资产的货币量。由于固定资产折旧只是项目内部的现金转移，因此投资应按实际发生的时间作为一次性支出记入现金流量，而不以折旧的方法逐年分摊。

按照投资计算基础和财务评价侧重点的不同，现金流量表可以分为全部投资现金流量表，见表 2-7；国内投资现金流量表，见表 2-8；自有资金现金流量表，见表 2-9。一般情况下，任何项目都应编制全部投资现金流量表。根据项目要求，视需要编制自有资金现金流量表和（或）国内投资现金流量表。涉及外资的项目，尚需编制国内投资现金流量表；实行股份制的企业，应编制自有资金现金流量表。

（一）投资项目计算期的确定

投资项目的计算期（或研究期）包括项目的建设期和生产经营期，理论上讲它应是从第一笔资金投入到项目直至项目不再产生收益为止的全部时间过程，这个过程至少需要几年甚至几十年。投资者希望在这段时间内使投资活动取得成功。在进行投资决策时，一般地要事先估计项目的计算期（或研究期）。计算期的起点可以定在投资决策后开始实施的时点上，在此之前的投资支出（一般不会很大）可以合并后作为这点上的支出。计算期的长短取决于项目的性质、或产品的寿命周期、或主要生产设备的经济寿命、或合资合作期限。一般取上述考虑中较短者，且不宜超过 20 年，但应不短于基准回收投资期，也应不短于长期贷款的还款期。在投资环境风险较大的情况下，投资者一般选定较短的计算期，仅几年甚至几个月，当然这样做会造成投资项目选择的余地很小，投资规模也不会太大。

（二）全部投资现金流量表

全部投资现金流量表（见表 2-7）是从全部投资者角度出发的现金流出和现金流入的汇总。在现金流出中包括了全部的投资，即包括项目投资者的自有资金出资，也包括用于投资的借贷资金和融资租赁的资产投入，还包括了生产经营期的支出。在现金流入中包括投资者分得的利润和留在企业的盈余资金，也包括用于还本付息（包括融资租赁的租赁费支出）的折旧、摊销、税后利润和财务费用中的利息支出，还包括计算期末可以回收的固定资产余值和回收的流动资金。

　　表 2-7 中栏目的设置及其数字来源：年份指的是该年年末，"0"指的是第一年年初。

　　生产负荷（%）：是指该年产品生产量占设计生产能力的百分比，在计算期内达到设计能力之后各年的产品生产量可设定为相等。

　　产品销售（营业）收入：指产品销售或营业收入，在这里一般按当年生产的产品全部销出考虑。对于水工程中的自来水处理厂或污水处理厂的营业收入主要是指自来水水费或排污费收入，自来水售水价格或排污费收费标准可通过成本计算和价格趋势分析、预测确定。

现金流量表（全部投资）　　　　单位：万元　　表 2-7

序号	年份　　　　　　　　项目	建设期			投产期		达到设计能力期				合计
		0	1	2	3	4	5	6	…	n	
	生产负荷（%）										
1	现金流入										
1.1	产品销售（营业）收入										
1.2	回收固定资产余值										
1.3	回收流动资金										
2	现金流出										
2.1	固定投资										
	固定资产										
	固定资产投资方向调节税										
	无形资产										
	递延资产										
2.2	流动资金										
2.3	经营成本										
2.4	销售税金及附加										
2.5	所得税										
3	净现金流量（1-2）										
4	累计净现金流量										
5	所得税前净现金流量（3+2.5）										
6	所得税前累计净现金流量										

所得税后　　　　　　　　　所得税前

　　　　财务内部收益率：

　　计算指标：财务净现值（$i_c=$ %）：

　　　　投资回收期：

　　注：1. 根据需要可在现金流入和现金流出栏里增减项目。

　　　　2. 生产期发生的更新投资作为现金流出可单独列项或列入固定资产投资项目中。

回收固定资产余值：折旧年限短于或等于计算期中生产经营期时，固定资产余值即为固定资产净残值，一般按发生年份填列。对于折旧年限长于计算期中生产经营期时，可在计算期末填列固定资产余值。

回收流动资金：回收流动资金在计算期末填列。

固定投资：包括固定资产投资、无形资产投资和递延资产投资以及固定资产投资方向调节税，但不包括建设期借款利息。其中固定资产投资含基本建设投资、更新改造投资、专项工程投资和其他零星的固定资产投资。生产期发生的更新改造投资等作为现金流出分别按发生年列项。目前，为了简化表格，可将无形资产投资、递延资产投资及固定资产投资方向调节税统归入固定资产投资栏，将固定投资栏改为固定资产投资栏。

流动资金：包括自有流动资金和流动资金借款，按发生年份填列。也可以在流动资金栏下，分别填列自有流动资金和流动资金借款。这些数据来自流动资金估算表。

经营成本：经营成本各年的数值来自总成本费用估算。

销售税金及附加：各种税金及附加按现行税法规定的税目、税率、计税依据进行计算后填列。

所得税：根据实现的利润按规定的所得税税率计算。

净现金流量：按现金流入小计减现金流出小计填列。

累计净现金流量：按逐年净现金流量累计列入。

同时计算出所得税前及所得税后的内部收益率（IRR）、基准收益率（i_c）下的财务净现值（NPV）、静态投资回收期（P_t）和 i_c 条件下的动态投资回收期（P_t'）。显然，建设期或计算期开始的几年，净现金流量是负的，它们代表投资资金的支出；生产经营期的净现金流量一般是正的，它们表示投资的收益，主要是指税后利润、折旧费、摊销费、利息支出和资产回收的现金流入等。

（三）国内投资现金流量表

国内投资现金流量表（见表2-8）是从国内投资者角度出发的现金流出和现金流入的汇总。它以国内资金（国家预算内投资、国内贷款和自筹资金等）作为计算的基础，用以计算国内投资内部收益率和财务净现值等指标，评价国内投资的财务效果。

表2-8与表2-7比较，生产负荷、营业（产品销售）收入、回收固定资产余值、回收流动资金、经营成本、销售税金及附加、所得税、净现金流量和累计净现金流量等各项计算与全部投资现金流量表的计算及填列相同，不同之处在于：

固定投资：固定投资中仅含国内资金部分，不含国外资金。按实际支出时间列入相应年份，也可由投资使用计划与资金筹措表获取。

现金流量表（国内投资） 单位：万元 **表 2-8**

序号	年 份 项 目	建设期 0	建设期 1	建设期 2	投产期 3	投产期 4	达到设计能力期 5	达到设计能力期 6	达到设计能力期 …	达到设计能力期 n	合计
	生产负荷（%）										
1	现金流入										
1.1	产品销售（营业）收入										
1.2	回收固定资产余值										
1.3	回收流动资金										
2	现金流出										
2.1	固定投资中的国内资金										
2.2	流动资金中的国内资金										
2.3	国外借款本金偿还										
2.4	国外借款利息支付										
2.5	经营成本										
2.6	销售税金及附加										
2.7	所得税										
3	净现金流量（1-2）										

计算指标：财务内部收益率：
财务净现值（$i_c=$ %）：

注：1. 根据需要可在现金流入和现金流出栏里增减项目。

2. 生产期发生的更新投资作为现金流出可单独列项或列入固定资产投资项目中。

3. 国内资金指国家预算内投资、国内贷款和自筹资金。

流动资金：流动资金中的国内资金从项目投产年开始，按发生年填列。数据来源于流动资金估算表中国内资金部分。

国外借款本金偿还：国外借款本金（包括建设期利息）。各年偿还数值来自资金来源与运用表（表 2-12）。

国外借款利息支付：国外借款利息包括长期和短期借款利息。各年利息支付数额来自借款还本付息计算表（表 2-14）。

（四）自有资金投资现金流量表

自有资金投资现金流量表（见表 2-9）是从项目投资者角度出发的现金流出和现金流入的汇总。它以项目投资者的出资额（不包括赠款和补贴）作为计算的基础，用以计算考查自有资金投资内部收益率和财务净现值等指标，评价项目投资者的财务效果。与表 2-8 不同的是，现金流出的固定投资和流动资金中只包括自有资金部分，同时增加了借款本金偿还（含国内和国外借款以及融资租赁的租赁费）和借款利息支付（含国内和国外借款利息）。显然，自有资金投资现金流量表与国内资金投资现金流量表的编制方法类似。

现金流量表（自有资金）   单位：万元   **表 2-9**

序号	年份 / 项目	建设期			投产期		达到设计能力期				合计
		0	1	2	3	4	5	6	…	n	
	生产负荷（%）										
1	现金流入										
1.1	产品销售（营业）收入										
1.2	回收固定资产余值										
1.3	回收流动资金										
2	现金流出										
2.1	固定投资中的自有资金										
2.2	流动资金中的自有资金										
2.3	借款本金偿还										
2.4	借款利息支付										
2.5	经营成本										
2.6	销售税金及附加										
2.7	所得税										
3	净现金流量（1－2）										

计算指标： 内部收益率：
       财务净现值（$i_c=$ %）：

注：1. 根据需要可在现金流入和现金流出栏里增减项目。
  2. 生产期发生的更新投资作为现金流出可单独列项或列入固定资产投资项目中。
  3. 自有资金是指项目所投资者的出资额。

三、盈利能力分析

（一）盈利能力指标

项目的盈利能力分析（gain analysis）主要是考察项目投资的盈利水平。前面介绍了可用于投资回收的资金来源，投资者可获得的利益，项目的收入和成本费用。但是，用什么方法或指标来确定该项目是否对投资者有利？一般地，财务盈利能力分析采用的评价指标见图 2-9：

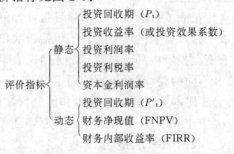

图 2-9 盈利能力指标构成图

除了投资利润率、投资利税率、资本金利润率这三个指标外，其余的在第一章已有详细介绍。值得注意的是当全部投资财务内部收益率（所得税前、所得税后）大于或等于行业基准收益率（i_c）或设定的折现率（i'_c）时，项目在财务上可以考虑接受；当国内资金或自有资金投资财务内部收益率（所得税后）大于或等于投资者期望的最低可接受收益率（i）时，项目在财务上可以考虑被接受。在利用财务内部收益率这一指标进行盈利能力判断时，应注意计算口径的可比性。在基准收益率（i_c）或设定的折现率（i'_c）条件下的财务净现值大于或等于零时，表明项目在计算期内可获得大于或等于基准收益率水平的收益额，项目在财务上可以考虑被接受。投资回收期一般从建设开始年起计算，同时还应说明投入运营开始年或发挥效益年算起的投资回收期。静态投资回收期 P_t 与基准投资回收期 P_{tc} 相比较，当 $P_t \leqslant P_{tc}$ 时，项目在财务上才可以考虑被接受。动态投资回收期 P'_t 是按现值法（$i = i_c$）计算的投资回收期，它能真正反映投资资金的回收时间。当投资回收期不长或折现率不大的情况下，两种投资回收期的差别可能不大，不至于影响项目评价或方案比选的结论。

1. 投资利润率

投资利润率（investment-profit ratio）是指项目达到设计生产能力后的一个正常生产经营年份的年利润总额与项目总投资的比率。对于生产经营期内各年的利润总额变化幅度较大的项目，应以生产经营期内年平均利润总额与项目总资金的比率为准。

$$投资利润率 = \frac{年利润总额或年平均利润总额}{项目总投资} \times 100\% \tag{2-36}$$

$$年利润总额 = 年产品销售（营业）收入 - 年销售税金及附加 - 年总成本费用 \tag{2-37}$$

$$项目总投资 = 固定投资 + 流动资金 \tag{2-38}$$

可根据损益表中的有关数据计算求得。当投资利润率≥行业基准投资利润率时，项目在财务上可以考虑被接受。

2. 投资利税率

投资利税率（investment-profit and tax ratio）是指项目达到设计生产能力后的一个正常生产经营年份的年利税总额或项目生产经营期内的年平均利税总额与项目总投资的比率。它是反映项目单位投资盈利能力和对财政所做贡献的静态指标。

$$投资利税率 = \frac{年利税总额或年平均利税总额}{项目总投资} \times 100\% \tag{2-39}$$

$$年利税总额 = 年销售收入 - 年总成本费用 \tag{2-40}$$

当投资利税率≥行业基准投资利税率时，项目在财务上才可以考虑被接受。

3. 资本金利润率

资本金利润率（capital-profit ratio）是指项目达到设计能力后的一个正常生产

经营年份的年所得税后利润总额或项目生产经营期内的年平均所得税后利润总额与资本金的比率。它反映投资项目的资本金的盈利能力。

$$资本金利润率=\frac{年所得税后利润总额或年平均所得税后利润总额}{资本金}\times100\%$$

(2-41)

投资利润率和投资利税率不能反映项目计算期获益时间的长短。其次，随项目收益的增加，项目实际占用的资金是逐步减少的。用项目总投资做分母显然低估了投资项目的盈利水平，而在计算期范围内由于公积金转为资本金，使资本金额度增加，资本金利润率会从初始阶段逐渐减少。

（二）全部投资和自有资金投资盈利能力

项目的全部投资包括自有资金出资部分和债务资金（包括借款、债券发行收入和融资租赁）的投资。对应的投资收益是税后利润、折旧与摊销以及利息。其中利息可以看成债务资金的盈利。在研究全部投资的盈利能力时，可以按前面介绍的表 2-10 所列的净现金流量计算投资回收期、净现值和内部收益率。相应的静态指标可以用投资盈利率代替投资利润率。

$$投资盈利率=\frac{税后利润＋利息}{全部投资额}$$

(2-42)

全部投资的盈利能力指标基本上不受融资方案的影响，可以反映项目方案本身的盈利水平。仔细分析表 2-7。除所得税一项外，其他现金流量都不受融资方案的影响，都取决于项目本身。因此它提供给投资者和债权人（可以认为是间接投资者）以最基本的信息是否值得投资（或贷款）。

自有资金的盈利能力分析是研究投资者出资这部分的投资效益。因此，投资阶段的现金流出只包括自有资金出资部分，生产经营期的现金流入要扣除债权人的收益，即：本金的偿还、利息支付以及融资租赁的租赁费支出。具体的现金流量表见表 2-9。

【例 2.4】　某项目全部投资的净现金流量如表 2-10。试变化初始投资资金来源（借款资金∶自有资金）比例，求全部投资和自有资金投资的内部收益率。其借款条件是∶一年以后开始归还，分五年等额（利息加本金）还款，年利率为 10%。

某项目净现金流量（全部投资）表　　　　　　　　表 2-10

年　份	0	1	2	3	4	5	6	7	8	合计
净现金流量	−2500	450	700	700	700	700	700	700	900	3050

【解】　按题意，可知全部投资的内部收益率 IRR＝20.30%。

对于自有资金投资的内部收益率 IRR 列表计算，见表 2-11。

根据等额还款公式，求得每年的还本付息数 A。

$$A = P \ (A/P, \ i, \ n) = P \ (A/P, \ 10\% \ , \ 5)$$

从表 2-10 中减去借款的流入和还本付息的流出，得到自有资金投资的净现金流量，并计算出各种比例下自有资金投资的内部收益率。见表 2-11。

自有资金投资 IRR 计算结果表　　　　表 2-11

自有资金占比例	每年还本付息额	各年自有资金投资的净现金流量									IRR自
		0	1	2	3	4	5	6	7	8	
10%	−594	−250	−144	106	106	106	106	700	700	900	40.65%
20%	−528	−500	−78	172	172	172	172	700	700	900	34.04%
30%	−462	−750	−12	238	238	238	238	700	700	900	30.18%
40%	−396	−1000	54	304	304	304	304	700	700	900	27.55%
50%	−330	−1250	120	370	370	370	370	700	700	900	25.60%
60%	−264	−1500	186	436	436	436	436	700	700	900	24.09%
70%	−198	−1750	252	502	502	502	502	700	700	900	22.88%
80%	−132	−2000	318	568	568	568	568	700	700	900	21.87%
90%	−66	−2250	384	634	634	634	634	700	700	900	21.03%
100%	0	−2500	450	700	700	700	700	700	700	900	20.30%

一般来说，只要全部投资的内部收益率高于借款的利率，增加借款比例可以提高自有资金投资的内部收益率。如例 2.4，全部投资的内部收益率为 22.30%，借款的利率是 10%，在借款投资达 90% 时，自有资金投资的内部收益率达到40.65%。自有资金投资的盈利能力的一部分来自项目，另一部分来自贷款者。在这种情况下，投资者会尽可能地减少自有资金的出资额，把余下的自有资金投向类似的项目，使整个自有资金投资的盈利能力提高。人们把投资者的这种做法叫做杠杆原理（lever principle）。即使在全部投资的内部收益率与借款利率相同的情况下，增加借款比例对直接投资者还是有利的。这是因为建设期借款利息可以形成资产的原值，提高了折旧和摊销额；在生产经营期，借款利息进入当期损益（财务费用），增大了总成本，这都可以减少所得税的支出，使自有资金的盈利水平提高。此外，投资者利用债务资金，分散自有资金在不同项目上，还可以减少投资的风险。当然，这明显地增加了债权人的投资风险。

为体现"风险共担"的原则，国家的政策和法规对负债的比例是有所限制的。例如，我国合资企业法规定注册资本一般应不少于投资总额的 1/3。我国财务通则还规定，企业筹集的投资本金（自有资金）在生产经营期内不得以任何方式抽走。另外，当多余的自有资金找不到较好的其他投资机会时，减少自有资金的出资也未必有利。

第三节   清偿能力分析

项目的清偿能力分析（liquidity analysis）是在盈利能力分析的基础上，进一步对资金来源与资金运用平衡分析、资产负债分析，考核项目的各个阶段的资金是否充裕、项目的总体负债水平、清偿长期债务及短期债务的能力，为信贷决策提供依据。在这里，将涉及基本报表中的资金来源与运用表和资产负债表的编制。

一、资金在时间上的平衡

有的项目的投资盈利水平虽然很高，但由于资金筹措不足，资金到位迟缓，应收账款收不上来以及汇率和利率的变化都会对项目产生影响，招致失败。因此，工程项目在进行过程中的各个阶段的资金是否充裕，是否能满足建设和营运的需要就显得十分重要。一般说来，项目在筹建的后期到生产经营这段时间达到资金平衡最为困难，此时项目占用的资金量大，利息支付也多，借款也开始要求偿还；而投产试生产阶段成本费用高，产量低，资金流入偏少。因此，有必要逐年甚至逐季逐月地予以平衡资金，做到事先心中有数，按计划行事。

资金平衡分析可以通过编制资金来源与应用表（statement of funds balance）进行，详见表 2-12。

资金来源与运用表   单位：万元   **表 2-12**

序号	年份 / 项目	建设期			投资期		达到设计能力期				合计
		0	1	2	3	4	5	6	…	n	
	生产负荷（%）										
1	资金来源										
1.1	利润总额										
1.2	折旧费										
1.3	摊销费										
1.4	长期借款										
1.5	流动资金借款										
1.6	其他短期借款										
1.7	自有资金										
1.8	其他										
1.9	回收固定资产余值										
1.10	回收流动资金										
2	资金运用										
2.1	固定资产投资（含投资方向调节税）										
2.2	建设期利息										
2.3	流动资金										
2.4	所得税										

续表

序号	年 份 项 目	建设期			投资期		达到设计能力期				合计
		0	1	2	3	4	5	6	...	n	
2.5	应付利润										
2.6	长期借款本金偿还										
2.7	流动资金借款本金偿还										
2.8	其他短期借款本金偿还										
3	盈余资金										
4	累计盈余资金										

注：将计算期终了后的回收固定资产余值、回收流动资金、流动资金借款本金偿还填写在"上年余值"栏内。

该表反映项目计算期内各年的资金盈余或短缺情况，用于选择资金筹措方案，制定适宜的借款及偿还计划，并为编制资产负债表提供依据。由于在利润总额计算时，把折旧费和摊销费作为支出，因此在这里则应把它们作为资金的来源。也就是说为了回收筹建期的固定投资（含固定资产、无形资产和递延资产等的投资），生产经营期中将这笔费用转为折旧费、摊销费作为总成本的一部分，并在表 2-12 中作资金的收入来源。另外，在利润总额的计算时，利息支出是作为财务费用的，因此，在表 2-12 中不再把生产经营期的利息支出作为资金运用，仅把建设期的利息支出（指实际支付的）作为资金运用。

表中各栏数值的来源：利润总额、所得税、应付利润由损益表中的数值填列；折旧费、摊销费根据固定资产折旧费估算数值及无形资产、递延资产摊销估算数值填列；长期借款、流动资金借款、其他短期借款、自有资金、固定投资（含固定资产投资、无形资产投资、递延资产投资、固定资产投资方向调节税）、建设期利息、流动资金等各项由投资计划与资金筹措表数值填列；回收固定资产余值及回收流动资金填入计算期末，当固定资产折旧年限≤计算期中生产经营期时，则按发生年填写回收固定资产余值（即为固定资产净残值）；长期借款本金偿还、短期借款本金偿还等项根据借款还本付息计算表数值填列；流动资金借款本金偿还按项目的具体情况填写；盈余资金＝资金来源－资金运用；累计盈余资金是盈余资金的逐年累计。

显然，通过分析资金来源与应用表所提示的资金平衡情况，可知盈余资金为正值时，表示当年资金来源多于当年应用的数额；盈余资金为负值时，表示当年资金的短缺数。作为资金应用的平衡，并不需要每年的盈余资金出现正值，而要求从筹建期的投资开始至各年的累计盈余资金大于或等于零。即：

各年的累计盈余资金≥0。

这就是要求投资项目在进行过程中的任何时刻都有够用的"钱"，否则，项目将无法进行下去。当在某一时刻累计盈余资金小于零时，要在此之前增加借款或增加自有资金投入或延缓（减少）利润分配或设法与债务人协商延缓还款时间。当所有这些措施都无效时，即便是投资盈利能力很好，也还要重新考虑投资可行性，缩小投资项目的规模甚至放弃项目的投资。

值得注意的是：资金来源与应用表与用于盈利性分析的现金流量表都属于现金流量计算的表格。但是，两者之间有着本质的区别，前者是从项目资金来源与应用出发计算各年度的现金流量，而后者是从投资者角度出发计算各年度的现金流量；前者是考察项目各年度资金平衡情况，而后者是考察项目的盈利能力程度。

二、资产负债表

清偿能力分析除了考察投资项目各时刻的资金平衡情况外，还有必要考察企业（项目）的资产负债变化情况，保证项目（企业）有较好的清偿能力和资金流动性。而资产负债表（statement of assets and liabilities）就是反映企业在某一特定日期财务状况的报表，见表 2-13。它与前面介绍的现金流量表、损益表、资金来源与应用表的区别在于资产负债表记录的是企业存量而现金流量表等记录的是流量。所谓存量是指某一时刻的累计值，流量反映是的某一时段发生资金流量值。资产负债表是以"资产＝负债＋所有者权益"会计方程式为理论依据，提供了企业掌握经济资源、企业负担的债务、企业的偿债能力、企业所有者享有的权益、企业未来的财务趋向。有利于企业管理人员、投资者、债权人以及其他与企业有利害关系的集团和个人，分析和评价企业财务状况的好坏，以便作出决策。因此，资产负债表综合反映了项目计算期内各年末资产、负债和所有者权益的增减变化及对应关系。

资产负债表（表 2-13）中应收账款、存货、现金和应付账款按流动资金估算表对应栏目填列；累计盈余资金包括银行存款和其他货币资金，各年数值按资金来源与运用表的数值填列。显然，流动资产总额包括了生产经营中所必须的最低要求的流动资产，即应收账款、存货和现金，也包括累计盈余资金。后者在形式上也是一种现金，但它是多于周转的必要部分。

在建工程客观地反映了项目建设期内各年所占用的资金，其数值应按投资计划与资金筹措表中固定投资与建设期利息之和的逐年累计值填列。项目建成投入生产经营时，它将形成固定资产、无形资产和递延资产原值。在建工程记录的是包括施工前期准备、正在施工中和虽已完工但尚未交付使用的建筑工程和安装工程所花的投资费用，它与建设期累计的固定投资和利息支出是一致的。固定资产净值的数值根据固定资产原值按年折旧费逐年递减计算；无形资产和递延资产净值的数值根据其原值按年摊销费逐年递减计算；流动资金借款、其他短期借款、长期借款、资本金、资本公积金（含赠款、资本溢价）等项按实际发生年及数值填列，建设期可由投资计划与资金筹措表数值填列；其中资本金和资本公积金等于自有资金的出资累计值。流动负债总额除各种应付账款外，还包括短期借款的债务值。累计盈余公积金、累计未分配利润按损益表中数值填列。

资产负债表　　　　　单位：万元　　**表 2-13**

序号	年份　项目	建设期			投资期		达到设计能力期				合计
		0	1	2	3	4	5	6	…	n	
1	资产										
1.1	流动资产总额										
1.1.1	应收账款										
1.1.2	存货										
1.1.3	现金										
1.1.4	累计盈余资金										
1.2	在建工程										
1.3	固定资产净值										
1.4	无形资产及递延资产净值										
2	负债及所有者权益										
2.1	流动负债总额										
2.1.1	应付账款										
2.1.2	流动资金借款										
2.1.3	其他短期借款										
2.2	长期借款										
	负债小计										
2.3	所有者权益										
2.3.1	资本金										
2.3.2	资本公积金										
2.3.3	累计盈余公积金										
2.3.4	累计未分配利润										
计算指标：1. 资产负债率（%） 2. 流动比率（%） 3. 速动比率（%）											

三、清偿能力分析

项目的清偿能力分析（pay off analysis）主要是通过资产负债表中的有关数据来分析资产与负债情况，计算出一系列比率，据以考察企业的资本结构是否健全与合理，并了解该企业偿还债务的能力。

1. 资产负债率

资产负债率（liabilities-assets ratio）是负债总额与资产总额的百分比，即负债总额与资产总额的比例关系。它反映总资产中有多大比例是通过借债来筹集的，也反映企业各个时刻所面临的财务风险程度及偿债能力，也可用于衡量企业在清算时对债权人利益的保护程度。

$$资产负债率 = \frac{负债总额}{资产总额} \times 100\% \tag{2-43}$$

负债总额不仅包括长期负债，还包括短期负债。这是因为短期负债作为一个整体，企业总是长期性占用着，可以视同长期性资本来源的一部分。例如，一个应付账款明细科目可能是短期的，但企业总是长期性地保持一个相对稳定的应付账款总额。这部分应付账款可以成为企业长期性资本来源的一部分。该指标又称举债经营比率。从债权人的角度看，该指标越低越好。因为如果股东提供的资本与企业总额相比，只占较小的比例，则企业的风险将主要由债权人负担，这对债权人来讲是不利的。从股东的角度看，只要全部资本利润高于借款利率，股东就可以从负债资金中获得额外利润，因此负债比例越大越好。从企业经营的角度看，企业负债越大，债务风险加大，但是如果举债越小，又说明企业利用债权人资本进行经营活动的能力太差，畏缩不前，对前途信心不足。因此，企业必须审时度势，全面考虑，在利用资产负债率制定借入资本决策时，必须充分估计预期的利润和增加的风险，在二者之间权衡得失，做出正确决策。

资产负债率到底多少合适，没有绝对的标准，一般认为50%～80%是合适的。国外类似指标有债务/资本比（debt-capital ratio），它表示投资的杠杆比率（investor leverage）越高，投资者的资本金越少，一般说来每一份资本的收益率就越高。从盈利性角度出发，权益的所有者希望保持较高的债务/资本比，以此赋予资本金有较高的杠杆力——用较少的资本来控制整个项目。另一方面，资产负债比越高，项目的风险也越大，因为自有资金投资的大部分形成土地使用权、房屋和机械设备，除非企业宣告破产，一般来讲它们变现较为困难。因此，银行和债权人一般不愿意贷款给自有资金额低于总投资的30%～50%的项目。

当资产负债率或债务/资本比高时，可以通过增加自有资金出资和减少利润分配等途径调节。

资产负债率可用以衡量项目利用债权人提供资金进行经营活动的能力，也反映债权人发放贷款的安全程度。对债权人来说，资产负债率愈低愈好。另外，对投资者来说，一般希望比率高些，但过高也会影响到项目资金筹措能力。通常，资产负债率大于100%，说明项目资不抵债，视为已达到破产的临界值。

2. 流动比率

流动比率（current ratio）是反映项目各个时刻偿付流动负债能力的指标。它等于流动资产总额与流动负债总额比。

$$流动比率 = \frac{流动资产总额}{流动负债总额} \times 100\% \tag{2-44}$$

项目生产经营期内各年的流动比率可通过资产负债表逐年求得。流动比率可用以衡量项目流动资产在短期债务到期前可以变为现金用于偿还流动负债的能力。也就是说是反映企业流动资产中有多少可在近期转变为现金的能力（即变现能力）。对债权人来说，比率愈高，债权愈有保障。一般要求流动比率在200％以上，也有的认为可以是120％～200％。这些数值都不是绝对的，对各种不同行业制定一个统一评价标准是不现实的。

一般认为，生产企业合理的最低流动比率是200％。这是因为流动资产中变现能力最差的存货金额，约占流动资产总额的一半，其余流动性较大的流动资产至少要与流动负债相等，才能保证企业的短期偿债能力。但这一比率并非绝对的标准。不同的行业，由于经营的性质不同，营业周期不同，对资产的流动性要求亦不同，应该有不同的衡量标准。流动比率，只有与同行业平均流动比率和本企业历史的流动比率进行比较，才能确定其高低。影响流动比率的主要因素有营业周期、流动资产中的应收幅度款数额和存货的周转速度。因为不易立即变现的存货存在，所以该指标不能确切反映瞬时的偿债能力。

3. 速动比率

速动比率（quick-current ratio）是反映变现能力的另一财务比率，等于速动资产（即流动资产总额减存货）与流动负债总额之比。

$$速动比率＝\frac{速动资产}{流动负债总额}×100\%＝\frac{流动资产总额－存货}{流动负债总额}×100\% \quad (2\text{-}45)$$

项目生产经营期内各年的速动比率可通过资产负债表逐年计算而得，速动比率是对流动比率的补充。流动比率不能反映瞬时的偿债能力，而速动比率可以反映企业各个时刻用可以立即变现的货币资金偿付流动负债能力。一般要求速动比率在100％以上，也有的认为可以是100％～120％，低于100％反映短期偿债能力偏低，这些数值同样也不是绝对的。例如，商店多以现金进行销售，几乎没有应收账款，其速动比率远小于100％；相反，一些应收账款较多的企业，速动比率可能要大于100％。

在计算速动比率时把存货从流动资产中扣除的主要原因是：

①在流动资产中存货的变现速度最慢；②部分存货因某种原因可能已毁损报废还未做处理；③部分存货已抵押给某债权人；④存货估价还存在着成本与合理市价相差悬殊的问题。

将存货从流动资产总额中减去而计算出的速动比率所反映的短期偿债能力更令人可信。

影响速动比率可信性的重要因素是应收账款的变现能力。账面上的应收账款不一定都能变成现金，实际坏账可能比计提的准备金要多；季节性的变化，可能使报表的应收账款数额不能反映平均水平。

当流动比率和速动比率过小时，应设法减少流动负债，通过减少利润分配、减少库存等办法增加盈余资金。例如通过增加长期借款（负债）等方法来加以调整。

四、借款偿还期计算

（一）固定投资借款偿还分析

固定投资借款（贷款，loan）偿还首先应明确项目可用于还款的资金来源，尽可能做到偿还的来源与偿还的对象一致。对于税利分流和税后还贷的项目，固定投资借款（贷款）的本金由税后的利润加上折旧费和摊销费来归还，必要的话，还可以扣除项目在还款期间的留利和留用的折旧或利用短期借款来偿还。其项目经营期的利息和流动资金借款利息，可以进入总成本费用；项目建设期的借款利息作为项目总投资的一部分计入建设期借款利息栏内。

（二）固定投资借款偿还期

1. 借款利息计算

对于国内外借款（贷款），无论实际按年、季月计息，均可简化为按年计息，即将名义利率按计息时间折算成有效年利率进行计算。

长期借款（贷款）利息计算，假定借款（贷款）发生当年均在年中支用，按半年计息，其后年份按全年计算；还款当年按年末偿还，按全年计算，每年应计利息的近似计算公式如下：

$$每年应计利息=\left(年初借款（贷款）本息累计+\frac{本年借款（贷款）额}{2}\right)$$
$$\times 年有效利率 \tag{2-46}$$

短期借款利息（含流动资金借款利息）计算，每年应计利息的计算公式如下：

$$每年应计利息=年初借款本息累计\times 年有效利率$$

国外借款（贷款）除支付借款（贷款）利息外，还要另计管理费和承诺费等财务费用。为简化计算，可采用适当提高利率的方法进行处理。

2. 借款还本付息计算表

借款还本付息计算表是项目进行财务分析的辅助报表之一，见表 2-14。用来分析计算偿还借款（贷款）的方式和时间。借款人（贷款部门）很希望知道项目能偿还借款（贷款）的最短时间，即投资借款（贷款）的偿还期。

借款还本付息计算表   单位：万元   表 2-14

序号	年份 \ 项目	建设期		投资期		达到设计能力期				合计
		1	2	3	4	5	6	⋯	n	
1	借款及还本付息									
1.1	年初借款本息累计									
1.1.1	本金									
1.1.2	建设期利息									
1.2	本年借款									
1.3	本年应计利息									

续表

序号	年 份 项 目	建设期		投资期		达到设计能力期				合计
		1	2	3	4	5	6	···	n	
1.4	本年还本									
1.5	本年付息									
2	偿还借款本金的资金来源									
2.1	利润									
2.2	折旧									
2.3	摊销									
2.4	其他资金									
	合计（2.1+2.2+2.3+2.4）									

偿还借款（贷款）本利的方式一般有：

1）等额偿还本金和利息总额方式

$$A = I_c \times \frac{i(1+i)^n}{(1+i)^n - 1} \tag{2-47}$$

式中 A——每年的还本付息额；

I_c——建设期末固定投资借款本金或本金及利息之和；

i——年有效利率；

n——贷款方要求的借款偿还期（以年为单位，由还款年开始计）。

还本付息中偿还的本金和利息各年相等，偿还的本金部分将逐年增多，支付的利息部分将逐年减少。

$$每年支付利息 = 年初本金累计 \times 年有效利率 \tag{2-48}$$

$$每年偿还本金 = 每年还本付息额 - 每年支付利息 \tag{2-49}$$

$$式中：年初本金累计 = I_c - 本年以前各年偿还本金累计 \tag{2-50}$$

2）等额还本、利息照付方式

$$A'_t = \frac{I_c}{n} + I_c \times \left(1 - \frac{t-1}{n}\right) \times i \tag{2-51}$$

式中 A'_t——第 t 年的还本付息额。

偿还期内各年偿还的本金与利息之和不等。亦即每年偿还的本金额相等，而利息将随本金逐年偿还而减少。

$$每年支付利息 = 年初本金累计 \times 年有效利率 \tag{2-52}$$

$$每年偿还本金 = \frac{I_c}{n} \tag{2-53}$$

3）用获得还款资金还本方式

利用项目获得的全部税后利润、折旧费、摊销费来偿还借款本金。其特点在于投资偿还期不定，有时投资偿还期会长于贷款方要求的借款偿还期。

通过资金来源与运用表和借款还本付息计算表可计算借款偿还期。

借款偿还期＝(借款偿还后开始出现盈余的年份数－开始借款年份)

$$+ \frac{当年偿还借款额}{当年可用于还款的资金额} \tag{2-54}$$

当借款偿还期满足借款机构的要求期限时，即认为项目具有还款能力。

【例2.5】   某项目采用全部税后利润、折旧费和摊消费（见表2-15）来偿还贷款本金。生产经营期（第3年）初固定投资欠为4000万元（未含建设期借款利息并以计入固定投资），借款利率为10%。试计算该项目的借款偿还期。

还款资金来源表   单位：万元   表 2-15

年份 项目	生 产 经 营 期													备注
	3	4	5	6	7	8	9	10	11	12	13	14	15	
全部税后利润	100	200	300	300	300	300	300	300	300	300	300	300	300	
折旧费	160	160	160	160	160	160	160	160	160	160	160	160	160	
摊消费	40	40	40	40	40	40	40	40	40	40	40	40	40	
还款资金合计	300	400	500	500	500	500	500	500	500	500	500	500	500	

【解】   首先，该项目生产经营期发生的借款利息偿还已在总成本中支付，而建设期发生的利息已计入项目总投资，其次，借款偿还后开始出现盈余的年份为第11年，

所以：借款偿还期＝11－1＋300/500 ＝10.6 年

第四节   外汇平衡分析

涉及外汇收支的项目，要通过财务外汇平衡表，对项目计算期内各年的外汇来源与运用进行外汇平衡分析（balanced analysis of foreign exchange）。

一、外汇使用与通货膨胀

（一）国外贷款的选择

国外贷款的选择，不能单纯着眼于贷款的利率和偿还的年限；还应结合贷款程序、贷款币种、偿还方式和贷款资金的限制条件等诸多方面，通盘考虑，并通过经济性态的全面分析，才能做出正确抉择。

国外贷款的经济性态通常由资金成本和赠与成分两项综合性指标来衡量。影响国外贷款经济性态的主要因素有：贷款利率、偿还期限、宽限期；贷款的限制条件；贷款程序和周期；贷款币种和还款方式；利息以外其他费用等。

贷款利率（loan interest rate）可分为无息贷款（只还本不付息）、低息贷款（利率在5%以下的贷款）、中息贷款（利率在5%～10%之间）和高息贷款（10%

以上贷款）。政府贷款一般按年利率计算，属低息贷款。贷款利息基本上是每半年支付一次。

偿还期限（repayable time limit）是从贷款协议规定开始提款之日起到本利全部还清之日止的期限。偿还期限内含有宽限期（days of grace）。所谓宽限期是指贷款在偿还期内开始若干年只付息不还本的时间长度，即：从借款日期开始到第一次偿付本金的期限称宽限期。

资金成本（loan cost）即借款成本，它是指归还借款最终支付的货币总值，包括本金、利息和其他各项费用。选择贷款的最大目标是尽量降低借款成本，使最终支付货币的总现值为最少。影响资金成本的主要因素有：货币汇率、利率、偿还期、宽限期、其他费用等。

赠与成分（grant element）也称捐助成分，它是贷款中所含的赠送成分，是根据贷款的利率、偿还期、宽限期（允许只偿还借款利息，不偿还借款本金的时间段）和折现率等数据，计算出衡量贷款的优惠程度的综合性指标。

各种国外贷款都有其一定的限制条件，一般是对借款国所借款项的使用范围和物资采购方式有所限制。例如，有的贷款使用范围较宽，可以部分用于通过国际或国内公开招标的土建工程；有的贷款只允许用于进口设备、管道和"三材"，且采购方式为有限制的竞争性招标，限定参加投标的国家；还有的贷款则必须用于购买贷款国的物资设备及支付其服务费用。因此，进行贷款选择时，应摸清贷款的使用条件，如资金使用范围较宽，就可减少建设项目的国内配套资金，若是只能购买贷款国的物资设备，则应进一步研究贷款国所能提供的物资设备技术水平的先进程度，是否符合项目技术上的要求，分析其价格比经过国际竞争招标后的国际价格高出多少，然后衡量其贷款利率是否真正优惠。

各类贷款的贷款程序、手续和周期各有差异。有的贷款程序严格，需多次派团来我国调研、审查，周期很长；有的贷款程序比较简单，贷款国不需进行项目评估，审批手续方便。贷款程序的繁简与评估周期的长短，将直接影响工程项目的预期进度要求和人员精力。同时，建设周期的延长，由于物价调价、借款利息等因素，导致建设成本提高，投资效益降低。

不同途径的贷款所提供的币种也不同，一般都以提供本国的货币居多，有些国家则按不同贷款性质，提供不同货币，有的国家政府出口信贷可在几种货币中选定一种来使用和偿还，也有国家按不同的贷款币种确定不同的贷款条件，例如D国贷款，采用美元时年利率为3.75%，采用英镑时年利率为4%。不同币种的汇率将直接影响到贷款的资本成本和赠与。随着外汇汇率的提高，所需归还的本金和利息（按国内货币计）相应增加，也就意味着实际支付的贷款利率将高于借款时所确定的利率。因此，汇率波动对资金成本影响很大，这种因借款币种的汇率变化造成的影响就是所谓的外汇风险，不可忽视。但要预测未来偿还债款的20、30

年间汇率的中长期波动是很困难的。

国外贷款的借贷过程中，所发生的支付费用，除利息外大致有以下几种其他费用：

管理费：近似于手续费，按照贷款总额收取一定的比例，一次支付，费率在 0.25%～0.5%的幅度内。

代理费：因为代理银行与借款人直接联系，需要一些费用开支，在整个贷款期内，每年支付一次，收费标准不一。

承担费（或称承诺费）：贷款方因借款方没有按期使用贷款，造成贷款资金闲置不能生息，因此向借款方收取的一种补偿性费用，一般以年利率计算。

手续费：是指贷款者从开始与借款者接触谈判，直到签订协议止所开支的费用，一般约为 0.4%～1.25%。

其他费用还有担保费、保险费、杂费等。

选择贷款时，应将以上可能发生的各项费用，一并计入资金成本后进行比较。

（二）通货膨胀

财务价格与借款利率

财务评价用的价格，即财务价格。它是以现行价格体系为基础的预算价格。现行价格是指现行商品价格和收费标准，有政府定价、政府指导价和市场价三种价格形式。在多种价格并存的情况下，项目财务价格应采用预计最有可能发生的价格。前面的财务分析中，把项目计算期内各年使用同一价格，亦即所谓"不变价格"，这只是一种简化处理方法，并不意味着项目计算期内实际价格固定不变。为防止资金不足，出现缺口，近年来，国家明确要求，所有建设项目都要把利率、汇率和物价上涨等变动因素考虑进去，不留资金缺口。

1）价格类型

（1）绝对价格与相对价格

依货物比价关系来分，市场价格可分为绝对价格和相对价格。绝对价格是指用货币单位表示的商品的价格水平。许多国家通常利用商品的绝对价格作为计算本国商品价格指数以及商品之间的比价基础。相对价格是指商品间的价格比例关系。导致商品相对价格变动的因素很多，例如劳动生产率的提高、消费习惯的变化、互相补充或互相替代的商品价格变化等等，都会引起商品供求关系的变化，从而影响相对价格的变化。此外，价格变化本身也导致一系列连锁反应。

（2）不变价格与时价

依在项目计算期内是否考虑通货膨胀因素来分，市场价格又可分为当时价格（当年价格 Current Price 简称时价）和不变价格（Constant Price）。所谓"当时价格"，也就是当时的市场价格。市场价格包含有通货膨胀因素。只是通常人们提到"市场价格"时，往往侧重于市场的价格水平，当提到"时价"时，则往往侧重于通货膨胀影响的考虑。不变价格亦称为固定价格，是不考虑通货膨胀因素的价格，是时价的对称。时价（用时价元表示）和不变价格（用不变元表示）之差是通货膨胀（inflation）。

当通货膨胀需要在项目财务评价中加以考虑时，通常可采用两种基本表示方法：

其一是通过把各年现金流量换算为具有不变购买力的货币单位来消除通货膨胀的影响。这个货币单位如以人民币元表示，则可称为不变价格元（constant price yuan），或实际价格元（real price yuan）。当各年现金流量采用同一通货膨胀率时，这种表示方法对所得税税前分析最为适用。

其二按照货物每次成交时，实际交换的当时货币单位数量来估算现金流量。这种货币单位如以人民币元表示，则可称为当时价格元（current price yuan），简称时价元。这种表示方法一般说来比不变元更容易理解，更适用于一般应用方面。

用以上两种方法进行分析时，关键是贷款利率、基准收益率应与项目财务计算与评价中使用的通货膨胀率相一致。由于通货膨胀的直接结果波及市场物价，因此，世界各国多用物价上涨率（消费物价指数、零售物价指数等）表示通货膨胀率。我国通常是以零售物价总指数，即零售物价总水平的变动来反映的。指数大于 100，表示计算期物价比基期上升；指数小于 100，表示计算期物价比基期下降。作为一般性通货膨胀的论述，为了使问题简化，一般是假定通货膨胀率等于物价上涨率（价格水平上涨率）。

设 $\overline{P}_0$ 为基年 0（通常是指项目建设开始的前一年，也可指其他年份）的价格水平，f 为计算期内预期的年平均通货膨胀率，则项目计算期内任何一年（t 年）的预期价格平均水平为：

$$\overline{P}_t = \overline{P}_0(1 + f)^t \tag{2-55}$$

当已知 Pt 和 f 时，则：

$$\overline{P}_0 = \overline{P}_t(1 + f)^{-t} \tag{2-56}$$

2）利率类型

由于通货膨胀率的介入，利率可分为名义利率（nominal interest rate）和实际利率（real interest rate）。这里的名义利率是指不剔除通货膨胀等因素的影响的利率，亦即，银行执行的利率。实际利率是指人们预期价格不变时所要求的利率，亦即，扣除币值变动影响（通货膨胀或通货紧缩）后的利率。

市场利率是泛指某一时刻金融市场上实际通行的各种利率，因为市场利率包含有通货膨胀因素，所以有与名义利率相等的一面。但通常人们提到"市场利率"时，往往侧重于市场通行的利率水平；当提到名义利率时，则往往侧重于通货膨胀影响的考虑。任一时刻市场利率的确定，除其他因素外，都必然同实际利率水平、通货膨胀有关。在有通货膨胀情况下进行利率计算时，名义利率（i_n）

是实际利率（i_r）和通货膨胀率（f）的综合。实际利率随着名义利率的提高而提高，随着通货膨胀率的提高而降低。实际利率的计算公式（即等值利率公式）为：

（1）较为精确的方法

$$i_r = \frac{1 + i_n}{1 + f} - 1 \tag{2-57}$$

亦即：

$$i_n = (1 + i_r)(1 + f) - 1 = i_r + f + i_r f$$

$$i_r = i_n - f - i_r f$$

（2）较为粗略的方法（比较常见和通用的方法）

$$i_r = i_n - f \tag{2-58}$$

上式中 $i_r f$ 略而不计，亦即：只考虑了本金的贬值，忽略了利息购买力的贬值。

【例 2.6】 有一笔 100 万元的贷款，期限 1 年，名义利率为 10％。通货膨胀率为 6％，求实际利率？

【解】 1. 较为精确的方法

$$i_r = \frac{1 + 10\%}{1 + 6\%} - 1 = 3.78\%$$

2. 较为粗略的方法

$$i_r = 10\% - 6\% = 4\%$$

两种计算方法相差 $4\% - 3.78\% = 0.22\%$。原因是今年的 104 万元相当于去年的 100 万元，但是，今年支付的 4 万元利息，由于货币贬值，也只是相当于去年的 3.78 万元。

从上述计算公式中可以看出，i_r 不外乎三种情况，即大于、等于或小于零。

当 $i_r > 0$ 时，即 i_r 为正值，$i_n > f$，则银行贷款除回收本金外，还可以得到利率为 i_n 的利息。

当 $i_r = 0$ 时，即 $i_n = f$，则银行贷款只能收回本金，利息为零。

当 $i_r < 0$ 时，即 $i_n < f$，则银行贷款 不仅得不到利息，而且要亏本，不能收回本金。

二、通货膨胀与项目财务分析的关系

（一）通货膨胀的财务分析基本数据

项目财务分析所用的基本报表有现金流量表、损益表、资金来源与应用表和资产负债表。其基本数据来自项目收支两个方面。项目收入主要包括产品销售收入等效益；项目支出主要包括固定资产投资和流动资金、产品生产成本和费用、各种税金（销售税金及附加、所得税等）等费用。

通货膨胀将加大项目收支两方面的货币名义值。为了检验通货膨胀对财务分析的影响，需要区分直接和间接受通货膨胀率影响科目。以上科目除所得税为间接影响科目外，其余均为直接影响科目。

另外，由于建设期内的通货膨胀将加大投资费用的货币名义值，直接影响到项目资金筹措，所以在通货膨胀率不高的情况下，一般是在投资估算的未预见费用中一并予以考虑。但是，在通货膨胀较高的情况下就需要单独考虑，通常的作法是除了增加一项一般的未预见费用（基本预备费）外，还要再增加一项专门应付通货膨胀的价格未预见费用（涨价预备费）。

（二）通货膨胀与项目财务盈利能力分析

1. 税前分析与税后分析

由于在全部投资现金流量表中，所得税是惟一受通货膨胀间接影响的科目，因此，盈利能力分析需对所得税前和税后分别进行分析。亦即，税前分析考虑直接影响的科目，税后分析则对直接和间接影响的科目同时予以考虑。

1）税前分析

当项目净现金流量（即项目净收益）在计算期内各年按相同比例（相同通货膨胀率）增加时，由于通货膨胀对项目税前分析没有实际影响，所以在有通货膨胀和无通货膨胀两种情况下的所得税税前内部收益率的货币实际值是相同的。由于通货膨胀影响，税前内部收益率的实际值（IRR_r）将低于其名义值（IRR_n）。二者的换算公式为：

$$IRR_r = \frac{1 + IRR_n}{1 + f} - 1 \tag{2-59}$$

① 较为精确的方法：$IRR_r = IRR_n - f - IRR_r \cdot f$
② 较为粗略的方法：$IRR_r = IRR_n - f$
显然，以上公式与实际利率和名义利率的换算公式是完全相同的。

2）税后分析

在有、无通货膨胀两种情况下的所得税税后内部收益率的实际值显然是不同的。这是因为虽然未来的收益将因通货膨胀而增加，但是各年的折旧费却是一个固定值，并不因为通货膨胀而增加。因此，应纳税所得额和所得税额将因通货膨胀而增加，从而使各年税后净现金流量减少，进而使税后内部收益率降低。通货膨胀率愈高，税后内部收益率的名义值愈大，而实际值愈小。

有无通货膨胀的内部收益率对照表（实例）见表2-16。

由表2-16可见，在有、无通货膨胀的两种情况下，税前 IRR 的实际值完全相同，但税后 IRR 的实际值则因受通货膨胀而降低。通货膨胀率愈高，其实际值愈小。

有无通货膨胀的内部收益率对照表   表 2-16

情 况	税前内部收益率（%）		税后内部收益率（%）	
	名义值	实际值	名义值	实际值
1. 无通货膨胀（$f=0$）	11.99	11.99	8.27	8.24
2. 有通货膨胀				
①$f=6\%$	18.71	11.99	12.78	6.40
②$f=12\%$	25.43	11.99	17.61	5.01

2. 项目内部收益率和基准收益率、贷款利率的可比性

在财务盈利能力分析中，项目财务内部收益率（FIRR）大于或等于财务基准收益率（i_c）时，该项目才是可以考虑接受的。通常，财务基准收益率应大于市场贷款利率（i）。值得注意的是项目内部收益率和基准收益率、银行贷款利率，对于有无通货膨胀的计算口径必须对应一致，才具有可比性。亦即，用货币名义值或实际值表示的内部收益率必须用相应的基准收益率和银行贷款利率来检验，否则将会导致错误的结论。三者与净现金流量的对应关系如表 2-17 所示 。

有无通货膨胀的 FIRR 与 i_c 对照表   表 2-17

项 目	有通货膨胀（名义值）	无通货膨胀（实际值）
净现金流量	NCF$_n$	NCF$_r$
内部收益率	FIRR$_n$	FIRR$_r$
基准收益率	i_c^n	i_c^r
市场贷款利率	i_n	i_r

（三）通货膨胀与项目财务清偿

在有通货膨胀情况下，如采用固定市场贷款利率，则通货膨胀将使实际利率降低，从而对借款者产生有利的影响。

三、几种通货膨胀处理方法的比较

（一）几种常用的处理方法

通货膨胀在西方国家项目评价实践中，有各种各样的处理方法。通常是在项目计算期内各年采用一个平均通货膨胀率。常用的方法大致可以归纳为四种类型。即：不变价格法、混合价格法、简单时价法和详细时价法。四种处理方法的汇总表见表 2-18。

（二）几种处理方法的对比分析

上述四种处理方法都是在承认通货膨胀这一事实客观存在的前提下采取的方法。很明显，前三种方法对通货膨胀都作了简单假设，采取了简化处理的方法。即假设通货膨胀对各种货物的价格都具有同等的影响，而且各年的通货膨胀率均为

一常数，第四种处理方法的特点是不同货物采用不同的通货膨胀率。这在理论上是无可非议的，但在实践中将会遇到更多的困难。应该指出，不论哪种方法，都需要就价格变化对评价指标的影响进行敏感性分析。四种方法的优缺点及其实用性分述如下：

通货膨胀在财务分析中的几种处理方法　　　　　表 2-18

类型	计算原则和依据	具体计算方法			净现金流量和评价指标
		采用价格	各种货物的通货膨胀率	各年的通货膨胀率	
1. 不变价格法（传统方法）	假定通货膨胀对各种价格有相同影响。因此，用不变价格和时价计算的税前净现金流量和评价指标，只是数值不同，但不会影响评价结论	计算期各年均用不变价格（即基期价格）	——	——	实际值
2. 混合价格法	假定通货膨胀对各种价格有相同影响，也可以考虑有不同影响	计算期内两种价格：建设期各年用时价，生产期各年用不变价格（即均用建设期末年价格）	用同一物价指数或不同物价指数	常数	混合值
3. 简单时价法	假定通货膨胀对各种价格有相同影响	计算期内各年均用时价	用统一总物价指数	常数	名义值
4. 详细时价法	通货膨胀对各种价格有不同影响	计算期内各年用时价先计算出名义值净现金流量和评价指标，然后再用缩减指数将名义值净现金流量转换为实际净现金流量，求实际值评价指标	不同货物采用不同的分类物价指数。计算实际值时，用总物价指数作为缩减指数	常数	名义值、实际值

1）第一种方法（不变动价格法）用不变价格计算实际值（不考虑通货膨胀因素）的净现金流量和评价指标，其最大优点是：①由于避开了在项目计算期内预测通货膨胀的难题，从而使方法简便易行。②在项目计算期内使用不变价格计算的评价指标可以不受价格变动因素的影响，从而可比性强。一方面是便于进行项目与项目之间的对比，另一方面也便于项目收益率与不含通货膨胀因素的基准收益率进行对比。实际上，用不变价格考核项目或考核近期和长期规划是国内外惯用的作法。

其缺点是在通货膨胀率较高的情况下，按不变价格计算的各项收支金额，不能反映在建设期用钱时，按时价筹措的足够资金，也不能反映生产期按时价计算的收益、利息和税金等各项收支。在必要时，为了弥补这一缺点，在建设期增加一笔涨价预备费，以筹措足够的建设资金。至于还本付息则可用不变价格计算。也可用时价计算。如用时价计算时，同样也需要预测一个通货膨胀率。

2）第二种方法（混合价格法）的最大优点是解决了建设期按时价计算的资金筹措问题，在建设期较短的情况下，预测建设期的通货膨胀率还是比较容易的，其缺点是：

①一个计算表（比如现金流量表、还本付息表等）的计算期内存在着两种不同的评价方法，而建设期的投资需要用生产期的收益来补偿，建设期的借款也要用生产期的资金来归还。因此，第二种方法在理论上似有缺陷。②在建设期较长的情况下，预测通货膨胀会遇到困难。③按此方法求得的 IRR，即非名义值，也非实际值。

3）第三种方法（简易时价法）的优点是：①克服了第一、二种方法的缺点，能够反映整个计算期用时价计算的各项收支金额。②从资料数据的可得性和计算工作量来看，都比第四种方法简易得多。

其缺点是整个计算期的通货膨胀率不好预测，通常认为从项目评价角度来看，第三种处理方法的必要性是不大的。与第一种方法相比，虽然两种方法的所得税税后分析结果不同，但其税前分析结论却完全一致。

4）第四种方法（详细时价法）的优点是：①事实上，不同货物的通货膨胀率不可能完全相同，因此不同货物采用不同的通货膨胀率在理论上比较容易理解。②两种情况（有和无通货膨胀）都做计算。

其缺点是：① 无通货膨胀的实际值是由有通货膨胀的名义值转换过来的，计算相当繁杂。② 如果预测的各种通货膨胀率很不准确（事实上很难准确）则由名义值转换过来的实际值净现金流量很可能不能真正表示实际值，导致不正确的结论。而准确地预测通货膨胀率即使是国际上权威预测机构也是很难保证没有出入。

（三）综合意见

综合以上各点，可以认为：在通货膨胀率较高，特别是达到两位数字的情况下，在项目财务分析中充分考虑通货膨胀引起的一系列问题是很有必要的。

1）通货膨胀将加大计算期内各年收入（收益）和支出（费用）的货币名义值，从而加大了名义净现金流量和名义内部收益率。为了使问题简化，计算简单，在项目评价中，往往提出两点假设：一是假设通货膨胀对各种货物（包括各种产出物和投入物）产生相同影响（即各种货物均用同一通货膨胀率）；二是计算期内各年的通货膨胀率为一常数（即各年均用同一通货膨胀率）。在此前提下，产生了两种处理通货膨胀的方法，即不变价格法（计算期内用不变元）和简单时价法（计算期内用时价元，采用同一通货膨胀率）。在此基础上，又派生出一些其他的方法例如混合价格法（建设期用时价元，生产期用不变元）。

　　计算表明，在（所得税）税前分析中，用不变价格法和简单时价法计算的净现金流量和内部收益率，只有货币名义值的不同，而无实际值的差别，不会影响评价的结论。因此，从项目评价角度来看，用简单时价法计算的必要性不大，但在（所得税）税后分析中，两种计算结果将有所不同。同时，简单时价法的优点是可以得知各年按时价计算的货币额，能适应资金筹措和编制资金分配规划的需要。这正是不变价格法的不足，混合价格法弥补了这个缺陷，其计算复杂程度介于不变价格法与简单时价法之间。权衡利弊，则不变价格法（即计算期用不变元。资金筹措与还本付息计算按时价元另作处理）不失为一种简便易行的较好的处理方法。

　　2）实际上，通货膨胀率对各种货物的影响不可能完全相同。于是国外石油行业出于开发建设时间长的考虑，提出了按不同通货膨胀率计算的时价法（此法已被一些采矿工业采用）。此法计算更加繁杂。特别是不同货物的通货膨胀率的预测，更加难以准确。因此，国内项目一般不宜采用这种处理方法。

　　3）特别值得注意的是评价标准（如基准收益率）必须与评价指标（如内部收益率）的计算口径相一致。简言之，就是名义值的内部收益要和名义值的基准收益率相比较，实际值的内部收益率要与实际值的基准收益率相比较。

　　利率也是一样，只能是名义值和实际值的内部收益率分别与对应的名义利率和实际利率相比较。通常所说的市场利率是名义利率，一般考虑了通货膨胀因素，原则上名义利率是实际利率和通货膨胀率之综合。

　　总之，内部收益率、基准收益率和利率，如要考虑通货膨胀因素，三者就都要考虑，否则都不要考虑。问题是把名义利率分为通货膨胀率和实际利率是人为进行的。而分别预测通货膨胀率和实际利率的困难在于没有一种满意的方法可以用来测算一般的通货膨胀率（总通货膨胀率）。

　　4）前述四种处理方法都涉及通货膨胀率的预测。在国民经济发展的历史长河中，从短期来说，物价有升有降，从长期来说，物价上涨则是总的趋势。项目评价中的计算期少则十来年，多则几十年，原则上应考虑通货膨胀因素，实际上则有很大困难。用时价元计算的难点，不仅是计算工作量的加大（这可以用计算机解决），而主要还在于通货膨胀率难以准确预测。这里不仅有项目评价如何处理通货膨胀的实际问题，而且也有通货膨胀及影响通货膨胀的因素涉及一系列的经济理论问题。

　　5）在通货膨胀条件下，审查投资项目时，要注意资金构成（贷款资金与自有资金比例）和实际收益率（不考虑通货膨胀因素）两个因素。在混合筹资（包括贷款和自有资金）情况下，采用固定利率时，自有资金持有者将因通货膨胀而获利，并且贷款的实际费用（按实际利率计算的利息）将随通货膨胀而下降。

　　（1）当实际利率大于零时，则自有资金持有者实际上除偿还银行贷款本金外，仅支付按实际利率（低于名义利率）计算的利息。

（2）当实际利率等于零时，则自有资金持有者实际上将只偿还本金，不支付利息。

（3）当实际利率小于零时，则自有资金持有者实际上不仅不支付利息而且只偿还部分本金。

6）涉及外资的国内项目，如贷款金融机构有具体要求，在双方同意的情况下，也可按照双方设定的通货膨胀率进行盈利能力分析和清偿能力分析。

7）合资经营项目，如外方有合理而又可行的具体要求时，也可在各方协商一致的情况下，进行有通货膨胀的盈利能力分析和清偿能力分析。

四、价格变动因素的处理

在《方法与参数》（第二版）的总则和总说明中，均涉及有关价格变动因素在财务分析中的处理问题，现归纳如下：

（一）财务价格

（1）财务评价用的价格简称为财务价格（financial price），即以现行价格体系为基础的预测价格。

（2）影响价格变动的因素。

① 相对价格变动因素。例如，价格政策变化引起的国家定价和市场调节价的变化；商品供求关系变化引起的供求均衡价格的变化；劳动生产率提高，消费习惯变化互相补充和互相替代的商品价格的变化等。

② 绝对价格变动因素是物价总水平的上涨，即因货币贬值（或称通货膨胀）而引起的所有商品的价格以相同比例向上浮动。

（3）预测现行价格除必须考虑生活幸福价格变动因素外，还应考虑物价总水平变动因素。

（二）价格变动因素在财务分析中的处理

概括言之，价格变动因素在财务分析中，可归纳为三种处理方法。

（1）对于价格变动因素，在进行项目财务盈利能力和清偿能力分析时，原则上宜作不同处理。即两种分析分别采用两套预测价格，两套计算数据。

① 财务盈利能力分析中的财务价格，可只考虑相对价格变化，不考虑物价总水平上涨因素。

② 项目清偿能力分析中的财务价格，除考虑相对价格变化外，还要考虑物价总水平的上涨因素，物价总水平上涨因素一般只考虑到建设期末。

（2）结合我国情况，对物价总水平上涨因素，也可区别以下两种情况，分别采用两种不同的简化处理方法。即两种分析采用一套预测价格，一套计算数据。

① 建设期较短的项目

　　两种分析在建设期内各年均采用时价（既考虑相对价格变化，又考虑物价总水平上涨因素）；在生产经营期内各年均以建设期末物价总水平为基础，并考虑生产经营期内相对价格变化的价格。

　　② 建设期较长、确实难以预测物价总水平上涨指数的项目。

　　两种分析在计算期内均采用以基年（或建设期初）物价总水平为基础，仅考虑相对价格变化，不考虑物价总水平上涨因素价格。

五、财务外汇平衡

　　对于涉及外汇收支的项目，产品出口创汇、替代进口节汇及外汇借贷的项目，要进行外汇平衡分析，考察项目年的余缺程度，对外汇不能平衡的项目，应提出具体的解决办法。具体做法是通过编制财务外汇平衡表（见表 2-19）来实现，该表属基本报表。

财务外汇平衡表　　　　单位：万美元　　**表 2-19**

序号	年　　份　　　　项　　目	建设期		投产期		达到设计能力生产期				合计
		1	2	3	4	5	6	……	n	
	生产负荷（%）									
1	外汇来源									
1.1	产品销售外汇收入									
1.2	外汇借款									
1.3	其他外汇收入									
2	外汇应用									
2.1	固定资产投资中外汇支出									
2.2	进口原材料									
2.3	进口零部件									
2.4	技术转让费									
2.5	偿付外汇借款利息									
2.6	其他外汇支出									
2.7	外汇余缺									

　　注：1. 其他外汇包括自筹外汇。
　　　　2. 技术转让费是指生产期支付的技术转让费。

思考题与习题

1. 某企业应纳增值税，其增值税率为 17%，生产年产品的含税销售收入为 23400 万元，外购原材料、燃料和动力费的年支出为 5850 万元（含增值税），试按扣税法计算该企业应纳增值税额。

2. 某新建项目的固定资产原值为 45000 万元，折旧年限为 15 年，净残值率为 5%，分别按平均年限法、双倍余额递减法、年数总和法和余额递减法计算其年折旧额。

3. 简述利润分配的一般规则。

4. 简述现金流量表的作用及编制方法。

5. 如何进行盈利能力分析？

6. 试从投资者、业主的角度如何来理解"杠杆原理"？

第三章　敏感度和风险分析

在水工程经济分析中，我们曾对有关数据进行了假定。但是，一般情况下，产量、价格、成本、收入、支出、残值、寿命、投资等参数都是随机变量，有些甚至是不可预测的，它们的估计值与未来实际发生的情况，可能有相当大的出入，这就产生了不确定性和风险。本章旨在介绍不确定性分析和风险分析（risk analysis）的基本常用方法，其中包括盈亏平衡分析、敏感性分析、概率分析和风险决策分析。

第一节　风险因素和敏感度分析

水工程经济分析中用于工程项目经济分析和评价的数据多数来自预测和估算。由于缺乏足够的信息，对有关因素和未来情况无法做出精确无误的预测，或者是因为没有全面考虑所有可能的情况，因此项目实施后的实际情况难免与预测情况有所差异，这种差异有可能会给工程项目带来损失，也就是风险。换句话说，立足于预测和估算进行的项目经济分析和评价的结果有不确定性。为了尽量避免投资决策失误，有必要进行不确定性分析和风险分析。

不确定性分析（uncertainty analysis）也称为敏感度分析。就是考察人力、物力、资金、利率和汇率、固定资产投资、生产成本和产品销售价格等因素变化时，对项目经济评价效果所带来的响应。这些响应越强烈，表明所评价的项目及其方案对某个和某些因素越敏感，对这些敏感因素，要求项目决策者和投资者予以充分的重视和考虑。

一、风险因素与传统决策方法

在水工程项目中，由于存在着许多决策者难以预料到的变化因素，这些变化因素中的有一些是具有某种统计概率分布的，有一些则是难以预测的，因而都会给项目在技术经济上带来一定的风险。即使在确定的情况下，也可能存在多种决策方案，而对这些决策方案选择，通常都会影响到项目的技术经济指标。因此，了解影响水工程项目的各种因素，这些因素变化给水工程项目所带来的技术经济风险以及其风险的程度，了解在有多种决策方案时的决策方法和风险情况下的决策技术，对于分析水工程项目的抗风险能力，减少投资决策的失误，做出正确的决策，十分必要。

因为水工程项目的建设期一般都较长，同时其寿命期也较长，所以在水工程项目技术经济分析和评价中，有许多因素将影响到项目的技术经济指标，以及通过这些指标所预期的项目未来的技术经济效果，我们称这些因素为风险因素（risk factor）。换句话说，风险因素就是可能使工程项目的预期技术经济效果发生某种不确定性的因素。对于风险因素，有多种方式的分类。例如，有的将风险因素分为有形风险因素和无形风险因素。

有形风险因素是指可以直接观测得到的、可以直接度量或检测的因素（也称为看得见的因素和用手摸得着的因素）。如水工程项目所在的地理位置、环境状况、工程建设期的气候变化、水文地质情况、资金筹措和技术设备选取等，这些因素的变化和不确定性，都将直接地影响到水工程项目的预期技术经济效果。例如，对于一个供水厂，水源的水质变差，将使供水厂付出额外的处理费用，才能提供达到饮用水标准的水质。而对于一个污水处理厂来说，污水处理技术和设备的选取，将直接影响到将来的年运行成本。一般来说，对水工程项目而言，气候、水文、地质、地理位置等，都将对工程的技术经济指标产生影响，都会使工程预期效果产生某种不确定性。

无形风险因素是指那些看不见或摸不着的因素。如政策的变化、某些人的因素、市场效应和影响等。在许多水工程项目中，收费标准和销售价格等，通常都带有政府行为或行政性指令。例如排水工程和污水处理工程，废水排放和污水处理的收费标准一般都由政府制定，因此，政府环保政策的变化，通常都会直接影响到这类工程的预期经济效果。人的道德因素，也会给一些排水工程项目的预期经济效果产生影响，如有意的偷水行为和有意少报排污量等。

生产原材料和设备的价格变化、销售产品的价格变化、利率和汇率的变化等，也是影响工程项目预期经济效果的重要因素，而这些因素即具有有形风险因素的某些特性，又具有无形风险因素的某些性质。我们说原材料和设备的价格等具有有形风险因素的特性，是指从经济规律、市场规律和经济技术发展趋势来看，在某种程度上和一定的范围内，其变化是可以预测的。如工程所需的智能化控制系统、某些原材料价格等，可以较为准确地估计出未来若干年内的变化趋势。我们说这些因素具有无形风险因素的性质，是指在市场机制的作用下，其变化的具体幅度不能完全无误地进行预测。

有的将风险因素分为项目外部风险因素和项目内部风险因素。

工程项目的外部风险因素主要是指由于宏观经济状况、市场竞争机制的完善、政策与行政指令、国家税收政策、环境、自然条件的变化等给项目所带来的风险。这些因素共同构成了水工程项目的外部环境，并且都对项目的预期经济效果产生影响，因此，这些因素共同作用的结果就构成了工程项目的外部风险。外部风险的另外一个重要因素就是时间因素，所设计的项目建设期和寿命期，对工程项目的预期目标和技术经济指标，都有直接的影响，而众多的其他外部风险因素，也是随时间而变化的。

工程项目的内部风险因素主要是指投资决策、技术方案的选择、工程建设、工程运营和管理等因素变化给项目所带来的风险。这些因素共同构成了水工程项目的内部环境，并共同对项目的预期经济效果产生影响，因此，这些因素的综合作用结果就构成了工程项目的内部风险。投资决策是指有多种投资规模可供选择时，确定合理的投资规模，对于工程项目偿还借款、回收资金等，是十分重要的。对水工程项目，技术方案和设备的选择，将直接影响到项目的运营成本和技术管理，因而将对项目的投资回收期等技术经济指标产生影响。工程建设主要是指对工程质量、资金的合理使用、工程进度等的控制，将直接影响水工程项目的建设期、投资额、开始回收投资的时间和项目的寿命期。工程运营和管理风险主要是指经营管理者能力素质欠缺或项目管理公司的管理技术水平和管理方式的不当导致的项目经营运作的失败，给项目所造成的损失。

还可以将风险因素分为可预测风险与不可预测风险。

工程项目的可预测风险是指各种变化因素具有确定的多种形式或者这些因素遵循一定的变化规律。我们所说的风险因素具有确定的多种形式是指投资额、技术方案、寿命期等有多种确定情形可供选择，而每一种选择都将直接或间接地影响工程项目的技术经济指标和预期经济效果。而风险因素遵循一定的变化规律是指这些因素的变化可以用某种定量化的模型来描述，或者具有某种概率分布，或有足够的信息可以获得其变化规律的统计分布等。如原材料和设备价格、产品销售价格、水工程项目所涉及到的水文环境变化等，通常都可以用统计资料所获得的概率分布或某些模型来刻画。

工程项目的不可预测风险是指各种变化因素不能用恰当的模型来描述，其变化规律目前还不为人们所知，不能用概率和统计方法来确定风险发生的几率，以及一些偶然发生的事件，如自然灾害、工程事故等等。

对于风险的处理，通常的方法都是按照可预测风险和不可预测风险来分类和进行决策的。传统的决策方法主要有：

敏感度分析。主要用于处理有多种确定情形的风险因素和部分具有概率分布的风险因素，比如解决产销平衡问题、规模经济区和最佳生产规模的确定，多方案技术经济指标的评价和比较，项目获利机会分析，可行性基础分析等。敏感度分析主要包括盈亏平衡分析、敏感性分析及概率分析等方法和内容。盈亏平衡点分析只适用于财务评价，敏感性分析和概率分析可同时用于财务分析和费用——效益分析。

决策分析。决策分析主要包括确定性决策分析（决策者不可控制的因素只有一个确定的状态）、风险决策分析（决策者不可控制的因素具有某种概率分布或统计分布）及不确定性决策分析（决策者不可控制的因素具有不可预测性）。

确定性决策分析的主要方法有：简单决策方法（最大效益或最小损失决策），结构化决策模型，最优化方法，多阶段决策，动态规划，层次分析法等等。

风险决策分析的主要方法有：期望值法、决策树法、蒙特卡罗模拟方法、贝叶斯分析方法、模糊综合评价、排队论、马尔可夫决策规划等等。

不确定性决策分析的主要方法有：最大最大准则（乐观决策）、最大最小准则（悲观决策）、等可能性准则（Laplace 决策，又称随机决策）、后悔值决策准则等等。

二、盈亏平衡分析

盈亏平衡分析（analysis of profit and loss）是在一定的市场、生产能力的条件下，研究成本与收益的平衡关系的方法。对于一个项目而言，盈利与亏损之间一般至少有一个转折点，我们称这种转折点为盈亏平衡点 BEP（Break Even Point），在这点上，销售收入与生产支出相等，对于所研究的项目方案来说，既不亏损也不盈利。盈亏平衡分析就是要找出项目方案的盈亏平衡点。一般说来，盈亏平衡点越低，项目实施所评价方案盈利的可能性就越大，造成亏损的可能性就越小，对某些不确定因素变化所带来的风险的承受能力就越强。

盈亏平衡点通常根据正常生产年份的产品产量和销售量、固定成本、可变成本、产品价格和销售税金及附加等数据计算。因此，盈亏平衡点可以用实物产量和销售量、单位产品售价、单位产品的可变成本，以及年总固定成本的绝对量表示，也可用生产能力利用率等相对值来表示。本书主要采用产量或销售量和生产能力利用率来表示盈亏平衡点。

盈亏平衡分析的基本方法是建立成本与产量、销售收入（扣除税金）与产量之间的函数关系，通过对这两个函数及其图形的分析，找出用产量和生产能力利用率表示的盈亏平衡点，一般情况下为这两个函数的交点。进一步确定项目对减产、降低售价、单位产品可变成本上升等诸因素变化所以引起的风险的承受能力。

1. 线性盈亏平衡分析

线性盈亏平衡分析是在下面的基本假定下进行的：

（1）产品的产量等于销售量；

（2）单位产品的可变成本不变；

（3）单位产品的销售价格不变；

（4）生产的产品可以换算成单一产品计算。

我们首先建立成本与产量的函数关系。为进行盈亏平衡分析，必须将生产成本分为固定成本和可变成本。我们用 C 表示年总成本，C_F 表示年总固定成本，C_V 表示年总可变成本，C_q 表示单位产品的可变成本，Q 表示年总产量。则有：

$$C=C_F+C_V$$

由假定（2），总可变成本应是产量的线性函数，即：

$$C_V=C_q \times Q=C_q Q$$

所以，可将年总成本表示为年总产量的线性函数如下：

$$C=C(Q)=C_F+C_q Q \tag{3-1}$$

其次建立销售收入—产量之间的函数关系。我们用 S 表示年销售收入，S_1 表示扣除销售税金后的年销售收入，r_1 表示销售税率，P 表示产品的销售单价。于是，由假定（1）和假定（3），得

$$S_1=(1-r_1)S=(1-r_1)PQ$$

因此，所得税后的年销售收入 S_1 可以表示为年总产量 Q 的线性函数如下：

$$S_1=S_1(Q)=(1-r_1)PQ \tag{3-2}$$

当盈亏平衡时，年税后销售收入 S_1 应与年总成本 C 相等，即：

$$C_F+C_q Q=(1-r_1)PQ$$

由此得到：

$$\text{BEP（产量）}=Q_{BEP}=\frac{C_F}{P-C_q-r} \tag{3-3}$$

式中　r——单位产品销售税金（$r=P \times r_1$）。

把（3-3）式的两边除以设计（定额）产量 Q_0，则得到用生产能力利用率表示的 BEP：

$$\begin{aligned}
\text{BEP（生产能力利用率）} &=\frac{Q_{BEP}}{Q_0} \\
&=\frac{C_F}{Q_0(P-C_q-r)} \\
&=\frac{C_F}{S-C_V-R}
\end{aligned} \tag{3-4}$$

式中　R——年销售税金（$R=r \times Q_0$）；

　　C_V——年可变成本（$C_V=C_q \times Q_0$）；

　　S——年销售收入（$S=P \times Q_0$）。

对于有技术转让费，营业外净支出及交纳资源税的项目，在式（3-3）和式（3-4）的分母中应扣除这些费用。

用产量和生产能力利用率表示盈亏平衡点说明当其他条件保持不变时，产量可允许降低到 Q_{BEP}，项目仍不会发生亏损，即项目在产品产量上有（$1-Q_{BEP}/Q_0$）$\times 100\%$ 的回旋余地，也即项目能承受减产 Q_0-Q_{BEP} 的风险能力。

用其他形式表示的盈亏平衡点分别具有如下形式和意义：

$$\text{BEP（单位产品售价）}=P_{BEP}=C_F/Q+C_q+r \tag{3-5}$$

这表示在正常生产的情况下，其他条件不变时，产品的销售价格可以从 P 降

低到 P_{BEP}。

$$BEP（单位产品可变成本）=C_q^*=P-r-C_F/Q \qquad (3-6)$$

这表明单位产品的可变费用允许从 C_q 上升到 C_q^*。

$$BEP（总固定成本）=C_F^*=（P-C_q-r）Q \qquad (3-7)$$

即年总固定费用最高允许为 C_F^*。

【例 3.1】   某设计方案年生产量为 12 万吨，已知每吨产品的销售价格为 675 元，每吨产品交付的税金为 165 元，单位产品可变成本 250 元，年总固定成本是 1500 万元，试求盈亏平衡点和允许降低（增加）率。

【解】   设 Q 为产量，C 为年总成本，S_1 为年税后销售收入，则有：

$$C=1500+250Q （万元）$$

$$S_1=（675-165）Q （万元）$$

于是，由式（3-3）～式（3-7）得

BEP（产量）$= 1500/（675-250-165）=5.77$（万吨）

BEP（生产能力利用率）$=[1500/（8100-3000-1980）]\times100\%=48.08\%$

BEP（单位产品售价）$=P_{BEP}=1500/12+250+165=540$（元/吨）

BEP（单位产品可变成本）$=C_q^*=675-165-1500/12=385$（元/吨）

BEP（总固定成本）$=C_F^*=（675-250-165）\times12=3120$（万元）

计算所得的各种形式表示的盈亏平衡点及允许降低（增加）率列于表 3-1 中。

由表 3-1 可见，当其他条件保持不变时，产量可允许降低到 57692.3 吨，若低于这个产量，项目就会发生亏损，即产量可减少 52%。同样在销售价格上也可降低 20% 而不致亏损。单位产品的可变成本允许上升到每吨 385 元，即可比原来的每吨 250 元上升 54%，年固定费用最高允许达到 3120 万元，可上升 108%。

各种形式的盈亏平衡点及允许降低（增加）率   表 3-1

项 目	产 量	售 价	单位可变费用	年固定费用
BEP （以绝对量表示）	57692.3 吨	540 元/吨	385 元/吨	3120 万元
BEP （以相对量%表示）	$Q_{BEP}/Q_0=48$	$P_{BEP}/P=80$	$C_q^*/C_q=154$	$C_F^*/C_F=208$
允许降低升高率 （%）	降低 52	降低 20	升高 54	升高 108

以年产量为横坐标，生产总成本或销售收入为纵坐标，把成本函数 $C(Q)$ 和销售收入函数 $S(Q)$ 作在图上，则两线的交点即为相应的盈亏平衡点。

本例的盈亏平衡图见图 3-1。

2. 非线性盈亏平衡分析

在实际工作中常常会遇到产品的年总成本与产量并不是线性关系，产品的销

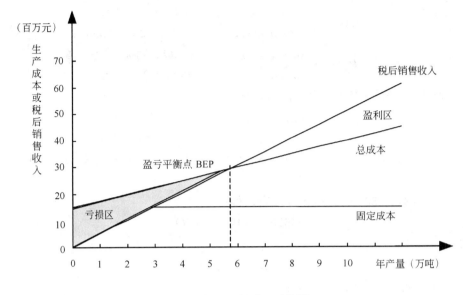

图 3-1　例 3.1 的盈亏平衡图

售也会受到市场和用户的影响，销售收入与产量也不呈线性变化，这时，就要用非线性盈亏平衡分析。产品总生产成本与产量不再保持线性关系的原因可能是：当生产规模扩大到某一限度后，正常价格的原料、动力等已不能保证供应，企业必须付出较高的代价才能获得生产资源；正常的生产班次也不能完成生产任务，不得不加班加点，增加劳务费用；此外，设备的超负荷运行也带来了磨损的增大、寿命的缩短和维修费用的增加等等；还可能是由于项目经济规模的扩大，产量增加，而使单位产品的成本有所降低，因此成本函数不再是线性的而变成非线性的了。

　　非线性盈亏平衡点分析最重要的是根据实际情况建立起成本与产量、销售净收入与产量之间的非线性函数关系。而这种非线性关系可能具有多种形式。

　　【例 3.2】　　某建材厂，其寿命期预计为 30 年。设计年生产能力不超过 3500 万 m³/年时，年固定成本（固定资产投资分摊到每年）为 570 万元，年生产能力在 3500 万 m³/年至 7000 万 m³/年时，年固定成本为 1100 万元；可变成本（运行成本）为 0.40 万元/（年·万 m³）。

　　该厂所生产的产品售价标准为：年生产能力不超过 3500 万 m³/年时，产品售价标准为 0.65 万元/（年·万 m³）；年生产能力超过 3500 万 m³/年时，其超出部分的产品售价标准为 0.55 万元/（年·万 m³）。

　　假定该厂的设计生产能力可以完全得到利用，且产品全部售出。不计税金等其他费用，试作盈亏平衡分析。

　　【解】　　设 Q 为年生产能力，C 为年总成本，P 是每年每万立方米的产品售价标准，则：

$$C(Q)\begin{cases}570+0.40Q, & 0\leqslant Q\leqslant3500, \\ 1100+0.40Q, & 3500<Q\leqslant7000,\end{cases}$$

$$P(Q)=\begin{cases}0.65, & 0\leqslant Q\leqslant3500, \\ 0.55, & 3500<Q\leqslant7000,\end{cases}$$

由此可得年销售产品收入 $S(Q)$ 为：

$$S(Q)=\begin{cases}0.65Q, & 0\leqslant Q\leqslant3500, \\ 350+0.55Q, & 3500<Q\leqslant7000,\end{cases}$$

由于年总成本 $C(Q)$ 和年收入 $S(Q)$ 均是分段函数，我们分段来求盈亏平衡点。

当 $0\leqslant Q\leqslant3500$ 时，由盈亏平衡，得：

$$570+0.4Q=0.65Q$$

故

$$Q_{BEP}=2280（万 m^3/年）。$$

当 $3500<Q\leqslant7000$ 时，有：

$$1100+0.4Q=350+0.55Q$$

由此得

$$Q_{BEP}=5000（万 m^3/年）。$$

所以，该项目有两个盈亏平衡点：$Q_{BEP}=2280$ 与 $Q_{BEP}=5000$。

当 $2280\leqslant Q\leqslant3500$ 或 $Q\geqslant5000$ 时，项目盈利；其他情况下，项目亏损。

盈亏平衡图见图 3-2。

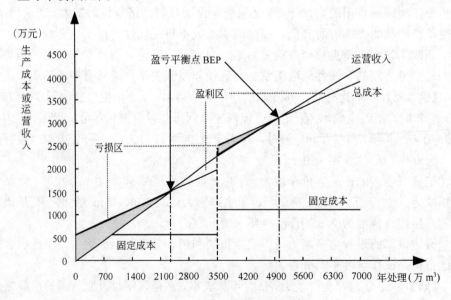

图 3-2   例 3.2 的盈亏平衡图

【**例 3.3**】 设某项目所生产的产品的总固定成本为 6 万元，单位产品可变成本为 1000 元，产品的销售价格与产销量 Q 有关，为

$$P(Q)=10000(\sqrt{625+60Q}-25)/3,$$

其中 Q 为产品产销量。试确定产品的经济规模区和最佳规模。

【**解**】 由题意，产品的销售收入方程为：

$$S(Q)=10000(\sqrt{625+60Q}-25)/3,$$

总成本方程为：

$$C(Q)=C_F+C_V=60000+1000Q。$$

令 $S(Q)=C(Q)$，得：

$$10000(\sqrt{625+60Q}-25)/3=60000+1000Q$$

整理后有 $Q^2-380Q+13600=0$。求解得到：

$$Q=190\pm\sqrt{190^2-13600}=190\pm150=40 \text{ 或 } 340$$

因此，经济规模区为（40，340），见图 3-3。

产品的利润方程为：

$$B=S-C=10000（\sqrt{625+60Q}-25）/3-1000Q-60000$$

利润最大时，利润变化率为零。故对利润方程求导数，并令导数等于零，解出 Q_{Max}。

$$dB/dQ=10^5/\sqrt{625+60Q}-1000=0$$

$$Q_{Max}=156.25。$$

所以，最佳规模是生产 156 个产品，最大利润为 $B=33750$，利润率 $B_{Max}/C=15.61\%$。见图 3-3。

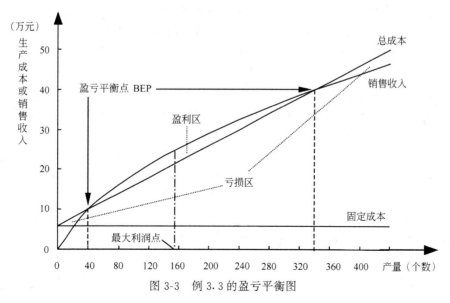

图 3-3 例 3.3 的盈亏平衡图

由于盈亏平衡分析计算简单，可直接对项目的关键因素（盈利性）进行分析，因此，至今仍作为一项目不确定性分析的方法之一而被广泛地采用。但盈亏平衡分析是建立在生产量等于销售量的基础上，它用的一些数据，是某一正常年份的数据。由于建设项目是一个长期的过程，所以用盈亏平衡分析很难得到一个全面的结论。

三、敏感性分析

敏感性分析（sensitivity analysis）是研究建设项目主要因素发生变化时，项目经济效益发生相应变化，以判断这些因素对项目经济目标的影响程度，这些可能发生变化的因素称为不确定性因素。敏感性分析就是要找出项目的敏感因素，并确定其敏感程度，以预测项目承担的风险。

一般进行敏感性分析可按以下步骤进行：

（1）选定需要分析的不确定因素

这些因素主要有：产品产量（生产负荷）、产品售价、主要资源价格（原材料、燃料和动力等）、可变成本、固定资产投资、建设期贷款利率及外汇汇率等。

（2）确定敏感性分析的经济效果评价指标

衡量建设项目经济效果的指标较多，敏感性分析的工作量较大，一般不可能对每种指标都进行分析，而只对几个重要的指标进行分析，如净现值、内部收益率、回收期、投资利润率、投资利税率等。由于敏感性分析是在确定性经济效果评价的基础上进行，故选择敏感性分析的指标应与确定性经济效果评价所采用的指标相一致。

（3）计算所选不确定因素变动引起的评价指标的变动

一般就各个选定的不确定因素，设若干级变动幅度（通常用变化率表示）。然后计算与每级变动相应的经济效果评价指标的值，建立一一对应的数量关系，并用图或表的形式表示之。

（4）判定敏感因素

所谓敏感因素是指该不确定因素的数值有很小的变动就能使项目经济效果评价指标出现较显著改变的因素。

敏感性分析可以使决策者了解不确定因素对项目评价指标的影响，提高决策的准确性，还可以启发评者对那些较为敏感的因素重新进行分析研究，以提高预测的可靠性。

根据项目国民经济评价指标，如经济净现值和经济内部收益率所作的敏感性分析叫经济敏感性分析。而根据项目财务评价指标所作的敏感性分析叫做财务敏感性分析。

依据每次所考虑的变动因素的数目不同，敏感性分析又分为单因素敏感性分析和多因素敏感性分析。

1. 单因素敏感性分析

每次只考虑一个因素的变动，而让其他因素保持不变时所进行的敏感性分析叫做单因素敏感性分析。

单因素敏感性分析还应求出导致项目由可行变为不可行的不确定因素变化的临界值。临界值可以通过敏感性分析图求得。具体做法是：将不确定因素变化率作为横坐标，以某个评价指标，如内部收益率为纵坐标作图，由每种不确定因素的变化可得到内部收益率随之变化的曲线。每条曲线与基准收益率线的交点称为该不确定因素变化的临界点，该点对应的横坐标即为不确定因素变化的临界值。

【例3.4】 设某项目基本方案的参数估算值如表3-2，基准收益率 $i_c = 9\%$，试进行敏感性分析。

基本方案参数估算表　　　　　　　　　　　　表 3-2

因　　素	期初投资 I（万元）	年销售收入 B（万元）	年经营成本 C（万元）	期末残值 L（万元）	寿命 n（年）
估算值	1520	600	250	201.14	6

【解】 （1）以销售收入、经营成本和投资为拟分析的不确定因素。

（2）选择项目的内部收益率为评价指标。

（3）作出本方案的现金流量图如图3-4，则本方案的内部收益率 IRR 由下式确定：

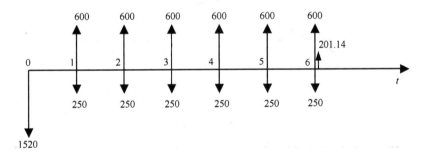

图 3-4 现金流量图

$$- I + (B - C) \sum_{t=1}^{6} (1 + \text{IRR})^{-t} + L(1 + \text{IRR})^{-6} = 0$$

式中：$I = 1520$，$B = 600$，$C = 250$，$L = 201.14$。上式可以写成：

$$- 1520 + 350 \sum_{t=1}^{6} (1 + \text{IRR})^{-t} + 201.14(1 + \text{IRR})^{-6} = 0$$

采用线性内插法可求得

$$\text{NPV}\ (i=12\%)\ =20.89>0,$$
$$\text{NPV}\ (i=13\%)\ =-24.25<0。$$

所以

$$\text{IRR}=12\%+\ [20.89/\ (20.89+24.25)]\ \times1\%=12.457\%$$

（4）计算销售收入、经营成本和投资变化对内部收益率的影响，结果见表3-3。

单因素敏感性分析表（内部收益率%）　　　　　　表 3-3

变化率 变化因素	−10%	−5%	基本方案	+5%	+10%
销售收入	6.927	9.730	12.457	15.117	17.719
经营成本	14.678	13.573	12.457	11.330	10.190
投　资	16.112	14.207	12.457	10.840	9.340

关于内部收益率的敏感性分析图见图 3-5。

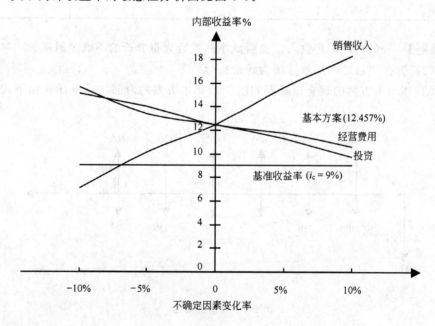

图 3-5　单因素敏感性分析图

易知：

$$\text{NPV}(i)=-I+(B-C)(P/A,i,6)+L(P/F,i,6)$$

令 NPV $(i_c=9\%)\ =0$，即可得：

$$B_{临界值}=558，C_{临界值}=292，I_{临界值}=1679。$$

因此，当价格下降幅度超过 7%，或者年经营成本增长幅度超过 16.8%，或者投资增加幅度超过 11.39% 时，将有 $IRR < i_c$，方案变得不可行。

各因素的敏感程度依此为：

销售收入──→投资──→经营成本

对净年值分析也能得到类似的结果。

2. 多因素敏感性分析

单因素敏感性分析的方法简单，但其不足之处在于忽略了因素之间的相关性。事实上，一个因素的变动往往也伴随着其他因素的变动，多因素敏感性分析考虑了这种相关性，因而能反映几个因素同时变动对项目产生的综合影响，弥补了单因素分析的局限性，更全面地揭示了事物的本质。因此，在对一些有特殊要求的项目进行敏感性分析时，除进行单因素敏感性分析外，还应进行多因素敏感性分析。

（1）双因素敏感性分析

单因素敏感性分析可得到一条敏感曲线，如分析两个因素同时变化的敏感性，则可得到一个敏感曲面。

【例 3.5】　我们对例 3.4 中的基本方案作关于投资额和价格的双因素敏感性分析。

【解】　设 x 表示投资额变化的百分比，用 y 表示年销售收入（或价格）变化的百分比，则当折现率为 i，且投资和价格分别具有变化率 x 和 y 时，净现值为：

$$NPV(i) = -I(1+x) + [B(1+y) - C](P/A, i, 6) + L(P/F, i, 6)$$
$$= -I + (B-C)(P/A, i, 6) + L(P/F, i, 6) - Ix + B(P/A, i, 6)y$$

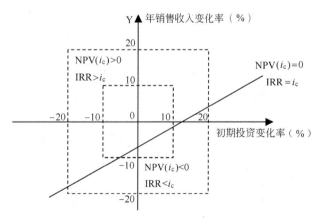

图 3-6　双因素敏感性分析图

即：

$$NPV(i) = -1500 + 350(P/A, i, 6) + 200(P/F, i, 6)$$

$$-1500x+600(P/A,i,6)y$$

显然 NPV(i)＞0，则 IRR＞i。取 $i=i_c=9\%$（基准收益率），则：

$$\text{NPV}(i_c)=189.36-1500x+2691.6y$$

此式为一平面方程。令 NPV$(i_c)=0$，可得该平面与 Oxy 坐标面的交线：

$$y=0.557x-0.0704$$

见图 3-6。

此交线将 Oxy 平面分为两个区域，Oxy 平面上任意一点（x，y）代表投资和价格的一种变化组合，当这点在交线的左上方时，净现值 NPV（i_c）＞0，即 IRR＞i_c；若在右下方，则净现值 NPV（i_c）＜0，因而 IRR＜i_c。为了保证方案在经济上接受，应该设法防止处于交线右下方区域的变化组合情况出现。

（2）三因素敏感性分析

对于三因素敏感性分析，一般需列出三维的数学表达式。但也可以采用降维的方法来简单地处理。

【例 3.6】   对例 3.4 中的基本方案作关于投资、价格和寿命三个因素同时变化时的敏感性分析。

【解】   设 x 和 y 的意义同例 3.5，n 表示寿命期。NPV（n）表示寿命为 n 年，方案的折现率为基准收益率（$i_c=9\%$），投资和价格分别具有变化率 x 和 y 时的净现值，则：

$$\text{NPV}(n)=-I+(B-C)(P/A,9\%,n)$$
$$+L(P/F,9\%,n)-Ix+B(P/A,9\%,n)y$$

同样，对给定的 x，y 和 n，NPV（n）＞0，意味着内部收益率 IRR＞i_c。

依此取 $n=5$，6，7；并令 NPV（n）＝0，按照例 3.4 中对双因素变化时的，可得到下列的临界线（见图 3-7）：

$$\text{NPV}(5)=-8.654-1500x+2333.76y=0,$$
$$y_5=0.6427x+0.0037;$$
$$\text{NPV}(6)=189.36-1500x+2691.6y=0,$$
$$y_6=0.557x-0.0704;$$
$$\text{NPV}(7)=370.92-1500x+3019.74y=0,$$
$$y_7=0.4967x-0.1228。$$

这些临界线的意义如下：$n=5$，即寿命期 5 年，由于 $y_5|_{x=0}=0.0037＞0$；所以，若要项目的内部收益率达到基准收益率，必须增加销售收入或减少投资而使其他条件保持不变。$n=6$，7 时，$y|_{x=0}＜0$；故项目在价格和投资方面都有一定的潜力，可以承担一些风险。另外，随着 n 的增大，即寿命期的延长，x 的系数逐渐减小，因此投资的敏感度将越来越小。

同样，如取 $x=10\%$ 等，可得到关于年销售收入与寿命期的临界曲线。例如，

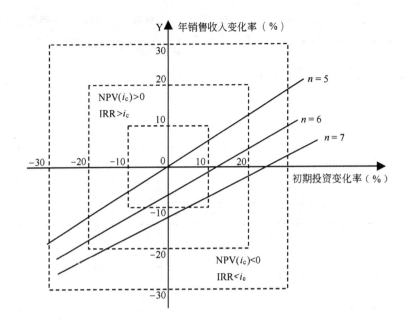

图 3-7　三因素敏感性分析图

$x=10\%$ 时，令 NPV＝0，其临界曲线为：

$$y=\frac{664-403\times1.09^{n}}{1200\times(1.09^{n}-1)}，\text{或}\ n=(\ln1.09)^{-1}\ln\left(1+\frac{261}{403+1200y}\right)。$$

请读者试就 $x=-20\%$，0，20% 时，求出临界曲线并作敏感性分析图。

（3）三项预测值敏感性分析

三项预测值的基本思路是，对技术方案的各种参数分别给出三个预测值（估计值），即悲观的预测值 P、最可能的预测值 M 和乐观的预测值 O，根据这三个预测值即可对技术方案进行敏感性分析并做出评价。

【例 3.7】　某企业准备购置新设备，投资、寿命等数据见表 3-4，试就使用寿命、年支出和年销售收入三项因素按最有利、最可能和最不利三种情况，对项目的净现值进行敏感性分析，$i_c=8\%$。

新设备方案基本数据　　　　　　单位：万元　**表 3-4**

因素 因素变化	总投资	使用寿命 （年）	年销售收入	年支出
最有利（O）	15	18	11	2
最可能（M）	15	10	7	4.3
最不利（P）	15	8	5	5.7

【解】　计算过程如表 3-5 所示。

在表 3-5 中，最大的 NPV 是 69.35 万元，即寿命、销售收入、年支出均处于最有利状态时，NPV＝（11－2）（P/A，8％，18）－15＝9×9.273－15＝69.35 万元。

在表 3-5 中，最小的 NPV 是－21.56 万元，即寿命在 O 状态，销售收入和年支出均处在 P 状态时，NPV＝（5－5.7）（P/A，8％，18）－15＝－0.7×9.273－15＝－21.56 万元。

方案净现值在各种状态下的计算结果　　　单位：万元　**表 3-5**

年销售收入	年支出								
	O			M			P		
	寿命								
	O	M	P	O	M	P	O	M	P
O	69.35	45.39	36.72	47.79	29.89	23.50	34.67	20.56	15.46
M	31.86	18.55	13.74	10.3	3.12	0.52	－2.82	－6.28	－7.53
P	13.12	5.31	2.24	－8.44	－10.30	－10.98	－21.56	－19.70	－19.00

对于年销售收入和年支出的各种状态，寿命从 O 状态变化为 M 状态时，所引起的净现值的平均变化为 $NPV_n(O{\to}M)=9.748$ 万元；寿命从 M 状态变化为 P 状态时，引起净现值的平均变化为 $NPV_n(M{\to}P)=3.541$ 万元；寿命从 O 状态变化为 P 状态时，净现值的平均变化为 $NPV_n(O{\to}P)=6.6445$ 万元。

对于寿命和年支出的各种状态，年销售收入从 O 状态变化为 M 状态时，所引起的净现值的平均变化为 $NPV_B(O{\to}M)=29.097$ 万元；年销售收入从 M 状态变为 P 状态时，所引起的净现值的平均变化为 $NPV_B(M{\to}P)=14.53$ 万元；年销售收入从 O 状态变化为 P 状态时，所引起的净现值的平均变化为 $NPV_B(O{\to}P)=21.8135$ 万元。

对于寿命和年销售收入的各种状态，年支出从 O 状态变化为 M 状态时，所引起的净现值的平均变化为 $NPV_C(O{\to}M)=16.764$ 万元；年支出从 M 状态变化为 P 状态时，引起净现值的平均变化为 $NPV_C(M{\to}P)=10.178$ 万元；年支出从 O 状态变化为 P 状态时，净现值的平均变化为 $NPV_C(O{\to}P)=13.741$ 万元。

我们可以求出净现值平均变化的相对比值为：

$$NPV_B(O{\to}M)/NPV_n(O{\to}M)=29.097/9.748=2.985$$
$$NPV_B(M{\to}P)/NPV_n(M{\to}P)=14.53/3.541=4.103$$
$$NPV_B(O{\to}P)/NPV_n(O{\to}P)=21.8135/6.6445=3.283$$
$$NPV_B(O{\to}M)/NPV_C(O{\to}M)=29.097/16.764=1.375$$
$$NPV_B(M{\to}P)/NPV_C(M{\to}P)=14.53/10.178=1.428$$
$$NPV_B(O{\to}P)/NPV_C(O{\to}P)=21.8135/13.741=1.587$$

从这些相对比值，我们得到各因素的敏感程度依次为：

年销售收入—→年支出—→寿命。

总之，通过敏感性分析，可以找出影响项目经济效益的关键因素，使项目评价人员将注意力集中于这些关键因素，必要时可对某些最敏感的关键因素重新预测和估算，并在此基础上重新进行经济评价，以减少投资的风险。

敏感性分析能够表明不确定因素对经济效益的影响，得到维持项目可行所能允许的不确定因素发生不利变动的幅度，从而预测项目承担的风险，但是并不能表明这种风险发生的可能性有多大。实践表明，不同的项目，各不确定因素发生相对变化的概率是不同的。因此两个同样敏感的因素，在一定的不利的变动范围内，可能一个发生的概率很大，另一个发生的概率很小。很显然，前一个因素给项目带来的影响很大，后一个因素给项目带来的影响很小，甚至可忽略不计。这个问题是敏感性分析所解决不了的，为此，还需要进行风险和不确定条件下的分析，我们称之为概率分析或风险分析。

四、概 率 分 析

概率分析（probablity analysis）是通过研究各种不确定因素发生不同幅度变化的概率分布及其对方案经济效果的影响，对方案的净现金流量及经济效果指标做出某种概率描述，从而对方案的风险情况做出比较准确的判断。例如，我们可以用经济效果指标 NPV$\geqslant$0，NPV$\leqslant$0 发生的概率来度量项目将承担的风险。

若每个影响因素的不确定性服从离散概率分布，且各因素是相互独立的，就可以对各个输入变量取值的组合计算相应的评价指标——内部收益率或净现值等；该收益率或者净现值发生的概率是各个输入变量取该值的联合概率；各个输入变量可能取值的个数的连乘积就是评价指标可能取值的个数。

以净现值指标的分析为例，设某方案的寿命期为 n 年，在各种不确定因素的综合影响下，该方案的净现金流量序列取 k 种状态，记作：

$$\{Y_t | t = 0, 1, 2, \cdots, n\}^{(j)}, \quad j = 1, 2, \cdots, k。$$

这里，$Y_t = (\text{CI} - \text{CO})_t$ 为第 t 年的净现金流量；k 为自然数，其值为各个输入变量可能取值的个数的连乘积，例如有三个不确定因素，投资、售价、经营成本作为输入变量，投资的取值有三个，售价的取值有四个，经营成本的取值有五个，则有 $3 \times 4 \times 5 = 60$ 个可能的净现金流量取值。

假设上述各种状态发生的概率 P_j 为已知，或可以计算、预测出来，且有：

$$P_j \geqslant 0, \quad j = 1, 2, \cdots, k; \quad \Sigma P_j = 1。$$

于是在第 j 种状态下，方案的净现值为：

$$\text{NPV}^{(j)} = \sum_{t=1}^{n} Y_t^{(j)} (1 + i_c)^{-t} \tag{3-8}$$

从而方案净现值的期望值和方差分别为：

期望值 $E(\text{NPV}) = \sum_{j=1}^{k} \text{NPV}^{(j)} \times P_j$ (3-9)

方差 $D(\text{NPV}) = \sum_{j=1}^{k} [\text{NPV}^{(j)} - E(\text{NPV})]^2 \times P_j = E(\text{NPV}^2) - [E(\text{NPV})]^2$

$$= \sum_{j=1}^{k} (\text{NPV}^{(j)})^2 \times P_j - [E(\text{NPV})]^2 \qquad (3-10)$$

标准差 $\sigma(\text{NPV}) = \sqrt{D(\text{NPV})}$。

因此，方案净现值的概率分布：

$$p(\text{NPV} = \text{NPV}^{(j)}) = P_j, \ j = 1, 2, \cdots, k。 \qquad (3-11)$$

而累积分布函数为：

$$F(x) = p(\text{NPV} \leqslant x) = \sum_{\text{NPV}^{(j)} \leqslant x} p(\text{NPV} = \text{NPV}^{(j)}) = \sum_{\text{NPV}^{(j)} \leqslant x} P_j \qquad (3-12)$$

式中的求和是对所有的 $\text{NPV}^{(j)} \leqslant x$ 的 j 进行的。

由（3-12）式知，净现值大于 0 或等于 0 的概率为

$$p(\text{NPV} \geqslant 0) = 1 - F(0) = 1 - \sum_{\text{NPV}^{(j)} \leqslant x} P_j \qquad (3-13)$$

从概率论的理论知道，对净现值等指标的概率分析，项目方案可接受的条件是（以净现值为例）$E(\text{NPV}) > 0$，其净现值的期望值大于零；$p(\text{NPV} \geqslant 0)$ 较大，其净现值为非负的概率较大，如 $p(\text{NPV} \geqslant 0) \geqslant 0.6, 0.7$ 等等；净现值的方差 $D(\text{NPV})$ 较小，这表示在各种状态下，净现值落在其期望值附近的概率较大；因此，项目的净现值就可以由其期望值来较好的反映。

概率分析的一般步骤是：

（1）列出要考虑的各种不确定因素。如投资、经营成本、销售价格等。

（2）设想各种不确定因素可能发生的情况，即确定其数值发生变化的个数。

（3）分别确定各种情况可能出现的概率并保证每个不确定因素可能发生的情况的概率之和等于 1。

（4）分别求出各种不确定因素发生变化时，方案净现金流量各状态发生的概率和相应状态下的净现值 $\text{NPV}^{(j)}$。

（5）求方案净现值的期望值和方差。

（6）求出方案净现值非负的累计概率。

（7）对概率分析作说明。

【例 3.8】   某水工程项目的现金流量如表 3-6，根据预测和经验判断，开发成本、销售收入（二者相互独立）可能发生的变化及其概率见表 3-7。试对使项目进行概率分析并求净现值大于或等于期望值的概率，取基准折现率为 12%。

项目的现金流量表 单位：万元 **表 3-6**

年　　份	1	2	3	4	5～15	5 年以后的折算到第 5 年为
销售收入	—	3000	6000	9000	15000	99752
开发成本	15000	15500	15000	12600	1000	6650
其他支出	—	500	1000	1400	2000	13300
净现金流量	−15000	−13000	−10000	−5000	12000	79802

【解】 参照以下步骤进行分析和计算。

（1）欲分析的不确定因素为开发成本和销售收入。

（2）这两个不确定因素可能发生的变化及其概率见表 3-7。

开发成本和销售收入变化的概率表 **表 3-7**

因　　素 ＼ 变　幅	−10%	0	10%
销售收入	0.3	0.6	0.1
开发成本	0.1	0.4	0.5

（3）利用概率作图列出本项目净现金流量序列的全部可能状态，共 9 种状态，如图 3-8 所示。

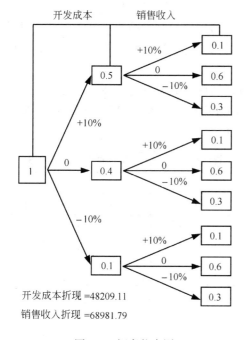

j	P_j	NPV$^{(j)}$	NPV$^{(j)} \times P_j$
1	0.05	13304.53	665.227
2	0.30	6405.15	1921.545
3	0.15	−493.54	−74.031
4	0.04	18125.35	725.014
5	0.24	11226.06	2694.254
6	0.12	4327.37	519.284
7	0.01	22945.43	229.454
8	0.06	16046.98	926.819
9	0.03	9148.28	274.448
合计	1.00		7918

开发成本折现 =48209.11

销售收入折现 =68981.79

图 3-8 概率状态图

(4) 分别计算项目净现金流量序列各状态的概率 P_j（$j=1$，2，…，9）：

$$P_1 = 0.5 \times 0.1 = 0.05,$$

$$P_2 = 0.5 \times 0.6 = 0.30,$$

其余类推，结果见图 3-8。

(5) 分别计算各状态下的项目净现值 $\text{NPV}^{(j)}$（$j=1$，2，…，9）：

$$\text{NPV}^{(1)} = \sum_{t=1}^{5} (\text{CI} - \text{CO})_t^{(1)} (1+12\%)^{-t} = 13304.53 \text{（万元）}$$

$$\text{NPV}^{(2)} = \sum_{t=1}^{5} (\text{CI} - \text{CO})_t^{(2)} (1+12\%)^{-t} = 6404.15 \text{（万元）}$$

其余类似可得，结果列于图 3-8 中。

(6) 计算加权净现值 $\text{NPV}^{(j)} \times P_j$（$j=1$，2，…，9），结果见图 3-8。然后依公式（3-9）求得项目净现值的期望值 $E(\text{NPV}) = 7918$ 万元，按照公式（3-10）求得项目净现值的方差 $D(\text{NPV}) = 27360245.346$，以及标准差 $\sigma(\text{NPV}) = 5230.7$。

(7) 由公式（2-13）算得项目净现值为非负的概率是：

$$p(\text{NPV} \geqslant 0) = 1 - F(0) = 1 - 0.15 = 0.85$$

同理，可得项目净现值大于或等于期望值的概率为：

$$p(\text{NPV} \geqslant E(\text{NPV})) = P_1 + P_4 + P_5 + P_7 + P_8 + P_9 = 0.43$$

(8) 结论：因为 $E(\text{NPV}) = 7918 > 0$，故本项目是可行的；又因 $p(\text{NPV} \geqslant 0) = 0.85$ 以及 $p(\text{NPV} \geqslant E(\text{NPV})) = 0.43$，说明项目具有较高的可靠性，且获得可观经济效果的可能性是不小的。但由于标准差 $\sigma(\text{NPV}) = 5230.7$ 较大，所以期望值不一定能反映项目实施后的净现值。

【例 3.9】　某项目的技术方案在其寿命期内可能出现的五种状态的净现金流量及其发生的概率见表 3-8。假定各年的净现金流量之间不相关，标准折现率为 10%，求方案净现值的期望值、方差及标准差。

不同状态的发生概率及净现金流量序列　　　　单位：百万元　**表 3-8**

年　末 ＼ 状态和概率	θ_1 $P_1 = 0.1$	θ_2 $P_2 = 0.2$	θ_3 $P_3 = 0.4$	θ_4 $P_4 = 0.2$	θ_5 $P_5 = 0.1$
0	−22.5	−22.5	−22.5	−24.75	−27
1	0	0	0	0	0
2～10	2.445	3.93	6.9	7.59	7.785
11	5.445	6.93	9.9	10.59	10.935

【解】　对应于状态 θ_1，我们有：

$$\text{NPV}^{(1)} = -22.5 + 2.445(P/A, 10\%, 9) \times 1.1^{-1} + 5.445(P/F, 10\%, 11)$$

$$= -22.5 + 2.445 \times 5.759 \times 1.1^{-1} + 5.445 \times 0.3505$$

$$= -7.791(百万元);$$

对应于状态 θ_2，有：

$$NPV^{(2)} = -22.5 + 3.93(P/A,10\%,9) \times 1.1^{-1} + 6.93(P/F,10\%,11)$$
$$= 0.504(百万元);$$

对应于状态 θ_3，有：

$$NPV^{(3)} = -22.5 + 6.9(P/A,10\%,9) \times 1.1^{-1} + 9.9(P/F,10\%,11)$$
$$= 17.1(百万元);$$

对应于状态 θ_4，有：

$$NPV^{(4)} = -24.5 + 7.59(P/A,10\%,9) \times 1.1^{-1} + 10.59(P/F,10\%,11)$$
$$= 18.95(百万元);$$

对应于状态 θ_5，有：

$$NPV^{(5)} = -27 + 7.785(P/A,10\%,9) \times 1.1^{-1} + 10.935(P/F,10\%,11)$$
$$-17.59(百万元)。$$

方案净现值的期望值：

$$E(NPV) = \Sigma NPV^{(j)} P_j$$
$$= -7.791 \times 0.1 + 0.504 \times 0.2 + 17.1 \times 0.4$$
$$+ 18.95 \times 0.2 + 17.59 \times 0.1$$
$$= 9.799 \times 0.1 + 38.908 \times 0.1 + 48.4 \times 0.1 = 9.7107(百万元),$$

方案净现值的方差：

$$D(NPV) = \Sigma (NPV^{(j)} - E(NPV))^2 \times P_j$$
$$= 306.31 \times 0.1 + 84.673 \times 0.2 + 54.602 \times 0.4$$
$$+ 85.365 \times 0.2 + 62.083 \times 0.1$$
$$= 92.688,$$

方案净现值的标准差：

$$\sigma(NPV) = [D(NPV)]^{1/2} = 9.6274$$

【例 3.10】　假定在例 3.9 中方案净现值服从正态分布，利用例 3.9 的计算结果求：

（1）净现值大于或等于 0 的概率；

（2）净现值小于 −75 万元的概率；

（3）净现值大于 1500 万元的概率。

【解】　根据概率论的有关知识我们知道，若连续型随机变量 X 服从参数为 μ（均值）和 σ（均方差）的正态分布，则 X 小于 x 的概率为：

$$P(X<x) = \Phi\left(\frac{x-\mu}{\sigma}\right)，\Phi 值可由标准正态分布表中查出。$$

在本例中，我们把方案净现值 NPV 看成连续型随机变量，已知：

$$\mu = E(\text{NPV}) = 9.7107, \quad \sigma = \sigma(\text{NPV}) = 9.6274,$$

则：

$$\frac{\text{NPV} - \mu}{\sigma} = \frac{\text{NPV} - 9.7107}{9.6274}。$$

由此可以求出各项待求的概率。

(1) 净现值大于或等于 0 的概率：

$$p(\text{NPV} \geqslant 0) = 1 - p(\text{NPV} < 0) = 1 - \Phi((0 - 9.7107)/9.6274)$$
$$= 1 - 1 + \Phi(1.0087) = 0.843；$$

(2) 净现值小于 -0.75 百万元的概率：

$$p(\text{NPV} < -0.75) = \Phi((-0.75 - 9.7107)/9.6274)$$
$$= \Phi(-1.0866) = 0.1392；$$

(3) 净现值大于 15 百万元的概率：

$$p(\text{NPV} \geqslant 15) = 1 - p(\text{NPV} < 15) = 1 - \Phi((15 - 9.7107)/9.6274)$$
$$= 1 - \Phi(0.5494) = 0.2912。$$

第二节　决策中的计量方法

什么是"决策"? 它是一个事件? 一个偶发事件? 一个流动过程? 一个思维过程? 这些问题非常难以回答。看来一个决策包括着上述所有说法及更多的东西，但确切的定义是非常不易捉摸的。尽管如此，但是在决策中，当人们面对可变化因素的若干状态做出某种决策之后，一般来说，这些因素是不会主动采取对抗性的变化，使得决策人的决策结果立即变差。因此，我们说：决策是人与自然的对抗，决策研究的是人与自然的关系。换句话说，被决策的对象是被动的，在决策过程中，只有决策人才是主动的。这是所有决策与博弈之间的本质性区别。

决策是每个人自发地产生的个人事件，包括着判断与直觉，正如情感与个人价值系统一样。我们从未真正看见决策，而只能看见其现象与结果。我们可以观察到个人和团体如何进行决策，可以用文件证明他们的活动方式与分析方法，描绘其所用的逻辑顺序，影响决策的因素以及其最后抉择的理由。但这决不能说我们已经观察了一个决策。不如说我们观察到的只是决策过程的各种组成要素，这些组成要素包括决策时所用的行为方式、分析过程及逻辑关系。因此，尽管一个决策可能是神秘的事情，但决策过程的组成要素并非如此。他们是可见的、明确的和可以控制的，同时可以将它们组成客观的系统的决策探讨方法，这就是结构化决策过程。

结构化决策过程是一个合乎逻辑的系统的程序，它包括以下七个步骤：1. 问题的确定；2. 说明目的及其相对重要性；3. 列举决策方案；4. 评价每一个方案；

5. 选择最优方案或方案组；6. 后期选优分析；7. 方案实施。

在结构化决策中，通常将决策者不可控制的变化因素称为自然状态或客观条件（简称为状态或条件），将决策者可控制的变化因素称为备选方案或策略（也称为变量），而将这些变化因素综合作用所产生的结果称为效益值或风险值（一般称为效用值）。效用值是决策人最关心的结果或技术经济指标，决策就是建立一个效用值的评价模型，由此评价模型对每个备选方案的效用值做出评价，选择评价结果最好的方案作为决策方案。评价模型通常是效用值的函数，因此，也是变化因素（包括备选方案和自然状态的函数）。对于风险型决策，广泛采用的评价模型可以计算出每一个备选方案的预期值，方案的预期值就是该方案的期望效用值或期望益损值。

在本节中，我们将介绍一些最简单的决策计量方法。主要有：确定型决策方法；风险型决策方法和不确定型决策方法三类。风险型决策方法中的期望值法、决策树法和矩阵法等，从本质上来说都属于同一种方法的不同表现；贝叶斯分析方法和蒙特卡罗模拟方法；不确定型决策方法，包括乐观法、等可能性法、悲观法和后悔值决策。对于其他较为复杂的决策方法，读者可以参考有关书籍和一些专门的论著。

一、确定型决策

确定型决策问题的特征一般由下列条件所规定：

（1）存在决策人希望达到的一个明确的目标（收益较大或损失较小）；

（2）自然状态是确定不变的，每个方案之产生惟一的一个结果；

（3）至少存在着两个以上（包括两个）的方案可供决策人选择；

（4）每个方案的效益值或风险值是可以计算出来的，选择一个方案必然产生一个相应的结果。

【例 3.11】　某水工程项目有三个方案可供选择，其投资、寿命等数据见表3-9,试以净现值指数（也称净现值率）最大为目标进行决策，$i_c = 8\%$。

某水工程项目基本数据　　　　单位：千万元　　**表 3-9**

因　素 方　案	总投资现值 K_P	使用寿命 n	年收入 B	年支出 C
方案 1	25	18	14	6
方案 2	20	15	13	5
方案 3	15	12	12	4

【解】　在本例中，方案的净现值指数计算公式为：

$$NPVI = NPV/K_P = (-K_P + (B-C)(P/A, i_c, n))/K_P。$$

于是，每个方案的净现值指数为：

$$NPVI_1 = (-25 + 8 \times 9.3719)/25 = 49.9752/25 = 1.999;$$

$$NPVI_2 = (-20 + 8 \times 8.5595)/20 = 48.4760/20 = 2.424;$$

$$NPVI_3 = (-15 + 8 \times 7.5361)/15 = 45.2888/15 = 3.019.$$

根据净现值指数最大原则，应该选择方案 3。

在较简单的情形，确定型决策问题与多方案的比较选择是一致的。但是，在多数情况下和实际工作中，确定型决策问题并不是这样简单，可供选择的方案可能很多，并不是一下子就能看出来的，这就需要用搜索算法或者其他的复杂方法来求解。

二、风险型决策

风险型决策问题通常也称为随机型决策问题或统计决策。这时，所考虑的变化因素一般遵循某种概率分布，它的特征由下列条件所规定：

（1）存在决策人希望达到的目标；

（2）存在两个以上的方案可供决策人选择；

（3）由于决策人不可控制的变化因素（自然状态）的影响，某些方案可能产生不止一个的结果；

（4）对每个方案而言，尽管决策人不知道那种结果会出现；但是，它产生任何结果的概率（可能性）是可以确定的；

（5）每个方案可能产生的全部结果都可以计算出来。

由于风险型决策是基于变化因素服从某种概率分布的决策，因此，进行风险决策的前提是已知变化因素的概率分布。然而，对许多变化因素（如市场价格等）要确切地给出其概率分布，几乎是不可能的。这就涉及到了主观概率和客观概率的问题。

客观概率是一个事件已发生的次数与它所可能发生的总次数之间的比率。历史分析法可用来建立并计算过去事件的频率，频率可以转变成事件发生的比例和比率。如果过去事件本身重复发生的历史资料可以预测，则客观概率即可作为未来事件的预期概率。在其他情况下，列举所有结果即可估计出特定事件的发生概率。比如，从 52 张普通扑克牌中随意抽取一张王牌 K 的概率是 4/52＝0.0769。

近年来，主观概率的概念已经非常通用。主观概率是个人相信程度的一个标志。比如，0.60 的主观概率数值仅意味某人认为一事件发生的可能性与不发生的可能性相比是 6 对 4。这无需与任何客观概率相联系。某些观察到的频率对这个人可能发生影响，也可能不发生影响。许多用到主观概率的情况中，特定事件也许是一个从未发生的只出现仅此一次的事件。根据个人经验与观察力，个人可以作出判断信息。主观概率数值的度量尺度是从 0.0 到 1.0。这反映的是个人的感觉对事件发生的判断。

在技术经济分析中,人们用到的许多事件发生的概率,都带有主观概率的色彩。例如某种原材料在未来数月或数年中的价格变化之概率,产品销售价格变化幅度可能发生的概率,对某种产品的需求量变化之概率,等等。因此,风险情况下的决策除了具有一定的客观性以外,还有一定的主观性,即决策人意志的反映。

1. 最大可能法

根据概率论知识,我们知道:一个事件的概率越大,其发生的可能性就越大。最大可能法就是在风险型决策中,选择一个概率最大的自然状态进行决策,而忽略其他自然状态的存在。这样一来,风险型决策问题就变成了确定型决策问题。这种风险型决策准则被称为最大可能准则。

【例3.12】 设某水工程项目有三个建设规模的方案可供选择:大型、中型和较小型。与该项目有关的政策环境、社会环境和市场的综合因素变化有5种可能性:很差、较差、一般、较好、很好。综合因素的这5种可能变化都将直接影响到项目的运行和净现值。设综合因素变化的概率、项目各种方案的投资额和净现值等数据见表3-10,试用最大可能准则对技术经济指标净现值指数进行决策。

【解】 由于综合因素一般的概率为0.4最大,按照最大可能准则,我们只需计算此种情况下的净现值指数。通过计算得:

$$NPVI_1 = 42/200 = 0.21;$$
$$NPVI_2 = 32/140 = 0.23;$$
$$NPVI_3 = 20/100 = 0.20。$$

各方案的净现值、投资与综合因素变化概率表

单位:百万元 **表3-10**

因素变化 方　　案	很差 $P_1 = 0.15$	较差 $P_2 = 0.15$	一般 $P_3 = 0.4$	较好 $P_4 = 0.2$	很好 $P_5 = 0.1$	投　　资
方案1(大型)	-8	18	42	66	84	200
方案2(中型)	10	22	32	48	62	140
方案3(小型)	15	18	20	30	42	100

因为$NPVI_2$最大,根据最大可能准则决策法,应该选择中型规模的建设方案。

将最大可能法与确定型决策比较一下,就知道确定型决策是风险型决策的特例,它是把某个自然状态看成必然事件(即确定性状态,出现的概率为1),其他自然状态看做不可能发生的事件(出现的概率为0)时的风险型决策。

在应用最大可能法时,其概率最大的自然状态的概率应该相当大才有较好的效果。如果所有自然状态发生的概率都很小,就不能使用最大可能法进行决策。

2. 期望值法

由于每个决策方案在变化因素的一个自然状态下,都会产生一个确定的结果,这些结果都是可以计算或估算出来的，而所考虑的变化因素按照某种概率去取这些自然状态。因此，对于一个给定的决策方案，考虑某个变化因素在所有可能发生的状态下，决策方案的各个可能结果的加权平均值，便是该方案关于这个变化因素的期望值。对于按照某种概率去取一些状态的变化因素，我们称之为随机变量。

设随机变量为 X，它取值（状态）x_i 的概率为 p_i，则随机变量 X 的数学期望为：

$$E[X] = \sum_i p_i x_i = \int p(x)dx$$

如果 A 是一个决策方案，对于随机变量 X 的任何一个取值 x_i，方案 A 有结果 $V(x_i)$，则方案 A 关于随机变量 X 的期望值为：

$$E[V] = \sum_i V(x_i)p_i = \int V(x)p(x)dx$$

如果方案 A 依赖于两个随机变量 X 和 Y，随机变量 X 取值 x_i 的概率为 p_i，Y 取值 y_j 的概率为 q_j，对随机变量 X 和 Y 的任何一组取值 x_i 和 y_j，方案 A 有结果 $V(x_i, y_j)$，则方案 A（关于随机变量 X 和 Y）的期望值为：

$$E[V] = \sum_{i,j} V(x_i, y_j)p_i q_j = \int V(x, y)p(x)q(y)dxdy$$

方案依赖于多个随机变量的情形依此类推。

期望值法就是求出每个方案的数学期望并进行比较，根据决策人的目标，决定选取期望值最大的行动方案还是选取期望值最小的行动方案，以此作为最优的决策方案。

【例 3.13】   项目的基本数据如例 3.12 所描述。现在我们以净现值指数的期望值为技术经济评价指标，试求期望净现值指数最大的方案。

【解】   直接计算每个方案的期望净现值得：

$E[\text{NPV}_1] = -8 \times 0.15 + 18 \times 0.15 + 42 \times 0.4 + 66 \times 0.2 + 84 \times 0.1 = 39.9$；

$E[\text{NPV}_2] = 10 \times 0.15 + 22 \times 0.15 + 32 \times 0.4 + 48 \times 0.2 + 62 \times 0.1 = 33.4$；

$E[\text{NPV}_3] = 15 \times 0.15 + 18 \times 0.15 + 20 \times 0.4 + 30 \times 0.2 + 42 \times 0.1 = 23.15$。

因此各个方案的期望净现值指数为：

$E[\text{NPVI}_1] = 39.90/200 = 0.1995$；

$E[\text{NPVI}_2] = 33.40/140 = 0.2386$；

$E[\text{NPVI}_3] = 23.15/100 = 0.2315$。

从计算结果看，方案 2 的期望净现值指数为最大，因此，期望值法决策告诉我们应该选择方案 2。但是，在本例中，由于方案 2 和方案 3 的期望净现值指数相差甚微，所以对于工程方案的决策，还应该进一步考虑其他技术经济指标，如内部收益率、静态和动态投资回收期、投资收益率等。

另外，在上例中，我们还可以先计算出每个方案在各种状态下的净现值指数，列成一个决策表如下：

$$M = \begin{bmatrix} -0.040 & 0.090 & 0.210 & 0.330 & 0.420 \\ +0.071 & 0.157 & 0.229 & 0.323 & 0.443 \\ +0.150 & 0.180 & 0.200 & 0.300 & 0.420 \end{bmatrix}$$

我们称决策表 M 为效用表或益损表，也称为益损矩阵，M 中的元素称为效用值或益损值。在决策目标为最小化时，也称为风险矩阵。

按期望值进行决策的基本步骤是：

（1）识别问题与机会，收集与决策问题有关的资料，明确决策目标；

（2）确定决策问题中的变化因素，发现其可能取的状态；

（3）建立变化因素取各个状态的概率（根据过去的资料建立客观统计概率或根据不足的资料与相关人员的经验建立带有主观性的概率）；

（4）找出所有的决策方案，计算每个方案在变化因素的各状态下的结果（益损值）；

（5）列出决策表（益损表），计算每个方案的期望益损值并加以比较，根据决策目标选择期望益损值最好的方案作为决策方案。

使用期望值决策方法，我们利用了事件的概率和事件发生的统计性质。例如在例 3.13 中选择了方案 2，而原材料价格可能降低 10%，直到上升 10%，因此，净现值指数可能会是 0.38、0.30 或 0.17 等等。但是，由于期望值决策利用了统计规律，所以，如果按照这种方法进行多次决策，其平均益损值应该是可以达到期望益损值的，这比凭直觉或主观想象进行决策要合理得多，其成功的机会也占大多数。因此，期望值决策方法仍是一种有效的常用决策方法。

3. 决策树法

期望值决策除了用决策表或通过计算进行分析以外，还可以采用图形方式进行直观的形象的分析，这种用图形方式进行的决策分析法称为决策树法。决策树的概念非常简单，就是对一个问题画一张图，用更容易了解的形式表示出有关的信息，无需像前面那样把所有的有关复杂决策的信息都压缩在一张表格里。由于这个图是形如树枝状的，所以称之为决策树。此外，使用决策树还可以简化复杂概率的计算工作。

我们可以将例 3.13 中的决策问题画成一棵决策树。怎样用图来表示从三个备选方案中进行选择的问题呢？如图 3-9 所示，只要把这三个备选方案画成一棵树的三个可能的分支就行了。进一步就是用像树上的分支点那样的形式，表示出变化因素（原材料价格）可能发生的各种状态（事件），其中每个分支代表发生的某一特殊事件，以及该事件发生时相应方案的结果（益损值）。

在图 3-9 的决策树上，方框表示决策点；圆圈代表方案（或机会）节点；三角

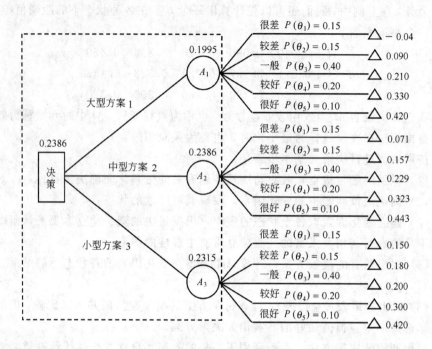

图 3-9　例 3.13 的决策树

形表示方案在变化因素的各个状态下的结果节点，它旁边的数值为结果的效用值或益损值。画决策树并不要求有什么固定的规则。但是，在作比较复杂的决策树时，最好像这样把决策点和方案（机会）节点与结果节点区别开来，然后顺序标出决策、方案和结果。在某些实际情况下，我们将做出初步决策，以便有可能等待某些事件实际发生之后，再做出进一步的决策。从后面的例子中，可以知道这种情况也能用决策树形式来表现。

决策树的一个重要优点是便于决策人员很快地看出备选方案、未来可能发生的事件及其结果。为了便于检查，将作为决策基础的逻辑关系和假设都一一列举出来。这种树能够促进对有关备选方案、可能事件及其概念和结果展开有益的讨论。在实际情况下，要经过多次讨论修改，最后才能一致认为该决策树已精确地描述出实际问题。每修改一次，就能对问题的性质有进一步的理解。

因此，首先画出决策树对决策人员有很大的好处。而且，从分支端开始对每个分支点（称为树的顶点）进行研究，能简化计算各种决策效用值或益损值的工作。这种从右边开始，逐步以有关期望效用值来代替每个分支的过程，叫做"反推"决策树。这些树往往很简单，甚至在树越来越大而且包括有各种各样的计算时，也只需算出每一个机会点的期望效用值或期望益损值。最后结果是将图 3-9 的树简化为图 3-9 中虚线框出的部分。这种"反推法"是根据动态规划的一般概念和原理形成的。

下面，我们看几个例子。

【例3.14】 设有一笔资金用于新建一个水工程项目，建设方案有如下几种：

(1) 建设大型项目，使用现有工艺技术，需要投资600百万元，建设期为3年，项目的整个寿命期为25年；

(2) 先全力进行新技术开发研究，需要投资研究经费210百万元，开发研究期为3年，然后再建设一个中型项目；如果新技术开发成功，项目将采用新工艺新技术，需要项目建设费360百万元，建设期2年，寿命期22年；如果新技术开发失败，仍采用现有工艺技术，项目建设费为420百万元，建设期2年，寿命期22年；

(3) 建设一个中型项目，同时进行新技术开发研究，项目建设费为360百万元，建设期2年，寿命期25年；新技术开发研究需要经费120百万元，研究期3年；如果新技术开发成功，需要技术更新费160百万元，技术更新需时间1年。

设项目建成后即可正常运行。预计今后的市场前景有好、中、差、三种情况，其概率等数据见表3-11。

市场概率和投资等费用表 单位：百万元 **表3-11**

备选方案	建设期或 新技术开发研究期	运行期			
		概率 市场前景	$P_1=0.3$ （差）	$P_2=0.4$ （中）	$P_3=0.3$ （好）
全力建设 大型项目	建设期为3年 每年初投资200	年收入	120	230	320
		运营成本	110	140	160
		净现金流量	10	90	160
全力研究之 后建设中型 项目	研究期3年，每年初投资70 然后建设期2年，成功每年初投资 180，失败每年初投资210	年收入	120	170	230
		运营成本	60	90	120
		净现金流量	60	80	110
建设中型项 目与新技术 研究相结合	建设期2年，每年初投资180 研究期3年，每年初投资研究费40 开发成功，投资技术更新费160	年收入	100	170	220
		运营成本	70	95	130
		净现金流量	30	75	90

如果投入资金进行新技术开发研究，则全力进行新技术开发研究时，研究取得技术性突破的成功概率为0.4；非全力进行研究时，取得技术性突破的成功概率为0.3。若新技术开发成功，可以大幅度减少运营成本并提高项目的市场竞争能力，将增加年收入10%；同时市场也将发生变化（因为其他项目也可能立即使用这项新技术）。若新技术开发成功后建设项目，每年可以节约运营成本40%，如果是对项目进行技术改造，则可以节约成本36%。使用新技术后的市场变化概率等数据见表3-12。

中型项目使用新技术后的市场变化概率等数据表

单位：百万元　**表 3-12**

概率市场前景		$P_1=0.2$	$P_2=0.45$	$P_3=0.35$
		差	中	好
新技术开发研究成功后建设项目	年收入	132	187	253
	运营成本	36	54	72
	净现金流量	96	133	181
新技术开发研究成功后作技术改造	年收入	110	187	242
	运营成本	44.8	60.8	83.2
	净现金流量	65.2	126.2	158.8

　　设基准收益率为10%。试以净现值为技术经济指标，用决策树方法进行决策。

　　【解】　我们作出问题的决策树如图 3-10。各个方案在各种状态下的净现值公式如下。

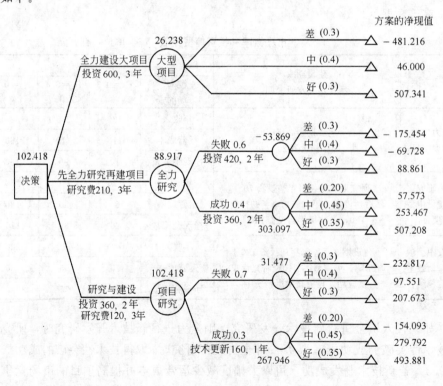

图 3-10　建设项目决策树

　　(1) 全力建设大型项目：

$$\mathrm{NPV}_1 = -547.118 + A \times 1.1^{-3}(P/A, 10\%, 22)$$

（2）先全力开发新技术，再建设一个中型项目：

$$NPV_2 = -191.492 - K \times 1.1^{-2}(P/A, 10\%, 2) + A \times 1.1^{-5}(P/A, 10\%, 20)$$

（3）开发新技术和建设一个中型项目同时进行：

$$NPV_3(l) = -453.062 - R \times 1.1^{-3} + A \times 1.1^{-2}(P/A, 10\%, 23)$$

$$NPV_3(s) = -573.272 + 1.1^{-3}(A_O + A_O \times 1.1^{-1}) + A_N \times 1.1^{-4}(P/A, 10\%, 21)$$

其中 A_O 和 A_N 分别是技术更新前和更新后的净现金流量。

由此可以计算出各个方案在各种状态下的净现值，见图 3-10。

由决策树看出，选择建设一个中型项目和开研究新技术同时进行最好，项目的期望净现值为 10241.8 万元。

【例 3.15】 市场信息的价值。在例 3.14 中，如果决策人能通过对市场的深入调查研究和分析，确知市场前景，那么，新的决策树如图 3-11 所示。

如果项目决策人能确切预知市场前景，那么，不管新技术研究能不能成功，在市场前景差时，选择先研究再建设的方案，期望净现值为 -82.2432；市场前景中时，项目建设与新技术研究相结合，期望净现值全少是 152.2233；市场前景好时，全力建设大型项目，净现值为 507.341；见图 3-11。

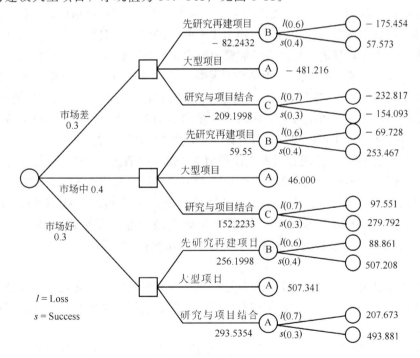

图 3-11 市场信息价值决策树

因此，如能准确知道市场前景，则期望净现值是：

$E(\text{NPV}) = -82.2432 \times 0.3 + 152.2233 \times 0.4 + 507.341 \times 0.3 = 188.419$。

于是，市场完全信息的价值为：

$$V = 188.419 - 102.481 = 8593.8 \text{（万元）}。$$

如果考虑到新技术研究不能成功，则市场完全信息的价值为 3610.55 万元。因此，在进行项目投资决策之前，项目决策人愿意多花不超过 3610.55 万元的费用来进行深入的市场调查分析，以确定今后数年内的市场前景。

【例 3.16】　技术咨询费与新技术试研费。在例 3.14 中，如果决策人能通过某个权威性科研机构的咨询，确切知道研究开发新技术能否成功，那么他就可以针对性地做出较为有利的投资决策。

我们说该科研机构的咨询是权威性的，是指在任何新技术开发研究之前，该科研机构都能准确预测出这项新技术开发能否成功。但是，科学技术的创新和发展是具有其客观规律的，所以以全力开发新技术成功的概率仍然是 0.4。因此，这家权威性科研机构在实际上全力进行新技术开发研究之前，预测出（或猜出）新技术开发成功的概率或失败概率仍然是 0.4 或 0.6。这家科研机构不能改变每一事件发生的概率而控制未来，但他的预测每次都是正确的。

如在前面的例 3.15 中，我们假定了项目决策人通过对市场的深入调查分析，能够具有洞察市场前景的能力，猜测出未来的市场状况。但是，由于市场规律不是以个人意志为转移的，所以市场前景的概率仍然是：好（0.3）、中（0.4）和差（0.3）。决策人能够事先猜出，市场前景是好的概率还是 0.3，中的概率仍为 0.4，差的概率依然是 0.3。项目决策人不能通过市场调查分析而决定未来市场的发展。

本例中，我们将用决策树方法来确定技术咨询费的上限。因为项目决策人能够断定研究新技术能否成功，所以以修改后的决策树如图 3-12。

由图 3-12 可以算出现在的期望净现值为 182.689 百万元。将这个结果与未解决新技术研究的不确定性时而采用建设中型项目和研究新技术相结合的方案期望净现值 102.481 百万元相比较。得出结论：项目应该马上多投资 182.689 − 102.481 = 8020.8 万元来确定新技术开发研究是否能取得突破性成功。这个 8020.8 万元便是本项目的技术咨询费和新技术试研费的上限。

4. 蒙特卡罗模拟法

有许多决策问题过于复杂，而且还要用到的经验数据，因此用解析模型进行性能预测往往是不可能，或是不切合实际的。遇到这样的情况时，通常用模拟法来预测性能。

"模拟"是个常用术语，意思就是"模仿"。事实上，在运筹学和系统分析中所发展起来的模拟技术，就是借助电子计算机来模仿各个过程的基本特性。我们在经济投资分析决策中用到的大部分模拟模型总是这样来处理问题的：先模仿真实系统会发生的情况，然后记录模型中得出什么结果。对模拟系统输入大量的采

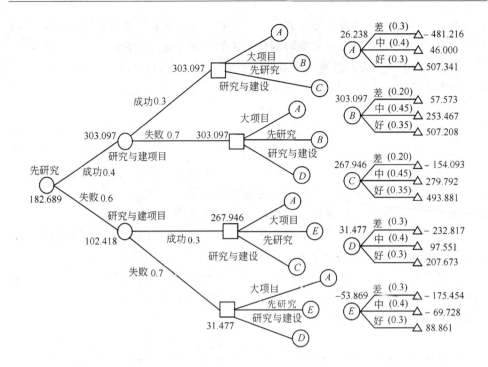

图 3-12 技术咨询费与新技术试研费决策树

样数据，记录其结果，就能得到一个各种情况一览表，说明如果真的采取某项决策和设计时，大概会发生什么情况。就某种实际意义来说，模拟性的模型就是决策工作的实验室。

模拟模型可以是离散型或连续型的。在连续型系统，描述系统的各个参数可取规定范围内的任意值。离散系统仅取参数可能范围内的几个特定值。以这些系统发生的事件为特征，我们将事件、发生时间以及其他可以描述这些系统的参数记录下来。在决策问题中通常采用离散型模拟系统。

模拟系统还可以是确定型或随机型的，依模拟系统各个阶段上的输入、处理过程和输出而定。在输入已确定后，确定型系统的输出（或者系统内部的处理过程）就是确定可知的——不存在无法说明的变化。换句话说，预测模型可提供完全确定的输出。随机型系统对于一个既定输入都会有一组输出，其数值遵循某种分布律。在工程项目经济分析决策问题中，大部分模拟系统实际上都是随机型的，许多过程只能利用概率分布加以适当描述。在这种情况下，通常用称作蒙特卡罗法（即模拟抽样法）的特殊模拟技术处理模拟模型中的统计性质的变化。下面我们将介绍蒙特卡罗法。

模拟抽样法一般叫做蒙特卡罗法，可以把一些具有经验分布统计特性的数据用于一个系统。如果模型是根据过去的实际工程造价分布情况来处理工程费用估计，我们可以借助于从真实分布中抽样的蒙特卡罗法模拟一个工程的费用，从而使模拟系统中的工程费用和发生时间与过去的实际情况相对应。

【例 3.17】 设某工程建设费用估计 10000 万元，预算材料费总额 6000 万元，人工费总额 2000 万元，其他费用 500 万元，承建该工程可能的收益是 1500 万元。建设期为 24 个月，合同中无货币保值和价格调值条款。工程建设单位为了作是否承建工程的决策，在承建前必须对工程的总风险金额有一个较准确的估计。他们决定采用蒙特卡罗法对此工程的风险进行评价。通过风险辨识，承建该工程主要面临三个方面的风险：材料价格变动、人工费上涨和付款拖延。其中材料费变动属于投机风险，而人工费上涨及付款拖延则属于纯粹风险。

为了对工程风险进行蒙特卡罗模拟，我们按下面步骤来进行。

第一步：确定各风险因素的分布规律。如果没有可以直接引用的分布律，就必须进行研究来确定这些分布律。这些分布是进行模拟的基础。

由于政治、经济、管理或腐败等原因，拖延付款日期是常有的事。且本工程的合同主要条款中写明拖期付款在六个月以上业主才支付利息，因此业主多半会拖延支付时间。经综合分析并考虑到其他因素，得到付款拖延的概率如表 3-13。

业主付款拖延的概率   表 3-13

平均拖延月数	拖延概率	平均拖延月数	拖延概率
按时付款	0.30	拖期 1 月	0.20
拖期 2 月	0.15	拖期 3 月	0.15
拖期 4 月	0.10	拖期 5 月	0.05
拖期 6 月	0.05	概率和	1.00

注：1. 合同主要条款中规定工程款为按月支付，由于考虑的是平均拖延月数，业主付款拖延的影响范围是工程的总费用 10000 万元。

2. 损失费指因付款误期导致承建单位借款从而增加的贷款利息，贷款利息按月息 6‰ 计算。

当地材料市场并不是很稳定。政府正准备大力增加基础设施建设投资，拟建一大批项目，但具体什么时候开始还不确定。若这些项目启动，材料价格必将上涨。这将是此工程中最重要的风险，直接影响到工程有无盈利可言。因此，承建单位聘请了一个咨询公司对此进行调查分析，最后得出结论：在全部材料中，约有价值 70% 的材料，若现在价格为 1 个单位，则第 t 年的平均价格可能为 $(1+X\%)^t$ 个单位，$t=1, 2$；其中材料费变动因子 X 是随机变量，近似地服从正态分布 $N(4, 1.5^2)$，其密度函数如图 3-13。由于工程所在地基本处于经济稳步增长的时期，人工费下降的可能性几乎为零。所以我们把人工费变化视为纯粹风险，两年内人工费上涨的概率分布由专家调查法得到，见表 3-14。

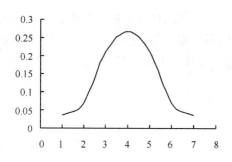

图 3-13　材料费变动因子的概率分布

人工费上涨的概率分布

表 3-14

人工费上涨幅度（%）	发生的概率
0	0.40
5	0.30
10	0.15
15	0.10
20	0.05
合计	1.00

注：1. 图 3-13 中的横坐标为材料价格变动因子（%），材料费的影响范围是预算材料费总额的 70%，约 4200 万元。

2. 人工费的影响范围是预算人工费总额 2000 万元。

第二步：把频率分布或概率密度转换成累积概率分布或分布函数。我们用 X 表示变化因素，$F(X)$ 表示累积概率分布或分布函数，见表 3-15、表 3-16 和公式 (3-14)。

业主付款拖延的累积概率分布　表 3-15

$F(X)$	0.00～0.30	0.30～0.50	0.50～0.65	0.65～0.80	0.80～0.90	0.90～0.95	0.95～1.00
拖延月数 X	0	1	2	3	4	5	6

人工费上涨幅度（%）的累积概率分布　表 3-16

$F(X)$	0.00～0.40	0.40～0.70	0.70～0.85	0.85～0.95	0.95～1.00
人工费上涨幅度（%）X	0	5	10	15	20

材料费的变动因子（%）的分布函数：

$$F(X) = N(4, 1.5^2) = \int_{-\infty}^{X} \frac{1}{1.5\sqrt{2\pi}} e^{-\frac{(x-4)^2}{4.5}} dx \tag{3-14}$$

第三步：从累积分布中随机抽样，产生符合各风险变量概率分布的随机数。为了产生符合一定概率分布的随机数，我们采用的基本思路是：

（1）产生 0～1 之间的均匀随机数。

产生均匀随机数的方法有四种：随机数表法（20 世纪 20 年代以前或更早）、物理方法（20 世纪 50 年代）、位移寄存器法（1960～1980 年代）、数学方法。现在都采用数学方法在电脑上产生随机数。产生均匀随机数的数学方法主要有线性同余法、乘同余法、素数原根法。这里我们不详细介绍这些方法，许多编程环境的库函数中都有用于产生均匀随机数的函数，可直接调用，如 TurboC、C＋＋、Delphi 等等。

（2）产生符合各风险变量分布的随机数。

由于业主付款拖延（X_1）和人工费上涨幅度（X_2）这两个随机变量的概率分布是离散型的，可根据上面的累积概率分布表采用查表方式直接用逆变换法求出相应的随机数。具体做法是：产生一个 0～1 之间的均匀随机数 $R＝F(X)$，利用累计概率分布表，查出对应的随机变量 X 值。

材料费变动因子（X_3）服从正态分布，而正态分布的逆变换公式无法求出，如用积分来确定随机变量 X_3 的值，计算代价太大。因此，我们采用中心极限定理，用 n 个均匀随机数 R_1，…，R_n 来产生一个正态随机数 $X＝(\mu，\sigma^2)$，算法是：

$$X = \mu + \sigma\left(\sum_{i=1}^{n} R_i - 0.5n\right)\sqrt{\frac{12}{n}}，\tag{3-15}$$

其中 $[0，1]$ 区间上的均匀分布的期望值为 0.5，方差为 1/12。

对于 X_3 来说 $\mu＝4$，$\sigma＝1.5$；在计算机模拟中，n 我们取 500。需要注意是，n 的取值必须足够大，因为中心极限定理的前提就是大样本和极限逼近，否则产生的随机数不会服从正态分布。

第四步：使用抽样样本模拟实际风险。三个风险变量（X_1，X_2，X_3）产生出来后，总的风险金额 C 可以写成：

$C＝10000\times(1.006^{X_1}-1)+20\times X_2+21\times[3X_3+(X_3)^2\%]$。

模拟程序是：产生一组风险变量（X_1，X_2，X_3），计算出一个 C 值，如此反复，产生 k 个 C，对这 k 个 C 进行统计分析，得到总风险金额 C 的频数直方图、统计密度曲线、平均值和标准差。某些文献上说，实验证明：k 可以取 50～300 之间，输出的分布函数就基本收敛了；而另一些文献上说 k 至少大于 100。到底取 k 为多大为宜呢？如果我们要求模拟的风险金额 C 的平均值与它的期望值之间的误差不超过 ε，可靠度为 95％，则由概率论中的切贝谢夫定理，应有：

$1-D(C)/(k\varepsilon^2)\geqslant95\%\Rightarrow k\geqslant20D(C)/\varepsilon^2$

取 $\varepsilon＝\pm4\%E(C)$，先令 $k_0＝300$，计算机模拟得 $E(C)＝541.6$ 和 $D(C)＝199.7^2$，故有 $k\geqslant20D(C)/\varepsilon^2＝20\times25^2\times39880.09/293330.56\geqslant1699$。我们取 $k＝3000$，模拟得到风险金额 C 的最大值 1207.1，最小值 17.0，平均值 551.5，标准差 191.4。取 $k＝18000$，模拟 5 次的结果如表 3-17。

下面的图 3-14 中的（a）和（b）是 3000 个样本和 18000 个样本的频率直方图对比。

$k=18000$ 时的 5 次模拟结果　　　　　　　　　　　表 3-17

C 的最大值	最小值	平均值	标准差	与 $k=3000$ 时的平均值之差的绝对值
1320.4	25.5	545.3	187.7	6.2
1243.3	-51.2	542.8	187.2	8.7
1352.8	-31.3	546.1	189.3	5.4
1367.6	7.6	547.4	188.8	4.1
1317.4	-56.7	545.8	187.9	5.7

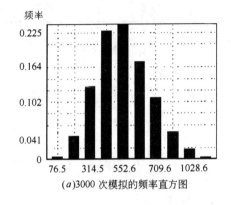 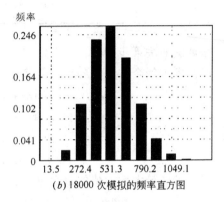

(a)3000 次模拟的频率直方图　　　　　　(b)18000 次模拟的频率直方图

图 3-14　3000 个样本和 18000 个样本的频率直方图对比

从我们对本例继续进行的几十万次模拟知,对较复杂的随机变量 C,如果要分布函数收敛,k 应大于 3000。换句话说,至少需要模拟 3000 次,其统计结果才有效。而用现在的计算机模拟数万次是不困难的。我们建议读者一般不要使用查随机数表的方法,除非所有的计算机都坏了。

三、不确定型决策

不确定型决策是指所考虑的变化因素或事件发生的概率是不知道的,同时,也难以确定其主观概率,因而事件发生的可能性是不可预测的。所以,在不可预测风险的情况下进行的决策,被称为不确定情况下的决策或不确定型决策。

1. 乐观法

乐观法也叫做最大最大(max max)决策法,这种方法的思想基础是对客观情况始终持乐观态度。举例如下:

【例 3.18】　设有 4 个可能的方案 A_1,A_2,A_3,A_4 和这 4 个方案在变化因素的 5 个可能状态（哪个状态发生是不可预测的）下的相应效益值如表 3-18。

不确定情况下决策表   单位：百万元   **表 3-18**

效益值 a / 方 案	变化因素的 5 个可能状态					$\max\limits_{\theta} a\,(A,\,\theta)$
	θ_1	θ_2	θ_3	θ_4	θ_5	
A_1	4	5	6	7 *	3	7
A_2	2	4	6	9 *	5	9 *
A_3	5	7 *	3	5	6	7
A_4	4	5	6	8 *	5	8
决策→	$\max\limits_{A}\max\limits_{\theta} a\,(A,\,\theta)=$					9

乐观法的决策步骤是：

（1）求出每个方案在各种可能状态下的最大效益值。

$$A_1:\max\{4,5,6,7,3\}=7$$
$$A_2:\max\{2,4,6,9,5\}=9$$
$$A_3:\max\{5,7,3,5,6\}=7$$
$$A_4:\max\{4,5,6,8,5\}=8$$

（2）求各最大效益值的最大值。

$$\max\limits_{A}\max\limits_{\theta} a\,(A,\,\theta)=\{7,\,9,\,7,\,8,\}=9$$

最大值 9 对应的方案是 A_2，所以选择方案 A_2。

2. 悲观法

悲观法也叫做华尔德决策法（Wald Decision criterion）。这种方法的思想是，对客观情况持悲观态度；为了保险起见，把事态的发展估计的很不利，因而也叫保守方法。在各种最坏情况下，找出一个最好的方案，因此又叫最大最小（max min）法。

以例 3.18 为例，悲观法的决策步骤是：

（1）对每个方案求出各种状态下的最小效益值。

$$A_1:\min\{4,5,6,7,3\}=3$$
$$A_2:\min\{2,4,6,9,5\}=2$$
$$A_3:\min\{5,7,3,5,6\}=3$$
$$A_4:\min\{4,5,6,8,5\}=4$$

（2）求各最小效益值的最大值。

$$\max\limits_{A}\min\limits_{\theta} a(A,\,\theta)=\{3,\,2,\,3,\,4,\}=4$$

最大最小值 4 对应的方案是 A_4，所以选择方案 A_4。

3. 乐观系数法

乐观系数法又叫赫威斯决策法（Hurwicz Decision criterion）。这种方法的特点是，对客观情况的估计既不那么乐观，也不十分悲观。主张采取平衡态度，用一个数字表示乐观程度，该数字称为乐观系数，记为 α。一般规定 α 的取值在 $[0, 1]$ 区间中，即 $0 \leqslant \alpha \leqslant 1$，用下式计算结果

$$V(A_i) = \alpha \max_{\theta} a(A_i, \theta) + (1-\alpha) \min_{\theta} a(A_i, \theta)$$

也就是计算出每个方案在各种状态下的最大效益值和最小效益值，分别给最大效益值和最小效益值赋予权数 α 和 $(1-\alpha)$，相加后得到值 $V(A_i)$，选择使 $V(A_i)$ 为最大的方案 A_i 作为决策方案。

显然 $\alpha = 1$ 时，乐观系数法成为乐观法。

$\alpha = 0$ 时，乐观系数法成为悲观法。

以例 3.18 为例，取 $\alpha = 0.6$，我们得到

$$V(A_1) = 0.6 \times 7 + 0.4 \times 3 = 5.4$$
$$V(A_2) = 0.6 \times 9 + 0.4 \times 2 = 6.2$$
$$V(A_3) = 0.6 \times 7 + 0.4 \times 3 = 5.4$$
$$V(A_4) = 0.6 \times 8 + 0.4 \times 4 = 6.4$$
$$\max V(A_i) = \max\{5.4, 6.2, 5.4, 6.4\} = 6.4 = V(A_4)$$

决策结果是选择方案 A_4。

如取 $\alpha = 0.8$，则决策是选择方案 A_2。因此，对于不同的 α 值，可能得到不同的决策结果。如何选取 α 的值，显然与主观判断能力和经验有关。

4. 等可能性法

等可能性法又称为拉普拉斯（Laplace）法，它由法国数学家拉普拉斯首先提出来。当决策人不能预测事件发生的可能性时，就认为这些事件是对等的，它们发生的可能性都是一样的。如果某事件有 n 个可能状态，这些状态的出现是不可预测的，那么就认为这些状态出现的概率都为 $1/n$。然后按照风险决策的期望值进行决策。

以例 3.17 为例，我们有

$$E(A_1) = (4+5+6+7+3)/5 = 5$$
$$E(A_2) = (2+4+6+9+5)/5 = 5.2$$
$$E(A_3) = (5+7+3+5+6)/5 = 5.2$$
$$E(A_4) = (4+5+6+8+5)/5 = 5.6$$
$$\max E(A_i) = \max\{5, 5.2, 5.2, 5.6\} = 5.6 = E(A_4)$$

决策结果是选择方案 A_4。

5. 后悔值决策法

后悔值决策法又称沙万奇（Wavage）决策法。决策人进行决策之后，若实际情况与决策人的理想情况不符合，必会产生后悔的感觉，或者感到遗憾，所以也

有人叫遗憾决策法。这种方法的出发点是将每种可能状态的最大值（对效益值，若为损失值则取最小值）设为该状态的理想值，将该状态的理想值与其他值之差，称为未达到理想之后悔值。用这个观点处理问题时，需要计算"后悔"矩阵，它可以从效益矩阵导出。

以例 3.18 为例，计算出"后悔值"矩阵见表 3-19。

后悔值决策表　　　　　单位：百万元　**表 3-19**

后悔值 b 方　案	变化因素的 5 个可能状态					$\max\limits_{\theta} b(A, \theta)$
	θ_1	θ_2	θ_3	θ_4	θ_5	
A_1	1	2	0	2	3	3
A_2	3	3	0	0	1	3
A_3	0	0	3	4	0	4
A_4	1	2	0	1	1	2
决策→	$\min\limits_{A}\max\limits_{\theta} b(A, \theta) =$					2

后悔值决策方法是：

（1）先求出每个方案的最大后悔值，见表 3-19 右边的 max b。

（2）再求出这些最大后悔值的最小值。

$$\min\{3, 3, 4, 2\} = 2$$

所以，应该选择方案 A_4。

对于不确定情况下的决策，我们看到采用不同的决策方法，有可能得到不同的决策结果。在事件发生何种状态不可预测时，是难以判断哪个决策方法较好，哪个决策方法较差的。因此，不确定型决策的各种方法，都是以决策人的主观想法和意愿而定的。由于实际存在的风险本身是不可预测的，所以，不存在评价不确定型决策的各种方法的客观标准。对于不可预测事件的进一步探索，有可能使不确定型决策的结果更合理一些。

思考题与习题

1. 某企业生产某种产品，设计每年产量为 6000 件，每件产品的出厂价格估算为 50 元，企业每年固定性开支为 66000 元，每件产品成本为 28 元。求企业的最大可能盈利，企业不盈不亏时的最低产量，企业年利润为 5 万元时的产量。

2. 某厂生产一种配件，有两种加工方法可供选择，一为手工安装，每件成本为 1.20 元，还需分摊年设备费用 300 元；一种为机械生产，需要投资 4500 元购置机械，寿命为 5 年，预计残值为 150 元，每个配件需人工费 0.5 元，维护设备年成本为 180 元，假如其他费用相同，年利率为 10%，试进行加工方法决策。

3. 某投资项目的主要经济参数估计值为：初始投资 15000 元，寿命为 10 年，残值为 0，年收入为 3500 元，年支出为 1000 元，基准收益率为 15%。(1) 当年收入变化时，试对内部收益率的影响进行敏感性分析；(2) 试分析初始投资、年收入与寿命三个参数同时变化时对净现值的敏感性。

4. 某项投资活动，其主要经济参数如表 3-20，其中年收入与贴现率为不确定因素，试进行净现值敏感性分析。

投资的主要经济参数　　　　　　　　　　　　表 3-20

参　　数	最不利 P	最可能 M	最有利 O
初始投资	−10000	−10000	−10000
年收入	2500	3000	4000
贴现率	20%	15%	12%
寿命	6	6	6

5. 某方案需投资 25000 元，预期寿命为 5 年，残值为 0，每年净现金流量为随机变量，其变动如下：5000 元（概率 $P=0.3$），10000 元（$P=0.5$），12000 元（$P=0.2$），若利率为 12%，试计算净现值的期望值与标准差。

6. 某项目投资方案，其净现值的期望值为 $E[NPV]=1200$ 元，净现值的方差 $D[NPV]=3.24\times10^6$，试计算：(1) 净现值大于零的概率；(2) 净现值小于 1500 元的概率。

7. 考虑是否带伞上班的问题。最好的结果是晴天不带伞。假如你认为这是个正常情况，不用花一分钱。你可能在晴天也带伞，但这是不必要的麻烦。假定你为了避免这一情况，决定宁可付出 2 元。倘若下雨了而你带着伞，就不至于淋湿。但为了避免在雨天带伞的麻烦，你宁可付出 4 元。如果下雨而你带伞，那就会淋得透湿。为了避免这种遭遇，你愿意支付 10 元。

(a) 以数据表描述备选方案、可能事件和结果。写出结果的文字说明和你愿意避免这些结果而付出的金额。

(b) 对于支付的金额，利用期望值评价确定在下述降雨概率预报时的最优决策。

(1) 0.0；　(2) 0.25；　(3) 0.5；　(4) 0.75；　(5) 1.0。

(c) 在上述每种情况下，关于是否下雨的完全信息的价值是多少？

8. 中谷制造厂有机会向某个政府合同投标。该合同是关于飞机液压系统所用的 10 万个高压阀。他们估计用本厂现有设备即可生产这些阀，每个阀的成本为 12.5 美元。但该厂有位工程师提出了一种制造该阀的新工艺。如果一切顺利的话，用新工艺生产估计每个阀的成本仅为 7.5 美元。如果出些小麻烦，估计单位成本为 9.5 美元；如果出大麻烦，成本将很高，就必然要重新采用原来的旧工艺。这位工程师估计，出小麻烦的概率为 0.5，出大麻烦的概率为 0.2，不出麻烦的概率为 0.3。实行新工艺需要投资 10 万美元，甚至在它失败时，这笔投资也不能收回。该公司必须在新工艺试验之前对该合同投标。所考虑的各种投标金额及其赢得合同的估计概率如下：

投标（每个阀的单位价格：美元）	赢得合同的概率
17	0.2
14	0.6
12	0.9

(a) 利用期望值进行评价,画出决策树来分析这些问题。中谷制造厂应该做出什么样的投标?如果它赢得合同,应该采用哪一种工艺?工艺的选择取决于投标价格吗?

(b) 该厂解决这项新工艺的风险价值是多少?

(c) 该公司若投资 2 万美元,就可以对新工艺进行小规模试验。遗憾的是,从小规模试验结果中还不能得出结论。但若其试验成功,工程师就可将其概率估计改为:无麻烦时为 0.6,小麻烦时为 0.3,大麻烦时为 0.1。若试验失败,则概率与以前一样。小规模试验成功的概率为 0.5。如果承担这个合同,中谷制造厂是否应该进行这个小规模试验?你的答案是否取决于投标价格?为什么?

9. 某企业面临三种方案可以选择,五年内的效益值如表 3-21。

效 益 值 表　　　　单位:百万元　**表 3-21**

需求量 决策方案	高	中	低	无
扩建	50	25	−25	−45
新建	70	30	−40	−80
转包	30	15	−1	−10

试用乐观系数法 ($\alpha_1 = 0.3$, $\alpha_2 = 0.7$) 决策,然后加以比较。

第四章 费用—效益分析

水工程建设项目的经济评价包括三部分内容：财务评价、国民经济评价和社会评价。本章主要阐述水工程建设项目国民经济评价的基本概念和基本方法，并简单介绍社会评价的基本内容。本章首先论述财务评价、国民经济评价和社会评价的区别，以及三种评价导致的不同评价结论的原因。接着介绍影子价格和费用与效益的识别原则，以及影子价格的计算方法和国民经济评价指标。最后介绍了费用效益分析中的基本报表和费用效益分析方法。

第一节 财务评价、国民经济评价和社会评价

一、财务评价、国民经济评价和社会评价的区别

项目财务评价是从企业角度考察项目的净效益，以此衡量项目的生存能力。财务评价（financial appraisal）中所涉及到的费用和效益都是项目内部的直接效果，不包括项目以外的经济效果，即没有考虑项目的外部影响。财务评价所采用的价格是市场预测价格，这种价格往往严重背离资源的真实价值，从而有可能使财务评价的结论偏离社会资源合理或最优配置的要求。不同项目的财务分析包含了不同的税收、补贴和贷款条件等，使不同项目的财务盈利效果失去了公正比较的基础。因此，对建设项目进行国民经济评价和社会评价是非常必要的。

在我国现有的社会主义市场经济条件下和国有自然资源（特别是水资源）日益匮乏的时期，对建设项目（特别是水工程项目）不仅要从财务角度对拟建项目进行评价，而且要从国家和全社会的角度进行项目的国民经济评价和社会评价。国民经济评价是采用费用与效益分析的方法，运用影子价格、影子汇率、影子工资和社会折现率等经济参数，计算分析项目需要国民经济付出的代价和对国民经济的净贡献，考察投资行为的经济合理性和宏观可行性。国民经济评价（national economic appraisal）是项目经济评价的核心部分。社会评价（social appraisal）是考察建设项目对实现社会发展目标方面所产生的影响和效果，采用的是社会价格、计算就业效益指标、收入分配效果指标、节约自然资源指标、社会净现值和社会内部收益等，计算分析项目需要社会付出的代价和对社会的净贡献。决策部门可以根据国民经济评价和社会评价的结论，考虑建设项目的取舍。

（一）国民经济评价的目的和作用

1. 国民经济评价是宏观上合理配置国家有限资源的需要

　　国家的资源（包括资金、外汇、土地、水、劳动力以及其他自然资源）总是有限的，必须在资源的各种相互竞争的用途中做出选择。而这种选择必须借助于国民经济评价，从国家整体的角度来考虑。我们可以把国民经济作为一个大系统，项目的建设作为这个大系统中的一个子系统，项目的建设与生产，要从国民经济这个大系统中汲取大量的投入物（资金、劳力、物资、土地等），同时也向国民经济这个大系统提供一定数量的产出物（产品和劳务等）。国民经济评价就是评价项目从国民经济中所汲取的投入与向国民经济提供的产出对国民经济这个大系统的经济目标的影响，从而选择对大系统目标优化最有利的方向和方案。

　　可以说，国民经济评价是一种宏观评价，对于社会主义国家，宏观评价具有十分重要的意义。只有多数项目的建设符合整个国民经济发展的需要，才能在充分合理利用有限资源的前提下，使国家获得最大的净效益。

2. 国民经济评价是真实反映项目对国民经济净贡献的需要

　　我国和大多数发展中国家一样，不少商品的价格不能反映价值，也不能反映供求关系。在这种商品价格严重"失真"的条件下，按现行价格计算项目的投入和产出，不能确切地反映项目建设给国民经济带来的效益与费用支出。因此，就必须运用能反映资源真实价值的影子价格，借以计算建设项目的费用和效益，以得出该项目的建设是否对国民经济总目标有利的结论。

3. 国民经济评价是投资决策科学化的需要

　　这主要体现在以下三个方面。第一，有力引导投资方向。运用经济净现值、经济内部收益率等指标以及体现宏观意图的影子价格、影子汇率等参数，可以起到鼓励和抑制某些行业和项目发展的作用，促进国家资源的合理配置。第二，有利于控制投资规模。最明显的是国家可以通过调整社会折现率这个重要的国家参数来调控投资总规模。国民经济评价以经济内部收益率作为主要评价指标，要求经济内部收益率大于或等于社会折现率才能允许项目被接受。因此，当投资规模膨胀时，可以适当提高社会折现率，控制一些项目的通过。第三，有利于提高计划质量。项目是计划的基础，有了足够数量的、经过充分论证和科学评价的备选项目，才便于各级计划部门从宏观经济角度对项目进行排队和取舍。

　　（二）国民经济评价与财务评价的关系

　　国民经济评价和财务评价是互相联系的。既有相同之处，又有不同之处。对于大中型工业项目，一般都要进行两种评价，相辅相成，缺一不可。

　　两者的共同之处在于：

　　1）评价目的相同

　　两者都是寻求以最小的投入获得最大的产出。

　　2）评价基础相同

两者都是在完成产品需求预测、厂址选择、工艺技术路线和工程技术方案、投资估算和资金筹措等基础上进行的。

3）基本分析方法和主要指标的计算方法类同

两者都采用现金流量分析方法，通过基本报表计算净现值、内部收益率等指标。

财务评价与国民经济评价的区别在于：

1）评价的角度不同

财务评价是从财务角度对项目进行分析，考察项目的财务盈利能力；国民经济评价是从国民经济综合平衡角度对项目进行分析，考察项目的经济合理性。

2）费用与效益的含义和范围划分不同

财务评价是根据企业实际发生的财务收支，计算项目的费用和效益；国民经济评价是根据项目所消耗的有用资源和对社会提供的有用产品（包括服务）来考察项目的费用和效益。有些在财务评价中列为实际收支的如税金、国内借款利息和补贴等，在国民经济评价中不作为费用和效益。财务评价时考察其直接费用和直接效益，国民经济评价除了考察其直接费用和直接效益外，还要考察项目所引起的间接费用和间接效益。

3）费用与效益的计算价格不同

财务评价采用实际的产品价格（或市场预测价格）计量费用与效益，国民经济评价采用比较能反映投入物和产出物真实价值的影子价格计量费用与效益，它是根据机会成本和消费者支付意愿来确定的。

4）评价依据的主要参数和判据不同。

财务评价依据的是官方汇率，并以行业基准收益率作为主要判据。国民经济评价依据的是影子汇率，以社会折现率作为主要判据。

（三）社会评价的目的和作用

社会评价是考察建设项目或方案对实现社会发展目标方面所产生的影响和效果。不同的社会制度由于意识形态上的差异，使得社会发展目标具有很大程度的不同。

西方的项目评价"费用—效益分析"是建立在福利经济学的理论基础上，以"潜在的帕累托优越性"作为价值判断准则。"潜在的帕累托优越性"是指一个项目的实现有可能使一部分人受到损失，但是其余的人会得到很多好处，对受损失人给以补偿后，所有人都得到好处。按此原则进行项目评价，可以确定各类人员受益、受损及受损补偿程度，检验项目实施的整体效益，以社会最大净效益来选择方案。

福利经济学提出了三大社会目标：

（1）最大的选择自由，就是在维护社会利益的前提下，经济领域的选择自由；

自由买卖商品和劳务，自由开办经营企业，自由选择职业等。

（2）最高的经济效率，最大的产量和最优资源配置，最优劳动资源和自然资源的利用，最优积累率，最优经济增长等。

（3）最好的公平分配，通过收入再分配适当缩小高收入和低收入之间的差距，其衡量指标有就业效果、分配效果、地区效果等。

我国的社会主义发展目标实现体现为对人的关心和培养，社会物质文化生活水平的不断提高，以及综合国力的增强。

社会主义发展目标大致分为三个层次：

（1）高层次目标。是指社会主义社会通过技术、经济、社会的发展所要实现的社会主义阶段的根本目标。例如，我国社会主义初级阶段的目标就是实现社会主义现代化，建设富强、民主、文明的社会主义现代化国家。

（2）中层次目标。就是要提高人民物质文化生活水平，包括个人收入增长目标，科学、文化、教育、医疗、福利、生活条件等发展目标。

（3）低层次目标。是指社会主义社会发展过程中，为不断提高人民物质文化生活水平所必须实现的经济增长目标。它表现为总产值或人均总产值的增长，国民收入或人均国民收入的增长。

在社会主义发展过程中，高层次目标体现社会主义经济发展的方向，中层次目标体现社会主义目的的实现程度，低层次目标体现生产水平的增长情况。

评价项目对社会目标的影响程度，常有两种方法来衡量。一是用指标评价，另一种是通过权重调整国民经济评价值。

（四）社会评价与财务评价和国民经济评价的关系

1. 社会评价采用定量与定性相结合的方法

投资项目社会评价的方法，包括社会调查、预测法、分析评价法等。由于项目的社会因素多而复杂，多数是无形的，甚至是潜在的。有的社会因素可以采用一定的计算公式定量计算，如就业效益、收入分配效益等，但多数则难以计量，更难以用一定的量纲采用统一的计算式计算。因而各国项目社会评价方法很不一样，有多种评价模式，一般都采用定量分析与定性分析相结合的方法，有的以定量分析为主、有的以定性分析为主。财务评价和国民经济评价主要采用定量分析方法。

对于项目社会评价来说，大量的、复杂的社会因素都要进行定量计算，难度很大。在这种情况下，往往通过某些假设、权重以及各种参数等来达到定量分析的目的，而且在确定这些假设、权重及参数时，引进了评价者的主观随意性，很难判定其准确程度。因此我国的社会评价采用定量分析与定性分析相结合，参数评价与经验判断相结合的方法，能定量的尽量定量，不能定量的指标则用定性分析。在一项评价指标中，可以用定量分析方法部分说明评价结果，也可以先用定量分析，然后再用定性分析补充说明评价结果。

2. 社会评价采用的是社会价格

社会评价与财务评价、国民经济评价三者依据各不相同。财务评价依据的是市场预测价格,国民经济评价用的是影子价格,而社会评价用的则是社会价格。社会价格是以国民经济评价中所用的影子价格为基础,根据项目的效益和费用在社会目标方面的效果(正效果和负效果),给这些影子价格以某一权值,对实现社会目标有益的是一个正的权值,有害的是一个负的权值,这样调整以后的价格就叫做社会价格。

3. 社会评价所采用的主要计算指标

以社会价格为根据求得的净现值和内部收益率,称为社会净现值和社会内部收益率,它们可以作为项目取舍的最终依据。其他的社会评价指标有:

1)就业效益指标

就业效益指标可按单位投资就业人数计算。即:

$$\frac{单位投资}{就业人数} = \frac{新增的就业人数(人)}{(包括本项目与相关项目)} \div \frac{项目投资(万元)}{(包括直接投资与间接投资)} \quad (4-1)$$

总就业人数可分为拟建项目的直接投资所产生的就业人数,与该项目直接相关的项目的间接投资所新增的间接就业人数。即:

直接就业人数=本项目新增的就业人数(人)÷本项目直接投资(万元) (4-2)

间接就业人数=相关项目新增的就业人数(人)÷相关项目投资(万元) (4-3)

式中的本项目新增就业人数,一般指项目投入生产经营后正常年份新增的固定就业人数。项目建设期现场施工增加的临时就业人数不计入,可在定性分析中另行分析或按劳动部的有关标准折算为固定就业人数计算,并加以说明。

对于就业效益指标,从国家层次分析,一般是项目单位投资所能提供的就业机会越多越好,即就业效益指标越大,社会效益越大。从地区层次分析来说,我国各地区劳动就业情况不同,有的地区劳动力富余,要求多增加就业机会,有的地区劳动力紧张,希望多建设资金、技术密集型企业,这就很难说就业效益指标越大越好。因此,在评价就业效益指标时,应从社会就业角度考察,在待业率高的地区,特别是经济效益相同的情况下,就业效益大的项目应为优先项目。如果当地劳动力紧张,或拟建项目属高新技术产业,就业效益指标的权重就应减小,只可以作为次要的或可供参考的评价指标。

2)收入分配效果指标

分配效果是指项目实施运行后的国民收入,不同时期地、不平衡地在社会不同阶层和不同地区间,通过工资、税金、利润等不同形式所进行的分配结果。这里主要有社会机构(集团)、地区和国内外三类分配形式的效果。

(1)社会机构的分配形式

它是表示项目国民收入净增值在社会各阶层和集团机构之间的分配情况。一般用以下四种分配指数表示：

A. 职工分配指数。表示在正常生产年份，职工所获得的工资和附加福利在项目年度国民收入净增值中所占的比重。

$$职工分配指数 = \frac{正常生产年份的工资收入 + 福利}{年国民净增值} \times 100\% \qquad (4-4)$$

B. 企业（部门）分配指数。表示在正常生产年份企业和部门所获得的利润、折旧和其他收益总额占项目年度国民收入净增值的比重。

$$企业（部门）分配指数 = \frac{年利润 + 折旧 + 其他收益}{年国民净增值} \times 100\% \qquad (4-5)$$

C. 国家（包括地区）分配指数。表示在正常生产年份企业上缴国家的税金、利润、折旧、利息、股息和保险费等国家收益在项目年度国民收入净增值中的比重。

$$国家（包括地区）分配指数 = \frac{年税金 + 年折旧 + 保险费}{年国民净增值} \times 100\% \qquad (4-6)$$

D. 未分配（积累）的增值，一般在正常生产年份由国家掌握的扩建基金、后备基金和社会福利基金之总和在项目年度国民净增值中的比重。

$$未分配（积累）的增值 = \frac{年扩建基金 + 年后备基金 + 社会福利基金}{年国民净增值} \times 100\%$$

$$(4-7)$$

以上四种分配指数的总和应等于1。

（2）地区分配效果

它表示项目所得的国民收入净增值在各地区之间的分配情况。用地区分配指数表示，即项目在正常生产规模年份支付给当地雇员的工资、当地企业的利润、当地政府的税收（工商税）和地区的福利收入（住宅和公共设施）等增值与项目年度国民净增值之比值。

$$地区分配指数 = \frac{年工资 + 年利润 + 年税金 + 年福利}{年国民净增值} \times 100\% \qquad (4-8)$$

收入分配是否公平，不仅是经济问题，更是社会是否公平的重要问题，包括贫富分配之间、地区分配之间是否公平的问题。我国项目社会评价方法设置了"贫困地区分配效益指标"，以促进国家经济在地区间合理布局，并促进国家扶贫目标的实现。

贫困地区收益分配效益指标，按下列两步计算：

A. 贫困地区收益分配系数 $D_i = (\overline{G}/G)^m$

B. 贫困地区收入分配效益 $= \Sigma(CI-CO)_t D_i (1+i_s)^{-t}$

D_i 为贫困地区 i（某省、某市、自治区）的收入分配系数，$\overline{G}$ 为项目评价时的全国人均国民收入，G 为同时期当地人均国民收入，m 为国家规定的扶贫参数，反映国家对贫困地区从投资资金分配上照顾倾向的价值判断，由国家制定。国家规定的 m 值越高，贫困地区收入分配系数越大。确定的 m 值对贫困地区算出的收入分配系数应大于 1。在国家未发布扶贫参数以前，可取 $m=1\sim1.5$，由评价人员根据具体情况确定，并予以说明。

$\Sigma\,(CI-CO)_i D_i\,(1+i_s)^{-1}$ 为国家规定的项目经济效益 ENPV（项目的经济净现值），其年净现金流量乘以 D_i 将使项目的经济净现值增值，有利于在贫困地区建设的项目优先通过经济评价，得以被国家接受。

（3）国内外分配效果。主要用于评价技术引进和中外合资等涉外投资项目。它表示建设项目所获得的国内净增值在国内或国外之间的分配比重。

A. 国内分配指数。是指项目在国内获得的国民收入净增值中的比重。

$$国内分配指数 = \frac{项目国民净增值}{项目国内净增值} \times 100\% \tag{4-9}$$

$$国内净增值 = 国民净增值 + 汇出国外付款 \tag{4-10}$$

B. 国外分配指数。是指项目汇出国外付款在项目整个国内净增值的比重。

$$国外分配指数 = \frac{项目汇出国外付款}{项目国内净增值} \times 100\% \tag{4-11}$$

$$汇出国外付款 = \frac{国外贷}{款本息} + \frac{国外贷}{款利润} + \frac{外籍人}{员工资} + \frac{其他国}{外付款} \tag{4-12}$$

以上国内和国外分配指数的总和应等于 1，同时要求国内分配指数要大于国外分配指数，才能有利于提高国内经济建设的投资效果。

3）节约自然资源指标

自然资源指国家的土地、水资源、矿产资源、生物资源、海洋资源等直接从自然界获得的物质。自然资源是投资项目最重要的物质来源。固定资产投资项目一般要占用国家的土地（包括耕地），耗用水资源，各种矿产资源，海洋资源等等。

对于节约能源、节约耕地、节约水资源一般可采用以下公式计算：

（1）节能指标——项目的综合能耗

$$项目的综合能耗 = 项目的年综合能耗 \div 项目的净产值 \leqslant 行业规定的定额 \tag{4-13}$$

各种能耗应折合成"年吨标准煤"的消耗计算。行业的节能定额应由各主管部门根据国家计划期的节能要求制定。

（2）单位投资占用耕地 = 项目占用耕地面积（亩）÷项目总投资（万元）

$$\tag{4-14}$$

（3）单位产品生产耗水量 = 项目年生产耗水量÷主要产品生产量 $\tag{4-15}$

单位产品耗水量由主管部门按行业规定的定额考核。单位投资占用耕地根据同类项目的经验予以评定。

4）环境影响指标

对于水工程项目，根据环境评价方法计算环境影响指标。

二、导致评价不同的原因

财务评价是从项目自身的角度考察项目的净效益，以衡量项目的生存能力为目的，所涉及的费用和效益都是项目内部的直接效果，依据的是市场预测价格、采用的是行业基准折现率等。因此，财务评价结论体现了项目在社会主义市场经济中的竞争能力和生存能力。国民经济评价把拟建项目看成国民经济大系统中的一个组成部分，考察项目对国民经济的净效益，评价拟建项目作为一个新要素加入到国民经济大系统中后，对国民经济系统所产生的影响，采用的是影子价格（shadow price）、影子汇率（shadow exchange rate）、影子工资（shadow wages）和社会折现率（converted to social present value rate）等。因此，国民经济评价从宏观经济角度反映了国家资源分配是否合理，经济系统配置的合理程度，优化经济结构的问题。拟建项目通过国民经济评价表示该项目的建设有利于促使国民经济朝优化经济结构的方向发展，有利于国家资源的合理分配和经济系统的合理配置。社会评价是从社会政治经济的角度来考察项目的综合社会效益，如项目对社会就业情况、社会分配的公平合理程度、自然资源和环境的影响等，使用的是社会价格，计算就业效益指标、收入分配效果指标、节约自然资源指标和环境影响指标等。社会评价结论反映了拟建项目的社会合理性和对社会可能产生的影响程度。拟建项目通过社会评价表示该项目的建设有利于社会的健康发展和安定团结。

由于财务评价、国民经济评价和社会评价计算费用和效益的范围不同，评价指标的不尽相同和各自的评价目标不同，因此，评价结论也可能不同。一般来说，评价的结论可能有以下八种情况：

1）财务评价、国民经济评价和社会评价的结论都表明项目可行，项目应予通过。

2）财务评价和国民经济评价结论表明项目可行，社会评价结论表明项目不可行，项目一般应根据国家的短中期经济发展目标和社会安定团结及稳定程度等因素，考虑通过或予以重新设计。

3）财务评价和社会评价结论表明项目可行，国民经济评价结论表明项目不可行，项目一般应根据国家的社会安定团结及稳定程度和国民经济承载能力及对国民经济的不利影响等因素考虑予以重新设计或通过。

4）财务评价结论表明项目可行，国民经济评价和社会评价结论表明项目不可行，项目一般应予否定。

5）财务评价结论表明项目不可行，国民经济评价和社会评价的结论表明项目是个好项目，则项目一般应予推荐。

6）财务评价结论表明项目不可行，国民经济评价结论表明项目可行，社会评价结论表明项目不可行，项目一般应予否定。

7）财务评价结论表明项目不可行，国民经济评价结论表明项目不可行，社会评价结论表明项目可行，项目一般应予否定。

8）财务评价、国民经济评价和社会评价结论都表明项目不可行，项目应予否定。

国民经济评价和社会评价结论之一表明项目是个好项目时，如果项目的国民经济效益很好，社会负效益较小；或者社会效益很好，国民经济负效益较小；则项目应予推荐，建议重新进行设计。一个财务上没有生命力的项目是难以生存的。因此，重新考虑方案，进行"再设计"，使其具有财务生存能力，同时消除项目对国民经济的负效益或对社会的负效益是十分必要的。比如，对于某些国计民生急需、国民经济效益好而财务效益欠佳的项目，可建议采取某些优惠措施，使其也能具有财务生产能力。某些对社会安定团结及稳定起重要作用而财务效益欠佳，对国民经济有较小负效益的项目，可以根据当时的国家政治经济情况，重新设计，缩短项目的寿命期，以某些优惠措施使项目具有财务生产能力，用较小的国民经济代价换取社会安定团结和稳定，为国民经济的发展奠定新的基础。

项目评价的程序可视具体项目而定。工业项目可以在财务评价的基础上进行国民经济评价。有些项目也可先做国民经济评价。大中型项目要作国民经济评价和财务评价，小型项目一般可以只进行财务评价。对于大型项目（特别是大型水工程项目），财务评价、国民经济评价和社会评价都要做。另外，在大中型项目建议书阶段及重大方案比选中，都需要做国民经济评价和社会评价，并以此作为取舍项目或方案的主要依据。

第二节　国民经济评价参数

一、影子价格

（一）影子价格的概念

影子价格（shadow price）的概念是 20 世纪 30 年代末、40 年代初由荷兰数理经济学、计量经济学创始人之一詹恩·丁伯根和苏联数学家、经济学家、诺贝尔经济学奖金获得者康特罗维奇分别提出来的。

某种资源的影子价格是指当社会经济处于某种最优生产状态下时，单位资源的边际产出价值。它是反映社会劳动消耗、资源稀缺程度和对最终产品需求情况的价格。因此，影子价格是比交换价格更为合理的价格。这里所说的"合理"的标志，从定价原则来看，应该能更好地方反映产品（资源）的价值，反映市场供求状况，反映资源稀缺程度；从价格产出的效果来看，应该能使资源配置向优化的方向发展。

影子价格又称为预测价格、计算价格、最优计划价格、边际投入和边际贡献等，这些名称表明影子价格不是用于交换，而是用于预测、计划、项目评价等的价格。

（二）国民经济评价采用影子价格的必要性

对拟建项目进行国民经济评价，主要目的是要考察它对国民经济做出多大贡献（效益）和使国民经济付出多少代价（费用）。这里的贡献和代价只能用价格来计量。如果价格是合理的，或者说对效益和费用的衡量是真实的，那么项目经济评价就能够正确指导投资决策，指导有限资源的合理配置，从而使国民经济达到高效率、高速度的增长。反之，如果价格被扭曲，对效益和费用的衡量失真，就必然导致错误的投资决策，浪费国家有限的资源，延误国民经济的发展。所以，价格是否失真，决定了国民经济评价的可信度，决定了资源配置是否能趋向优化。

一般来说，发展中国家的价格体系往往存在着扭曲现象，价格既不反映价值，也不反映供求状况。造成这种状态的原因是：通货膨胀，外汇短缺，劳动力过剩，过度保护本国工业，产业结构不合理，价格、工资和进出口管制等等。我国也有类似情况。因此，依靠现有价格体系，就不可能正确衡量项目的费用和效益。

例如，劳动力被某个项目占用，就不能在原有的工作岗位上继续为社会做贡献。所减少的这部分贡献，就是项目因使用劳动力而给国民经济带来的损失。但实际上农村有大量的剩余劳动力，城市也存在着待业问题，如果项目占用的非熟练工人来自这两部分人，是不会使社会的产出有任何减少的。所以，在国民经济的角度来看，用现行工资衡量非熟练工人的劳务费用，是过高地估计了这些劳动力的边际贡献。

再如，经济的发展增加了对进口生产资料的需求，部分消费者或消费集团的欲望也增加了对进口生活资料的需求，但是要通过扩大出口来抵消增加进口的压力却比较困难。于是，必须采取外汇控制、提高关税、限制或禁止某些货物进口、提供出口补贴等手段来平衡国际收支。在这种情况下，项目使用的进口货物如果按现行汇率作价，就往往高于进口货物的实际价值。

生产资料的价格扭曲就更加明显。由于种种历史原因，许多初级工业品的价格严重偏低，而加工工业则价高利大。依据这样一种比价关系来计量项目的费用和效益，必然偏爱加工行业的建设项目，导致国民经济中长线更长、短线更短，进一步加剧供求不平衡。为了把扭曲的价格校正过来，使项目评价能够真正反映项目对国民经济造成的得失，就必须测算和应用影子价格。

（三）确定影子价格的基本方法

1. 市场均衡价格

在完善的市场条件下，任何货物的市场价格就等于影子价格。此时消费者愿为再多购买一个单位的某种货物所付的价格（即该货物的边际产品价格），恰好等于生产者多生产这一个单位的该种货物的生产成本（即该货物的边际生产成本），达到了图 4-1 所示的均衡状态。

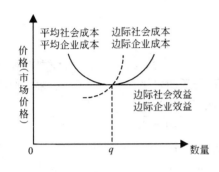

图 4-1　理想的完全竞争状态

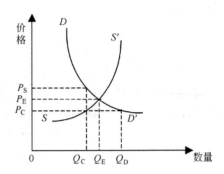

图 4-2　政府限价的影子价格

这种均衡状态是理想的完全竞争市场下形成，它必须满足以下几个条件：

1) 所有企业生产的同种货物具有相同的质量。

2) 有大量的卖者和买者，任何一个卖者和买者都不能影响这种商品的价格。

3) 各种生产资源可以完全自由流动。

4) 生产者与消费者对市场情况有充分的知识，也就是说，市场信息是通畅的，生产者和消费者对它们是充分掌握的。

在以上所说的完善的市场条件下，边际社会效益、边际社会成本、边际企业效益和边际企业成本都等于市场价格，因此，项目的投入物和产出物的市场价格就等于它们的影子价格。也就是说，国民经济评价价格和财务评价价格相一致。

但现实世界中，特别是在许多发展中国家里，市场机制很不完善，存在着供需不平衡和价格控制与人为干预，市场价格常常不能反映各种货物的真正价格。

图 4-2 的例子说明了市场价格偏离影子价格。

图 4-2 中，SS' 为某种货物的供应曲线，DD' 为需求曲线。如果没有外来干预，就会形成供需平衡时的价格 P_E。如果政府限价 P_C，由于价格降低，消费者愿意购买 Q_D 数量的货物，而在这种价格下生产者只愿意生产 Q_C 数量的货物，结果就出现了供不应求的局面。因此，当供应量为 Q_C 时，反映这种货物的边际效益的价格（即影子价格）应该是 P_S，高于消费者实际支付的价格 P_C。

完善的市场条件实际上是不存在的，即使是国际市场价格，也多多少少含有垄断、倾销、优惠、保护等因素在内。但是一般说来，市场机制比较充分的国家，其市场价格可以近似地看做是均衡价格。

2. 总体均衡分析

进行总体平衡分析的数学工具是线性规划。这里简单介绍一下线性规划和影子价格的关系。

对于国民经济发展来说，所追求的目标应该是国家收益的最大化。假定国家能生产 n 种产品，其中每单位第 j 种产品可提供 C_j 数量的收益，那么国民经济的目标函数就是：

$$\max Z = C_1 x_1 + C_2 x_2 + \cdots\cdots + C_j x_j + \cdots\cdots + C_n x_n \tag{4-16}$$

这里 x_j 是第 j 种产品的生产数量。如果没有任何限制，那么每种产品的生产量越多越好，国家的收益可以无穷大。但是每种产品都要消耗，而每种消耗都要受资源的限制。假定一共有 m 种资源，第 i 种资源的可用量为 b_i，每单位第 j 种产品要消耗第 i 种资源的数量为 a_{ij}，则资源约束条件就是：

$$\begin{cases} a_{11}x_1 + a_{12}x_2 + \cdots\cdots + a_{1j}x_j + \cdots\cdots + a_{1n}x_n \leqslant b_1 \\ a_{21}x_1 + a_{22}x_2 + \cdots\cdots + a_{2j}x_j + \cdots\cdots + a_{2n}x_n \leqslant b_2 \\ \cdots\cdots\cdots\cdots\cdots\cdots\cdots\cdots\cdots\cdots\cdots\cdots\cdots\cdots \\ a_{i1}x_1 + a_{i2}x_2 + \cdots\cdots + a_{ij}x_j + \cdots\cdots + a_{in}x_n \leqslant b_i \\ \cdots\cdots\cdots\cdots\cdots\cdots\cdots\cdots\cdots\cdots\cdots\cdots\cdots\cdots \\ a_{m1}x_1 + a_{m2}x_2 + \cdots\cdots + a_{mj}x_j + \cdots\cdots + a_{mn}x_n \leqslant b_m \end{cases} \tag{4-17}$$

此外，产品的生产数量显然不能是负的，所以 x_1，x_2，$\cdots$，x_j，$\cdots$，x_n 的取值都应是非负数，即 $x_j \geqslant 0$（$j=1$，2，$\cdots$，n），这被称为非负约束。

以上的目标函数和约束条件构成了一个线性规划，称为线性规划 I，这个规划有许多个可行解，也就是各产品的产量 x_j（$j = 1$，2，$\cdots$，n）可以取多种组合，一般情况下其中会有一个最优解，即：如何规划各种产品的产量，才能更好地利用有限的资源，以获得最大限度的收益。这就是资源配置的优化问题。

尽管中线性规划 I 中可以求出各种产品产量的最优组合，但是如果实行高度集权的计划经济，而不实行有计划的市场经济，那就不能使企业用产量指标来控制生产。因此，也就不能实现资源的最优配置。我们可以从另一个角度来考察生产和资源利用之间的关系。

如果考虑生产的费用，所追求的目标应该是总成本的价值最低，也就是以最低价值的资源获得各种产出。如前所述，b 为资源向量，设第 i 种资源的价值为 y_i，那么生产费用的目标函数就是：

$$\min W = b_1 y_1 + b_2 y_2 + \cdots\cdots + b_i y_i + \cdots\cdots + b_m y_m \tag{4-18}$$

如果没有任何限制，显然所有资源的价值均为零时对生产最有利。如国家的某种资源是无限多的，或者不需付出任何代价就可以获得，则这种资源的价值就是无限小的，甚至于可以等于零。但是，获得生产中所消耗的资源通常是要付出代价的，因而每种资源都有它的价值，由于用这些资源可以生产出具有一定价格的产品，因此，资源所具有的价值自然不会低于消耗这些资源而从产品可能获得的收益，所以，资源价值约束条件为：

$$\begin{cases} a_{11}y_1 + a_{21}y_2 + \cdots\cdots + a_{i1}y_i + \cdots\cdots + a_{m1}y_m \geqslant C_1 \\ a_{12}y_1 + a_{22}y_2 + \cdots\cdots + a_{i2}y_i + \cdots\cdots + a_{m2}y_m \geqslant C_2 \\ \cdots\cdots\cdots\cdots\cdots\cdots\cdots\cdots\cdots\cdots\cdots\cdots\cdots\cdots \\ a_{1j}y_1 + a_{2j}y_2 + \cdots\cdots + a_{ij}y_i + \cdots\cdots + a_{mj}y_m \geqslant C_j \\ \cdots\cdots\cdots\cdots\cdots\cdots\cdots\cdots\cdots\cdots\cdots\cdots\cdots\cdots \\ a_{1m}y_1 + a_{2m}y_2 + \cdots\cdots + a_{im}y_i + \cdots\cdots + a_{mn}y_m \geqslant C_n \end{cases} \qquad (4\text{-}19)$$

同样有非负约束

$y_i \geqslant 0 \ (i = 1, 2, \cdots, m)$

新的目标函数和新的约束条件构成了线性规划Ⅱ。这里，收益向量 C 和消耗矩阵 A 的含义都与线性规划Ⅰ中一样。即：应该如何确定各种资源的价格，才能使产出达到更高水平，而这种成本降到最低点。

规划Ⅰ和规划Ⅱ中一个称为原始规划、另一个称为对偶规划。

从数学上可以证明，能够从原始规划的最优解，计算出对偶规划的最优解。例如，当规划Ⅰ达到最优时，各种产品的产量 $x_j \ (j = 1, 2, \cdots, n)$ 都已确定，把对于这一产量组合的资源总消耗和单位收益代入对偶规划，就得到规划Ⅱ的最优解，即最优资源价格。

规划Ⅰ从最优资源配置出发，本身并不含资源的价格，但由于对偶规划的存在，一旦实现了资源的最优配置，各种资源的最优价格也如影随形地产生了。这就是"影子价格"这一术语的由来，也就是通常所说"影子价格是线性规划对偶解"的含义。

反过来说，如果线性规划Ⅱ解出了最优资源价格即影子价格，再用这一价格去引导生产，那么由于对偶规划的对应，在追求产出效益的同时，宏观上的资源配置优化也随之而实现了。

3. 局部均衡分析

在总体均衡分析中，资源的价格和产品的价格被庞大的数学规划联系在一起，牵一发而动全身。实际项目评价中，常用的方法是局部均衡分析，也就是在个别地区考察某一产品或某一资源的影子价格，不把它与其他产品和其他资源联系起来。在这种分析中，要用到两个基本的概念，即机会成本和消费者支付意愿。

1）机会成本

机会成本（opportunity cost）是经济学中的一个重要概念。在建设项目评价中，机会成本是指用于本项目的某种资源若用于其他替代机会所能获得的最大效益。换句话说，由于本项目使用了某种资源，就有可能使最好的替代项目因不能使用这种资源而被迫放弃。因此，国家也就失去了这个被放弃的替代项目所产生的效益，这被迫放弃的效益就是本项目使用这种资源的机会成本。

资本（capital）是一种社会资源，其机会成本为所放弃的其他获利机会所能获得的最大效益。资本市场的长期贷款利率常可用来表示资本的机会成本。

劳动力（labor）也是一种社会资源，项目使用劳动力的机会成本的大小取决于该劳动力在用于本项目前所能创造的最大社会净效益。换句话说，劳动力的机会成本就是由于用于本项目而损失的、原在别处可以获得最大净效益。如果劳动力来自失业者，一般可以认为其机会成本为零。如果劳动力来自其他企业，那么由于劳动力的转移而使原企业损失的效益，即为该劳动力的机会成本。

土地（land）也是一种社会资源，项目占用土地的机会成本等于该土地的替代用途所能获得的最大经济效益。如果该土地原来用于种植农作物，那么其机会成本即为种植农作物的最大净效益。

2）消费者支付意愿

用于度量产品效益的影子价格，是根据产品消费者的支付意愿来确定的。支付意愿是经济学中的又一重要概念。简单来说，它是指消费者愿意为商品或服务付出的价格。

假设某项目所生产的货物 X，既不替代进口，也不能替代国内原有货物 X 的生产，而是有效增加了国内市场的供应量，在这种情况下，什么是衡量消费者对货物 X 的支付意愿的最好尺度呢？可能的尺度之一是市场价格本身。因为当消费者以一定的价格购买某种货物时，他从该货物所获得的满足至少应等于他为该货物付出现金所作出的牺牲，否则他就不会买了。

在完善的市场条件下，边际消费者的支付意愿不可能高于市场价格。如果形成完善市场的条件之一得不到满足，市场价格就不能反映消费者的支付意愿了。

局部均衡分析方法对各种产品和生产要素的价格是分别考察确定的，既简单，又可以达到相当的精确程度。各种不同的项目评价方法体系，都适用这种方法来确定影子价格。

二、费用和效益的识别

确定建设项目经济合理性的基本途径是将建设项目的费用与效益进行比较，进而计算其对国民经济的净贡献。正确地识别费用与效益，是保证国民经济评价正确性的重要条件。

划分建设项目的费用与效益，是相对于项目的目标而言的。国民经济评价是从整个国民经济增长的目标出发，以项目对国民经济的净贡献大小来考察项目。识别费用与效益的基本原则是：凡是项目对国民经济所做的贡献，均计算为项目的效益；凡是国民经济为项目付出的代价，均计算为项目的费用。在考察项目的效益与费用时，应该遵循效益和费用计算范围相对应的原则。

三、直接费用与直接效益

费用和效益可分为直接费用与直接效益及间接费用与间接效益。

项目的直接效益是由项目本身产生，由其产出物提供，并用影子价格计算的产出物的经济价值。项目直接效益的确定，分为两种情况：如果拟建项目的产出物用以增加国内市场的供应量，其效益就是所满足的国内需求，也就等于所增加的消费者支付意愿。如果国内市场的供应量不变：（1）项目产出物增加了出口量，其效益为所获得的外汇；（2）项目产出物减少了总进口量，即替代了进口物，其效益为节约的外汇；（3）项目产出物摒弃了原有项目的生产，致使其减产或停产，其效益为原有项目减产或停产向社会所释放出来的资源，其价值也就等于这些资源的支付意愿。

项目的直接费用主要指国家为满足项目投入（包括固定资产投资、流动资金经常性投入）的需要而付出的代价。这些投入物用影子价格计算的经济价值即为项目的直接费用。

项目直接费用的确定，也分为两种情况：如果拟建项目的投入物来自国内供应量的增加，即增加国内生产来满足拟建项目的需求，其费用就是增加国内生产所消耗的资源价值。如果国内总供应量不变：（1）项目投入物来自国外，即增加进口来满足项目需求，其费用就是所花费的外汇；（2）项目的投入物本来可以出口，为满足项目需求，减少了出口量，其费用就是减少的外汇收入；（3）项目的投入本来用于其他项目，由于改用于拟建项目将减少对其他项目的供应，其费用为其他项目因此而减少的效益，也就是其他项目对该项投入物的支付意愿。

四、外部效果

项目的费用和效益不仅体现在他的直接投入物和产出物中，还会在国民经济相应部门及社会中反映出来。这就是项目的间接费用（外部费用）和间接效益（外部效应），也可统称为外部效果。外部费用系指国民经济为项目付出了代价，而项目本身并不实际支付的费用。例如工业项目产生的废水、废气和废渣引起的环境污染及对生态平衡的破坏，项目并不支付任何费用，而国民经济付出了代价。外部效益系指项目对社会做出了贡献，而项目本身并未得益的那部分效益。在项目评价中，只有同时符合以下两个条件的费用和效益才能称作为外部费用或外部效益。

第一，项目将对与它并无直接关联的其他项目或消费者产生影响（产生费用或效益）；

第二，这种费用或效益在财务报表（如财务现金流量表）中并没有得到反应，或者说没有将其价值量化。

第一个条件称作相关条件，第二个条件称作不计价条件。外部费用和外部效益通常较难计量，为了减少计量上的困难，首先应力求明确项目的"边界"。一般情况下可扩大项目的范围，特别是一些相互关联的项目可合在一起作为"联合体"捆起来进行评价，这样可能是外部费用和效益转化为直接费用和效益。另外，在确定投入物和产出物的影子价格时，已在一定范围内考虑了外部效果，用影子价格计算的费用和效益在很大程度上使"外部效果"在项目内部得到了体现，通过扩大项目范围和调整价格两步工作，实际上已将很多外部效果内部化了。因此，在国民经济评价中，既要考虑项目的外部效果，又要防止外部效果扩大化。

在讨论外部效果时，必须区别技术的外部效果和钱衡的外部效果。一个项目的实施导致该种货物价格下降的效果，就属于钱衡效果。同样，由于某项目的实施导致原材料价格上升的效果也属于钱衡效果。这些钱衡的外部效果都不应作为外部效果来考虑。然而，如果某种效果确实使社会总生产和社会总消费发生了实质性变化，这种效果就可以称作技术性效果。在国民经济评价中，技术性外部效果应作为费用或效益，因为它反映了国民经济所付出的代价或者对国民经济所做的贡献。因此，在某些特定条件下，需要考虑下面这些外部效果：

1) 工业项目造成的环境污染和生态的破坏，是一种外部费用，一般较难计量，除根据环卫部门规定征集的排污费计算外，可以参照同类企业所造成的损失来计算，至少也应作定性的描述。

2) 拟建项目的产出物大量出口，从而导致出口价格下降，减少了创汇的效益，减少的效益可能计为项目的负效应，或直接计为该项目的外部费用。

3) 技术扩散的效果

一个技术先进项目的建设，由于技术人员的流动，技术的扩散和推广，整个社会都会受益。不过，这个由外部效益常常由于计量困难，只作定性的说明。

4) "向前联"的相邻效果

习惯上也可称作对下游企业的效果。这主要是只生产初级产品的项目对以其产出物为原料的经济部门产生的效果。就项目评价而言，如果能够合理确定这些初级产品的影子价格，就能正确计算这类项目的经济效益，这样就不再需要单独考虑"向前联"的效果了。

5) "向后联"的相邻效果

习惯上也可称作对上游企业的效果。这主要是指一个项目的建设会刺激那些为该项目提供原材料或半成品的经济部门的发展，从而引起向后联的效果。这可分为两种情况：

（1）项目所需的原材料原先国内没有生产，由于新项目的建设产生了国内需求，刺激了原材料工业的发展。如果其价格低于进口价格，显然建设这种原材料生产项目对国民经济是有利的。就项目评价而言，如果采用这种较低的原材料价格作为影子价格，客观上已把这种"向后联"的效果纳入到项目的直接效益和直接费用中去了。

（2）该项目所需的原材料国内原来就生产，由于项目的实施增加了国内需求，使原材料生产企业得以发挥闲置的生产能力或使其达到经济规模，从而产生了新的效益。这种效益很难通过原材料价格反映到拟建项目的效益中去，这样就构成了"向后联"的相邻效果。

就以上两种情况，为防止外部效果计算的扩大化，须注意以下两点：

（1）随着时间的推移，如果不实施该项目，其"向后联"企业的生产情况也会由于其他原因而发生变化，要按照有无对比的原则计算"向后联"企业的增量效果作为考虑拟建项目外部效果的依据。

（2）应注意其他拟建项目是否也有类似的效果。如果有，就不应该把总效果全部归功于某个拟建项目，否则会引起外部效果的重复计算。

考虑了以上两点以后，这种"向后联"的效果相对于拟建项目本身的直接效益来说，一般是较小的，除非情况特殊，一般不去计算这种外部效果。

6）乘数效果

这是指新建项目的实施，刺激了对项目投入物的国内需求，可以使原来闲置的资源得到利用，从而产生的一种连锁性的外部效果。以劳动力为例，若劳动力严重过剩，项目的实施利用了原来闲散的劳动力，引起劳动力消费的增加，导致服务行业的发展，从而引起一系列的连锁效果，但是，只有在满足下列条件时才能把这种乘数效果归因于某个具体项目：

（1）资源闲置的原因是国内需求不足，除实施该项目之外，别无其他办法来提高这种需求；

（2）该项目所使用的资金没有机会用于其他项目；

（3）应考虑整个项目周期内这种闲置资源费用的情况。

一般情况下，在项目国民经济评价中不考虑这种乘数效果。只有在不发达的地区建设项目时，才有必要考虑。

7）无形效果

无形效果是指不在市场上出售，没有市场价格，或者现有市场不能完全确定它们的社会价值的效果。例如，城市的犯罪率，安全和国防，以及很多有关人身舒适和人的某些感觉的内容：噪声、空气污染、光污染、环境和绿化等，对于这些无形效果，很难用金钱或价值来衡量，因而没有市场价格。但是有时可以根据支付意愿估计费用和效益的方法，对这些无形效果进行估价。

五、转　移　支　付

在识别费用与效益范围的过程中，会遇到税金、国内借款利息和补贴的处理问题。这些都是财务评价中的实际现金收入或支出,但是从国民经济的角度看,企业向国家缴纳税金、向国内银行支付利息,或企业从国家得到某种形式的补贴,都未造成资源的实际消耗或增加,因此不能计为项目的费用或效益,他们只是国民经济内部各部门间的转移支付。

产品税、增值税、营业税、所得税、调节税以及进口环节的关税和增值税等是政府调节分配和供求关系的手段,显然属于国民经济内部的转移支付。土地税、城市维护建设税及资源税等是政府为补偿社会消耗而代为征收的费用,这些税种包含了许多政策因素,并不能完全代表国家和社会为项目所付出的代价。因此,原则上可以把这些税金统统作为项目与政府间的转移支付,不作为项目的费用。国家对企业的各种形式的补贴可视为与税金反向的转移支付,不应作为项目的效益。企业支付的国内借款利息,实质上是项目与政府或项目与国内借款机构之间的转移支付,同样不应计为项目的费用。但国外借款利息的支付产生了国内资源向国外的转移,则必须计为项目的费用。

所以说,若在财务评价基础上进行国民经济评价时,应注意从原效益和费用中剔除其中的转移支付部分。

六、影子价格的确定

目前,世界各国进行项目费用效益分析所用的影子价格有两种不同的体系,即以国际市场价格为基础的价格体系和以国内市场价格为基础的价格体系。

例如:某个建设项目某年使用几种国内投入物,按照相应的国内市场价格计算,其费用分别为 N_1, N_2, ……, N_n,若项目还使用进口的投入物,按到岸价格计算为 M 美元,项目的产出物全部用于出口,按离岸价格计算为 X 美元,考虑到国内市场价格与国际市场价格的价差,将国内投入物的价格按国际市场价格进行修正,引入 CF_1, CF_2, ……CF_n 个转换系数,该年的净效益 B_1:

$$B_1 = OER(X - M) - (CF_1 N_1 + CF_2 N_2 + …… + CF_n N_n) \qquad (4-20)$$

式中　OER——官方汇率;

B_1 是按国际市场价格为基准,以国内货币为单位计算的净效益。

若忽略国内投入之间比价的差,则

$$CF_1 = CF_2 = …… = CF_n = SCF \qquad (4-21)$$

将 (4-20) 式代入 (4-21) 式得:

$$B_1 = OER(X - M) - SCF(N_1 + N_2 + …… + N_n) \qquad (4-22)$$

或

$$B_2 = B_1 / SCF = (OER / SCF)(X - M) - (N_1 + N_2 + …… + N_n)$$

$$(4-23)$$

式中　SCF——标准转换系数;

B_2 是按国内市场价格为基准，以国内货币为单位计算的净效益。

令 OER／SCF＝SER

$$B_2 = \text{SER}(X - M) - (N_1 + N_2 + \cdots\cdots + N_n) \tag{4-24}$$

式中　SER ── 影子汇率。

用以上两种价格体系进行项目国民经济评价各有利弊。

按国内市场价格通过不同的转换系数调整为国际市场价格计算项目的费用、效益，一方面可以修正国内价格与国际市场价格的价差，同时也可以修正国内市场各种货物之间不合理的比价。对于国际贸易占国民生产总值比重较大，且国内运输费用占比重不大的国家，使用这种计算项目经济效益的方法是比较方便（当然由于转换系数一般是按产品类别规定，必然会产生计算误差）。而对国际贸易不甚发达的国家，用影子汇率修正国内市场与国际市场的比价，从而计算项目的净效益更为方便。但是在计算中，没有对国内投入物之间不合理的比价进行修正。

我国建设项目国民经济评价所采用的净效益的计算公式为：

$$B_3 = \text{SER}(X - M) - (C_1 N_1 + C_2 N_2 + \cdots\cdots + C_n N_n) \tag{4-25}$$

式中　C_1，C_2，$\cdots\cdots$，C_n 的含义与前面式中的 CF_1，CF_2，$\cdots\cdots$ CF_n 等转换系数的含义是不同的，C_1，C_2，$\cdots\cdots$，C_n 只是为了修正国内市场不合理的货物比价而采用的价格换算系数，且规定比较详细，以减少计算误差。

我国建设项目经济评价采用的价格体系也是以国内市场价格为基础，以人民币元为单位计算项目的费用、效益。

确定影子价格是，首先应对项目的投入物和产出物进行分类。一般可以分为：外贸货物、非外贸货物、特殊投入物、资金、外汇等。

七、社会折现率──资金的影子价格

社会折现率存在的基础，是不断增长的社会扩大再生产。可以认为社会折现率是资金的影子利率，它反映了国家对资金时间价值的估量和资金占用的费用。在国民经济评价中，社会折现率的作用有：

（1）作为统一的时间价值标尺

衡量同时点发生的各种投入和产出，进行不同时间资金的等值计算。当以第一年初为基点进行这种计算，也就是所有资金都折现到建设期初时，得到的就是经济净现值指标。

（2）作为国民经济评价主要指标──经济内部收益率的判据

只有经济内部收益率大于或等于社会折现率的项目才是可行的。这就是说，社会折现率同时又是国民经济评价的基准收益率。

社会折现率是最重要的通用参数，只能由国家计委制定发布，项目评价人员必须遵照执行。目前，国家计委将我国的社会折现率确定为 12％。

八、影子汇率——外汇的影子价格

在经济评价中，常常要进行外汇和本国货币换算。汇率是指两个国家不同货币之间的比价或交换比率。

影子汇率是反映外汇真实价值的汇率。影子汇率的确定，主要依据一个国家或地区一段时期内进出口的结构和水平、外汇的机会成本及发展趋势、外汇供需状况等因素的变化情况。一旦上述因素发生较大的变化时，影子汇率需作相应的调整。

在许多发展中国家，由于采取贸易保护政策（如高额进口关税和大量出口补贴），或者出于支付的意愿，同非外贸货物相比，消费者对外贸货物付出了额外的溢价。当用官方汇率将外币换算为本国货币时，这种溢价没有得到反应。这种溢价代表了从整个国家的平均角度来看，外贸货物的购买者为多获得一个单位的外贸货物所愿意支付的额外价格。

从另一个角度而言，在一些发展中国家，一方面外汇短缺，另一方面又往往倾向于对本国货币定值过高，使得官方汇率小于进出口贸易中的实际换汇成本。

官方汇率的这种失真，往往会导致项目评价中的严重偏差，特别是使用进口投入，以及产品出口或者替代进口的项目。

这种外汇溢价实际上可由下式表明：

$$外汇溢价 = \frac{国家年度外汇支出 - 国家年度外汇收入}{国家年度外汇收入} \tag{4-26}$$

上式表明当外汇支出大于外汇收入，即外汇收支有较大逆差时，对外汇需求增大，此时官方汇率低估了外汇真正的价值。

如果外贸货物按口岸价格及官方汇率未能充分表示其价值的部分正好和非外贸货物按国内价格所夸大了的价值在程度上相同，那么，可以用下面的表达式表示影子汇率、官方汇率和标准换算系数之间的关系：

$$影子汇率 = 官方汇率 \times (1 + 外汇溢价) \tag{4-27}$$

$$标准换算系数 = \frac{1}{1 + 外汇溢价} = \frac{官方汇率}{影子汇率} \tag{4-28}$$

我国在进行项目国民经济评价时，采用影子汇率来表示外汇的影子价格。影子汇率是建设项目经济评价的又一个重要的通用参数，须由国家计委统一测定颁布。

九、影子工资和土地的影子价格

（一）影子工资——劳务的影子价格

职工工资和提取的福利基金之和称为名义工资。在财务评价中，明细工资作为费用计入成本，在国民经济评价中，亦需按影子工资进行调整。

建设项目占用了劳动力，国民经济是要付出代价的。这一种代价表现为劳动力的劳务费用，即影子工资，也可以说是劳务的影子价格。

影子工资主要应以劳动力的机会成本来度量，即由于劳动力投入到所评价项目而放弃的在原来所在部门的净贡献。此外，影子工资还包括少量的国家为安排劳动力就业或劳动力转移所发生的额外开支，如增加就业引起的生活资料运输和城市交通运输所增加的耗费等，而这些耗费并不提高就业人员的消费水平。

影子工资一般是以名义工资乘以一个系数来取得，这个系数称为工资换算系数。即：

$$影子工资 = 名义工资 \times 工资换算系数 \tag{4-29}$$

由于名义工资在财务评价中已经列入，在国民经济评价中需要确定的只是工资换算系数。

国外对于劳动力的机会成本作了不少研究。首先区别熟练劳动力和非熟练劳动力，熟练劳动力的工资换算系数常常大于1，非熟练劳动力的工资换算系数常常小于1，甚至等于零。这表明项目占用熟练劳动力（包括管理人员和技术人员）时，国民经济付出的代价更大一些。还有的对富裕地区和贫穷地区加以区别，富裕地区劳动力和贫穷地区的劳动力相比，工资换算系数要大一些。

尽管可以用不同的方法、不同的取值来估量劳动力的影子价格，但是有一个看法是比较一致，对于中外合资企业，由于在人员聘用和解雇方面自主权较大，要求职工素质相对较高，所以影子工资取国内同行业职工名义工资的1.5倍。对于某些特殊项目，如果劳动力（熟练的或非熟练的）确实非常紧缺、或者非常充裕，允许根据具体情况适当提高或降低影子工资，但是一定要有充分的根据，并加以说明。

（二）土地的影子价格——土地费用

1. 土地费用的计算原则

相互占用土地国民经济要付出代价，这一代价就是土地费用，也就是土地的影子价格。一般来说，土地的影子价格包括两个部分：①土地用于建设项目使社会放弃的原有效益；②土地用于建设项目而使社会增加的资源消耗。

项目所占用的土地，可以归纳为以下三种类型：

第一种是荒地或不毛之地，土地的影子价格为零。也就是说项目占用了这样的土地，国家不受任何损失。

第二种是经济用地，不管原来是用于农业、工业还是商业，项目占用之后都引起经济损失。这时，应该利用机会成本的观点考察土地费用，计算社会被迫放弃的效益。对于农田，应计算项目占用土地导致的农业净收益的损失。北方的主要农作物是小麦，我国是小麦进口国；南方的主要农作物是水稻，我国出口一部分大米。这样，从边际的观点来看，农作物应该以口岸价格而不是以国内收购价来计算。

有时仅仅考虑机会成本还是不够。例如，项目占用了一处商业网点的用地，该商店每年都为国民经济提供一笔净营业额，同时还向附近居民提供方便。净营业额可以计量，"方便"就很难量化了。这时可以参考下面的土地费用计算方法。

第三种是居住用地或其他非生产性建筑、非盈利性单位的用地。项目占用之后要引起社会效益的损失，但又很难用价值量计量。这时主要应该考察：如果土地被项目所占用，而原有的社会效益又必须保持，那么需要使国民经济增加多少资源消耗。假如原来有住户，首先要为原住户购置新的居住用地，其费用是新居住用地土地的机会成本；其次要使原住户和的不低于以前的居住条件，其代价是实际花费的搬迁费用。二项费用之和，就是项目所占用居住用地的影子价格。

对于前述商店来说，除了要考虑商店新地址土地的机会成本，以及使商店维持原营业水平所需的搬迁费用之外，也许还要加上商店关闭期间的净营业额损失。

进行国民经济评价时，财务评价中已列入固定资产投资的搬迁费用仍作为投资费用，计入固定资产投资总额。至于相互占用土地的机会成本，可以对其采取两种不同的处理方法：①分年支付，在项目计算期内将项目占用土地的机会成本逐年算出，在现金流量表中作为费用列入经营成本；②一次支付，将项目占用土地的各年机会成本用社会折现率折算为建设期初的现值，作为项目固定资产投资的一部分。

2. 土地机会成本的计算方法

项目占用土地之后，有时直接导致耕地的减少，有时通过原有用户的搬迁，间接导致耕地的减少。需要计算土地机会成本的，往往还是农田。所以这里侧重介绍农田机会成本的计算方法。

（1）基本数据的准备。主要有：单位面积年产量、农作物影子价格、农作物生产成本等。其中单位面积年产量，可以项目占用前三年的年平均值为基数适当调整确定。根据具体情况，可以考虑在项目计算期内年产量每年递增某个百分比。确定农作物的影子价格，首先应从边际观点考虑该农作物是属于外贸货物，还是非外贸货物，然后按照货物的定价原则确定其影子价格。至于农作物的生产成本，要根据调查研究的结果确定，还要视情况对生产成本作适当调整。

（2）农田机会成本的计算方法。根据年产量和影子价格计算出农作物的年产值，扣减生产成本后得到年净收益，即为各年的土地机会成本。然后用常规的折现法折算到建设期初。

例如：某工业项目建设期 2 年，生产期 10 年，占用小麦田 2000 亩。项目占用以前该土地三年内平均亩产量为 0.3 吨。预计该土地小麦单产可以 2% 的逐年递增。每吨小麦生产成本为 200 元（已调整）。小麦作为外贸货物，按替代进口处理，其进口到岸价 62.5 美元 / t，该地区小麦主要在当地消费。由口岸至该地区的实际铁路运输费为 20 元 / t。

① 每吨小麦的产地影子价格为：

每吨小麦的产地影子价格 = 换算为人民币的口岸价格 62.5 × 8

+ 贸易费用 500 × 0.06 + 运输费用 20 × 2.41 = 578.2(元)

② 该地区生产每吨小麦的净效益为：

$$578.2 - 200 = 378.2（元）$$

③ 项目计算期内没有土地的净效益现值为：

$$P = \sum_{t=1}^{12} 378.2 \times 0.3 \times \left(\frac{1+0.02}{1+0.1} \right)^{t} = 862.2(元)$$

④ 项目占用土地的净效益现值为：

$$862.2 \times 2000 = 172.4（万元）$$

国民经济评价中，取 172.4 万为项目占用土地的机会成本，作为一次性土地费用，计入项目投资额中。或者计算净效益现值 P 的年等值 A：

$$A = P（A / P，10\%，12） = 172.4 \times 0.1468 = 25.3（万元）$$

于是，国民经济评价时，取 25.3 万元项目占用期间逐年土地费用，计入项目经常性投入。

十、外贸货物的影子价格

在区分外贸货物和非外贸货物时，应注意防止两种极端的做法：一种是把外贸货物划得过宽，凡是国家有进出口过的货物，都列为外贸货物；另一种是划得较严，认为只有项目本身直接进口的投入物和直接出口的产出物，才算外贸货物。根据我国具体情况，区分外贸货物和非外贸货物，宜采用以下原则：

1) 直接进口的投入和直接出口的产出物，应视为外贸货物。

2) 符合下列情况，直接影响进出口的项目投入物，按外贸货物处理：

(1) 国内生产的货物，原来确有出口机会，由于拟建项目的使用，丧失了出口机会。

(2) 国内生产不足的货物，以前进口过，现在也大量进口，由于拟建项目的使用，导致进口量增加。

3) 符合下列情况，间接影响进出口的项目产出物，按外贸货物处理：

(1) 虽然是供国内使用，但确实可以替代进口，项目投产后，可以减少进口数量。

(2) 虽然不直接出口，但确实能顶替其他产品，使这些产品增加出口。

4) 符合下列情况的货物，应视为非外贸货物：

(1) 天然非外贸货物。如国内运输项目、大部分电力项目、国内电讯项目等基础设施所提供的产品或服务。

（2）由于地理位置所限，国内运费过高，不能进行外贸的货物。

（3）受国内国际贸易政策的限制，不能进行外贸的货物。

在进行项目经济评价时，一般投入、产出物是外贸货物还是非外贸货物，必须依据具体情况进行分析，做出有根据的判断。如果投入物或产出物是外贸货物，在完善的市场条件下，国内市场价格应等于口岸价格（假定市场就在口岸，进口货物为到岸价格，出口货物为离岸价格）。原因在于，如果市场价格高于到岸价格，消费者宁愿进口，而不愿意购买国内货物；如果国内市场价格低于离岸价格，生产者宁愿出口，而不愿以较低的国内市场价格销售。因此口岸价格就反映了外贸货物的机会成本或消费者支付意愿。在实际的市场条件下，由于关税、限额、补贴或垄断等原因，存在供需偏差，国内市场价格可能会高于或者低于口岸价格。因此，在国民经济评价中要以口岸价格为基础来确定外贸货物的影子价格。

（一）项目产出物影子价格（出厂价格）的确定

1. 直接出口，见图 4-3。项目的产出物在质量、售后服务等各方面都不劣于国内已有的该种出口货物，有把握参加国际市场竞争或已有国外用户供货合同。货物从项目所在地发出的价格（影子价格 SP），如式（4-30）所示：为到岸价格 $f.o.b.$ 乘以影子汇率 SER，减去从项目到最近口岸的国内运输费 T_1 和贸易费 T_{r1}。

$$SP = f.o.b. \times SER - (T_1 + T_{r1}) \tag{4-30}$$

2. 间接出口，见图 4-4。项目的产出物确定为内销，用于满足国内需求；但由此使得其他同类产品或可替代产品得以出口，从而影响国家的进出口水平。此时货物到项目价格（即影子价格 SP），如式（4-31）所示：为到岸价格 $f.o.b.$ 乘以影子汇率 SER，减去原供应厂到口岸的运输费 T_2 和贸易费 T_{r2}，加上原供应厂到用户的运输费 T_3 和贸易费 T_{r3}，再减去拟建项目到用户的运输费 T_4 和贸易费 T_{r4}。

$$SP = f.o.b. \times SER - (T_2 + T_{r2}) + (T_3 + T_{r3}) - (T_4 + T_{r4}) \tag{4-31}$$

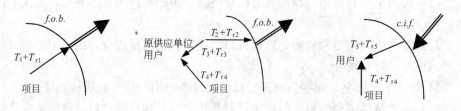

图 4-3 直接出口   图 4-4 间接出口   图 4-5 替代进口

3. 替代进口，见图 4-5。项目的产出物为内销，但由于质量过关，可以顶替原来依靠进口的货物从而减少进口。货物到项目价格（即影子价格 SP），如式（4-32）所示：为离岸价格 $c.i.f.$ 乘以影子汇率 SER，加口岸到原用户的运输费 T_5 和贸

易费 T_{r5}，再减去拟建项目到用户的运输费 T_4 和贸易费 T_{r4}。

$$SP = c.i.f. \times SER + (T_5 + T_{r5}) - (T_4 + T_{r4}) \qquad (4\text{-}32)$$

（二）项目投入物影子价格（到厂价格，到项目价格）的确定

1. 直接进口，见图 4-6。由于国内生产不足、产品指标不过关或者其他原因，项目的投入物靠进口解决。货物到项目价格（影子价格 SP），如式（4-33）所示：为到岸价格 $c.i.f.$ 乘以影子汇率 SER，加从口岸到项目的国内运输费 T_1 和贸易费 T_{r1}。

$$SP = c.i.f. \times SER + (T_1 + T_{r1}) \qquad (4\text{-}33)$$

2. 减少出口，见图 4-7。原生产厂家生产的某种货物可以出口，项目上马后要投入这种货物，使出口量减少了。货物到项目价格（即影子价格 SP），如式（4-34）所示：为离岸价格 $f.o.b.$ 乘以影子汇率 SER，减去供应厂到口岸的运输费 T_2 和贸易费 T_{r2}，再加上供应厂到拟建项目的运输费 T_6 和贸易费 T_{r6}。

$$SP = f.o.b. \times SER - (T_2 + T_{r2}) + (T_6 + T_{r6}) \qquad (4\text{-}34)$$

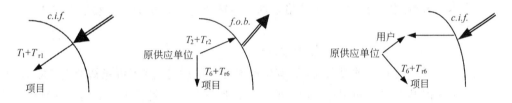

图 4-6　直接进口　　　　　图 4-7　减少出口　　　　　图 4-8　间接进口

3. 间接进口，见图 4-8。国内生产厂家向原有用户提供某种货物，由于项目上马后要投入这种货物需由国内生产厂提供，迫使原有用户靠进口来满足需求。此时货物到项目价格（即影子价格 SP），如式（4-35）所示：为到岸价格 $c.i.f.$ 乘以影子汇率 SER，加口岸到原用户的运输费 T_5 和贸易费 T_{r5}，减去供应厂到用户的运输费 T_3 和贸易费 T_{r3}，再加上供应厂到拟建项目的运输费 T_6 和贸易费 T_{r6}。

$$SP = c.i.f. \times SER + (T_5 + T_{r5}) - (T_3 + T_{r3}) + (T_6 + T_{r6}) \qquad (4\text{-}35)$$

在这种情况下需要收集的资料较多。如果生产厂和原用户都很分散，就难以获得必要的资料。为简化计算，可以按直接进口考虑。

（三）口岸价格的选取

外贸货物影子价格的基础是口岸价格。可以根据《海关统计》对历年的口岸价格进行回归和预测，或根据国际上一些组织机构编制的出版物，分析一些重要货物的国际市场价格趋势。在确定口岸价格时，要注意剔除倾销、暂时紧缺、短期波动等因素的影响，同时还要考虑质量价差。

十一、非外贸货物的影子价格

从理论上说，非外贸货物的影子价格主要应从供求关系出发，按机会成本或消费者支付意愿的原则确定。非外贸货物影子价格的一般确定方法如下：

（一）项目投入物影子价格的确定

1）通过原有企业挖潜来增加供应

项目所需某种投入物，只要发挥原有生产能力即可满足供应，不必新增投资。这说明这种货物原有生产能力过剩，属于长线物资。此时，可对它的可变成本进行成本分解，得到货物出厂影子价格，加上运输费用和贸易费用，就是货物到项目的影子价格。

2）通过新增生产能力来增加供应

项目所需的投入物必须通过投资扩大生产规模才能满足项目需求。这说明这种货物的生产能力已充分利用，不属于长线物资。此时，可对它的全部成本进行成本分解得到货物出厂影子价格，加上运输费用和贸易费用，就是货物到项目的影子价格。

3）无法通过扩大生产能力来供应

项目需要的某种投入物，原有生产能力无法满足，就不可能新增生产能力，只有去挤占其他用户的用量才能得到。这说明这种货物是极为紧缺的短线物资。此时，影子价格取计划价格加补贴、市场价格、协议价格这三者之中最高者，再加上贸易费用和运输费用。

（二）项目产出物影子价格的确定

1）增加国内供应数量满足国内需求者，产出物影子价格从以下价格中选取：计划价格、计划价格加补贴、市场价格、协议价格、同利企业产品的平均分解成本。

选取的依据是供求状况。供求基本均衡，取上述价格中低者；供不应求，取上述价格中高者；无法判断供求关系，取上述价格中低者。

2）替代其他企业的产出。

某种货物的国内市场原已饱和。项目产出这种货物并不能有效增加国内供给，只是在挤占其他生产同类产品企业的市场份额，使这些企业减产甚至停产。这说明这对产出物是长线产品，项目很可能是盲目投资、重复建设。在这种情况下，如果产出物在质量、花色、品种等方面并无特色，应该分解被替代企业相应产品的可变成本作为影子价格。如果质量确有提高，可取国内市场价格为影子价格；也可参照国际市场价格定价，但这时该产出物可能已转变成可实现进口替代的外贸货物了。

第三节 国民经济评价指标

国民经济评价一般以经济内部收益率和经济净现值作为主要指标，必要时也可以计算经济净现值率，在项目初始阶段可以计算投资净效益率。当涉及产品出口换汇或替代进口节汇时，还应计算经济外汇净现值、经济换汇成本或经济节汇成本。

一、经济内部收益率

经济内部收益率（EIRR）是使项目经济净现值等于零时的折现率。它表示项目占用的投资对国民经济的净贡献能力，是一个相对指标。经济内部收益率大于或等于社会折现率时，说明项目占用投资对国民经济的净贡献能力达到了要求的水平。一般说来，经济内部收益率大于或等于社会折现率的项目是可以接受的。

经济内部收益率的表达式为：

$$\sum_{t=1}^{n} (CI - CO)_t (1 + EIRR)^{-t} = 0 \qquad (4-36)$$

式中　CI——现金流入量；

　　　CO——现金流出量；

$(CI-CO)_t$——第 t 年的现金流量；

　　　n——计算期。

二、经济净现值

经济净现值（ENPV）是用社会折现率将项目计算期内各年的净效益折算到建设期初的现值之和。当经济净现值大于零时，表示国家为项目付出代价后，除得到符合社会折现率的社会效益外，还可以得到以现值表示的超额社会效益；当经济净现值等于零时，说明项目占用投资对国民经济所作净贡献刚好满足社会折现率的要求；当经济净现值小于零时，说明项目占用投资对国民经济所作净贡献达不到社会折现率的要求。因此，经济净现值是表示项目占用投资对国民经济净贡献能力的绝对指标。一般说来，经济净现值大于或等于零的项目是可以接受的。

经济净现值的表达式为：

$$ENPV = \sum_{t=1}^{n} (CI - CO)_t (1 + i_S)^{-t} \qquad (4-37)$$

式中　i_S——社会折现率。

三、经济净现值率

经济净现值率（ENPVR）是反映项目的占用单位投资对国民经济所作净贡献

的相对指标。它是经济净现值与投资现值之比,其表达式为:

$$\text{ENPVR} = \frac{\text{ENPV}}{I_{\text{P}}} \tag{4-38}$$

式中 I_{P}——投资(包括固定资产投资和流动资金)的现值。

经济净现值率的判别标准与经济净现值相同,项目可以接受的标准是经济净现值率大于或等于零。

四、投资净效益率

投资净效益率是反映项目投产后,单位投资对国民经济所作年净贡献的一项静态指标。它是年净收益与全部投资(固定资产投资 + 流动资金)的比率。一般在项目初选阶段采用。其计算公式为:

$$\text{投资净效益率} = \frac{\text{年净收益}}{\text{全部投资}} \times 100\% \tag{4-39}$$

式中 年净收益 = 年产品销售收入 + 年外部效益

$$\qquad\qquad -\text{年经营成本}-\text{年折旧费} -\text{年外部费用} \tag{4-40}$$

年净收益数值可以采用达到设计能力后的正常年份的数值,当生产期内各年的净收益变化幅度较大时,应采用生产期年平均净收益数值。

对于有国外贷款的项目,国外贷款建设期利息也应计入分母。

一般说来,投资净效益率大于社会折现率的项目,应认为是可以接受的。

五、经济外汇净现值

涉及产品出口创汇或替代进口节汇的项目,应进行外汇效果分析,计算经济外汇净现值指标。

经济外汇净现值(ENPV$_{\text{F}}$)是按国民经济评价中效益、费用划分原则,采用影子价格、影子工资和社会折现率计算、分析、评价项目实施后对国家外汇收支直接或间接影响的重要指标,用以衡量项目对国家外汇真正的净贡献(创汇)或净消耗(用汇)。经济外汇净现值可通过经济外汇流量表计算求得。

经济外汇净现值的表达式为:

$$\text{ENPV}_{\text{F}} = \sum_{t=1}^{n} (\text{FI} - \text{FO})_t (1 + i_{\text{S}})^{-t} \tag{4-41}$$

式中 FI ——外汇流入量;

　　　FO——外汇流出量;

(FI— FO)$_t$——第 t 年的外汇流量。

当项目的产品可以替代进口时,可按净外汇效果计算经济外汇净现值。

经济外汇净现值大于或等于零时,表示从外汇的获得或者节约的角度看,项目应该属于可行。

六、经济换汇成本

当有产品直接出口时，应计算经济换汇成本。它是用货物影子价格、影子工资和社会折现率计算的为生产出口产品而投入的国内资源现值(以人民币表示)与生产出口产品的经济外汇净现值（通常以美元表示）之比，亦即换取 1 美元外汇所需要的人民币金额。经济换汇成本是分析评价项目实施后在国际上的竞争能力，进而判断其产品应否出口的指标。其表达式为：

$$经济换汇成本 = \frac{\sum_{t=1}^{n} DR'_t (1 + i_S)^{-t}}{\sum_{t=1}^{n} (FI' - FO')_t (1 + i_S)^{-t}} \qquad (4\text{-}42)$$

式中　DR_t'——项目在第 t 年为出口产品投入的国内资源（包括投资、原材料、工资、其他投入和贸易费用），元；

　　　FI'——生产出口产品的外汇流入，美元；

　　　FO'——生产出口产品的外汇流出（包括应由出口产品分摊的固定资产及经营费用中的外汇流出），美元；

　　　n——计算期。

当有产品替代进口时，应计算经济节汇成本，它等于项目计算期内生产替代进口产品所投入的国内资源的现值与生产替代进口产品的经济外汇净现值之比，即节约 1 美元外汇所需要的人民币金额。

经济节汇成本的表达式为：

$$经济节汇成本 = \frac{\sum_{t=1}^{n} DR'_t (1 + i_S)^{-t}}{\sum_{t=1}^{n} (FI'' - FO'')_t (1 + i_S)^{-t}} \qquad (4\text{-}43)$$

式中　DR_t''——项目在第 t 年为生产替代进口产品投入的国内资源（包括投资、原材料、工资、其他投入和贸易费用），元；

　　　FI''——生产替代进口产品所节约的外汇，美元；

　　　FO''——生产替代进口产品的外汇流出（包括应由替代进口产品分摊的固定资产及经营费用中的外汇流出），美元。

经济换汇成本或经济节汇成本（元／美元）小于或等于影子汇率，表明该项目产品出口或替代进口是有利的，从获得或节约外汇的角度考虑是合算的。

第四节 费用效益分析

一、费用效益分析基本报表

国民经济费用—效益分析采用三种基本报表：国民经济效益费用流量表（全部投资）、国民经济效益费用流量表（国内投资）及经济外汇流量表。国民经济效益费用流量表也被称为经济现金流量表，表中栏目的设置及其与财务基本报表栏目的异同如下：

（一）国民经济效益费用流量表（全部投资）

国民经济效益费用流量表（全部投资），其栏目与财务现金流量表（全部投资）基本相同。不同点主要是：

1）表中现金流入和现金流出，原则上均应按影子价格计算，外币换算采用影子汇率。

2）销售税金和资源税，因系国民经济内部的转移支付，所以既不作为费用（现金流出），也不作为效益（现金流入）。

3）由于从国民经济角度考察项目的效益和费用，因此在现金流入和现金流出中分别增加了"项目外部效益"和"项目外部费用"。

4）财务现金流量表中作为现金流出的营业外净支出，由于内容较多，而且有些内容在国民经济评价中不属于费用，为简化计算起见，未作详细划分，均不得列为费用。

（二）国民经济效益费用流量表（国内投资）

国民经济效益费用流量表（国内投资），其栏目与财务现金流量表（国内投资）基本相同。不同点主要是：

1）表中现金流入和现金流出，原则上均应按影子价格计算。

2）销售税金和资源税，既不作为现金流出，也不能作为现金流入。

3）在现金流入和现金流出中分别增加"项目外部效益"和"项目外部费用"。

4）现金流出未列营业外净支出。

（三）经济外汇流量表

涉及外汇收支的项目，需编制经济外汇流量表，以考察项目的净外汇效果，其栏目与财务外汇流量表完全相同，只是替代进口产品在国民经济评价中可按货物类型划分的原则确定，而在财务评价中，需经有关部门确认，才能作为产品替代进口考虑。

国民经济评价的基本报表和辅助报表见有关参考文献。调整计算表见表4-1、4-2。

固定资产投资调整情况表　　表 4-1

项　　目	设备购置费	安装工程费	建筑工程费	其他工程费
第一部分　工程费用				
一、主要生产装置	汇率调整↑　　　　关税、增值税扣除↓　　国内设备费调整[1]↑↓	汇率调整↑　　　　关税、增值税扣除↓　　国内安装材料费用调整↑↓	三材价格调整↑↓　国内运输费用调整↑　贸易费用调整↓	汇率调整↑（软件）
二、辅助生产项目	国内设备费调整↑↓	国内安装材料费用调整↑↓	同　上	
三、共用工程项目	同　上	同　上	同　上	
四、服务性工程	不调整	同　上	同　上	
五、生活福利设施	不调整	同　上	同　上	
六、厂外工程	国内设备费调整↑↓	同　上	同　上	
第一部分　其他费用				汇率调整↑↓　　土地费用调整↓
预备费用				不调整

注：国内设备费用和安装材料费用调整中包括运输费用和贸易费用调整。

国民经济评价经营成本调整计算表　　表 4-2

序　号	项　　目	单　位	年耗量	财　务　评　价		国民经济评价	
				单　价（元）	年经营成本（万元）	单　价（元）	年经营成本（万元）
（一）	外购原材料　　　　××××　　　　××××　　　　………						
（二）	外购燃料及动力　　　　××××　　　　××××　　　　………						
（三）	其他需调整的项目						
（四）	不予调整部分						
（五）	合计						

注：1. 若已做财务评价，在进行国民经济评价时，可以参考本表格式在财务评价基础上对投入的原材料和燃料及动力价格调整后计算国民经济评价的经营成本。为简便起见，不需调整部分不必分项列出。

2. 本表所列各项单价均应为到场价格（包括运输和贸易费用在内）。

3. 不同生产负荷时，按不同的年耗量分别计算。

二、费用效益分析的原则和方法

国民经济评价可以单独进行，也可以在财务评价的基础上进行调整来完成。

1. 单独进行国民经济评价

1) 确定费用与效益的范围。同时要认真考虑项目是否需要估算外部费用与外部效益。

2) 选定投入物与产出物的价格。对于在项目效益和费用中占比重较大，或者国内价格明显不合理的投入和产出物，应该采用影子价格计算效益和费用。其余投入物和产出物则可采用现行价格。

对于需要采用影子价格的投入物和产出物，要按照第四节所述方法，首先确定货物的类型，然后分别按照外贸货物和非外贸货物影子价格的确定方法计算其影子价格。对于某些次要的投入和产出物，可直接采用"方法与参数"中给出的影子价格或换算系数。

3) 计算基本报表（可参考财务分析中的基本报表或有关参考文献）中的各项费用与效益。运用所选定的投入物与产出物价格，分别计算各项费用与效益，然后将其填于基本报表的适当栏目中。计算过程中采用的辅助报表参见财务分析中的基本报表或有关参考文献。计算内容有：固定资产投资、流动资金、成本、外汇借款建设期利息、外汇借款还本付息、销售收入。生产期支付给外商的技术转让费、外部效益和外部费用。计算经济换汇成本或者经济节汇成本，还需编制国内资源流量表，计算国内资源的现值。

2. 在财务评价的基础上进行国民经济评价

国民经济评价相对于财务评价而言，其费用与效益的数值将有不同程度的变化，产生这些变化的原因来自三个方面：

一是由于费用与效益范围的调整所导致的数值变化。

二是在进行国民经济评价时，凡涉及外币和人民币的换算，都必须进行汇率调整，即用影子汇率代替财务评价中所用的官方汇率（中国银行公布的牌价）。这样与汇率有关的数值也将随之发生变化。

三是在国民经济评价中，要对那些在项目效益和费用中占比重较大，或者价格明显不合理的投入和产出物，采用影子价格代替财务评价中所用的价格进行费用和效益的计算，即所谓"价格调整"。价格调整也必须引起费用和效益数值的变化。

一般大中型工业项目，由于要进行财务评价和国民经济评价，因此在财务评价基础上进行必要的调整来完成国民经济评价，不失为一种方便的方法。这主要是通过费用与效益范围和数值的调整，重新算出各项费用与效益的调整值，进而完成基本报表编制。

1) 费用与效益范围的调整

(1) 转移支付的处理。本章第二节所述的内容属于转移支付,应从费用和效益中剔除。

(2) 确定外部费用和外部效益。结合项目具体情况确定是否需要计算"外部效果"。既要考虑"外部效果",又要注意防止"外部效果"的重复计算。

2) 费用与效益数值的调整

(1) 投资的调整。包括调整固定资产投资和流动资金。

调整固定资产投资一般包括下列内容:

① 调整范围。剔除属于国民经济内部转移支付的部分,注意引进设备材料关税和增值税。

② 调整引进设备价值。包括调整汇率和国内运输费用、贸易费用。

③ 调整国内设备价值。包括采用影子价格计算设备本身的价值和运输费用、贸易费用。

④ 调整建筑费用。一般可只调整三材(钢材、木材、水泥)费用。根据需要也可以调整某些其他材料和建筑用电等费用。一般的作法是按三材耗用数量,分别采用实际财务价格与影子价格计算建筑费用调整额。如果统一颁发的参数中有建筑费用换算系数,则可直接采用换算系数进行调整。

⑤ 安装费用的调整和主要考虑安装排量(主要指钢材)采用影子价格所引起数值的变化。如果使用引进的安装材料,还要考虑采用影子汇率所引起的数值调整。

⑥ 土地费用按项目占用土地的机会成本重新计算。

⑦ 其他调整,如其他工程费用中的外币采用影子汇率带来的数值变化。

完成上述调整后,将调整后的各项数值列入固定资产投资估算表。

流动资金的调整内容如下:

首先应进行费用范围的调整,在流动资金构成中,定额流动资金系指项目投入物和产出物在库存,或产出物在加工过程中所占用的资金,它既是项目的实际费用,又是国家为项目所付出的代价,因此在国民经济评价中仍然作为费用。而非定额流动资金中的货币资金是现金,结算资金是购货人和供货人之间的转移支付,项目占用非定额流动资金并未造成国家资源的实际耗费。如果该项目不被实施,也不会因此释放出资源供其他项目使用。因此按照国民经济评价费用识别原则,不应把非定额流动资金作为费用,在投资调整中应注意剔除这部分资金。

其次应进行数值的调整。这又分为两种情况:

① 如果在财务评价中流动资金是用扩大指标估算,则国民经济评价中的流动资金可按调整后的销售收入、经营成本或固定资产价值乘以相应的资金率进行调整。此时需注意剔除非定额流动资金部分。

② 如果在财务评价中流动资金是按项目详细估算的，则在国民经济评价中也应采用影子价格分项详细估算流动资金。

(2) 经营成本的调整。一般包括以下内容：

① 确定主要原材料及燃料、动力的影子价格，以影子价格重新计算该项成本。

② 根据调整后的固定资产投资计算出调整后的固定资产原值，注意国内借款得建设期利息不应计入固定资产原值。然后按与财务评价相同的方式和比率重新计算年折旧费和年维修费。

(3) 确定工资换算系数，计算影子工资。

鉴于财务成本的计算可以采用按生产费用要素列项和按成本项目列项两种方式，国民经济评价中的成本调整也相应采用不同的方式。如果财务成本是按生产费用要素列项的，国民经济评价据此调整十分简便，只需按上述步骤调整后，再将各项相加即得调整后的经营成本。

如果财务成本是按成本项目计算的，国民经济评价中进行成本调整时，须注意成本项目与生产费用要素的交叉关系。例如成本项目中的动力系指工艺耗用的水、电、汽等动力耗用量，因此仅据工艺用量采用影子价格调整是不够的；另外，还必须将成本项目中的动力成本包括的外购燃料、职工工资、动力装置的折旧和维修费以及其他管理费等各项进行调整。基于上述理由，就成本项目直接进行调整计算，不但计算复杂，而且容易出错。

(4) 销售收入的调整。销售收入的调整比较简单，但它对评价结果影响较大，必须慎重对待。首先应该确定项目产品的货物类型，然后按不同的定价原则计算其影子价格。项目主要产品的影子价格应由评价人员根据实际情况自行确定，不宜照套"方法与参数"中所给出的影子价格。产品品种较多时，可用影子价格重新计算销售收入，列入销售收入表。

(5) 外汇借款还本付息数额的确定。列入现金流量表（国内投资）的外汇借款还本付息额是以人民币表示的。在财务评价中，该数额是由外汇额乘以官方汇率得出，而在国民经济评价中，应用影子汇率代替官方汇率重新计算该项数额。

(6) 技术转让费数额的确定。这里指生产期支付给外商的技术转让费，处理方式同外汇借款还本付息额。

3) 将以上各项调整后的数值分别填入相应的栏目，即可得到全部投资国民经济效益费用流量表和国内投资国民经济效益费用流量表。

4) 经济外汇流量表的编制

经济外汇流量表是以美元为计量单位的。表中栏目的数值均可直接取用财务评价各项外汇金额，不需作任何调整。只是产品替代进口收入一项数值可能有所不同。亦即在财务外汇流量表中不作为替代进口的产品，在经济外汇流量表中也有可能作为替代进口产品。此时，在经济外汇流量表中，可按产品的进口到岸价格计算产品替代进口收入。

为了计算经济换汇成本或者节汇成本，尚需编制国内资源流量表。该表格式与财务评价中的国内资源流量表格式相同，只是数值需经调整。该表固定资产投资中的国内资金、流动资金中的国内资金和经营成本（扣除其中可能存在的外汇部分）等各项数值，可直接取自国民经济效益费用流量表（国内投资）中相应年份的数值，分年加总后即可得到各年的国内资源流出。

思考题与习题

1. 国民经济评价与财务评价区别。
2. 国民经济评价的任务是什么？
3. 试述国民经济评价中的效益划分原则。
4. 试述国民经济评价中的费用划分原则。
5. 什么是间接效益和间接费用？
6. 怎样区分直接效益和间接效益？
7. 试述社会折现率与基准收益率的含义和差别？
8. 什么是影子价格？
9. 如何根据影子价格和市场价格的差异进行资源的购进与出售，使项目获利。
10. 有进出口的项目根据什么指标和标准来衡量对国家是否有利？
11. 为什么有的建设项目必须进行国民经济评价，有的建设项目可以不进行国民经济评价？
12. 什么是到岸价格？什么是离岸价格？

第五章 价值工程

第一节 概　述

一、产生和发展

价值工程（Value Engineering）简称 VE，是国际上公认的最有效的现代化管理方法之一，不管在发达国家，还是在发展中国家都十分受重视。第二次世界大战之后，价值工程与全面质量管理、系统工程、工业工程、行为科学、网络计划技术等一起，被誉为最先进、最有价值的六大管理技术。价值工程的方法，一方面用于对产品开发、设计和产品改进的具体技法，更重要的是它作为现代管理的观念，现代管理思想对各种管理科学化工作将产生重大影响。

价值工程起源于 1947 年前后的美国，第二次世界大战期间，由于战争需要，军用品的生产强调交货期而不顾及材料的节约，因此，在资源丰富的美国也发生了原材料的紧缺问题，当时，在美国通用电气公司就职的麦尔斯（Miles）先生在采购中发现，用一种薄而廉价的纸可以替代石棉板达到防火和防止油漆玷污地板的作用。由此他想到，完成同一个功能，可以用不同的材料相互替代，那么能否在完成某一功能的前提下采用较经济的原材料呢？为此，他不断实践，终于使他所担任的采购工作取得了卓越的成绩，受到通用电气公司总裁的赞赏，并为他安排了几名助手，专门从事在保证产品质量（功能）的前提下如何降低成本的科学方法的研究。经过四、五年的研究和实践，终于总结出一套比较科学的方法，并于 1947 年正式以"价值分析"（Value Analysis 简称 VA）为题公开发表，深刻系统地表述了价值工程的基本理论和方法。由于麦尔斯在价值工程方面的杰出贡献，他被誉为"价值工程之父"。

价值工程在 20 世纪 50、60 年代曾作为美国独创的工业企业管理奥秘，促进了一大批新产品的问世（比如多种部队重力武器的开发研究制造等），20 世纪 70 年代，日本向美国学习，将价值工程作为经济腾飞的有力武器；日本产品如汽车、家电、机械等能在国际市场上树立价廉物美的形象，其中许多都得益于价值工程。当今工业发达国家及世界上众多先进企业，都把价值工程视作企业的金矿，大力开发应用。

我国引进价值工程是在改革开放伊始，首先引入的是日本价值工程。开始，我国的许多企业本着"洋为中用"的原则，积极学习、试验、推广这一方法，取得了较好的经济效果。

经过多年来的实践，从寻找代用材料，改进产品设计，改进工艺方案，指导新产品的开发与设计等，都进行了尝试，在分析方法和组织方法方面也取得了许多的宝贵经验，1987年，价值工程作为管理标准中的第一部国家标准，正式颁布（即：《价值工程基本术语和一般工程程序》GB 8223—87）。目前，这一科学的管理方法在我国仍在进一步推广之中。相信随着价值工程的推广应用，必定会为我国的经济腾飞发挥巨大的作用。

二、价值工程的概念

1. 概念

价值工程中价值的概念不同于政治经济学中的有关价值的概念。在这里价值是作为"评价事物（产品或作业）的有益程度的尺度"而提出来的。价值高，说明有益程度高；价值低，则说明益处不大。例如有两种功能完全相同的产品，但价格不同，从价值工程的观点看，价格低的物品价值就高，价格高的物品价值就低。

价值工程中的"价值"量是指产品（或服务）的功能（质量）和成本之间的比值，可以用下式表示：

$$价值(V) = \frac{功能(F)}{成本(C)} \qquad (5-1)$$

式中　V——产品或服务的价值；

　　　F——产品或服务的功能；

　　　C——产品或服务的成本。

根据以上公式，提高价值可以有以下几种途径，见表5-1。

提 高 价 值 的 途 径　　　　　　　　表 5-1

序列	特　征	结　果	F	C	V
(1)	成本不变，功能提高	价值提高	↑	→	↑
(2)	功能不变，成本降低	价值提高	→	↓	↑
(3)	成本略有提高，功能有更大提高	价值适当提高	↑↑	↑	↑
(4)	功能略有下降，成本大幅度下降	价值适当提高	↓	↓↓	↑
(5)	功能提高，成本降低	价值大大提高	↑	↓	↑↑

表5-1中（1）、（2）、（3）、（5）四种情况经常采用，第（4）种情况是指性能不同的产品。

例如为了使产品适应广大购买能力较低的对象，可以生产一些价廉物美的产品，也能取得很好的经济效果，比如目前市场上销售的饮水机，有否制冷或有否杀菌功能，其价格就相差 30%～50% 不等。

2. 价值工程的涵义

所谓价值工程是指用最低的寿命周期总成本，可靠地实现产品或服务的必要功能，并且着眼于功能分析的有组织的活动。

由上述定义可以看出，价值工程具体包括以下 5 个方面的涵义：

(1) 价值工程的目的：是提高产品的功能，降低产品的成本，从而提高产品的价值。因此必须从产品的功能和成本入手同时考虑，偏废哪个方面都不利于价值工程的体现。

(2) 价值工程的核心是进行产品或服务的功能分析。因为没有中肯的功能分析就不可能有恰当的功能定位，也就没有价值工程有效应用的前提。我们知道在工业生产中，降低成本的方法是多种多样的。价值工程之所以比其他方法更有效，关键在于进行功能分析。弄清哪些是用户需要的，哪些是不需要的，通过分析，搞清各功能之间的关系，找出新的解决办法。

(3) 价值工程是一项有组织有领导的集体活动。一种产品从设计到制成成品出厂，要通过企业内部的许多部门；一个方案的改进，从提出到试验，到最后付诸实施，单靠某一个人或几个人的力量是不够的，必须依靠集体的力量，依靠许多部门的配合，才能体现到产品上，达到提高功能，降低成本的目的。比如据日本资料的报道，有组织地进行 VE 活动，可降低成本 30% 以上，就是一个很好的例证。

(4) 价值工程要求保障必要功能的实现。因此，不是为了降低成本而不负责地损害用户利益。

(5) 价值工程追求的寿命周期成本最低，是追求制造商的制造成本与用户的使用成本之和最低，而不是仅仅追求制造成本最低。因此，价值工程是资源消耗最低的体现。

三、价值工程的工作程序

价值工程的执行过程，实质是一个发现问题、分析问题、解决问题的过程。如果将其总的程序粗略地描绘出来，可以如图 5-1 所示。

由图 5-1 可以看出，价值工程可以分为两个大的阶段，第一个阶段是发现和分析问题，第二个阶段是解决问题。对于一个产品或零部件，对其进行价值分析是通过提问展开的。通常可提出以下七个方面的问题：

(1) 这是什么？（这实际是问 VE 的对象是什么？）

(2) 它是干什么的？

(3) 它的成本是多少？

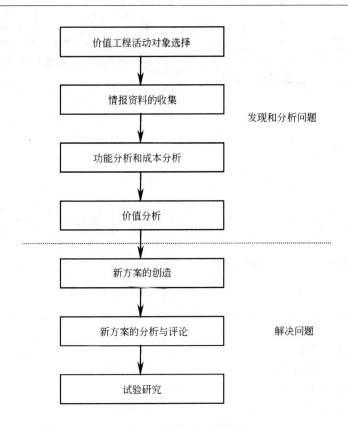

图 5-1　价值工程执行过程图

（4）它的价值是多少？

（5）有否其他方法可以实现同样的功能？

（6）有否新方案可以实现这一功能？新方案的成本是多少？

（7）新方案能满足要求吗？

针对上述提出的 7 个问题，相应地可采取不同的价值分析方法，其具体的工作程序分为三个基本程序和 11 个详细步骤如表 5-2 所示。

价值工程的 7 个提问是作为严格执行价值工程步骤的指针，这些问题均要求按顺序一一回答。

为了很好地回答前述的 7 个问题，在回答之前应深刻领会价值工程之父麦尔斯总结的 13 条 VE 指导原则，这些原则是：

1）避免一般化、概念化；

2）搜集一切可用的费用数据；

3）使用最可靠的情报资料；

4）打破现有框框，进行创新和提高；

价值工程的工程程序   表 5-2

决策的一般程序	价值工程实施步骤		价值工程提问
	基本步骤	详细步骤	
发现问题和分析问题	(1) 功能定义	收集情报	这是什么?(VE 对象)
		功能定义	它是干什么用的?(用途、功用、性能、机能等)
		功能整理	
	(2) 功能评价	功能成本分析	它的成本是多少?
		功能评价	它的价值是多少?
		选择对象范围	
综合研究和方案评价	(3) 创造新方案	方案创造	有否其他具有同样功能的方案?
		初步评价	它的成本是多少?
		具体化调查	
		详细评价	新方案满足要求吗?
		提高审批	

5）发挥真正的独创性；

6）找出障碍，克服障碍；

7）请教有关专家，扩大专业知识面；

8）对于重要的公差要换算成加工率，以便认真考虑；

9）尽量利用专业化工厂生产的产品；

10）利用和购买专业化工厂的生产技术；

11）采用专门的生产工艺；

12）尽量采用标准件；

13）以"我是否也如此花自己的钱"作为判别标准。

第二节 对象的选择和情报收集

一、对象选择的原则

开展价值工程活动首先要确定其对象是什么。一个企业所生产的产品往往都是品种多样，规格多样，而每一种具体的产品又往往由许多零部件组成。由于开展价值工程活动要花费一定的人力、财力，对产品逐一分析，经济上不合算，何况，作为企业不可能也没必要对全部产品或产品的全部零配件进行价值分析。因此，必须分清主次轻重，有重点、有顺序地选取每次价值工程活动的对象。如果对象确定得当，其工作可事半功倍，否则，可能劳而无功。

选择价值工程对象时，通常应遵循两条基本原则：

一是优先考虑在企业生产经营上有迫切需要的或对国计民生有重大影响的项目；

二是在提高价值上有较大潜力的产品（或项目）。企业在具体选择时，一般应从以下几个方面考虑：

① 设计方面：考虑结构复杂，技术落后，零部件多，工艺性差，工艺繁琐、落后，体积大，重量大，材料昂贵，性能较差的产品或构配件。

② 生产制造方面：考虑产量多，批量大，工艺复杂，工序繁琐，原材料消耗高，成品率低的产品或构配件。

③ 销售方面：考虑选择用户意见大，退货索赔多，销售量下降，竞争力差；需要巩固或扩大市场的，能够增加收益的产品，以及未投入市场的新产品等。

④ 成本方面：应考虑选择市场有需要，市场占有比重大，但成本高，利润低，物耗高的产品或费用项目。

二、对象选择的方法

1. 经验分析法（又叫因素分析法）

这是一种定性的分析方法。经验分析法，简言之，就是凭借经验来分析各种可能的因素，从而进行对象选择的方法。具体来说，是指参加价值工程活动的人员，根据自己所了解到的企业产品情况，凭借个人的知识和经验，经过对情况的全面分析和综合研究，区别轻重、主次，从而选定价值工程分析的对象。

这种方法使用起来简便易行，并且因进行综合分析，考虑问题比较全面，对象选择比较准确，特别是当时间紧迫，使用该方法更为适宜。此法的缺点是，容易受参加选择人员的工作态度，经验水平等主观因素的限制。因此，在使用该方法时，要选择熟悉业务，经验丰富，对生产和技术有综合了解的人员。此外，在进行对象选择时，要注意发挥集体的智慧，集中各方面的思想，并尽量与其他方法配合使用。

2. 寿命周期分析法

任何一个企业所生产的产品，不论其产品是什么，都有一个从研制、生产、使用直到被淘汰的过程。我们习惯上称之为产品的寿命周期。产品处在不同阶段，其销售量和盈利情况会有很大差别，企业对不同的阶段所采用的策略也不同。因此，企业应经常对产品处于哪个时期进行分析。寿命周期分析法，可以应用在管理的许多方面，尤其在价值工程活动中，常用该方法来分析产品所处不同的周期阶段，以便选择价值分析的重点对象。

在实际问题中，要判定一个产品正处于哪个时期，有一定困难，要根据产品在市场上的销售量、价格，其他同类产品等各方面情况进行分析，如图 5-2 产品生命周期曲线。从图 5-2 可以看出，一个产品的整个发展过程分为四个阶段。

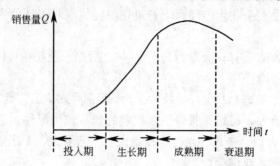

图 5-2   产品生命周期曲线

（1）投入期。投入期的特点是增长率不稳定，增加的幅度也小，一般在这一时期，企业宁肯冒点风险也要进行投资。此时，若进行价值工程对象的选择，则应选择成功可能性较大的产品。通过价值工程活动，重点分析如何使产品获得较好的工艺性，从而提高产品的质量和可靠性，努力实现用户所要求的功能。

（2）生长期。产品到了生长期，销售量迅速增加，曲线呈上升趋势，一方面企业在这一时间已经投入了一定量的资金，还将继续投资。另一方面，市场上，投入此种产品生产的厂家增多，竞争加剧了。为了提高产品的竞争能力，使企业多获利，应选择成本高竞争激烈的产品作为价值分析的对象。

（3）成熟期。产品到达成熟期时，销售增长率逐步下降，企业在此时已投入了大量资源，为了保证利润，都进行广告宣传。这是个很重要的时期，它决定企业是否转产。所以此阶段价值工程应该着重新产品的研制，同时应对产品进行改进，以图延长其寿命周期。如图 5-3 所示。

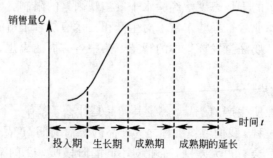

图 5-3   产品生命周期的延长曲线

（4）衰退期。产品一旦进入衰退期，销售量就会迅速下降，企业纷纷转产，这时价值工程的对象，应以用户要求为基准，研究老产品的价值改善，以图延长其寿命周期。

3. 费用比重分析法

所谓费用比重分析法，是指企业在生产产品的过程中，针对某一个具体的目标，在所有费用构成中，应选取费用比重较大者为价值工程的对象。这种方法主要用于节约某种原材料或能源时，选择价值工程活动的产品对象。

假如，某企业要降低油耗，那么油耗大的产品就应列入价值分析的对象。又假如某企业要降低运输费、管理费、材料费等，那么运输费、管理费或材料费所占比重大的产品也应列入价值分析的对象。

【例 5.1】 某企业现有 A、B、C…G 等七种产品，其中油耗比重如表 5-3 所示。若以节油为目的选择价值分析对象，应如何选择。

例 5.1 条件表 表 5-3

产 品	A	B	C	D	E	F	G	合 计
油耗（%）	50	24	10	8	5	2	1	100

【解】 用费用比重分析法

由表 5-3 可知，A 产品的油耗比重最大（占 50%），应选为价值分析对象。

若企业有力量，也可以对 A、B 两种产品进行分析，只要 A、B 产品的油耗能降低，该企业就能在 74% 的油耗中挖掘潜力。

费用比重分析法虽然简单易行，但其致命缺点是仅从一个指标上进行选择，缺乏对各产品的综合分析，因此，必须同经验分析法等综合分析法结合使用。

4. ABC 分析法（又称不均匀分布定律法）

这个方法是帕莱脱（Pareto）氏所创造，现已广泛应用。方法的基本思路是将某种产品的成本组成逐一分析，将每一个零件占多少成本从高到低排出一个顺序，再归纳出占多数成本的是哪些零件。一般零件的个数占零件总数的 10%～20%，而成本却占总成本的 70%～80% 左右的这类零件为 A 类零件；若零件的个数占零件总数的 20% 左右，而成本也占总成本的 20% 左右，这类零件称为 B 类零件。另一类零件的个数占 70%～80%，而成本却占 10%～20% 左右的这类零件为 C 类零件。ABC 分类原则表 5-4 所示。

零 件 分 类 原 则 表 5-4

类 别	成本比率	数量比率
A	70%～80%	10%～20%
B	20%	20%
C	10%～20%	70%～80%

通过分析后应选择 A 类零件作为价值工程的对象。ABC 分析法还可以用图来表示。例如，竹壳热水瓶有 8 个零件组成，经过分析，瓶胆零件成本占全部成本的 75％；竹壳零件成本占全部成本的 15％，还有 6 个零件的成本占全部成本的 10％。据此，可以画出 ABC 分析图，图 5-4 所示。

从图 5-4 可以看出，假如我们集中在瓶胆这个零件上做些工作，那么一定会达到降低竹壳热水瓶成本的目的。所以应选瓶胆作为价值分析的对象为宜。

此外还有百分比法，强制确定法，最合适区域法等，在此不作一一介绍。

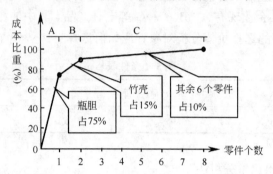

图 5-4   竹壳热水瓶的 ABC 分析图

三、情报资料的收集

1. 信息情报的作用

发展商品经济的中心问题是市场问题，而信息情报则是市场的先导和媒介，要大力发展外向型经济，要以尽可能少的投入获得尽可能多的产品，就必须不断地从宏观和微观的经济技术活动中索取、处理、加工、传递、贮存信息，以此导向企业的生产经营行为，促进研究对象价值的提高。

价值工程所需的情报就是在各个工作步骤进行分析和决策时所需要的各种资料和信息。在选择价值工程对象的同时，就要收集有关的技术情报及经济情报，并为进行功能分析、创新方案和评价方案等步骤准备必要的资料。收集情报是价值工程实施过程中不可缺少的重要环节，通过资料信息的收集整理和汇总分析，使人们开阔思路、发现差距、掌握依据、开拓创新，使价值工程活动得到事半功倍的效果。因此，收集信息情报的工作是整个价值工程活动的基础。

2. 信息情报收集的内容

价值工程活动中需要收集的信息情报从内容来说可分为基础情报和对象情报两大类，可用图 5-5 表示。

基础情报即一般信息情报，是指除了与价值工程对象直接关系之外的大范围信息资料。如市场动态、科技发展水平、体制改革动向等。

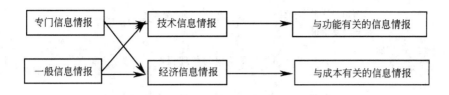

图 5-5 信息情报的内容

对象情况即专门情报，是指与价值工程对象直接有关的信息情报，范围很广。以水工业产品而言，主要指产品在开发、设计、制造、流通和使用过程等各方面的专用情报，一般包括以下 13 个方面。

1）用户要求方面的情报；

2）市场动向情报；

3）竞争产品情报；

4）企业经营方针、能力及限制条件情报；

5）采购情报；

6）销售情报；

7）产品设计情报；

8）制造和质量情报；

9）成本情报；

10）包装运输情报；

11）安全公害情报；

12）社会道德方面的情报；

13）政府和社会有关部门法规条例方面的情报。

需要搜集的情报很难一一列举，但通常在搜集时要注意目的性、可靠性、适时性、广泛性、系统性、连续性等方面。

3. 信息情报的收集和整理

价值工程所需的信息资料存在的形式有两种：一种是记录在图纸、报表、说明书上，是有记录可查，可供随时翻阅的资料；另一种是本企业内及社会上各类专家的经验或知识，它是没有记录下来的信息。价值工程活动中所需的资料往往属后者，这些信息需要通过一些适当的方法来收集，通常使用的方法是面谈法、观察法和书面调查法，也可以采用查阅法、购买法、交换法等，这些方法各有优缺点，可视不同对象、条件和需要，灵活应用或结合应用。

情报的收集不是简单的资料汇集，需要在收集的基础上分析、整理、删除无效情报，活用有效情报，以利于价值工程活动的分析研究，情报整理工作的基本步骤可由图 5-6 所示。

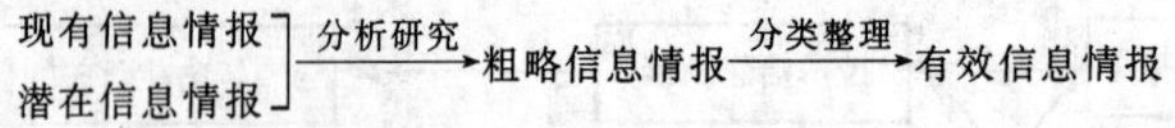

现有信息情报 ┐ 分析研究   分类整理
           ├──────→粗略信息情报────────→有效信息情报
潜在信息情报 ┘

图 5-6   信息情报的整理程序

第三节   功能分析、整理和评价

一、功 能 分 析

价值工程的核心是进行功能分析。那什么叫功能呢？功能就是某个产品或零件在整体中所担负的职能或所起的作用。任何产品都具备相应的功能，不同的产品有不同的功能，不同的功能又要花费不同的成本来实现。功能分析的目的就是要用尽可能少的成本来实现这个功能。

1. 功能定义

进行功能分析，首先要给功能下定义。所谓功能定义就是用简单明确的语言对产品或各零部件的功能下个确切的定义。以区别各产品或零部件之间的特性。功能定义一般用一个动词和一个名词来表达，如自行车的功能是代替（动词）＋步行（名词），手表的功能是指示（动词）＋时间（名词）等。通过功能定义，可以使设计者准确掌握用户的功能要求，抓住问题的本质，扩大思考范围，打开设计思路，加深对产品功能的理解，为创造高价值的方案打下基础。

2. 功能分类

用户所要求产品的功能是多种多样的，功能的性质不同，其重要程度就不同，一般可用如下分类：

（1）按重要程度为标准可分为基本功能与辅助功能

基本功能就是用户对产品所要求的功能，是为了达到其使用目的所必不可少的功能，是产品存在的条件。比如冰箱的基本功能是冷藏食品，钟表的基本功能就是显示时间等，基本功能可从三个方面加以确定：首先它的功能是必不可少的；其次，它的功能是主要的，再其次，如果它的功能改变，则产品的结构或制造工艺等就会随之改变。

辅助功能是设计人员为实现基本功能而在用户直接要求的功能基础上加上去的功能，是为了更好地帮助基本功能的实现而存在的功能。如自行车的基本功能是代步，车上书包架的功能就只是一个辅助功能。辅助功能也可以从三个方面来判断：它对基本功能的实现起辅助作用；与基本功能相比处于从属地位，是实现基本功能的手段。

值得注意的是，在辅助功能中往往包含着不必要的功能，应通过改进设计予以消除。

（2）按用户对产品的要求可分为必要功能和不必要功能。必要功能和不必要功能是相对而言。一个产品的功能是否必要并不是设计者主观所能决定的，而是要以用户为标准。对于现存方案内的功能要加以分析，经过反复提问、推敲，原来认为是必要的功能也许会变为不必要的功能。价值工程的目的就是要保证用户所要求的必要功能，发现和剔除用户不需要的不必要功能。

（3）按功能的性质标准分为使用功能和外观功能

对每一种产品而言，使用功能是指产品的实际用途或使用价值。美观功能是指产品的外观、形状、色彩、艺术性等。使用功能与美观功能是通过基本功能或辅助功能实现的。

二、功　能　整　理

功能整理就是将功能按目的—手段的逻辑关系把 VE 对象的各个组成部分的功能根据其流程关系相互连接起来，整理成功能系统图。目的是为了确认真正要求的功能，发现不必要的功能，确认功能定义的正确性，认识功能领域。

进行功能整理，目前普遍采用的方法是"功能分析系统技术"，其工作步骤分为以下三步：

第一步：明确基本功能、辅助功能和最基本功能；

第二步：明确各功能之间的相互关系，根据功能之间的逻辑关系，进行功能整理，又有两种具体方法可采用：

（1）从产品的最终目的开始。可以提出这样的问题："此功能是通过什么办法实现的？"由此追问其手段功能，然后再以这一手段功能为目的，进一步追问其手段，这样逐步地提出问题，一步一步地将其全部功能整理出来。此种方法多用于新产品的开发设计，因为一般的新产品并无固定结构，通常是用户提出对最终功能的要求。

（2）从产品的具体结构即从最终手段开始，提出这样的问题："此功能的目的是什么？"以此推出其目的功能，再以目的功能为手段，进一步提问，直到追问出最终功能为止。通常在老产品改造中使用这种方法，因为老产品改造，许多是从某一具体结构存在的问题入手分析的；

第三步：绘制功能系统图。

通过第二步的两种方法，最后将其功能整理成图 5-7 所示。例如电冰箱的功能系统（见图 5-8）。

三、功　能　评　价

经过功能定义和功能整理明确了分析对象所具有的功能之后，紧接着就要定量地确定功能的目前成本是多少？功能的目标成本是多少？功能的价值是什么？改进目标是什么？改进幅度有多大？等等，这些问题都要通过功能评价来解决。所谓功能评价，是指找出实现某一必要功能的最低成本（称为功能评价值），以这个最低成本为基准，通过与实现这一功能的现实成本相比较，求出二者的比值（称为功能的价值）和二者的差值（称为节约期望值），然后选择价值低、改善期望值大的功能，作为改进的重点对象。

根据价值的定义公式 $V=\dfrac{F}{C}$，上面所述可用公式表示为：

$$功能的价值（V）= \frac{功能评价值（F）}{成本（C）}$$

即：功能的价值（V）$= \dfrac{实现必要功能的最低成本（F）}{实现现行功能的现实成本（C）}$ （5-2）

节约期望值（E）=实现必要功能的最低成本（F）－实现现行功能的现实成本（C） （5-3）

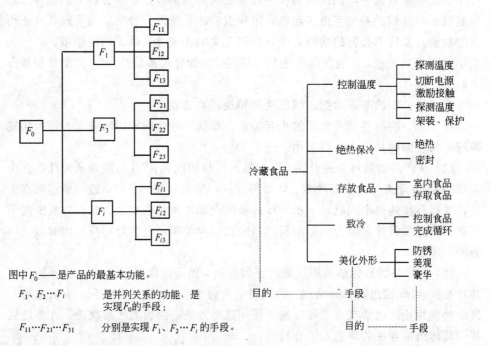

图中 F_0——是产品的最基本功能。

F_1、F_2…F_i 是并列关系的功能，是实现 F_0 的手段；

F_{11}…F_{21}…F_{31} 分别是实现 F_1、F_2…F_i 的手段。

图 5-7 功能整理系统图的一般形式   图 5-8 电冰箱的功能系统简图

当 $V=1$ 或 $E=0$ 时，表明 $F=C$，即所花费的现实成本与实现该功能所必须的最低成本相当，可以认为是最理想的状态，此功能无改善必要。

当 $V>1$ 或 $E>0$ 时，此时 $F>C$ 理论上说是不应发生的，这种情况一般由于数据的搜集和处理不当或不够完善或不足，可以列为价值改善的对象，若无此反映，可以不考虑。

当 $V<1$ 或 $E<0$ 时，此时 $F<C$，即所花费的现实成本大于实现该功能所必需的最低成本，换句话说，$F<C$，说明实现该项功能的成本有花得不适当的地方，或者有功能过剩的情况。针对这种情况，应将此功能列为价值改善的重点对象，在满足用户所要求功能的前提下，设法降低产品的成本。

需要指出的是，功能评价值，即实现用户要求的必要功能的最低成本，是个理论数值，实际要确定它是十分困难的，因此在价值工程实施活动中，通常都是计算一个近似值来代替它。计算功能评价值的近似值，其方法很多，如，最低成本法，目标利润确定法，功能重要度系数值（强制确定法）等等，这里只介绍一种目前常用方法——最低成本法。

最低成本法实际是一种类比的方法。其做法是：根据尽可能搜集到同行业、同类产品的情况，从中找出实现此功能的最低费用作为该功能的功能评价值。可以这样认为：就已经掌握的情报，在目前时期，现有条件下，该成本是实现必要功能的最低成本，是最理想状态下的成本。这种方法虽然看起来不太科学，比较粗糙，但既简单又切实可行，因而它是价值工程活动中计算功能评价值的一种较常用的方法。

第四节　改进方案的制定与评价

一、方案创造的方法

为了实现产品的基本功能、辅助功能、使用功能、外观功能等功能的任何方案都可以提出来。方案创造的方法，实质是开发人的创造力，有效地运用人的创造力，使其处于最有利于发挥的状态的方法。

1. 头脑风暴法

"头脑风暴法"的原意为神经病患者的胡思乱想，这里借用来形容参加会议的人思想奔放，创造性地思考问题。该法由美国 BBDO 广告公司的奥斯本于 1941 年首次提出，他通过这种方法创造出许多新的广告花样。

这种方法是邀请一些有经验、有专长的人参加会议，会前将讨论内容通知大家。开会时，要求会议的气氛热烈、协调、环境优美，室温、光线适宜，并对到会人员约定四条规定：1）不互相批评指责；2）自由奔放地思考；3）多提构思方案；4）结合别人的意见提出设想。

2. 哥顿法

此法是 1964 年美国人哥顿所创。这种方法的指导思想是把所要研究解决的问题适当抽象，以利于开拓思路。提方案也是采用会议方式进行，具体目的先不说明，以免束缚大家的思想。例如，要研究"屋面排水"的方案，开始提出"如何把水排掉?"这个问题,让大家提方案。

3. 德尔菲法

这种方法是将所要提出的方案分解为若干内容,并将这些内容邮给提案的对方,经对方邮寄回来后整理出各种建议,并归纳出若干较合适的方案再邮寄给对方分析方案,对方邮寄回来后集中各位建议的内容,选出较少的、实用的方案又邮给各位专家分析提案,如此经过多次反复,最后可以提出方案。这种方法提案人员互不见面,可以避免不必要的顾虑而尽量提出方案。

关于提方案的方法多种多样,在此不一一赘述。

二、方案的具体化

方案具体化是指在设计方案提出之后,首先进行初步分析,去掉那些明显的希望不大的方案,留下少数可行的方案再进一步研究,即调查分析初选出来的方案的优缺点,寻求克服缺点的途径,具体充实方案的实施方法、结构形式、组成要素等各个方面的内容。

方案的具体化一般分两步进行,首先,是要决定各个设想方案的具体结构、尺寸大小、材料及加工、装配方法,将抽象的设想变为具体且具有实质性的方案;其次,需将各个功能区的设想方案联系起来全面考虑,使之组成一个可靠地实现总体功能的完整方案。这实际上是在保证实现必要功能的前提下,进行产品各个部分的结构设计,同时,也要研究它们之间的协调性,使总体结构系统能经济合理地保证必要功能的实现。

三、方案组合法

方案组合是在方案具体化的基础上进行的,它是指从不同角度抽出各方案中比较理想的部分进行重新组合,从而得到新的理想方案。在方案组合法中最常用的方法是采用"最低成本组合法"。即是先把初选出的方案具体化之后,再把各方案中实现某一功能的成本最低部分抽出来加以组合,这样可能更有希望实现降低成本的目的(见表5-5)。

方案最低成本组合法   表 5-5

	功　能	F_1	F_2	F_3	F_4
方案	A	2	①	3	3
	B	①	5	4	5
	C	3	2	①	3
	D	4	3	5	2
	E	5	4	2	①

由表 5-5，A、B、C、D、E 为已有方案，F_1、F_2、F_3、F_4 为产品应具备的功能，将各个方案按照实现某一功能所花成本的高低排出次序，成本最低的为①，比如对实施功能 F_2 来说，A 方案的成本最低应标为①，A 方案是备选方案。同样的，对功能 F_1、F_3、F_4 而言，成本最低的分别是 B 方案、C 方案和 E 方案，这样将 A 方案中 F_2 部分，B 方案中 F_1 部分和 C 方案中 F_3 部分，E 方案中 F_4 部分抽出，重新加以组合，便可能形成一个降低成本的更好的方案。最低成本法，这一方法在价值工程活动中常常被采用。

四、方案的评价和选择

方案的评价和选择主要考虑能否满足各方案提出的要求，方案评价有概略评价和详细评价两种。

概略评价是对所提出的许多方案进行粗略的分析和筛选，减少详细评价的工作量。它的目的不是评定方案是否先进，而仅是剔除技术和经济上明显不可行的方案。它的任务是在尽可能短的时间内，对数量众多的方案进行初步筛选，因此，粗略评价的标准不必过严，评价的项目无需过细，评价结论无需详尽，评价的方法要尽可能简便易行。

详细评价是对经过概略评价筛选后的少数方案再具体化，通过进一步的调查，研究和技术经济分析，最后选出最令人满意的方案。

方案的评价不论概略评价和详细评价都包括技术评价，经济评价和社会评价三个方面。技术评价主要评价方案能否实现所要求的功能，以及方案本身在技术上能否实现。大致包括：功能实现程序（性能、质量、寿命等）、可靠性、可维修性、可操作性、安全性、整个系统的协调与环境条件的协调性等。方案的经济评价主要包括费用的节省，对企业或公众产生的效益，同时还应考虑产品的市场情况，销路以及同类产品的竞争企业、竞争产品、产品盈利的多少和能保持盈利的年限。社会评价主要包括是否符合国家政策、法令及有关规定，能否最有效地利用资源，有无造成环境污染、噪声、能源等的浪费或损害生态平衡等弊病，对国民经济有无不利影响等等。

方案评价的方法很多，如评分法、判定表法、重要系数法、功能加权法、方案相加评价法等等，下面重点介绍简便易行的评分法和判定要素法。对方案的评价总括起来从两个方面来考虑，一是效果，二是成本。一般选择成本低效果好的方案作为采用的方案。

1. 评分法

方案的效果好坏，可以通过邀请有经验的专家来评分，评分的分值，可通过方案接近理想完成的程度来定。一般是：很好很理想的方案给 4 分，好的方案给 3 分，过得去的方案给 2 分，勉强过得去的方案给 1 分，不能满足要求的方案给 0 分。

1）从给分评价数据中先分析出技术价值系数。技术价值系数用 X 表示：

$$X = \frac{\Sigma P}{n \cdot P_{\max}} \tag{5-4}$$

式中 P——各方案满足功能的得分值；

$P_{\max}$——各方案满足功能的最高得分，$P_{\max} = 4$；

n——各方案需要满足的功能数。

以大家熟悉的手表功能来计算它的技术价值系数，如表 5-6 所示。

手表的技术价值系数表   表 5-6

技术功能目标	A 方案	B 方案	C 方案	理想方案
走时准确	3	2	1	4
防震性能	3	2	1	4
防水性能	3	2	1	4
防磁性能	4	2	1	4
夜光性能	0	3	0	4
式样新颖	3	3	3	4
ΣP	16	14	7	24
$X = \dfrac{\Sigma P}{n \cdot P_{\max}}$	$X_A = 0.66$	$X_B = 0.58$	$X_C = 0.29$	$X_理 = 1.00$

2）从经济价值再来对方案进行评价。经济价值系数用 Y 表示为：

$$Y = \frac{H_理 - H}{H_理} \tag{5-5}$$

式中 $H_理$——理想成本（元）；

H——新方案的预计成本（元）。

理想成本的确定，可将老产品或类似产品原成本作基数来计算，如原手表的理想成本为 10 元/只。A、B、C 三个方案的预算成本见表 5-7。

A、B、C 三个方案的预算成本   表 5-7

方案名称	新方案的预计成本（H）元	理想成本（$H_理$）元	经济价值系数（r）
A 方案	8	10	$Y_A = 0.2$
B 方案	7	10	$Y_B = 0.3$
C 方案	6	10	$Y_C = 0.4$

3）对三个方案综合评价，综合评价系数以 K 表示

$$K = \sqrt{XY} \tag{5-6}$$

A、B、C 三方案的综合评价值见表 5-8。

手表的综合评价值表 表 5-8

方案名称	技术价值系数（X）	经济价值系数（个）	综合评价系数（K）
A 方案	0.66	0.2	0.3633
B 方案	0.58	0.3	0.4171
C 方案	0.29	0.4	0.3406

从表 5-6 可看出 B 方案的综合评价系数最高，所以选择 B 方案为最佳方案。

2. 判定表法

这也是一种简便易行的方法，它分三步进行。

首先，定出评价要素，所谓评价要素就是决定产品竞争能力的主要因素。例如，目前影响建筑产品销路的主要因素是制造成本高、功能可靠性差，外观也不太好，那么就可以把这三项定为评价要素。

其次，定出各评价要素的比重。对各评价要素不能同等对待，应有主次之分。要定出位次，定出比重（权值）。比重值大小是基于调查研究的结果来定的，不能靠生产者的主观臆断。比如，经过对市场、用户的调查，发现绝大多数人都提出了提高功能可靠性的要求，但也有不少人要求降低价格，也有些人提出了外观的要求。再根据竞争能力的需要定出比重如下：功能比重为 30%，成本为 60%，外观为 10%。

再次，列表进行判定，见表 5-9。

判定表法 表 5-9

评价要求	比 重	对各要素的满足程度%		评价值	
		A	B	A	B
功能	0.3	80	60	24	18
成本	0.6	60	50	36	30
外观	0.1	10	80	1	8
Σ	1	150	190	61	56

表中 A、B 为两个备选方案。就 A 方案而言，A 能较好地满足功能要求，能满足降低成本的要求，同时适当顾及了外观。因而方案 A 对三个评价要素的满足程度可分别定为 80%、60%、10%。而对 B 方案而言，B 方案能较好地满足外观要求，基本上能满足功能要求，成本也降低不少，对三个评价要素的满足程度可定为：60%、50%、80%。如果不考虑评价要素的比重，则 B 的综合满足程度（190）超过 A（150），似乎应当选 B 更好，但是，如果考虑了市场和用户因素，则评价值可用比重与 A 或 B 各评定要求的满足程度的乘积的和来表示，显然可以看出 A 方案优于 B 方案。因此，选 A 方案。

思考题与习题

1. 什么叫做价值？提高价值的方法有哪些？
2. 什么叫价值工程？价值工程的核心是什么？
3. 价值工程的工作程序是什么？每个程序需要解决什么问题？
4. 选择价值工程对象的常用方法有哪些？
5. 方案创造的方法有哪几种？

第二篇　水工程建设项目概算

第六章　水工程建设项目投资

第一节　基本建设程序

一、基本建设的定义及内容

基本建设（capital construction）是指国民经济各部门完成固定资产再生产的手段及过程。也被称为在国民经济中投资进行建筑、购置和安装固定资产的活动以及与此有关的其他活动。它是实现国民经济和社会发展，增强综合国力和提高人民群众物质文化生活的重要途径，也是实现资金积累不可缺少的重要环节。

所谓固定资产（fixed assets）是指在生产过程中，能在较长时间内发挥作用而不改变其实物形态，其价值逐步转移到新产品中去的劳动资料，以及能在较长时期内为人民生活各方面服务的物质资料。

固定资产在生产和使用的过程中，会不断地磨损和逐渐损耗而最后丧失它的效用，为了保持企业和社会再生产能力正常地不断地进行，必须对固定资产的损耗进行补偿，以及在固定资产的使用价值全部丧失时进行更新。固定资产的不断补偿、更新和不断扩大的连续过程，就称为固定资产再生产。固定资产的再生产分为简单再生产和扩大再生产两种形式。固定资产的规模在原有的基础上重复，则称为简单再生产（simple reproduction）；当固定资产的规模在原有基础上扩大，就称为扩大再生产（expanded reproduction）。

实现固定资产的扩大再生产，可以采用两种形式：一种是通过对现有项目进行技术改造，用提高生产效率的方式扩大生产能力和效益，属于更新改造，它是固定资产在内涵上的扩大再生产；另一种是建设新项目或对现有项目进行改扩建，以扩大生产能力和效益，它是固定资产在外延上的扩大再生产。换句话说，基本建设是人们使用各种手段，对各种建筑材料、机械设备等进行建造、购置和安装，使之成为固定资产的过程。

基本建设按其经济用途和服务对象，可分为生产性建设和非生产性建设两类。

生产性建设是创造用于物质生产和直接为物质生产服务的固定资产,如工业建设、农林水利建设、运输邮电建设、建筑业及资源勘探业;非生产性建设是创造用于人们物质和文化生活的固定资产,如住宅建设、文教卫生体育建设、公用事业建设、科学实验研究建设和其他建设。

基本建设按其建设性质可分为新建、扩建、改建和恢复。新建是指建设新的项目;扩建是指为扩大原有企业产品的生产能力、增加新产品的生产能力而新建和扩建分厂、车间及其附属辅助工程项目;改建是指原有企业为提高产品质量、节约能源、降低材料消耗、改变产品结构、改革生产工艺、提高技术水平,而对原有固定资产进行整体技术改造;恢复是指原有固定资产由于自然灾害或战争而遭破坏,仍按原来规模予以重建。

此外,若按建设规模的不同,基本建设可分为大型项目、中型项目和小型项目的建设。划分标准因经济用途和行业不同而有所区别。

基本建设的划分虽有所不同,但其工作内容都是由下列三部分组成:

固定资产的建造和安装。即建筑物和构筑物的建筑工程与安装工程;

固定资产的购置。主要是设备、工具和器具的购置;

其他基本建设工作。指同固定资产的建筑、安装、购置相联系的一系列工作。主要包括勘察设计,土地征购,拆迁补偿,职工培训,科研实验,建设单位管理等工作。

当以货币形式表现基本建设各项工作活动的工作量时,称为基本建设投资。它是反映基本建设投资规模速度、比例关系、使用方法的综合指标。基本建设投资通常按主要用途,分为生产性建设投资及非生产性建设投资。

基本建设投资包括三大部分。第一部分费用:指工程费用,含建筑工程投资、设备安装工程投资、设备及工器具购置投资;第二部分费用:指其他基本建设投资(工程建设其他费用),含勘察设计、土地征购、拆迁补偿、职工培训、科研实验、建设单位管理等投资;其他投资:包括预备费、固定资产投资方向调节税、建设期借款利息、铺底流动资金等费用。

基本建设是国民经济的重要组成部分,贯穿于一切部门、行业之中,为一切部门和行业提供"物质技术基础",同时也需要各部门和行业投入产品、资金、技术、劳力和其他劳务与协作。

为了规定一定时期内,国家或地区、部门和企业的基本建设任务,需要编制一定时期内的基本建设计划。基本建设计划是国民经济和社会发展计划的重要组成部分,其主要任务是:规定基本建设的规模和投资方向;合理确定和安排各类建设项目,充分发挥投资效果,尽快增加新的固定资产和生产能力;保证发展国民经济和提高人民物质文化生产水平的需要;从国情出发,搞好综合平衡,保证重点,量力而行。

基本建设在国民经济的作用，主要表现为：

1）基本建设为国民经济各部门和各行业建立固定资产，提供生产能力，是扩大再生产及促进国民经济与社会发展的重要手段。

2）基本建设是有计划地调整产业结构、部门结构及地区结构，建立新的合理的部门结构和地区结构，促进新兴行业的发展，不断完善国民经济体系的有力保证。

3）基本建设是实现工农业、国防和科学技术现代化的重要条件。基本建设是实现固定资产的再生产，其内容与技术进步是密切相关的。通过基本建设增添新的先进的劳动手段，改进或替代原有的落后的劳动手段，用先进技术改造国民经济，不断提高国民经济技术水平，促进现代化的实现。

4）基本建设为社会提供住宅、科教卫生设施及其他文化福利设施、市政公用设施等，为改善和提高人们物质文化生活水平创造物质条件。

可见，基本建设在国民经济中的地位和作用，是由它所建造的固定资产的重要性所决定的。衡量一个国家经济实力的雄厚、社会生产力发展水平的高低，其中重要的标志之一是看它拥有的固定资产的数量多少及质量优劣。

但是，进行基本建设要在较长时期内占用和消耗大量财力、物力和人力，当建设过程终了，才能取得完整形态和完全的使用价值。因此，必须处理好一定时期的基本建设投资规模、速度、重大比例和结构关系，使其与国家能够提供的财力、物力和人力相适应；确定恰当的投资方向，合理安排外延扩大再生产和内涵的扩大再生产以及生产性建设和非生产性建设的投资比例等。反之，如果基本建设投资规模过大，增长过快，战线过长，远远超过国力的可能，致使建设周期过长，经济效益低下；而在具体项目的建设上不能做到优质、低耗和高效，则将会引起消极作用，不仅影响基本建设本身，而且也会影响经济的稳定，给生产和消费带来严重不良后果。

二、基本建设程序

基本建设工作牵涉面广，且环节多，是要由多行业和多部门密切协作配合的社会经济活动。因此，必须有组织、有计划、按顺序地进行。

基本建设程序（或基本建设工作程序，capital construction procedure）是指在工程项目建设全过程中，各项工作必须遵循的先后顺序。它是通过长期投资建设反复实践的总结，反映出人们对工程建设活动规律的认识和掌握。我国在经济建设中，经过多年来正反两方面的实践与总结，证明了坚持科学的建设程序进行建设是取得成效的先决条件，也是按照客观规律管理基本建设的一条根本原则。进行基本建设的工作程序见图 6-1。

基本建设的工作程序可归纳分成四大部分，即工程项目建设的前期工作、勘

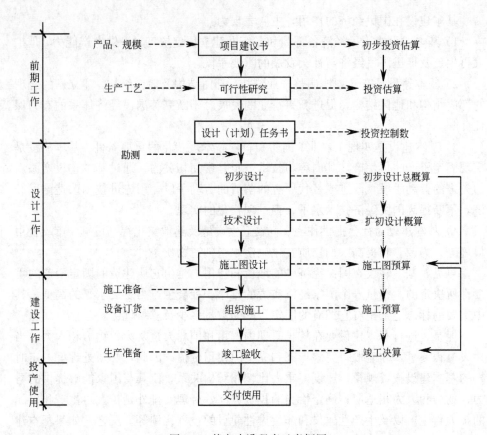

图 6-1 基本建设程序示意框图

察及设计期的工作、项目建设实施期的工作和建成投产后的工作。其中每部分工作都由若干个阶段和环节所组成。

（一）工程建设项目前期工作

项目建设前期工作，包括从成立项目、项目研究到评估与决策。工程项目的成立与否，它的规模和产业类型，技术设备与厂址选择，项目投资及资金的筹措等重大问题，都须在这一时期完成。具体包括如下阶段和环节：

1. 工程项目建议书阶段

项目建议书（project recommendation）是由建设项目主管单位根据国民经济和社会发展的中长期计划，结合行业或部门发展规划以及地区和城市发展规划的要求，通过调查研究编制提出的，通常称这个阶段为立项。它是选择建设项目和有计划地进行可行性研究的依据。项目建议书的主要内容是提出拟建项目的必要性（当需引进国外技术和进口设备时，应说明理由、引进国别及其初步分析），并对项目的生产建设条件、规模、投资估算和资金筹措（利用外资要说明方式和配套投资来源、偿还能力）、进度安排、经济效果和社会效益的估算等。项目建议书经有关主管部门批准，方可开始项目建设的可行性研究。对于项目建议书的编制常常采用下述方法进行。

1）机会研究

机会研究是指在一个确定的地区或部门内，以自然资源、市场预测和环境要求为基础，选择建设项目，为建设项目的内容、投资等提出建议，寻找最有利的投资机会。通过对自然资源情况，社会经济和工农业格局，基础设施现存问题的轻重缓急，地区和城市的发展目标，现有企业扩建到合理的经济规模的可能性，获得成功的经验以及得到失败的教训等方面的分析，来研究投资机会。

机会研究是比较粗略的，主要依靠笼统的估计，其投资额一般根据相类似的工程来估算。机会研究的功能是提供一个可能进行建设的投资项目内容、投资等，要求时间短、花钱不多。

2）预可行性研究（初步可行性研究）

对于一些较大型的、复杂的建设项目，机会研究后，还不能决定取舍时，为了保证项目建议书的科学性和准确性，还需进行建设项目的预可行性研究。其目的是分析机会研究的结论，并在较详细资料的基础上做出投资决定；确定有哪些关键问题需要进行辅助性的专题研究；设想判明这个建设项目是否有生命力。预可行性研究的内容基本同可行性研究，只是其研究深度不及可行性研究。

2. 项目可行性研究阶段

可行性研究（feasibility study）是投资决策前，对拟建中的项目在大量调查研究的基础上，从技术和经济上对项目是否可行进行全面的、综合的、较深入的研究与科学论证，经过对诸多方案的比较与选择，从而提出推荐的最佳方案。对所选择方案的所有基本问题做出明确结论和投资建议，并编写出建设项目可行性研究报告。建设项目可行性研究阶段是项目建设前期工作的中心环节，是确定项目取舍的关键。

3. 项目评估与决策

项目评估（project overall evaluation）是对项目可行性研究报告进行评价、审查和核实。评估工作由具有相应资质的咨询机构进行，对于重要项目，有时由多个咨询机构同时进行评估，评估须经技术经济分析、比较与论证，以求得建设项目最优投资方案、最佳质量目标和最短的建设周期。项目评估应提出评估报告，对项目是否可行做出公正、客观具有科学性的评价。评估报告经上级有关部门审核批准做出项目投资的决策。

项目决策（project decision）应根据国民经济发展的中长期计划和资源条件，正确处理局部与整体、近期与远期、社会效益与经济效益之间的关系，全面分析，搞好综合平衡；合理地控制投资规模与速度，讲究投资效益，预测投资回收期。

对技术引进项目决策时，要从我国实际情况出发，选择技术引进的内容和引进的方式，要从有利于产品产业的调整；能够发展和生产新产品；能提高产品质量和性能；能充分利用本国资源，扩大出口和增加外汇；能节约能源和材料；有利于环境保护和安全生产；有利于改善经营管理，提高科学技术水平等。

经过评估和决策后，建设项目的前期论证工作就算告一个段落，此时，上级主管部门应编写设计（计划）任务书，为下一阶段的工作提供依据。

（二）工程建设项目勘察、设计期工作

拟建项目在可行性研究报告经评估作出决策后，就进入建设项目勘察、设计期。

建设项目的勘察工作，是为建设项目设计提供工程依据的重要工作。它包括厂区、管道沿线的工程地质、水文及水文地质、地形地貌以及气象等方面的勘测。要求在进行勘察过程中按照国家有关的规范、规定执行，并保证结果的真实性、可靠性、科学性。勘察、分析完成后，应给出勘察报告书以及勘察图等。

建设项目的设计，是基本建设工作的一个重要阶段。建设项目的投资、质量和标准水平目标，是通过设计使其具体化的，它是设备购置、施工准备和组织施工的依据。编制建设项目设计文件，应贯彻国家有关经济建设的方针、政策，严格按照国家颁布的有关法律、法规和技术标准，根据必要的资料和相关文件进行设计。

按照国家现行规定，建设项目的设计工作，是分阶段进行的。一般大中型项目采用两阶段设计，即：初步设计和概算；施工图设计和工程预算。对于一些技术复杂、工艺新颖的重大项目，可根据行业特点和要求，采用三阶段设计，即：初步设计和概算；技术设计（扩大初步设计）和修正概算；施工图设计和工程预算。对特殊的大型项目，如联合企业、矿区、水利水电枢纽等，为解决总体部署和开发问题，可在初步设计之前，进行总体规划设计或总体设计，但总体设计不作为一个阶段，仅作为初步设计的依据。对于一些小型项目也可把初步设计和施工图设计合并，不再分为两阶段进行。

1. 编制初步设计文件阶段

初步设计（preliminary design）是根据已获批准的项目建设内容和相应的勘察资料进行编制的。它的任务是保证拟建项目在技术上的可能性和经济上的合理性，确定项目建设的主要技术方案、总投资和主要技术经济指标以及建设进度计划等。它的内容应有建设工程的说明，工艺设计和其他功能的设计方案，建筑物、构筑物的建筑设计方案和结构设计方案，给水、排水、消防设计方案，能源、照明、供暖、通风设计方案，污染预防和治理方案，总平面设计，工程总工期，工程总概算等。初步设计文件的深度，应能满足招标发包，投资包干，主要材料和设备订货的要求。初步设计经批准后，是编制技术设计或施工图设计的依据，也是确定建设项目总投资、编制建设计划和投资计划、控制工程拨款及进行施工准备工作的依据，经批准的初步设计和总概算，一般不得随意变更和修改。如需有重大变更时，必须上报原审批部门重新批准。

2. 编制技术设计文件阶段

技术设计（expanded preliminary design）是针对技术上复杂或有特殊要求，又缺乏设计经验的建设项目增加的一个设计阶段，用以解决初步设计阶段尚需进一步研究解决的一些重大问题，如生产工艺、新设备、大型建筑物、构筑物及特殊结构等的技术问题。技术设计根据批准的初步设计及总概算进行，编制深度应视具体项目情况、特点和要求确定，并能指导施工图设计。技术设计阶段应在初步设计总概算的基础上编制出修正总概算。技术设计文件要报主管部门批准。

3. 编制施工图设计文件阶段

施工图设计（working drawing design）是工程项目施工的依据，它是在批准的初步设计或技术设计的基础上进行详细而具体的设计，其详细程度应能满足建筑材料、构(配)件和设备购置，结构或系统的形式、尺寸、做法，以及非标准构(配)件和非标准设备加工、制作安装；满足编制施工图预算及组织施工生产的要求。其内容要有：

全项目性文件：设计总说明，总平面布置图及说明，各专业全项目的说明及室外管线图；工程总预算。

各建筑物、构筑物的设计文件：建筑、结构、水、暖、电气、工艺等专业图纸说明，以及公用设施，工艺设计和设备安装，非标准设备制造详图，单项工程预算等。

（三）工程建设项目建设实施期工作

完成设计后的工程建设项目，就进入了项目的建设实施期。在基本建设过程中，该期所花用时间最长。

1. 列出年度建设计划

建设项目的初步设计总概算文件，经批准即列入年度建设计划，批准的年度计划是进行基本建设拨款或贷款的主要依据。

2. 设备订货和施工准备

列入年度建设计划的拟建项目，必须完成施工前的各项准备工作后，由建设单位提出开工报告，经审查批准即正式开工建设。

建设部门（甲方，capital construction unit）在工程开工前，应完成建设用地的永久性或临时性征购、拆迁、赔偿，解决工地范围外的交通、水、电和其他能源供应，确定建筑材料的供应来源，定购各种设备、机器、仪表等，设立工程建设项目的管理机构、协调各方面的协作关系，做好生产前的准备工作（培训工人，制订操作规程和产品质量标准，原料、能源的供应等）。

施工部门（乙方，construction unit）在工程开工前，应熟悉设计图纸，进行现场测量放线，完成现场内的"三通一平"以及各种临时辅助生产、生活设施，按建设计划组织好工人、机具、材料等的进场或储备，完成施工组织设计，编制施工预算或施工图预算。

设计部门（丙方，design unit）在工程开工前，应全部提交施工图纸，并向施工现场人员进行技术交底。同时，随时为现场施工提供服务，保证工程的顺利进行。

3. 组织施工阶段

在工程正式施工与安装开始后，应在计划、技术、质量、安全、经济核算等方面进行科学管理，制订相应的职责范围、运行制度和操作规程。严格把握好工程质量、工程进度和工程造价三者之间的关系。在监理工程师的监督下，严格按施工组织设计的要求进行施工，搞好隐蔽工程、结构工程、重点部位等的工程质量验收，并做好相应的文字记录。

4. 竣工验收、交付使用阶段

在完成了工程局部验收后，应进行单机试运行，单位工程的准备使用，原料、燃料、动力等的准备，然后进入全项目性的运转调试，试生产。并准备进行工程建设项目的总验收，交付使用。

（四）工程建设项目建成投产期工作

建成投资期工作的主要内容是实现生产经营目标，归还贷款和回收投资。

如前所述，我国建设项目投资所需资金的筹措，随着基本建设投资体制的改革深化，新制度和新规定不断建立，并开始推行了资本金制度等。因此，从投资建设项目的完整周期上和从基本建设的管理上，项目建成投产后，对其进行总结评估，资金回收和偿还贷款就成为实现投资经济效果的重要环节，它是基本建设程序管理的延续和生产衔接的一个阶段。

1. 生产准备

对于生产性的大中型建设项目，做好生产准备工作，是保证项目建成及时投产，尽快达到设计生产能力，充分发挥投资效益的一个重要环节。

生产准备工作主要包括：培训必要的生产和管理人员，组织参加设备安装、调试和工程初验；组织订购原材料、协作产品，落实燃料、水、电、气及其他协作条件，并签订有关协议；准备生产流动资金等。大型项目应根据施工进度，经主管部门批准，可在工程施工同时，开展生产准备工作。

2. 产品生产

完成生产准备，并完成建设项目的总验收后，开始进行产品的生产、销售等生产期的工作，并做好偿还建设资金的准备。在该期间应做好提高产品质量、降低产品成本、增产增效等工作。

3. 建设项目的总结评估

建设项目总结评估（又称项目的后评估），是在项目投产一年以上并达到设计能力时进行。项目总结评估应依据实际的生产数据及后续年限的预测数据，对其技术水平、经营管理、产品市场、成本和效益等进行系统分析和评价，并与项目建设前期评估中相应的内容进行对比分析，找出两者差距及存在的问题、原因及影响因素，提出改进和建议措施，以提高项目的经济效益。

开展项目总结评估，有利于提高项目投资决策的科学性，为今后同类项目的前评估和决策，提供参照和分析的依据，防止和减少项目可行性研究的随意性。同时，项目总结评估，也是对项目进行调查研究和监督的有效办法。总结评估要由项目审批单位委托的工程咨询单位进行。

4. 资金回收、偿还贷款

项目建成并转入正常生产经营后，就要逐年从收入中收回投资，偿还全部贷款。为了保证资金能正常回收，应根据偿还贷款计划，建立一整套规章制度。在建设项目投资前，投资主体与企业签署贷款合同或协议，规定投资的回收期、回收量及预测风险的措施。在生产经营中，企业必须加强生产经营管理和财务管理，特别是债务管理，保证按计划、按期归还到期的借款和债务偿付。

三、建设项目的可行性研究

可行性研究是建设项目投资决策的基础，是对项目建议书进行技术、经济深入论证的一个重要阶段。其任务是必须深入研究有关市场、生产纲领、厂址、工艺技术、设备选型、土木工程以及管理机构等各种可能的选择方案，在实现项目目标的条件上使投资费用和生产成本减到最低限度，以取得显著的经济效果。这个阶段一般进行 $1\sim2$ 年，或更长时间，投资计算的精度要达到 $\pm10\%$，甚至 $\pm5\%$。

（一）可行性研究的内容

可行性研究在调查研究、收集资料、踏勘建设地点、初步分析投资效果的基础上，主要研究和解决下面几个问题：

1. 项目的社会需要性

水工程所研究的城市水源、供水排水、污水处理以及围绕这些内容的材料、设备等的生产是城市基础设施之一，是人民生活所必需的物质、是生产的重要原料、也是保证城市环境、保护人民身体健康的重要内容。其综合效益也是可观的。其中的自来水企业所创造的商品、排水企业实现的劳务价值都是其直接经济效益的体现；为城市各行业提供的原料，舒适的环境，从而为社会创造出新的价值是其间接效益的实现；还为城市的广大居民提供了不能以货币计量的社会效益。

2. 项目的技术可行性

选择既先进又适用，符合本国国情的生产技术方案，特别应注意要与当地的环境条件、人文条件、经济条件相适应，切忌盲目先进、盲目超前。落实生产建设条件，为项目及时上马做好各项前期准备工作，包括建设用地情况、移民拆迁情况、地方材料、施工条件的可行性。分析诸多被选方案在技术上能达到的效果和效率。当然，往往采用效益/费用比和技术经济指标来分析比较。

3. 项目的经济合理性

首先应详细计算项目的总投资、单位产品成本等各项指标并进行分析；通过投资利润率、投资回收期等指标，分析和评价项目的经济效果。

4. 项目的财务可能性

主要分析、研究和确认项目建设的资金来源，资金的使用及资金逐年的流动情况；借款资金的利率，还本付息的偿还办法。

5. 制订项目的实施计划

根据项目各项准备条件落实情况、项目的建设规模等诸多因素，制订项目实施计划。

（二）可行性研究的步骤

一般地，项目的可行性研究可分为以下步骤进行：

1. 开始筹划

根据国家、地区的国民经济与社会发展的计划或城市建设的总体规划、详细规划进行。就企业而言，则根据企业制订的发展计划，与主管部门一齐讨论研究建设项目的目的、范围、内容，特别应摸清主管部门的目标和意见。

2. 调查研究

调查研究包括产品需求量、价格、竞争能力、原材料、能源、工艺要求、运输条件、劳动力、外部工程、环境保护等各种技术经济的情况。每项调查研究都要分别做出评价。

3. 优化和选择方案

与主管部门进行讨论，将项目各个不同方面进行组合，设计出各种可供选择的方案，并经过多种方案的比较和评价，推荐出最佳方案。

4. 详细研究

对选出的最佳方案进行更详细的分析研究工作，明确建设项目的范围、投资、总成本、运营费、收入估算；并对建设项目的经济和财务情况做出评价；对建设项目资金来源的不同方案进行分析比较。经过分析研究应表明所选方案在设计和施工方面是可以顺利实施的；在经济上、财务上是值得投资建设的。并对建设项目的实施计划做出最后决定。为了检验建设项目的效果，还要进行敏感性分析，表明成本、价格、销售量等不确定因素变化时，对项目收益率所产生的影响。

5. 编制报告书

编制的可行性研究报告书的形式、结构和内容，除按通常作法外，对一些特殊要求，如国际贷款机构的要求，要单独说明。

（三）可行性研究报告的编制

1. 编制可行性研究报告的目的和作用

编制建设项目可行性研究报告的基本目的和作用是确定项目的取舍，但各个建设项目的情况和要求不同，有时还有些特别作用。主要有以下几方面：

1）作为建设项目投资决策的依据：可行性研究是建设项目投资的重要环节。国家规定，凡是没有经过可行性研究的建设项目，不能进行设计，不能列入计划。可行性研究是编制设计文件、进行建设准备工作的主要根据。它对一个建设项目的目的、建设规模、产品方案、生产方法、原材料来源、建设地点、工期、经济效益等重要问题，都要做出明确规定。

2）作为向银行申请贷款的依据：国内银行明确规定，根据企业提出的可行性研究报告，对贷款项目进行全面、细致的分析评价后，才能确定能否给予贷款。世界银行等国际金融组织都把可行性研究作为建设项目申请贷款的先决条件。他们审查可行性研究以后，认为这个建设项目经济效益好、具有偿还能力、不会承担很大风险时，才能同意贷款。

3）作为建设项目主管部门与各有关部门商谈合同、协议的依据：一个建设项目的原料、辅助材料、协作件、燃料以及供电、运输、通讯等很多方面，需要由有关部门供应、协作。这些供应的协议、合同都需要根据可行性研究签订。对于有关技术引进和设备的进口项目，项目可行性研究报告经过审查批准后，才能据以同外国厂商正式签约。

4）作为建设项目开展初步设计的基础：在可行性研究中，对产品方案、建设规模、厂址、工艺流程、主要设备选型、总图布置等都进行了方案比选及论证，确定了原则，推荐了建设方案。可行性研究经过批准、正式下达后，初步设计工作必须据此进行，不需另作方案比选，重新论证。

5）作为拟采用技术、新设备研制计划的依据：建设项目采用新技术、新设备必须慎重，经过可行性研究后，证明这些新技术、新设备是可行的，方能拟订研制计划，进行研制。

6）作为建设项目补充地形、地质工作和补充工艺性试验的依据：进行可行性研究，需要大量基础资料，有时这些资料不完整或深度不够，不能满足下个阶段工作的需要，应根据可行性研究提出的要求，进行地形、地质、工艺试验等补充工作。

7）作为安排计划、开展各项建设前期工作的参考：在可行性研究报告中，根据推荐方案的内容，结合当地的实际条件，提出了工程建设进度计划、资金筹措计划和资金使用计划等。在建设项目的实施过程中，应结合可行性研究报告提出的要求，安排计划、开展各项建设前期工作。

8）作为环保部门审查建设项目对环境影响的依据：为了保护环境、防止污染，国家规定任何建设项目的建设，都必须进行环境影响评价。而环境影响评价是根据可行性研究报告提出的内容进行的。

9) 作为其他有关部门审查建设项目对社会、交通、人们生活等影响的依据。

2. 编制可行性研究报告的基本要求

1) 坚持实事求是，保证可行性研究的科学性：在编制可行性研究报告时，必须实事求是，在调查研究的基础上，作多方案比较，按实际情况进行论证和评价；按科学规律、经济规律办事，绝不能先定调子；在编制过程中，必须保持客观立场和公正性，以保证可行性研究的科学性和严肃性。

2) 内容深度要达到标准：可行性研究的内容和深度在不同行业，视不同项目应有所侧重，但基本内容要完整，文件要齐全。其深度应能满足确定项目投资决策的要求和编制设计任务书的依据等上述各项作用的要求。

3) 编制单位要具备一定条件：可行性研究报告是起决策作用的基本文件，应该保证质量。承担编制任务的单位要具备技术力量强、实践经验丰富、有一定装备的技术手段等条件。目前，可以委托经国家正式批准颁发证书的设计单位或工程咨询公司承担。委托单位向承担单位提交项目建设书，说明对建设项目的基本设想，资金来源的初步打算，并提供基础资料。为了保证可行性研究报告的质量，应有必要的工作周期，不能采用突击方式，草率从事、编制可行性研究应采用由委托单位和承担单位签订合同的方式进行，以便对双方起制约作用，如发生问题时，可依据合同追究责任。

3. 编制可行性研究报告的依据

1) 国家经济建设的方针、政策和长远规划：一个建设项目的可行性研究，必须根据国家的经济建设、政策和长远规划以及对投资的设想来考虑。所以对产品的要求、协作配套、综合平衡等问题，都需要按长远规划的设想来安排。

2) 委托单位的设想说明：有关部门在委托进行可行性研究任务时，要对建设项目提出文字的设想说明（包括目标、要求、市场、原料、资金来源等等），交给承担可行性研究的单位。

3) 经国家正式批准的资源报告、国土开发整治规划、河流流域规划、路网规划，工业基地规划等。

4) 可靠的自然、地理、气象、地质、经济、社会等基础资料：这些资料是可行性研究进行厂址选择、项目设计和技术经济评价必不可少的资料。

5) 有关的工程技术方面的标准、规范、指标等：这些工程技术的标准、规范、指标等都是项目设计的基本根据。承担可行性研究的单位，都应具备这些资料。

6) 国家公布的用于项目评价的有关参数、指标等：可行性研究在进行评价时，需要有一套参数、数据和指标，如基准收益率、折现率、折旧率、社会折现率、高速外汇率等。这些参数一般都是由国家公布实行的。

（四）可行性研究报告的组成内容

对于水工程项目中的给水、排水、防洪等工程可行性研究报告的组成内容如下。在编制过程中，对章节内容可根据工程具体情况，适当加以调整或补充新的章节，以说明一些特殊问题。

前言：应说明工程项目的建设目的和提出的背景、建设的必要性和经济意义；简述可行性研究报告编制过程；指出可行性研究的技术、经济等多方面的结论。

1. 总论

1）编制依据：应含有上级部门的有关文件和主管部门批准的项目建议书；上级或主管部门有关方针政策方面的文件；委托单位提出的正式委托书和双方签订的合同（或协议书）；环境质量（影响）评价报告书；城市总体规划文件；大型城市给水工程应有"水资源报告书"；对城市防洪工程还应有流域规划报告文件。

2）编制范围：按照合同（或协议书）中所规定的范围以及经双方商定的有关内容和范围。

3）城市概况：包括城市的历史沿革，行政区划；城市的性质及规模；城市的社会经济及市政基础设施；城市或地区的自然条件，包括地形、河流湖泊、气象、水文、工程地质、地震、水文地质等；给水工程还应有给水现状及规划；对排水工程还应包括城市排水现状与规划概况，城市水域污染概况；防洪工程还应包括城市防洪工程及规划概况，历史洪灾情况等。

2. 方案论证

对给水工程项目应进行水源论证，包括在不同保证率下的水量平衡、水质情况；各类用户耗水定额的确定分析；不同水源方案下的论证和技术经济比较；取水方式、位置的论证选择等。根据城市规划、自然条件、结合现有给水设施，从技术、经济及消耗能源与主要材料等方面综合比较，进行输水方式、输水线路的选择，并提供建设（或分期建设）方案；对净水厂及主要加压泵站位置及布局、净水厂工艺、配水系统（包括分区、分压、分质供水）方案论证。大型或较复杂工程应进行系统工程分析及论证。

对排水工程项目首先应对雨、污水排水体制（分流制或合流制），排水系统布局，排放污水水质、水量情况以及污染环境治理情况进行分析、论证；其次对排水管网布置、走向以及污水处理厂的位置、布局，污水处理厂的污水、污泥处理与处置工艺、污水和污泥综合利用的分析论证；污水不经处理或简易处理后向江、河、湖、海排放或回收利用的可行性论证。对大型或较复杂工程应进行系统工程分析及论证。

对城市防洪工程项目的方案论证应包括水文水力计算、拆迁征地范围的论证；对周围环境，其他专业的协调配合，包括对港口、码头、桥梁、滨河公园、市内排水、航运等配合问题；建筑材料、交通运输及主要协作条件的分析论证。

3. 工程方案内容

对于给水、排水工程项目应提出设计原则，城市防洪工程项目除了提出设计原则还应提出设计标准。

对给水工程项目的工程方案设计论证首先应确定工程项目规模及内容，包括工程规模（设计水量）以及送水天数；确定取水枢纽、加压泵站、输水管道（渠道）规模，水厂净化能力及日、时变化系数的选用等。然后，对取水构筑物、输水管渠以及加压泵站、净水、蓄水、配水等工程进行方案设计。说明地面水取水枢纽或地下水源地的设计原则和方案比较，水源卫生防护措施的原则；说明不同的输水管渠走向、长度、管径（断面）、条数、材料等的技术经济比较，主要穿越特殊构筑物以及加压泵站的级数等；说明净水厂净化能力、位置、占地面积、净水方式选择、工艺流程、总平面布置原则，排泥废水的处理回收措施，排放水对水体或环境的影响等；说明厂、站供电容量、电压等级、安全程度以及自动化管理水平等；说明厂、站的水源保护及绿化措施，采暖方式、采暖耗热量、采暖的热媒以及来源等；计算出工程方案的主要技术经济指标，包括给水工程综合经济指标（元/m^3/d）、单项工程经济指标（元/m^3/d，元/m，元/m^3/d/km）、装机容量（kW，kVA），占地面积（m^2，hm^2）等。

对排水工程项目的工程方案设计论证首先应对各排水系统方案进行技术经济比较论证，并提出工程规模、规划人数及污水量定额，合流系统截留倍数的论证确定；主干管道（渠道）断面、走向位置、长度、倒虹吸管的论证确定。泵站及污水处理厂座数等的论证确定，污水水质及处理程度的论证确定。污水处理厂的污水、污泥处理工艺流程的论证确定，以及污水回用和污泥综合利用的说明。说明厂、站的供电容量、电压等级、安全程度，自动化管理水平，绿化及卫生防护等；说明改扩建项目对原有固定资产的利用情况，采暖方式、耗热量、热媒以及热源等。计算出工程方案的主要技术经济指标。

对城市防洪工程项目的工程方案设计论证首先应说明建设目的、规模、保护范围；说明工程总体布置，包括布置原则、工程措施、总工程量；说明主要技术经济指标；管理机构的设置及人员编制；进行方案比较，择优推荐方案。

4. 管理机构、劳动定员及建设进度设想

根据行业规定，自动化程度并参照有关厂、站情况设置厂、站管理机构，并进行人员编制安排（附定员表）及生产班次划分；并按工程量情况、施工现场大小以及建设要求等进行建设进度和计划的安排或建设阶段划分（附建设进度设想表）。

5. 投资估算及资金筹措

应指出编制说明及编制依据，包括计算依据、基本资料及定额来源等；按建设项目子项编制工程投资估算表及近期工程投资估算表。说明建设资金来源，申请国家投资、地方自筹、贷款等资金数量；列表说明资金的构成，资本金以及其他资金来源占总投资的比例。

6. 财务预测及工程效益分析

列表说明资金专用情况、分年投资计划，固定资产折旧情况；预测给水单位产水量或污水处理单位水量或防洪工程的单位成本（元/m³）及建设单位水量售价或排水收费标准；列表进行财务效益分析，计算投资效益、投资回收期、动态分析、敏感性分析等；进行工程效益分析，包括节能效益、经济效益、社会效益和环境效益等。

7. 结论和存在问题

在技术、经济、效益等方面论证的基础上，提出对项目的总评价和推荐方案的意见，相应的非工程性措施建议及分期建设安排的建议，说明有待进一步研究解决的主要问题。

除了上述内容外，还应有附图以及各类批准文件和附件，一般包括总体布置图、方案比较示意图、工艺流程图、厂区或泵站平面图及主要构筑物图。

第二节　建设项目总投资

建设项目总投资是指拟建项目从筹建到竣工验收以及试车投产的全部费用，简称投资费用、投资总额，有时也简称"投资（investment）"。它包括建设投资（固定资金，fixed funds）和流动资金（current funds）两部分，目的是保证项目建设和生产经营活动正常进行的必要资金。从企业财务角度讲，这些投资将形成企业的固定资产、无形资产、递延资产和流动资产。

一、建设项目总投资构成

建设项目总投资构成见图 6-2。显然，固定投资（fixed investment）是建设项目总投资的主要组成部分，一般地，固定资产投资远远大于无形资产和递延资产投资。因此，目前，对建设项目总投资构成常常采用图 6-3 的形式。

显然，简图中的固定资产投资中含有无形资产、递延资产投资内容。由于未包括流动资金借款，简图的建设项目总投资仅包含项目建设时所花费用情况，而铺底流动资金只是为项目正常运营而预备的部分费用。

建设项目总投资按其费用项目性质分为静态投资、动态投资和流动资金等三个部分。静态投资包括固定资产、无形资产、递延资产投资，以及基本预备费。动态投资是指建设项目从估（概）算编制时间到工程竣工时间由于物价、汇率、税费率、劳动工资、贷款利率等发生变化所需增加的投资额，主要包括建设期贷款利息、汇率变动及建设期涨价预备费。

固定资产投资方向调节税，是国家对单位和个人用于固定资产投资的各种资金征收的一种行为税。这里的固定资产投资包括基本建设投资、更新改造投资、商品房投资和其他固定资产投资等；不包括中外合资、合作经营企业及外资企业的固定资产投资。各种资金是指国家预算资金、国内外贷款，借款、赠款、各种自有资金、自筹资金和其他资金。

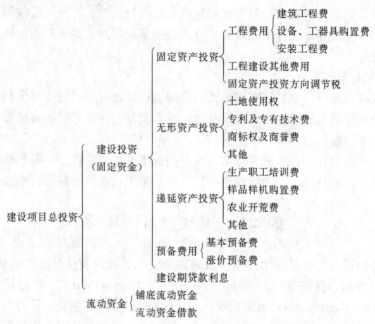

图 6-2   建设项目总投资构成

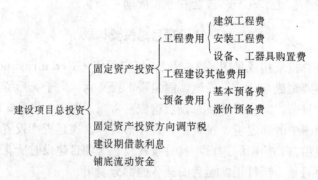

图 6-3   建设项目总投资构成简图

其税率是根据国家产业政策、发展顺序和项目经济规模实行五个档次（0%、5%、10%、15%和30%）的差别比例税率。固定资产投资方向调节税，应计入项目总投资，但不作为设计、施工和其他取费的基础。其计税依据是以固定资产投资项目实际完成投资额，包括建筑工程费、设备及工器具购置费、安装工程费、工程建设其他费用以及预备费。但更新改造项目是以建筑工程实际完成的投资额为计税依据。

建设期利息，国外称为资本化利息。按我国规定，企业长期负债应计利息支出。筹建期间的，计入开办费；生产期间的，计入财务费用；清算期间的，计入清算损益。其中：与购建固定资产或者无形资产有关的，计入购建资产的价值。

二、建设项目资产与投资的关系

建设项目资产按其流动性分为固定资产、无形资产、递延资产和流动资产。

1. 固定资产

固定资产（fixed assets）是指使用期限超过一年，单位价值在规定标准以上，并且在使用过程中保持原有物质形态的资产，包括房屋及建筑物、机器设备、运输设备、工具器具等。《工业企业财务制度》进一步规定：不属于生产经营主要设备的物品，单位价值在 2000 元以上，并且使用期限超过两年的，也应当作为固定资产。

简言之，作为企业主要劳动资料的固定资产，具有两个主要特点：一是使用期较长，一般在一年以上；二是能够多次参加生产过程，不改变其实物形态。

2. 无形资产

无形资产（intangible assets）是指企业能长期使用但是没有实物形态的资产，包括专利权、商标权、土地使用权、非专利技术、商誉等。它们通常代表企业所拥有的一种法定权或优先权，或者是企业所具有的高于一般水平的盈利能力。

（1）专利权是指对某一产品的造型、配方、结构、生产工艺或流程拥有专门的特殊权利。

（2）商标权是指商标经过注册登记，享有受法律保护的商标使用权。

（3）土地使用权是土地经营者对依法取得的土地在一定期限内进行建筑、生产或其他活动的权利。

（4）非专利技术是指运用先进的、未公开的、未申请但可以带来经济效益的技术及诀窍。通常称为专有技术或技术诀窍。主要包括工业专有技术、商业（贸易）专有技术和管理专有技术等。

（5）商誉是指某一企业由于信誉好而得到客户信任，或者由于生产经营效益好，或者由于技术先进等形成的无形价值。

无形资产主要具有四个特点。一是非物质实体，但具有价值，其价值体现为一种权利或获得超额利润的权利；二是可在较长时期内为企业提供经济效益；三是所提供的未来经济效益存在有很大的不确定性，有可能随着新技术、新工艺、新产品的出现而失去其价值；四是有些无形资产的存在及其价值不能与特定企业或企业的有形资产分离。因此，在财务处理上，购入或者按法律程序取得的无形资产支出，一般都予以资本金化，在其受益期内分期摊销。

3. 递延资产

递延资产（project prepare assets）是指不能全部计入当年损益，应当在以后年度内分期摊销的各项费用，包括开办费，以经营租赁方式租入的固定资产改良支出等。

（1）开办费是指企业在筹建期间发生的费用，包括筹建期间人员工资、办公费、培训费、差旅费、印刷费、注册登记费以及不计入固定资产和无形资产购建成本的汇兑损益和利息等支出。企业发生的下列费用，不应计入开办费：应由投资者负担的费用支出；为取得各项固定资产、无形资产所发生的支出；以及应计入资产价值的汇兑损益、利息支出等。

（2）以经营租赁方式租入的固定资产改良工程支出，是指能增加以经营租赁方式租入的固定资产的效用或延长其使用寿命的改装、翻修、改建等支出。该项支出应在租赁有效期限内分期摊入制造费用或者管理费用。

如上所述，筹建期间长期借款的利息支出应是：与购建固定资产或者无形资产有关的利息支出，进入购建资产的价值；不计入固定资产和无形资产成本的利息支出，计入开办费。同时，固定资产投资中的预备费用也应按比例分别进入固定资产与无形资产价值。在项目财务评价中，为了简化计算，可将预备费用和建设期利息全部计入固定资产原值。

4. 流动资金与流动资产

项目流动资金（operating fund）是流动资产的货币表现。

流动资产（current assets）是指可以在一年内或者超过一年的一个营业周期内变现或者运用的资产，包括货币资金、应收账款、存货等。

（1）货币资金是指企业在生产经营活动中停留于货币形态的一部分资金。它是企业流动资金的重要组成部分。为了保证企业能正常进行生产，必须要有一定数额的货币资金。

货币资金包括现金和各种存款。现金是指库存现金，其流动性最大，是立即可投入流通的交换媒介，可以随时用于购买所需的物资或支付有关费用，也可随时存入银行。各种存款是指企业存入银行的各种款项，它可以用于企业各项经济往来的结算、补充库存现金等。根据现金管理制度和结算制度的规定，企业的货币资金除在规定限额以内可以保存少量现金以外，都必须存入银行。

（2）应收账款是指企业对外销售商品产品、提供劳务等形成的尚未收回的被购货单位、接受劳务单位所占有的本企业资金。企业只有在实现销售并取得货币资金，才能补偿企业生产经营中的各种耗费，确保企业资金的循环周转，因此企业应控制应收账款的限额和收回的时间，采取有效措施，及时组织催收，避免企业资金被其他单位占用。

（3）存货是指企业为销售或耗用而储存的各种资产。由于它们经常处于不断销售和重置、或耗用和重置中，具有鲜明的流动性，所以，存货是流动资产的重要组成部分，而且是流动资产中所占比例最大的项目。按存货在生产经营中所处的阶段不同，可包括以下三个方面的有形资产。

① 企业在正常生产经营过程中处于待销售过程中的资产，如库存产成品等；

② 为了出售而处于生产加工过程中的资产，如在产品等；

③ 为产品生产耗用储存的各种资产，如原材料等。

以工业企业为例，存货通常包括各种原材料、燃料、包装物、低值易耗品、在产品、外购商品、协作件、自制半成品、产成品等。亦即，存货所占用的资金不仅包括生产领域中的储备资金和生产资金，还包括流通领域中的成品资金。

（4）应付账款是指企业外购原材料、燃料、动力和商品备件等应付的货币资金，也就是项目所处企业欠其他企业的货币资金。因此，又称流动负债（Floating Liabilities）。企业在具备原材料、燃料、动力等必备条件下才能实现产品的生产，才能确保项目投资目的的实现。

流动资金经常与净流动资金一词作为同义词使用，亦称营运资金。净流动资金是企业在生产经营周转过程中可供企业周转使用的资金，是建设项目总投资的重要组成部分，为项目投产筹资所用（见图 6-4）。

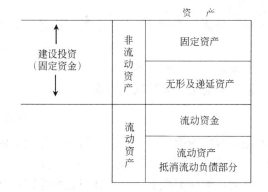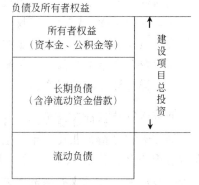

图 6-4　资产与负债及所有者权益

由图 6-4 可见：

$$净流动资金＝流动资产－流动负债 \qquad (6-1)$$

或：
$$净流动资金＝建设项目总投资－建设投资 \qquad (6-2)$$

$$流动负债＝应付账款 \qquad (6-3)$$

应注意，流动资金不应与生产经营期间因流动资产及流动负债发生变化而产生的流动资金净增额或净减额相混淆。

由图 6-4 还可以看出企业负债包括流动负债和长期负债。流动负债是指可以在一年或者超过一年的一个营业周期偿还的债务，包括短期借款、应付和预收货款等；长期负债是指偿还期限在一年以上或者超过一年的一个营业周期以上的债务，包括长期借款、应付长期债券、应付引进设备款等。净流动资金借款有两种情况，一是与固定资产投资借款相同，作为长期借款的一部分，按约定期限，归还借款本金；二是按我国现行体制，由银行贷款，企业长期占用，按期结算（比如按季结算），有借有还，从资金的长期占用这个意义上来说，也可视同长期负债，但真正归还银行借款本金的时间应在计算期末，这是与长期负债的不同之点。

三、流动资金计算

1）扩大指标估算法：是按照流动资金占某种费用基数的比率来估算项目所需流动资金。常用的费用基数一般有销售收入、经营成本、总成本费用和固定资产投资等，采用何种基数依行业习惯而定。所采用的比率根据项目的特点，按以往已建成运行的类似项目的数据确定，或依行业或部门给定的参考值确定。也有的行业习惯按单位产量占用流动资金额估算项目所需流动资金。该方法简便易行，但误差较大，适用于项目初选阶段，即项目决策研究的早期。

2）分项详细估算法：是国际上通行的流动资金估算方法。按照下列公式，分项详细估算。

$$流动资金＝流动资产－流动负债 \tag{6-4}$$

$$流动资产＝货币资金＋应收（预付）账款＋应付（预收）账款＋存货 \tag{6-5}$$

$$流动负债＝应付（预收）账款 \tag{6-6}$$

$$流动资金本年增加额＝本年流动资金额－上年流动资金额 \tag{6-7}$$

为了详细计算流动资产和流动负债，必需引入周转次数概念。

$$周转次数＝\frac{360 天}{最低需要周转天数} \tag{6-8}$$

周转天数是指企业在一年的生产经营时段内为保证生产经营所需，在企业内存留货币资金、原材料、燃料等的天数。周转天数愈长库存货币资金、原材料、燃料等的量愈大，会造成流动资产大；反之，周转天数愈短，会造成正常生产经营的原材料、燃料等的缺乏而影响生产经营的正常进行。显然，既要保证生产经营的正常进行，又要防止流动资产太大，造成项目投资大，就需确定一个合理的周转天数，这就是常说的最低需要周转天数。最低周转天数的确定应根据运行成本中各项的实际情况而定，并考虑一定的保险系数，它们可能相同，也可能不相同。

1）货币资金估算

$$货币资金＝\frac{年工资及福利费＋年其他费用}{周转次数} \tag{6-9}$$

年其他费用＝制造费用＋管理费用＋财务费用＋销售费用－以上四项费用所包含的工资及福利费、折旧费、摊销费、修理费和利息支出。

2）应收（预付）账款估算

$$应收（预付）账款 = \frac{年经营成本}{周转次数} \tag{6-10}$$

3）存货的估算

存货应包括各种外购原材料、燃料、包装物、低值易耗品、在产品、外购商品、协作件、自制半成品和产成品等。在这里，存货一般仅考虑外购原材料、燃料、在产品、产成品，也可以考虑备品备件。

$$存货 = 外购原材料、燃料 + 在产品 + 产成品 \tag{6-11}$$

$$其中：外购原材料、燃料 = \frac{全年外购原材料、燃料费用}{周转次数} \tag{6-12}$$

$$在产品 = \frac{年外购原材料、燃料及动力费用 + 年工资及福利费 + 年修理费 + 年其他制造费用}{周转次数}$$
$$\tag{6-13}$$

$$产成品 = \frac{年经营成本 - 销售费用}{周转次数} \tag{6-14}$$

4）应付（预收）账款的估算

$$应付（预收）账款 = \frac{年外购原材料、燃料及动力费用 + 商品备件费用}{周转次数} \tag{6-15}$$

在进行分项详细估算流动资金时，对于存货中的外购原材料、外购燃料要区别品种和来源，考虑运输方式和运输距离等因素分别确定。不同生产负荷下的流动资金是按不同生产负荷时的各项费用金额分别按照给定的公式计算出来的，而不能按100%负荷下的流动资金乘以负荷百分数求得。流动资金属于长期性（永久性）资金，它的筹措可通过长期负债和资本金（权益融资）方式解决。流动资金借款部分的利息应计入财务费用。项目计算期末应收回全部流动资金。

【例6.1】　某污水处理厂建设项目第三年开始投产，投产后的年生产成本和费用如表6-1所示。各项流动资产的周转天数如表6-2。

年生产成本和费用估算表　　　　单位：万元　　**表6-1**

序号	年份／项目	投产期		达产期		
		3	4	5	6	……
	生产负荷（%）	50%	80%	100%	100%	
1	电费	60	85	106	106	
2	药剂费	3	5	7	7	
3	工资福利费	35	35	35	35	
4	修理费	10	20	30	30	
5	年折旧额	190	190	190	190	
6	摊销费	88	88	88	88	
7	财务费用	196	177	158	140	
8	管理费用及其他	28	38	47	47	
9	年总成本	610	638	661	643	
10	年经营成本（9－5－6－7）	136	183	225	225	

应收账款、应付账款、存货及现金的最低周转天数表   单位：天   表 6-2

序号	项目	最低周转天数
1	应收账款	60
2	应付账款	60
3	存货	120
4	现金	45

【解】   按以上资料，列表（见表 6-3）算出流动资金的需要量和逐年的投入量。

流动资金估算表   单位：万元   表 6-3

序号	项目	最低周转天数	周转次数	投产期		达产期			对应表 6-1 的成本费用项目编号
				3	4	5	6	……	
1	流动资产								
1.1	应收账款	60	6	22.7	30.5	37.5	37.5		10
1.2	存货	120	3						
1.2.1	药剂费			1.0	1.7	2.3	2.3		2
1.2.2	在产品			36.0	48.3	59.3	59.3		1+2+3+4
1.2.3	产成品			45.3	61.0	75.0	75.0		10
1.3	现金	45	8	7.9	9.1	10.3	10.3		3+8
	小计			112.9	150.6	184.4	184.4		
2	流动负债								
2.1	应付账款	60	6	10.5	15.0	18.8	18.8		1+2
3	流动资金			102.4	135.6	165.6	165.6		
4	流动资金本年增加额			102.4	33.3	30.0	0.0		
5	流动资金借款额			52.7	86.0	115.9	115.9		
6	流动资金借款利息			3.1	5.0	6.8	6.8		年利率 5.85%
7	自有资金			49.7	49.7	49.7	49.7		为正常年份的 30%

四、估算、概算、预算、结算（决算）之间的关系

完成一项基本建设项目，往往需耗资几百万、几十万，大的建设项目要耗资几亿、几十亿乃至更多。认真做好建设项目各阶段的工程费用计算，可以提高投资效益，防止在工程项目建设中概算超估算、预算超概算、决算超预算的所谓

"三超"现象。算得准，控得住工程费用，是一个系统工程，它具有整体性、全过程、全方位和动态等性质特征。建设工程全过程的费用计算（见图6-1）可包括：前期研究阶段，包括项目建议书（又称立项）估算、可行性研究的估算或概算；设计阶段，包括初步设计总概算、施工图预算；施工阶段，包括招标、投标预算、施工图及施工预算、工程竣工结算（决算）；生产（使用）阶段，包括产品成本预算、设备更新预算等。各个阶段的工作影响工程费用的程度是不同的，从决策到初步设计结束，影响工程费用的程度为90%～75%；技术设计阶段为75%～35%；施工图设计阶段为35%～10%；施工实施阶段通过技术组织措施节约工程造价的可能性只有5%～10%。因此，建设工程各个阶段的工程，前一阶段比后一阶段更重要，其节约工程费用的潜力也更大。

投资计算的方式很多，有的国家把各设计阶段的投资计算统称估算。在我国和许多国家，把项目建设的整个发展时期的投资计算分为：估算、概算、预算和决算四种，见表6-4。

估算是指项目决策阶段的投资计算工作，按深度它分概略估算和详细估算。概略估算是根据实际经验、历史资料采用宏观的方法进行估算。这种方法虽然精确度不高，但在项目决策的初始阶段（比如项目建议书阶段）是十分必要的。详细估算（比如可行性研究阶段）是根据管道、厂、站工程综合指标或分项指标以及设计资料进行估算。概算是指项目初步设计或可行性研究阶段的投资计算工作，按概算范围它分总概算、单项工程综合概算及单位工程概算。总概算是详细地确定一个建设项目（如工厂），从筹建到建成投入使用的全部建设费用的文件，它由工程费用（各单项工程的综合概算）、工程建设其他费用及预备费等组成。单项工程综合概算是确定某一个单项工程的工程费用文件，它是按某个完整的工程项目（如工厂的办公楼或生产车间等）来编制。单位工程概算是具体确定单项工程内各个专业（如工厂的办公楼中的建筑工程或安装工程等）设计的工程费用文件。概算是根据各类设计图纸和概算定额或预算定额编制。

预算是指项目施工图设计阶段或项目实施阶段的工程费用计算。一般按单位工程或单项工程编制。根据施工图设计图纸及预算定额编制。

综上所述，估算是由于条件限制（主要是设计图的深度不够），不能编制正式概算而对项目建设投资采取粗算的做法，这是估算与概算在计算方法上的区别。而设计概算是初步设计文件的一个重要组成部分，是工程费用拨款的依据，而估算只是项目筹建阶段上级审批项目建议书、可行性研究报告及项目设计任务书中对项目建设总投资的一个控制指标。概算与预算比较，预算比概算更细。原则上，工程预算应不大于工程概算，工程概算不大于工程估算。

表6-4

英、美投资估算类型概况一览表

序号	估算种类、要求的精度及作用						估算所需时间(天)	估算所需的技术条件	相当于我国的设计阶段
	英国			美国					
	估算种类	允许误差	作用		允许误差	作用			
1	数量级估算或称"拍脑袋"估算、"比例"估算、"球场"估算	<±30%	设想兴趣粗略筛选	毛估	20%~30%	判断是否进行下一段工作	7	产品大纲、工厂规模、工厂址和布置(包括车间组成)	投资设想阶段项目规划阶段
2	研究性估算、或称评价估算、初步估算	<±20%	判断下达设计任务书	研究性估算或称初估	15%~20%	设想列入投资计划	10	产品大纲、工厂规模、工厂址和布置(包括车间组成)设备表及设备价格表	项目建议书阶段
3	预算性估算或称认可估算	<±10%~15%	决心下达设计任务书批准资金	初步估算	10%~15%	据此列入投资计划	14	产品大纲、工厂规模、工厂址和布置(包括车间组成)设备表及设备价格表、马达功率表、管线及仪表示意图、电器原理单线图	可行性研究阶段
4	控制性估算、确切估算	<±10%	控制投资	确切估算	5%~10%	确定投资额	21	产品大纲、工厂规模、工厂址和布置(包括车间组成)设备表及设备价格表、马达功率表、管线及电气线路系统图、建筑结构一览表现场施工图	初步设计阶段
5	详细估算、投标估算、最终估算	≤±10%	投标订合同拨款	详细估算	<5%	投标订合同拨款	61	同上,另外应有:详细的施工图和技术说明书	施工图设计阶段

竟工决算是全面反映一个建设项目或单项工程从筹建到竣工投产全过程中各项资金的实际使用情况和设计概（预）算执行的结果。如果说设计总概算是项目建设的计划投资,则竣工结算是施工企业及建设单位完成项目建设的实际投资,实际比计划超过了还是结余了,通过分析可以研究其产生的原因。工程结算是施工企业完成工程任务后,按照合同规定向建设单位进行办理工程价款的结算,根据建筑产品的特点,工程结算的方式可分为工程价款结算、年终结算和竣工结算。

五、建设项目投资估算方法

投资估算的方法有许多,常用的估算方法有：系数估算法、单元估算法、概算指标估算法等。

（一）指数估算法

指数估算法,又叫生产能力指数法,是用已建成的、性质类似的建设项目或生产装置的投资额和生产能力及拟建项目或生产装置的生产能力来估算拟建项目的投资额。计算公式为：

$$C_2 = C_1 \left(\frac{A_2}{A_1} \right)^n \cdot f \tag{6-16}$$

式中　C_1——已建类似项目或装置的实际投资额；

C_2——拟建项目或装置的所需投资额；

A_2——拟建项目或装置的生产能力或主导参数；

A_1——已建类似项目或装置的生产能力或主导参数；

f——为不同时期、不同地点的定额、单价、费用变更等形成的综合调整系数。

n——生产能力指数,$0 \leqslant n \leqslant 1$。

若 $\dfrac{A_2}{A_1} = 0.5 \sim 2$,则指数 n 的取值近似为 1；

若 $\dfrac{A_2}{A_1} \leqslant 50$,且拟建项目的扩大仅靠增大设备规模来达到时,则指数 n 取值约为 $0.6 \sim 0.7$ 之间；若是靠增加相同规格设备的数量来达到时,则指数 n 取 $0.8 \sim 0.9$ 之间。

指数 n 的确定也可通过调查收集诸多类似项目的 C 和 A 值,采用算术平均法计算 n 值。

【例 6.2】　某拟建项目的生产规模为 50 万 m^3/d,并调查收集了类似项目的投资额 C 和生产能力 A（见表 6-5）,综合调整系数为 1.0,试估算该拟建项目的投资额。

求 解 指 数 计 算 表   表 6-5

序号	规模 A（万 m³/d）	投资 C（万元）	$Y_m = \dfrac{C_{m+1}}{C_m}$	$Z_m = \dfrac{A_{m+1}}{A_m}$	$n_m = \dfrac{\lg Y_m}{\lg Z_m}$
1	3	600	1.90	2.00	0.926
2	6	11400	1.62	1.67	0.948
3	10	18500	2.30	1.25	0.908
4	25	42500	1.51	1.60	0.871
5	40	64000	1.63	1.63	1.000
6	65	104000	1.25	1.32	0.769
7	86	129000	1.01	1.05	0.254
8	90	130500	—	—	—

【解】　1）根据收集的资料，计算已获得资料各自的生产能力指数 n_m，见表6-5。

2）采用算数平均法计算该项目的指数 n：

$$n = \frac{1}{m}\sum_{m=1}^{m=7} n_m = \frac{1}{7} \times (0.926 + 0.948 + 0.908 + 0.871 +$$
$$1.000 + 0.769 + 0.254) = 0.811$$

3）采用 $C_1 = 64000$ 万元、$A_1 = 40$ 万 m³/d，得：

$$C_2' = C_1 \left(\frac{A_2}{A_1}\right)^n \cdot f = 64000 \times \left(\frac{50}{40}\right)^{0.811} \times 1.0 = 76696 \text{ 万元}$$

4）采用 $C_1 = 104000$ 万元、$A_1 = 65$ 万 m³/d，得：

$$C_2'' = C_1 \left(\frac{A_2}{A_1}\right)^n \cdot f = 104000 \times \left(\frac{50}{65}\right)^{0.811} \times 1.0 = 84067 \text{ 万元}$$

5）因此，拟建项目的投资额：$C_2 = (C_2' + C_2'')\,/2$
$$= (76696 + 84067)\,/2$$
$$= 80382 \text{ 万元}。$$

采用这种方法比较简单、速度快；但要求类似工程的资料可靠，条件基本相同，否则误差就会增大。适合于项目建议书阶段。

（二）百分比估算法（投资费用分配法）

这是根据不同类型、不同投资规模和建设条件的项目，确定各种费用占总投资的百分比用以估算新建同类型项目建设费用的方法。通过若干已建成的项目有关的统计资料进行分析，确定各项费用占总投资的百分比，当已知设备费用之后，其他各项费用则可根据相应的百分比求出。

1. **以拟建项目或装置中建筑、安装等费用占设备费的百分比计算投资额**

已知：1）拟建项目或装置的设备清单按当时当地价格计算的设备费（包括运杂费）的总和 E；

2）根据已建成的同类项目或装置的建筑、安装及其他工程费用占设备费的百分比 P_i；

3）由于时间因素引起的定额、价格、费用标准等变化的综合调整系数 f_i；

4）拟建项目或装置的工程建设其他费用等 I_i。

计算拟建项目或装置的投资额：

$$C = E(1 + \Sigma f_i \cdot P_i) + \Sigma I_i \tag{6-17}$$

2. **以拟建项目或装置中各专业工程等费用占工艺设备费的百分比计算投资额**

已知：1）拟建项目或装置中最主要、投资比重大、与生产能力直接相关的工艺设备清单按当时当地价格计算的设备费（包括运杂费、安装费）的总和 E；

2）根据已建成的同类项目或装置的各专业工程（总图、土建、暖通、给排水、管道、电气及电信、自控及其他工程费用等）占工艺设备费的百分比 P_i'；

3）由于时间因素引起的定额、价格、费用标准等变化的综合调整系数 f_i'；

4）拟建项目或装置的工程建设其他费用等 I_i。

计算拟建项目或装置的投资额：

$$C = E(1 + \Sigma f_i' \cdot P_i') + \Sigma I_i \tag{6-17a}$$

（三）朗格系数法

它是以设备费用为基础，乘以适当系数来推算拟建项目费用。其公式为：

$$D = K_L \cdot C = (1 + \Sigma K_i) \cdot K_C \cdot C \tag{6-18}$$

式中　D——拟建项目总建设费用；

C——拟建项目主要设备费用；

K_L——总建设费用与设备费用之比，即朗格系数。

$$K_L = (1 + \Sigma K_i) \cdot K_C \tag{6-19}$$

K_i——管线、仪表、建筑物、构筑物等项费用的估算系数；

K_C——工程其他费、合同费、应急费等间接费在内的总估算系数。

这种方法比较简单，但没有考虑设备规格、材质的差异，所以精度不高。

【例 6.3】　某项目的 A 车间，各专业工程的估算系数是：

管线工程：　　　$K_1 = 0.30$；　　仪表工程：　　　$K_2 = 0.20$；

建筑工程：　　　$K_3 = 1.20$；　　构筑物工程：　　$K_4 = 1.85$；

起重运输设备：　$K_5 = 0.15$；　　采暖通风：　　　$K_6 = 0.10$；

供电、照明：　　$K_7 = 0.20$；　　其他：　　　　　$K_8 = 0.05$；

若该车间的主要设备（工艺操作设备）为 100 万元，工程其他费用及预备费的估算系数为 1.45，试估算该车间全部建成后的费用是多少？

【解】 $D = (1 + \Sigma K_i) K_C \cdot C$

$\Sigma K_i = (0.30 + 0.20 + 1.20 + 1.85 + 0.15 + 0.10 + 0.20 + 0.05) = 4.05$

得：$D = (1 + 4.05) \times 1.45 \times 100 = 732.25$ 万元。

（四）指标估算法

对于房屋、建筑物、构筑物等投资的估算，经常采用指标估算法。即根据各种具体的投资估算指标，进行单位工程、分项工程投资的估算。投资估算指标的形式较多，比如管道、厂站综合指标，分项指标等。根据这些投资估算指标，乘以所需的面积、体积、容量等，就可以求出相应单位工程、分项工程的投资或土建工程、安装工程、设备购置的投资。在此基础上，可汇总成工程费用，设备、器具购置费用，安装工程费用。另外再估算工程建设其他费用及预备费等，即求得建设项目总投资。

采用这种方法时，一方面要注意，若套用的指标与具体工程之间的标准或条件有差异时，应加以必要的局部换算或调整；另一方面要注意，使用的指标应密切结合每个单位工程、分项工程的特点，能正确反映其设计参数，切勿盲目地单纯套用指标。

（五）资金周转率法

这是一种在国外普遍使用的方法，它是从资金周转的定义出发推算出建设费用的一种方法。这种方法精度比较低，往往用于宏观估价，其计算公式是：

$$C = \frac{Q \times a}{t_r} \tag{6-20}$$

式中 C——拟建项目的投资；

Q——产品的年产量；

a——产品的单价；

t_r——资金周转率。

在国外，不同性质的工厂或生产不同产品的车间，都有相应的资金周转率，工厂的产量和市场销售价格也都已知，故能较方便地计算出项目建设费用。

思考题与习题

1. 简述基本建设与基本建设程序的概念和内容。

2. 简述建设项目可行性研究以及可行性研究报告的内容。

3. 简述建设项目总投资的构成以及资产与投资的关系。

4. 某项目的总成本费用估算如表 6-6 所示。按表 6-2 中所列最低周转天数，用分项详细估算法估算本项目的各年流动资金及流动资金的年增加额。

年生产成本和费用估算表　　　单位：万元　　**表 6-6**

序号	年份／项目	投产期 3	投产期 4	达产期 5	达产期 6	……
	生产负荷（%）	50%	80%	100%	100%	
1	电费	80	135	150	150	
2	药剂费	8	12	15	15	
3	工资福利费	50	50	50	50	
4	修理费	10	20	30	30	
5	年折旧额	220	220	220	220	
6	摊销费	90	90	90	90	
7	财务费用	196	177	158	140	
8	管理费用及其他	30	42	50	50	
9	年总成本	684	746	763	745	
10	年经营成本（9－5－6－7）	178	259	295	295	

5. 某拟建项目的生产规模为 15 万 m^3/d，综合调整系数为 1.1，用表 6-5 所给数据估算该项目的投资额。

6. 建设项目投资估算方法有那些？

第七章　水工程项目估算的编制

第一节　定额和使用

一、定额的分类和原则

定额（norm）是一种标准，是指在一定生产条件下，生产质量合格的单位产品所需要消耗的人工、材料、机械台班和资金的数量标准。工程定额（project norm）是用于工程项目的预算、概算、确定工程造价、进行工程管理、编制各种业务计划及指导施工、设计、工程项目筹建等工作的定额。它是在劳动定额、材料消耗定额及施工机械使用定额这些基础定额的基础上编制而成的。编制概算的定额主要有：

预算定额（budgetary norm）是工程定额的一种，是确定建筑安装工程产品价格的依据，也是确定建筑工程中某一计量单位的分部分项工程或构件的人工、材料和机械台班社会平均消耗量的标准。预算定额是在施工定额的基础上，按照国家方针政策编制的，经过国家或授权机关批准后具有法定性的一种指标，各地均有。

概算定额（norm of budgetary estimate）是工程定额的一种，是估算建设项目投资的依据，是预算定额的扩大与综合。它是以单位综合人工、材料和机械台班数量计量扩大，以 m、m^2、m^3、t……表示。它是编制初步设计总概算或扩大初步设计（技术设计）修正总概算，进行设计方案比较的依据；是确定建设项目投资控制数，编制建设年度计划的依据，也是汇编建筑安装工程主要材料、设备计划和建设单位及施工单位备计划、施工准备的依据。

概算指标（index of budgetary estimate）是以实物量或货币为计量单位，确定某一建筑物、构筑物或设备、生产装置的人工、材料及机械消耗数量的标准。对于建筑工程是以 m、m^2、m^3、座……用量或每万元投资消耗量表示；对于设备安装工程是以每台、t、座设备或生产装置用量或占设备价格的比率，一定计量单位生产能力的装置消耗量表示。概算指标是比概算定额更加综合扩大的指标，根据不同需要可分为：分项经济指标，万元实物指标。概算指标用于编制可行性研究报告书或项目建议书的投资估算，编制物资计划、建设计划；也用于建设项目方案的经济比较及财务评价。

估算指标（appraised index）是以实物量或货币为计量单位，确定各项枢纽工程综合投资的指标。是编制项目建议书和项目可行性研究报告投资估算的主要依据，也可作技术方案比较的参考依据。根据不同需要可分为综合估算指标、分项估算指标、技术经济指标。而概算与估算的区别还在于各自所采用设计图纸的深度不同。

在使用上述定额或指标应遵循以下原则：

1. 概算定额或指标是在基础定额或预算定额的基础上，综合、扩大并在收集大量实际资料编制的。从精确度讲，预算定额大于概算定额、概算定额大于概算（估算）指标。根据设计图纸的深度情况，合理选用定额和指标。

2. 目前，基础定额、预算定额有全国统一编制的，全国各省、市根据基础定额、预算定额编制了各自的预算定额及估算表，概算定额没有全国统一编制的，只有部分地区编制有概算定额；各行业根据具体情况编制有统一的概算（预算）指标。

二、水工程投资估算指标

根据《全国市政工程投资估算指标》（HGZ47—101—96），水工程投资估算指标按范围包括给水工程投资估算指标、排水工程投资估算指标、防洪堤防工程投资估算指标。按内容有综合指标和分项指标。它们都适用于新建、改建和扩建工程，不适用于技术改造、加固工程以及特殊要求的工程。

（一）综合指标

综合指标总造价包括建筑安装工程费、设备器具购置费、工程建设其他费用、基本预备费；还包括主要材料用量，厂、站工程的占地数量、设备功率。水工程项目综合指标见附录三。指标中的水量规模与造价指标呈反比例，造价指标可根据设计水量按插入法取定。指标上限适用于建设条件差、水环境条件差、地质条件较差、工艺标准和结构标准较高、自控程度较高、有独立的附属建筑物等情况，必要时应按规定作相应的调整。

指标中的建筑安装工程费包括直接费（即指标基价）、其他工程费、综合费用。其中直接费由人工费、材料费、机械使用费组成；其他工程费由为完成主体工程必须发生的其他工程（如：平整场地，临时便道，便桥，堆场，拆除旧构筑物，临时接水接电及竣工后交工养护）费用组成；综合费用由其他直接费、间接费、利润和税金组成。

指标中的设备工器具购置费依据设计文件规定计列，其价格由原价＋运输费＋采购保管费组成，进口设备还包括到岸价格、关税、银行手续费、商检税及国内运杂费等费用。

工程建设其他费用包括建设单位管理费、研究试验费、供配电费、生产准备费、引进技术和进口设备其他费、联合试运转费等组成。

基本预备费系指在初步设计和概算中未可预见的工程费用。

设备指标是按主要设备的功率计算（不包括备用设备），如各种水泵、空气压缩机、鼓风机、机械反应及搅拌设备、吸泥设备、刮泥设备其他水处理设备。次要设备（如起重机设备等）及照明功率都未计算在内。

占地指标是按生产所必需的各种建筑物、构筑物的土地面积计算，不包括预留远期发展和卫生防护地带用地。

综合指标未考虑湿陷性黄土地区、地震设防、永久性冻土地区和地质情况十分复杂等地区的特殊要求。厂、站设备均按国产设备考虑，未考虑进口设备因素。

指标不包括土地使用费（含拆迁、补偿费）、施工机构迁移费、涨价预备费、建设期贷款利息和固定资产投资方向调节税。

（二）分项指标

分项指标包括建筑安装工程费、设备工器具购置费。

利用分项指标计算给水、排水管渠的建筑安装工程费应运用管渠长度指标（元/100m）；利用分项指标计算构筑物或建筑物的建设安装工程费用应运用面积、体积、过滤面积、容积指标，而水量指标只作为复核综合指标时的参考。

使用分项指标时，应按拟建项目的单项构筑物、建筑物的规模、工艺标准和结构特征，选择有一定代表性的分项指标；当拟建项目的单项构筑物、建筑物与指标中的单项构筑物、建筑物，在规模、工艺标准和结构特征等自然条件和设计标准相差较大时，应按工程实际情况进行调整。

（三）指标的编制与调整

1. 指标的编制期价格、费率标准

指标的编制期价格、费率标准为：

1）价格标准：

① 人工单价：按北京地区 1993 年度，土建 14.55 元/工日，安装 15.77 元/工日。

给排水管渠工程综合指标中的人工日以土建计费；给排水厂站和构筑物综合指标中的人工日以土建占 3/4 计费，安装占 1/4 计费。

② 指标材料价格：按北京地区 1993 年度价格，具体数值参考有关手册。

③ 机械使用费：按《建设部全国统一施工机械台班费用定额》（1994 年版）并结合各类工程综合确定，未包括运输机械养路费、牌照费、保险费。

2）费率取定：

① 其他工程费用：给水工程按主要工程费的 8％计算。排水管道工程按指标基价的 10％计算；排水厂站及构筑物按指标基价的 8％计算。

② 综合费用：给水管道工程为 33.60％；给水厂站及构筑物的土建工程按土

建费用的 35.26%，安装工程按安装工程费用的 19.59%。排水管道工程为 39.72%；排水厂站及构筑物的土建工程按土建费用的 35.26%，安装工程按安装工程费用的 19.59%。

③ 工程建设其他费用：给水管道工程费率为 8.24%；给水厂站及构筑物费率为 13.47%。排水管道工程费率为 8.77%；排水厂站及构筑物费率为 13.47%。

④ 基本预备费：费率为 10%。

2. 指标的调整

使用估算指标时应按指标消耗量及工程所在地区的当时、当地市场价格调整指标的人工费和主要材料费，并相应计算其他材料费和机械使用费，再按照规定计算程序和方法计算其他工程费、综合费用。在调整时原则上不改变指标中的人工、材料、机械使用费的消耗量。具体调整办法如下：

1）建筑安装工程费的调整

① 人工费：以指标人工工日数乘以当时、当地造价管理部门发布的人工单价确定。

② 材料费：要指标主要材料消耗量乘以当时、当地造价管理部门发布的相应材料价格确定。

其他材料费按下式调整：

$$其他材料费=指标其他材料费\times\frac{调整后的主要材料费}{指标材料费小计-指标其他材料费} \quad (7-1)$$

③ 机械使用费：机械使用费按下式调整：

$$机械使用费=指标机械使用费\times\frac{调整后的（人工费小计+材料费小计）}{指标（人工费小计+材料费小计）} \quad (7-2)$$

④ 指标基价：调整后的指标基价为调整后的人工费、材料费、机械使用费之和。

⑤ 其他工程费：调整后的其他工程费为调整后的指标基价乘以指标其他工程费费率。

⑥ 综合费用：综合费用的调整应按当时、当地不同工程类别的综合费用率计算。

计算公式如下：

综合费用=调整后的（指标基价+其他工程费）×当时、当地的综合费用率

$$(7-3)$$

⑦ 建筑安装工程费：

建筑安装工程费=调整后的（指标基价+其他工程费+综合费用）　　(7-4)

2）设备工器具购置费的调整

指标中列有设备工器具购置费的，按主要设备清单，采用当时、当地的设备价格或上涨幅度进行调整。

3）工程建设其他费用的调整

工程建设其他费用的调整同综合费用，按当时、当地不同工程类别的工程建设其他费用费率计算。其计算公式如下：

工程建设其他费用＝［调整后的建筑安装工程费＋调整后的设备工器具购置费］×当时、当地的工程建设其他费用费率   (7-5)

也可按规定逐项计算建设单位管理费、研究试验费、供配电费、生产准备费、引进技术和进口设备其他费、联合试运转费等费用，求和得到工程建设其他费用。

4）基本预备费的调整

其计算公式如下：

基本预备费＝调整后的［建筑安装工程费＋设备工器具购置费＋工程建设其他费用］×基本预备费费率   (7-6)

5）指标总造价的调整

指标总造价＝调整后的［建筑安装工程费＋设备工器具购置费＋工程建设其他费用＋基本预备费］   (7-7)

6）建设项目总投资估算

建设项目总投资估算，应按上述规定调整后，增列指标中未包括的费用。

建设项目总投资＝调整后的指标总造价＋土地使用费（含拆迁、补偿费）＋涨价预备费＋建设期投资贷款利息＋固定资产投资方向调节税＋铺底流动资金

                (7-8)

第二节 工程量计算

一、计　算　原　则

工程量是以物理计量单位或自然计量单位所表示的各分项工程的各类物体（建筑、土方、石方、砌筑、混凝土及钢筋混凝土、各类结构构件等）的数量。由于各种工程的形体不同，计量单位可根据它们的形体规律性来规定不同的计量单位。

凡物体的截面有一定的形状和大小（如管道等），但有不同的长宽时，应当以长度单位延长米为计量单位。当物体有一定的厚度，而长和宽不固定时（如楼地面、油漆面等），应当以面积单位平方米为计量单位。如果物体的三个度量（长、宽、高）都不固定时（如土方、砖、混凝土等），应当以体积单位立方米为计量单位。有的工程虽然体积相同，但重量差异很大（如钢结构等），应当以质量单位吨为计量单位。无法以物理单位计量的则以物体的自然计量单位，如套、件、组、个、付等计算。

　　计算工程量是编制估算、概算、预算及决算（结算）的重要环节。工程量计算准确与否直接影响工程造价的高低。因此，只要抓住了工程量计算这一基础工程，在编制各类工程造价书时的其他一系列计算工作都会迎刃而解了。

　　在计算工程量时，应注意下述计算原则：

　　1）熟悉定额的使用，按照国家或地方的各类定额规定的计算规则进行。

　　2）工程量单位应与所采用定额或指标的单位一致。

　　3）尽量避免漏项、错项以及数字上的错误。

　　4）尽量按顺序和规程进行计算，减少重复劳动，缩短操作时间，避免重复计算或遗漏计算。

　　5）工程量填入时，其定额或指标编号、项目名称及计量单位，均应与定额或指标中的项目相符合。

二、土建工程量计算

　　土建工程量的计算应根据有关规范、规定或按定额说明进行计算。常用水工程项目土建工程量计算规则的要点如下：

　　（一）建筑面积计算

　　1. 单层建筑物不论其高度如何，均按一层计算建筑面积。其建筑面积按建筑物外墙勒脚以上结构的外围水平面积计算。单层建筑物内设有部分楼层者，首层建筑面积已包括在单层建筑物内，二层及二层以上应另计算建筑面积。高低联跨的单层建筑物，需分别计算建筑面积时，应以结构外边线为界分别计算。

　　2. 多层建筑物建筑面积，按各层建筑面积之和计算，其首层建筑面积按外墙勒脚以上结构的外围水平面积计算建筑面积。

　　3. 同一建筑物如结构、层数不同时应分别计算建筑面积。建筑物内设备管道层、贮藏室其层高超过 2.2m 时，应计算建筑面积。

　　4. 建于坡地的建筑物利用吊脚空间设置架空层和深基础地下架空层，设计加以利用时，其层高超过 2.2m，按围护结构外围水平面积计算建筑面积。

　　5. 有柱的雨篷、车棚、货棚、站台等，按柱外围水平面积计算建筑面积；独立柱的雨篷、单排柱的车棚、货棚、站台等，按围护结构外转水平面积计算建筑面积。

　　（二）土石方工程量计算

1. 土石方工程量计算一般规则：

　　1）土方体积，均以挖掘前的天然密实体积为准计算。如遇有必须以天然密实体积折算时，按表 7-1 所列数值换算。

　　2）挖土一律以设计室外地坪标高为准计算。

土方体积折算表

表 7-1

虚方体积	天然密实度体积	夯实后体积	松填体积
1.00	0.77	0.67	0.83
1.30	1.00	0.87	1.08
1.50	1.15	1.00	1.25
1.20	0.92	0.80	1.00

2. 平整场地及辗压工程量，按下列规定计算：

1）人工平整场地是指建筑场地挖、填土方厚度在±30cm 以内及找平。挖、填土方厚度超过±30cm 以外时，按场地土方平衡竖向布置图另行计算。

2）平整场地工程量按建筑物外墙外边线每边各加 2m，以平方米计算。

3）建筑场地原土碾压以平方米计算，填土碾压按图示填土厚度以立方米计算。

3. 挖掘沟槽、基坑土方工程量，按下列规定计算：

1）凡图示沟槽底宽在 3m 以内，且沟槽长度大于槽宽三倍以上的，为沟槽。凡图示基坑底面积在 20m² 以内的为基坑。凡图示沟槽底宽 3m 以外，坑底面积 20m² 以外，平整场地挖土方厚度在 30cm 以外，均按土方计算。

2）计算挖沟槽、基坑、土方工程量需放坡时，放坡系数按表 7-2 规定计算。

放 坡 系 数 表

表 7-2

土壤类别	放坡起点（m）	人工挖土	机 械 挖 土	
			在坑内作业	在坑上作业
一、二类土	1.20	1：0.5	1：0.33	1：0.75
三类土	1.20	1：0.33	1：0.25	1：0.67
四类土	2.0	1：0.25	1：0.10	1：0.33

注：1. 沟槽、基坑中土壤类别不同时，按分别按其放坡起点、放坡系数、依不同土壤厚度加权平均计算。

2. 计算放坡时，在交接处的重复工程量不予扣除，原槽、坑作基础垫层时，放坡自垫层上表面开始计算。

3）挖沟槽、基坑需支挡土板时，其宽度按图示沟槽、基坑底宽，单面加 10cm，双面加 20cm 计算，挡土板面积，按槽、坑垂直支撑面积计算，支挡土板后，不得再计算放坡。

4）挖管道沟槽按图示中心线长度计算，沟底宽度，设计有规定的，按设计规定尺寸计算，设计无规定的，可按表 7-3 规定宽度计算。

管道地沟沟底宽度计算表　　　　单位：m　　表 7-3

管径 （mm）	铸铁管、钢管、 石棉水泥管	混凝土、钢筋混凝土、 预应力混凝土管	陶土管
50~70	0.60	0.80	0.70
100~200	0.70	0.90	0.80
250~350	0.80	1.00	0.90
400~450	1.00	1.30	1.10
500~600	1.30	1.50	1.40
700~800	1.60	1.80	
900~1000	1.80	2.00	
1100~1200	2.00	2.30	
1300~1400	2.20	2.60	

注：1. 按上表计算管道沟土方工程量时，各种井类及管道（不含铸铁给排水管）接口等处需加宽增加的土方量不另行计算，底面积大于 20m² 的井类，其增加工程量并入管沟土方内计算。

2. 铺设铸铁给排水管道时其接口等处土方增加量，可按铸铁给排水管道地沟土方总量的 2.5% 计算。

4. 岩石开凿及爆破工程量，区别石质按下列规定计算

1）人工凿岩石，按图示尺寸以立方米计算。

2）爆破岩石按图示尺寸以立方米计算，其沟槽、基坑的深度、宽度允许超挖量为：次坚石：200mm；特坚石：150mm。超挖部分岩石并入岩石挖方量之内计算。

5. 回填土区分夯填、松填按图示填体积并依下列规定，以立方米计算：

1）沟槽、基坑回填体积以挖方体积减去设计室外地坪以下埋设砌筑物（包括：基础垫层、基础等）体积计算。

2）管道沟槽回填，以挖方体积减去管径所占体积计算。管径在 500mm 以下的不扣除管道所占体积；管径超过 500mm 以上时按表 7-4 规定扣除管道所占体积计算。

管道扣除土方体积表　　　　　　表 7-4

管道名称	管道直径（mm）					
	501~600	601~800	801~1000	1101~1200	1201~1400	1401~1600
钢　管	0.21	0.44	0.71			
铸铁管	0.24	0.49	0.77			
混凝土管	0.33	0.60	0.92	1.15	1.35	1.55

3) 余土或取土工程量，可按下式计算：

$$余土外运体积＝挖土总体积－回填土总体积 \qquad (7-9)$$

式中：计算结果为正值时为余土外运体积，负值时为须取土体积。

（三）桩基础工程量计算

1. 计算打桩（灌注桩）工程量前应确定下列事项：

1) 确定土质级别：依工程地质资料中的土层构造，土的物理、化学性质及每米沉桩时间鉴别适用定额土质级别。

2) 确定施工方法、工艺流程，采用机型，桩、泥浆运距。

2. 打预制钢筋混凝土桩的体积，按设计桩长（包括桩尖、不扣除桩尖虚体积）乘以桩截面面积计算。管桩的空心体积应扣除。如管桩的空心部分按设计要求灌注混凝土或其他填充材料时，应另行计算。

3. 打拔钢板桩按钢板桩重量以吨计算。

4. 打孔灌注桩：

1) 混凝土桩、砂桩、碎石桩的体积，按设计规定的桩长（包括桩尖、不扣除桩尖虚体积）乘以钢管管箍外径截面面积计算。扩大桩的体积按单桩体积乘以次数计算。

2) 打孔后先埋入预制混凝土桩尖，再灌注混凝土者，桩尖按钢筋混凝土工程量计算规定来计算体积，灌注桩按设计长度（自桩尖顶面至桩顶面高度）乘以钢管管箍外径截面面积计算。

5. 钻孔灌注桩，按设计桩长（包括桩尖、不扣除桩尖虚体积）增加 0.25m 乘以设计断面面积计算。

6. 灌注混凝土桩的钢筋笼制作依设计规定，按钢筋混凝土章节相应项目以吨计算。

7. 泥浆运输工程量按钻孔体积以立方米计算。

（四）砌筑工程量计算

1. 砌筑工程量一般规则：

1) 计算墙体时，应扣除门窗洞口、过人洞、空圈、嵌入墙身的钢筋混凝土柱、梁（包括过梁、圈梁、挑梁）、砖平碹，平砌砖过梁和散热器壁龛及内墙板头的体积，不扣除梁头、外墙板头、檩头、垫木、木楞头、沿椽木、木砖、门窗走头、砖墙内的加固钢筋、木筋、铁件、钢管及每个面积在 0.3m³ 以下的孔洞等所占的体积，突出墙面的窗台虎头砖、压顶线、山墙泛水、烟囱根、门窗套及三皮砖以内的腰线和挑檐等体积亦不增加。

2) 砖垛、三皮砖以上的腰线和挑檐等体积，并入墙身体体积内计算。

3) 女儿墙高度，自外墙顶面至图示女儿墙顶面高度，分别不同墙厚并入外墙计算。

2. 基础与墙身（柱身）的划分：

1) 基础与墙（柱）身使用同一种材料时，以设计室内地面为界（有地下室者，以地下室室内设计地面为界），以下为基础，以上为墙（柱）身。

2) 基础与墙身使用不同材料时，位于设计室内地面±300mm 以内时，以不同材料为分界线，超过±300mm 时，以设计室内地面为分界线。

3) 砖、石围墙，以设计室外地坪为界线，以下为基础，以上为墙身。

3. 基础长度：外墙墙基按外墙中心线长度计算；内墙墙基按内墙基净长计算。

4. 墙的长度：外墙长度按外墙中心线长度计算，内墙长度按内墙净长线计算。

5. 墙身高度按下列规定计算：

1) 外墙墙身高度：斜（坡）屋面无檐口顶棚者算至屋面板底；有屋架，且室内外均有顶棚，算至屋架下弦底面另加 200mm；无顶棚者算至屋架下弦底加 300mm；出檐宽度超过 600mm 时，应按实砌高度计算；平屋面算至钢筋混凝土板底。

2) 内墙墙身高度：位于屋架下弦者，其高度算至屋架底，无屋架者算至顶棚底另加 100mm；有钢筋混凝土楼板隔层算至板底；有框架梁时算至梁底面。

3) 内、外山墙，墙身高度：按其平均高度计算。

6. 框架间砌体，分别内外墙以框架间的净空面积乘以墙厚计算，框架外表镶贴砖部分亦并入框架间砌体工程量内计算。多孔砖、空心砖按图示厚度以立方米计算，不扣除其孔、空心部分体积。

7. 其他砖砌体：

1) 厕所蹲台、水槽腿、灯箱、垃圾箱、台阶挡墙或梯带、花台、花池、地垄墙及支撑地楞的砖墩，房上烟囱、屋面架空隔热层砖墩及毛石墙的门窗立边、窗台虎头砖等实砌体积，以立方米计算，套用零星砌体定额项目。

2) 检查井及化粪池不分壁厚均以立方米计算，洞口上的砖砌平拱碹等并入砌体体积内计算。

3) 砖砌地沟不分墙基、墙身合并以立方米计算。石砌地沟按其中心线长度以延长米计算。

（五）混凝土及钢筋混凝土工程量计算

1. 现浇混凝土及钢筋混凝土模板工程量，按以下规定计算：

1) 现浇混凝土及钢筋混凝土模板工程量，除另有规定者外，均应区别模板的不同材质，按混凝土与模板接触的面积，以平方米计算。现浇钢筋混凝土墙、板上单孔面积在 0.3m² 以外时，应予扣除，洞侧壁模板面积并入墙、板模板工程量之内计算。

2) 现浇钢筋混凝土柱、梁、板、墙的支模高度（即室外地坪至板底或板面至板底之间的高度）以 3.6m 以内为准，超过 3.6m 以上部分，另按超过部分计算增加支撑工程量。

3）现浇混凝土小型池槽按构件外围体积计算，池槽内、外侧及底部的模板不应另计算。

2. 预制钢筋混凝土构件模板工程量，除另有规定者外均按混凝土实体体积以立方米计算。小型池槽按外形体积以立方米计算。

3. 构筑物钢筋混凝土模板工程量，除另有规定者外，区别现浇、预制和构件类别，分别按 1 条和 2 条有的关规定计算。大型池槽等分别按基础、墙、板、梁、柱等有关规定计算并套相应定额项目。液压滑升钢模板施工的烟筒、水塔塔身、贮仓等，均按混凝土体积，以立方米计算。预制倒圆锥形水塔罐壳模板按混凝土体积，以立方米计算。预制倒圆锥形水塔罐壳组装、提升、就位，按不同容积以座计算。

4. 钢筋工程量，按以下规定计算：

1）钢筋工程，应区别现浇、预制构件、不同钢种和规格，分别按设计长度乘以单位重量，以吨计算。

2）计算钢筋工程量时，设计已规定钢筋搭接长度的，按规定搭接长度计算；设计未规定搭接长度的，已包括在钢筋的损耗率之内，不另计算搭接长度。钢筋电渣压力焊接、套筒挤压等接头，以个计算。钢筋混凝土构件预埋件工程量，按设计图示尺寸，以吨计算。

5. 现浇混凝土工程量除另有规定者外，均按图示尺寸实体体积以立方米计算。不扣除构件内钢筋，预埋件及墙、板中 $0.3m^2$ 内的孔洞所占体积。

6. 预制混凝土工程量按图示尺寸实体体积以立方米计算，不扣除构件内钢筋，预埋件及小于 300mm×300mm 以内孔洞面积。

7. 固定预埋螺栓、预埋件的支架，固定双层钢筋的铁马凳、垫铁件，按审定的施工组织设计规定计算，套相应定额项目。

8. 构筑物混凝土工程量除另有规定者外，均按图示尺寸扣除门窗洞口及 $0.3m^2$ 以外孔洞所占体积以实体体积计算，套相应定额项目。

（六）脚手架工程量计算

1. 脚手架工程量计算一般规则：

1）建筑物外墙脚手架，凡设计室外地坪到檐口（或女儿墙上表面）的砌筑高度在 15m 以下的按单排脚手架计算；砌筑高度在 15m 以上的或砌筑高度虽不足 15m，但外墙门窗及装饰面超过外墙表面积 60% 以上时，均按双排脚手架计算。采用竹制脚手架时，按双排计算。

2）建筑物内墙脚手架，凡设计室内地坪至顶板下表面（或山墙高度有 1/2 处）的砌筑高度在 3.6m 以下的，按里脚手架计算；砌筑高度超过 3.6m 以上时，按单排脚手架计算。

3）石砌墙体，凡砌筑高度超过1.0 m以上时，按外脚手架计算。

4）计算内、外墙脚手架时，均不扣除门、窗洞口、空圈洞口等所占的面积。

5）现浇钢筋混凝土框架柱、梁按双排脚手架计算。

6）贮水（油）池，大型设备基础，凡距地坪高度超过1.2 m以上的，均按双排脚手架计算。

7）整体满堂钢筋混凝土基础，凡其宽度超过3m以上时，按其底板面积计算满堂脚手架。

2. 砌筑脚手架工程量计算：

1）外脚手架按外墙外边线长度，乘以外墙砌筑高度以平方米计算，突出墙外宽度在24cm以内的墙垛，附墙烟囱等不计算脚手架；宽度超过24cm以外时按图示尺寸展开计算，并入外脚手架工程量之内。

2）里脚手架按墙面垂直投影面积计算。

3）独立柱按图示柱结构外围周长另加3.6m，乘以砌筑高度以平方米计算，套用相应外脚手架定额。

3. 现浇钢筋混凝土框架脚手架工程量计算：

1）现浇钢筋混凝土柱，按柱图示周长尺寸另加3.6m，乘以柱高以平方米计算，套用相应外脚手架定额。

2）现浇钢筋混凝土梁、墙，按设计室外地坪或楼板上表面到楼底之间的高度，乘以梁、墙净长以平方米计算，套用相应双排外脚手架定额。

4. 其他脚手架工程量计算：

1）水平防护架，按实际铺板的水平投影面积，以平方米计算。垂直防护架，按延自然地坪至最上一层横杆之间的搭设高度，乘以实际搭设长度，以平方米计算。架空运输脚手架，按搭设长度以延长米计算。

2）烟囱、水塔脚手架，按不同搭设高度，以座计算。贮水（油）池脚手架，按外壁周长乘以地坪至池壁顶面之间高度，以平方米计算。大型设备基础脚手架，按其外形周长乘以地坪外形顶面边线之间高度，以平方米计算。

5. 安全网工程量计算：

1）立挂式安全网按架网部分的实挂长度乘以实挂高度计算。

2）挑出式安全网按挑出的水平投影面积计算。

（七）构件运输及安装工程量计算

1. 预制混凝土构件运输及安装均按构件图示尺寸，以实体积计算；钢构件按构件设计图示尺寸以吨计算，所需螺栓、电焊条等重量不别计算。木门窗以外框面积以平方米计算。

2. 预制混凝土构件运输及安装损耗率，按表7-5规定计算后并入构件工程量内。其中预制混凝土屋架、桁架、托架及长度在9m以上的梁、板、柱不计算损耗率。

预制混凝土构件制作、运输、安装损耗率表　　　　　　　表 7-5

名　　称	制作废品率	运输堆放损耗	安装（打桩）损耗
各类预制构件	0.2%	0.8%	0.5%
预制混凝土桩	0.1%	0.4%	1.5%

3. 构件运输：

1）预制混凝土构件运输的最大运输距离取 50km 以内；钢构件和木门窗的最大运输距离 20km 以内；超过时另行补充。

2）加气混凝土板（块）、硅酸盐块运输每立方米折合钢筋混凝土构件体积 0.4m³ 按一类构件运输计算。

4. 预制混凝土构件安装：

1）焊接形成的预制钢筋混凝土框架结构，其柱安装按框架柱计算，梁安装按框架梁计算；节点浇注成形的框架，按连体框架梁、柱计算。

2）预制钢筋混凝土工字型柱、矩型柱、空腹柱、双肢柱、空心柱、管道支架等安装，均按柱安装计算。

5. 钢构件安装

1）钢构件安装按图示构件钢材重量以吨计算。

2）依附于钢柱上的牛腿及悬臂梁等，并入柱身主材重量计算。

3）金属结构中所用钢板，设计为多边形者，按矩形计算，矩形的边长以设计尺寸互相垂直的最大尺寸为准。

（八）门窗及木结构工程量计算

1. 各类门、窗制作、安装工程量均按门、窗洞口面积计算。

2. 铝合金门窗制作、安装，铝合金、不锈钢门窗、彩板组角钢门窗、塑料门窗、钢门窗安装，均按设计门窗洞口面积计算。

3. 卷闸门安装按洞口高度增加 600mm 乘以门实际宽度以平方米计算。电动装置安装以套计算，小门安装以个计算。

4. 木屋架的制作安装工程量，按以下规定计算：

1）木屋架制作安装均按设计断面，分圆、方木，按竣工木料以立方米计算，其后备长度及配制损耗均不另外计算。

2）屋架的制作安装应区别不同跨度，其跨度应以屋架上下弦杆的中心线交点之间的长度为准。带气楼的屋架并入所依附屋架的体积内计算。

（九）楼地面工程量计算

1. 地面垫层按室内主墙间净空面积乘以设计厚度以立方米计算。应扣除凸出地面的构筑物、设计基础、室内管道、地沟等所占体积，不扣除柱、垛、间壁墙、附墙烟囱及面积在 0.3m² 以内的孔洞所占体积：

2. 整体面层、找平层均按主墙间净空面积以平方米计算。应扣除凸出地面构筑物、设计基础、室内管道、地沟等所占面积，不扣除柱、垛、间壁墙、附墙烟囱及面积在 $0.3m^2$ 以内的孔洞所占面积，但门洞、空圈、散热器槽、壁龛的开口部分亦不增加。

3. 块料面层，按图示尺寸实铺面积以平方米计算，门洞、空圈、散热器槽和壁龛的开口部分的工程量并入相应的面层内计算。

（十）屋面及防水工程量计算

1. 瓦屋面，金属压型板均按水平投影面积乘以屋面坡度系数，以平方米计算。不扣除房上烟囱、风帽底座、风道、屋面小气窗、斜沟等所占面积，屋面小气窗的出檐部分亦不增加。

2. 卷材屋面按图示尺寸的水平投影面积乘以规定的坡度系数以平方米计算。但不扣除房上烟囱、风帽底座、风道、屋面小气窗和斜沟所占的面积。其附加层、接缝、收头、找平屋的嵌缝、冷底子油已计入定额内，不另计算。

3. 涂膜屋面的工程量计算同卷材屋面。涂膜屋面的油膏嵌缝、玻璃布盖缝、屋面分格缝，以延长米计算。

4. 屋面排水工程量按以下规定计算：

1）薄钢板排水按图示尺寸以展开面积计算。咬口和搭接等已计入定额项目中，不另计算。

2）铸铁、玻璃钢水落管区别不同直径按图示尺寸以延长米计算，雨水口、水斗、弯头、短管以个计算。

5. 防水工程量按以下规定计算：

1）建筑物地面防水、防潮层，按主墙间净空面积计算，扣除凸出地面的构筑物、设备基础等所占的面积，不扣除柱、垛、间壁墙、烟囱及 $0.3m^2$ 以内孔洞所占面积。与墙面连接处高度在 500mm 以内者按展开面积计算，并入平面工程量内，超过 500mm 时，按立面防水层计算。

2）构筑物及建筑物地下室防水层，按实铺面积计算，但不扣除 $0.3m^2$ 以内的孔洞面积。平面与立面交接处的防水层，其上卷高度超过 500mm 时，按立面防水层计算。

3）防水卷材的附加层、接缝、收头、冷底子油等人工材料均已计入定额内，不另计算。

4）变形缝按延长米计算。

（十一）防腐、保温、隔热工程量计算

1. 防腐工程项目应区分不同防腐材料种类及其厚度，按设计实铺面积以平方米计算。应扣除凸出地面的构筑物、设备基础等所占的面积，砖垛等突出墙面部分按展开面积计算并入墙面防腐工程量之内。平面砌筑双层耐酸块料时，按单层面积乘以系数 2 计算。

2. 保温隔热层应区别不同保温隔热材料，除另有规定者外，均按设计实铺厚度以立方米计算。厚度按隔热材料（不包括胶结材料）净厚度计算。

（十二）装饰工程量计算

1. 内墙抹灰面积，应扣除门窗洞口和空圈所占的面积，不扣除踢脚板、挂镜线，0.3m³ 以内的孔洞和墙与构件交接处的面积，洞口侧壁和顶面亦不增加。墙垛和附墙烟囱侧壁面积与内墙抹灰工程量合并计算。

2. 外墙抹灰面积，按外墙面的垂直投影面积以平方米计算。应扣除门窗洞口，外墙裙和大于 0.3m² 孔洞所占面积，洞口侧壁面积不另增加。附墙垛、梁、柱侧面抹灰面积并入外墙面抹灰工程量内计算。栏板、栏杆、窗台线、门窗套、扶手、压顶、挑檐、遮阳板、突出墙外的腰线等，另按相应规定计算。

3. 外墙各种装饰抹灰工程量均按图示尺寸以实抹面积计算。应扣除门窗洞口空圈的面积，其侧壁面积不另增加。挑檐、天沟、腰线、栏杆、栏板、门窗套、窗台线、压顶等均按图示尺寸展开面积以平方米计算，并入相应的外墙面积内。

4. 墙面贴块料面层均按图示尺寸以实贴面积计算。墙裙以高度在 1500mm 以内为准，超过 1500mm 时按墙面计算，高度低于 300mm 以内时，按踢脚板计算。

5. 天棚装饰面积，按主墙间实铺面积以平方米计算，不扣除间壁墙、检查口、附墙烟囱、附墙垛和管道所占面积，应扣除独立柱及顶棚相连的窗帘盒所占的面积。

6. 楼地面、顶棚面、墙、柱、梁面的喷（刷）涂料、抹face、油漆及裱糊工程，均按楼地面、顶棚面、墙、柱、梁面装饰工程相应的工程量计算规则规定计算。

（十三）金属结构制作工程量计算

1. 金属结构制作按图示钢材尺寸以吨计算，不扣除孔眼、切边的重量，焊条、铆钉、螺栓等重量，已包括在定额内不另计算。在计算不规则或多边形钢板重量时均以其最大对角线乘最大宽度的矩形面积计算。

2. 实腹柱、吊车梁、H 型钢按图示尺寸计算，其中腹板及翼板宽度按每边增加 25mm 计算。

3. 制动梁的制作工程量包括制动梁。制动桁架、制动板重量；墙架的制作工程量包括墙架柱、墙架梁及连接柱杆重量；钢柱制作工程量包括依附于柱上的牛腿及悬梁重量。

4. 轨道制作工程量，只计算轨道本身重量，不包括轨道垫板、压板、斜垫、夹板及连接角钢等重量。

5. 钢漏斗制作工程量，矩形按图示分片，圆形按图示展开尺寸，并依钢板宽度分段计算，每段均以其上口长度（圆形以分段展开上口长度）与钢板宽度，按矩形计算，依附漏斗的型钢并入漏斗重量内计算。

三、构筑物工程量计算

（一）水塔

1. 基础

钢筋混凝土水塔基础包括基础底板和筒座，以图示实体积计算。

混凝土及钢筋混凝土水塔基础，以图示实体积计算。筒身与基础划分：砖水塔混凝土基础以混凝土与砖砌体交接处为分界线；钢筋混凝土水塔基础与筒身、塔身，以筒座上表面或基础底板上表面为分界线；柱式水塔基础与塔身，以柱脚与基础底板或梁交接处分为界线。水塔柱与基础底板相连的梁，并入基础体积内计算。

2. 筒身

1）砖水塔筒身砌体，按图示中心线长度乘以砌体厚度及筒高，以立方米计算，扣除门窗洞口或混凝土构件所占体积。筒身与槽底的分界，以与槽底相连的圈梁底为界。圈梁底以上为槽底，以下为筒身。

2）钢筋混凝土筒式塔身，以图示实体积计算。扣除门窗洞所占体积，依附于筒身的过梁、雨篷、挑檐等并入筒壁体积内计算；柱式塔身，不分柱、梁和直柱、斜柱，均以实体积合并计算。

3. 塔顶及槽底

1）钢筋混凝土塔顶及槽底，按图示尺寸以实体积合并计算。塔顶包括顶板和圈梁；槽底包括底板、挑出斜壁和圈梁。

2）塔壁、塔顶如铺填保温材料时，另按图示规定计算。

4. 水槽内外壁：水槽内外壁，按图示尺寸以实体积计算

1）与塔顶、槽底（或斜壁）相连系的圈梁之间的直壁，为水槽内外壁。保温水槽外保护壁为外壁；直接承受水侧压力之水槽壁为内壁。非保温水塔之水槽壁按内壁计算。

2）水槽内外壁，均按图示尺寸以实体积计算，扣除门窗孔洞所占体积。依附于外壁的柱、梁等，均并入外壁体积中计算。

3）砖水槽不分内外壁及壁厚，图示实体积计算。

5. 水塔脚手架

水塔脚手架，区别不同塔高以座计算。水塔高度系指设计室外地坪至塔顶的全高。

（二）贮水（油）池

混凝土、钢筋混凝土贮水（油）池池底、壁、盖等，均以图示实体积计算。

具体划分如下：

1. 平底池的池底体积，应包括池壁下部的扩大部分。池底如带有斜坡时，斜坡部按坡度计算。

2. 锥形底应算至壁基梁底面。无壁基梁时，算至锥形底坡的上口。

3. 壁基梁系指池壁与坡底或锥底上口相衔接的池壁基础梁。壁基梁的高度为梁底至池壁下部的底面。如与锥形底连接时，应算至梁的底面。

4. 无梁盖柱的柱高，应自池底表面算至池盖的下表面。包括柱座、柱帽的体积。

5. 池壁厚度按平均厚度计算，其高度不包括池壁上下处的扩大部分。无扩大部分时，则自池底上表面算至池盖下表面。

6. 无梁盖应包括与池壁相连的扩大部分的体积；肋形盖应包括主、次梁及盖部分的体积；球形盖应自池壁顶面以上，包括边侧梁的体积在内。

7. 无梁盖池包括柱帽及柱座，可合并计算。

8. 沉淀池水槽，系指池壁上的环形溢水槽及纵横 U 形水槽，但不包括与水槽相连接的矩形梁。矩形梁可按混凝土及钢筋混凝土矩形梁计算。

（三）地沟

1. 钢筋混凝土及混凝土的现浇无肋地沟的底、壁、顶，不论方形（封闭式）槽形（开口式）、阶梯形（变截面式），均以图示实体积计算。

2. 沟壁与底的分界，以底板上表面为界。沟壁与顶的分界，以顶板的下表面为界。变截面沟壁按平均厚度计算；八字角部分的数量并入沟壁体积内计算。

（四）支架

1. 各种钢筋混凝土支架，均以图示实体积计算。框架型支架的柱、梁及支架带操作平台板，可合并计算。

2. 支架基础，应按混凝土及钢筋混凝土相应项目计算。

四、设备工程量计算

（一）泵安装与拆检

1. 泵安装工程量包括：设备本身与本体联体的附件、管道、润滑冷却装置等的清洗、组装、刮研。深井泵的泵体扬水管及滤水网安装，联轴器或皮带安装。

2. 泵体重量计算按下规定进行：

1）直联式泵按泵本体、电动机以及底座的总重量计算；非直联式泵按泵本体基底座的总重量计算，不包括电动机重量，但包括电动机安装。

2）深井泵按泵本体、电动机、底座及设备扬水管的总重量计算，深井泵橡胶轴承与连接扬水管的螺栓按设备带有考虑。

3. 泵安装中下述内容应另计工程量：

1）泵的支架、底座、联轴器、键和键槽的加工与制作。

2）深井泵扬水管与水平面的垂直度测量。

3）电动机的检查、干燥、配线、调试。

4）试运转时所需的排水附加工程。

4. 泵拆检工程按台及每台净重计算。包括设备本体以及第一个阀门以内的管道等拆卸、清洗、检查、刮研、换油、调间歇、找平、找正、找中心、记录、组装复原。

5. 泵拆检中下述内容应另计工程量：

1）设备本体的整（解）体安装。

2）电动机安装及拆装、检查、调整、试验。

3）设备本体以外的各种管道检查和试验工作。

（二）风机安装与拆检

1. 风机安装工程量按台或单重计算，包括：设备本体与本体联体的附件、管道、润滑冷却装置等清洗、刮研、组装、调试。离心式鼓风机（带增速机）的垫铁研磨。联轴器或皮带以及安全防护罩安装，设备带有的电动机及减震器安装。

2. 直联式风机的单重应按风机本体及电动机和底座的总重量计算。非直联式风机的单重应按风机本体和底座的总重量计算。

3. 风机安装中下述内容应另计工程量：

1）风机的底座、支架及防护罩、减震器的制作、修整。

2）联轴器及键和键槽的加工制作。

3）电动机的抽芯检查、干燥、配线、调试。

4. 风机拆检工程量按台或单重计算。

5. 风机拆检工程量不包括以下内容：

1）风机本体的整（解）体安装。

2）电动机安装及拆装、检查、调整、试验。

3）风机本体以外的各种管道检查和试验工作。

（三）其他机械设备安装

1. 干燥、过滤、压滤等机械设备安装，以台为计量单位，以重量吨选用定额子目。

2. 污水处理设备安装，以台为计量单位，应按不同型号、规格选用定额子目。

3. 设备重量应包括本体、附机及其所属的金属构件重量。其工程内容还包括：

1）配合二次灌浆及电机抽芯。

2）随机带来的附属设备、冷却水管、油管等的清洗、安装、找正、调整。

3）随机带来的成品安全罩、防护罩、扶梯、走台等安装。

4. 设备安装不包括下述工程内容：

1）专用垫铁、联轴节、地脚螺栓、走台、扶梯制作工程。

2）润滑油过滤及油箱注油。

五、管道及管配件工程量计算

（一）管段、配件预制

1. 直管预制应区别不同管径、壁厚、材质，按设计中心线长度，以米为计量单位。

2. 预制组装焊接的弯头（斜口）的组装焊接工程量，按图纸数量，以个位计量单位。

3. 管段沥青绝缘防腐，按不同管径、不同的防腐绝缘等级，以米或平方米为计量单位。

4. 长距离输送管道工程中的防腐管段（含弯头）运输距离，从管段预制防腐场地至沿管线施工工地指定堆管地点，按不同管径以米为计量单位计算。

5. 冷弯防腐钢管运输，按不同管径，以米为计量单位计算。

6. 铸铁管运输（包括装卸），指自贮管场运至工地指定堆放地点，按不同管径分别以米为计量单位计算。

（二）管段、配件安装

1. 防腐管段安装，按不同管径、壁厚，以米为计量单位计算。

1）按设计长度扣除线路中各个站（场）和穿（跨）管线长度后的实际长度计算。

2）线路管道中的阀门和管件所占长度一律不扣除。

3）管段安装定额中，包括管件安装（管件主材费另计），但不包括阀门安装。

2. 铸铁管段的敷设，定额以每根 6m 长度为标准制订，不同时可按规定调整。其工程量按不同管径、接口种类分别以米为计量单位计算，不扣除各种阀门、管件所占长度。

3. 管段穿越工程量计算：

1）穿越直管段组装焊接，按不同管径和壁厚，以米为计量单位计算。

2）复壁管穿越直管段组装焊接，按内外管不同管径和壁厚，以米为计量单位计算；内管超长管段按穿越直管段计算。

3）穿越管段拖管过河，一律按河流宽度和穿越管段重量（t），以次为计量单位计算。但不包括水下管沟开挖、回填及稳管。

4. 管道跨越工程量计算：

1）单拱跨管桥组装焊接，按不同管径和壁厚，以米为计量单位计算。其附件制作与安装，以公斤为计量单位计算。Ⅱ形跨越管桥组装焊接（包括附件制作与安装），以座为计量单位计算。

2）中、小型跨越管段吊装，不分管径，按不同跨度（两个支墩间距），以"处"为计量单位计算。

5. 穿越公路、铁路的土石方开挖按土石方工程规定计算，管道按直管段组装焊接和带钢套管计算穿越部分管道。顶管穿越公路和铁路，按穿越管直径，以米为计量单位计算。

六、给水厂和污水处理厂附属建筑面积

（一）给水厂附属建筑面积

1. 一般规定：

1）给水厂的附属建筑应根据总体布局，结合厂址环境、地形、气象和地质等条件进行布置，布置方案应达到经济合理、安全适用、方便施工和管理等要求。

2）附属建筑面积系指使用面积。

3）给水厂生产管理用房、行政办公用房、化验室和宿舍等组成的综合楼，其建筑系数可按 55%～65% 选用，其他附属建筑的建筑系数应符合表 7-6 规定。

给水厂其他附属建筑的建筑系数　　表 7-6

建 筑 物 名 称	建筑系数（%）
仓库、机修间	80～90
食堂（包括厨房）	70～80
浴室、锅炉房	75～85
传达室	75～85

2. 生产管理用房包括计划室、技术室、技术资料室、劳动工资室、财务室、会议室、活动室、调度室、医务室和电话总机室等。其建筑面积应符合表 7-7 的规定。

生产管理用房面积　　表 7-7

类 别 给水厂规模（万 m³/d）	地表水水厂（m²）	地下水水厂（m²）
0.5～2	100～150	80～120
2～5	150～210	120～150
5～10	210～300	150～180
10～20	300～350	180～250
20～50	350～400	250～300

注：本表已包括行政办公用房的面积。

3. 行政办公用房包括办公室、打字室、资料室和接待室等。它宜与生产管理用房等联建。每一编制定员的行政办公用房平均面积为 5.8～6.5m²。

4. 化验室面积应按常规水质化验项目确定。根据给水厂规模，一般由理化分

析室、毒物检验室、生物检验室（包括无菌室）、加热室、天平室、仪器室、药品贮藏室（包括毒品室）、办公室和更衣间等组成。其面积见表 7-8 的规定。对设有原子吸收、气相色谱分析仪等大型仪器设备的化验室，其面积可酌情增加。

化验室面积及定员　　　　表 7-8

类别 给水厂规模（万 m³/d）	地表水水厂 面积（m²）	定员（人）	地下水水厂 面积（m²）	定员（人）
0.5~2	60~90	2~4	30~60	1~3
2~5	90~110	4~5	60~80	3~4
5~10	110~160	5~6	80~100	4~5
10~20	160~180	6~8	100~120	5~6
20~50	180~200	8~10	120~150	6~8

注：本表面积指给水厂一级化验室用房，不包括车间及班组化验用房。

5. 给水厂机修间分为中修、小修两类，中修以维修部件为主，小修以维修零件为主，其类型的选用应考虑当地自来水公司的机修力量和协作条件确定。独立设置的泵站可按小修确定。其面积和定员应符合表 7-9 的规定。

1）机修间辅助面积指工具间、备品库、男女更衣室、卫生间、休息室和办公室的总面积。给水厂规模小于 10 万 m³/d 时可不设休息室。

2）机修间外设置冷工作棚时，其面积可按车间面积的 20%~40% 计算。

机修间面积及定员　　　　表 7-9

规模 （万 m³/d）	小修 车间面积（m²） 地表水水厂	地下水水厂	辅助面积（m²） 地表水水厂	地下水水厂	定员（人） 地表水水厂	地下水水厂	中修 车间面积（m²） 地表水水厂	地下水水厂	辅助面积（m²） 地表水水厂	地下水水厂	定员（人） 地表水水厂	地下水水厂
0.5~2	50~70	40~60	25~35	20~30	2~5	2~5	70~80	60~70	25~35	20~30	4~6	3~6
2~5	70~100	60~90	35~45	30~40	5~7	5~7	80~110	70~100	35~45	30~40	6~8	6~7
5~10	100~120	90~100	45~50	40~50	7~9	6~7	110~130	100~120	45~60	40~50	8~10	7~8
10~20	120~150	100~130	60~70	50~60	9~10	7~8	130~160	120~140	60~70	50~60	10~11	8~10
20~50	150~190	130~160	70~90	60~80	10~12	8~10	160~200	140~180	70~90	60~70	11~13	10~12

3）当地无水表修理力量，且规模在 10 万 m³/d 以下的给水厂，宜设置水表修理件，其面积和定员应符合表 7-10 的规定。

水表修理间面积及定员　　　　　　　表 7-10

给水厂规模（万 m³/d）	面　　积（m²）	定　　员（人）
0.5～2	20～30	2
2～5	30～40	2～3
5～10	40～50	3～4

注：地表水水厂与地下水水厂相同。

6. 电修间面积及定员应符合表 7-11 规定。

电修间面积及定员　　　　　　　　表 7-11

类　别 给水厂规模（万 m³/d）	地表水水厂		地下水水厂	
	面积（m²）	定员（人）	面积（m²）	定员（人）
0.5～2	20～25	2～3	20～30	2～4
2～5	25～30	3～4	30～40	4～5
5～10	30～40	4～6	40～50	5～7
10～20	40～50	4～6	50～60	7～10
20～50	50～60	6～7	60～70	10～12

注：本表未考虑控制系统仪表和设备的检修。

7. 泥木工间包括木工、泥工和油漆工等的工作场所和工具堆放等场地，其面积和定员应符合表 7-12 的规定。

泥木工间面积及定员　　　　　　　表 7-12

类　别 给水厂规模（万 m³/d）	地表水水厂		地下水水厂	
	面积（m²）	定员（人）	面积（m²）	定员（人）
2～5	20～35	1～2	20～25	1～2
5～10	35～45	2～3	25～30	1～2
10～20	45～60	3～4	30～40	2～3
20～50	60～80	4～8	40～60	3～5

8. 车库一般由停车间、检修坑、工具间和休息室等组成。其面积应根据车辆的配备确定。

9. 仓库可集中或分散设置，其总面积应符合表 7-13 的规定。

仓　库　面　积　　　　　　　　表 7-13

给水厂规模（万 m³/d）	地表水水厂（m²）	地下水水厂（m²）
0.5～2	50～100	40～80
2～5	100～150	80～100
5～10	150～200	100～150
10～20	200～250	150～200
20～50	250～300	200～250

注：1. 净水和消毒剂的贮存不属本仓库范围。药剂仓库面积按工程设计具体规定计算；

　　2. 10 万 m³/d 以上给水厂仓库，表中已计入仓库管理人员的办公面积。

10. 给水厂食堂包括餐厅和厨房（备餐、烧火、操作、贮藏、冷藏、烘烤、办公和更衣用房等），其总面积定额应符合表 7-14 的规定。

食堂就餐人员面积定额

表 7-14

给水厂规模（万 m³/d）	面积定额（m²/人）
0.5～2	2.6～2.4
2～5	2.4～2.2
5～10	2.2～2.0
10～20	2.0～1.9
20～50	1.9～1.8

注：地表水水厂和地下水水厂相同。

1）就餐人员宜按最大班人数计（即当班的生产人员加上日班的生产辅助人员和管理人员）。

2）食堂外应有堆放煤和炉渣的场地，寒冷地区宜设菜窖。

11. 浴室与锅炉房：

1）男女浴室的总面积（包括淋浴间、盥洗间及更衣间厕所等）应符合表 7-15 的规定。

2）锅炉房面积应根据需要确定，并应在锅炉房外设堆放煤和渣料的场地。

浴 室 面 积

表 7-15

给水厂规模（万 m³/d）	地表水水厂（m²）	地下水水厂（m²）
0.5～2	20～40	15～25
2～5	40～50	25～35
5～10	50～60	35～45
10～20	60～70	45～55
20～50	70～80	55～60

12. 给水厂应设管配件堆棚，其面积应符合表 7-16 的规定。

管 件 堆 棚 面 积

表 7-16

给水厂规模（万 m³/d）	面积（m²）
0.5～2	30～50
2～5	50～80
5～10	80～100
10～20	100～200
20～50	200～250

注：地表水水厂和地下水水厂相同。

13. 绿化用房面积应根据绿化工定员和面积定额确定。

1）当绿化面积≤7000m² 时，绿化工定员为 2 人；绿化面积每增加 7000～10000m²，增配 1 人。

2）绿化用房面积定额，可按 5～10m²/人计算。

14. 传达室面积应符合表 7-17 的规定。

传　达　室　面　积

表 7-17

给水厂规模（万 m³/d）	面　积（m²）
0.5～2	15～20
2～5	15～20
5～10	20～25
10～20	25～35
20～50	25～35

15. 宿舍包括值班宿舍和单身宿舍。

1）值班宿舍是中、夜班工人临时休息用房，其面积可按 4m²/人计算。宿舍人数宜按值班工人总数的 45%～55%计算。

2）单身宿舍是指常住在厂内的单身男女职工用房，其面积可按 5m²/人计算。宿舍人数宜按给水厂定员人数的 35%～45%计算。

16. 给水厂应设置露天操作工的休息室，其面积可按 5m²/人计算，总面积应不小于 25m²。

17. 厂内可设自行车车棚。车棚面积可按 0.8m²/辆计算，存放车辆数可按定员人数的 30%～60%采用。

（二）污水处理厂附属建筑面积

1. 一般规定：

1）附属建筑面积系指使用面积。

2）污水处理厂生产管理用房、行政办公用房、化验室和宿舍等组成的综合楼，其建筑系数可按 55%～65%选用。

2. 生产管理用房：

1）二级污水处理厂生产管理用房包括计划室、技术室、调度室、劳动工资室、财会室、技术资料室、会议室、活动室、医务室和电话总机室等，其建筑面积应符合表 7-18 的规定。

2）一级污水处理厂生产管理用房面积可按表 7-18 规定的下限采用。

生产管理用房面积 表 7-18

污水厂规模（万 m³/d）	生产管理用房面积（m²）
0.5～2	80～170
2～5	170～220
5～10	220～300
10～50	300～480

3. 行政办公用房包括办公室、打字室、资料室和接待室等。它宜与生产管理用房等联建，并与污水处理厂厂区环境相协调。每一编制定员的行政办公用房平均面积为 5.8～6.5m²。

4. 化验室一般由水分析室、泥分析室、BOD 分析室、气体分析室、生物室、天平室、仪器室、药品贮藏室（包括毒品室）、办公室和更衣间等组成。其面积和定员应根据污水处理厂规模和污水处理级别等因素确定，宜按表 7-19 规定采用。

化验室面积及定员 表 7-19

污水厂规模（万 m³/d）	面积（m²）		定员（人）
	一级厂	二级厂	二级厂
0.5～2	70～100	85～140	2～3
2～5	100～120	140～200	3～5
5～10	120～180	200～280	5～7
10～50	180～250	280～380	7～15

注：一级厂定员可取表中的下限值。

5. 机修间面积和定员，应根据污水处理厂规模和污水处理级别等因素确定，宜按表 7-20 规定采用。

机修间面积及定员 表 7-20

污水厂规模（万 m³/d）		0.5～2	2～5	5～10	10～50
一级厂	车间面积（m²）	50～70	70～90	90～120	120～150
	辅助面积（m²）	30～40	30～40	40～60	60～70
	定员（人）	3～4	4～6	6～8	8～10
二级厂	车间面积（m²）	60～90	90～120	120～150	150～180
	辅助面积（m²）	30～40	40～60	60～70	70～80
	定员（人）	4～6	6～8	8～12	12～18

注：1. 辅助面积系指工具件、备品库、男女更衣室、卫生间和办公室的总面积。规模小于 5 万 m³/d 时，可不设办公室。

　　2. 机修间应设置冷工作棚，其面积可按车间面积的 30%～50%计算。

　　3. 小修的机修间面积，可按表中的下限值酌减。

6. 电修间面积和定员，应按表 7-21 采用。

电修间面积及定员　　　　表 7-21

污水厂规模	一 级 厂		二 级 厂	
（万 m³/d）	面积（m²）	定员（人）	面积（m²）	定员（人）
0.5～2	15	2	20～30	2～3
2～5	15	2～3	30～40	3～5
5～10	20	3～5	40～50	5～8
10～50	20	5～8	50～70	8～14

注：本表未考虑控制系统的仪表和设备检修，宜设置仪表维修间。

7. 泥木工间包括木工、泥工和油漆工等的工作场所和工具堆放等场地，其面积和定员应符合表 7-22 的规定。

泥木工间面积及定员　　　　表 7-22

污水厂规模	一 级 厂		二 级 厂	
（万 m³/d）	面积（m²）	定员（人）	面积（m²）	定员（人）
5～10	30～40	2～3	40～50	3～5
10～50	40～70	3～5	50～100	5～8

8. 车库一般由停车间、检修坑、工具间和休息室等组成。其面积应根据车辆的配备确定。

9. 仓库可集中或分散设置，其总面积应符合表 7-23 的规定。

仓 库 面 积　　　　表 7-23

污水厂规模（万 m³/d）	二级厂仓库面积（m²）
0.5～2	60～100
2～5	100～150
5～10	150～200
10～50	200～400

注：一级厂的仓库面积，可按表中下限采用。

10. 污水处理厂的食堂包括餐厅和厨房（备餐、烧火、操作、贮藏、冷藏、烘烤、办公和更衣用房等），其总面积定额应符合表 7-24 的规定。

食堂就餐人员面积定额　　　　表 7-24

污水厂规模（万 m³/d）	面积定额（m²/人）
0.5～2	2.6～2.4
2～5	2.4～2.2
5～10	2.2～2.0
10～50	2.0～1.8

注：1. 就餐人员宜按最大班人数计（即当班的生产人员加上日班的生产辅助人员和管理人员）。

2. 食堂外应有堆放煤和炉渣的场地，寒冷地区宜设菜窖。

3. 如食堂兼作会场时，餐厅面积可适当增加。

11. 浴室与锅炉房：

1）男女浴室的总面积（包括淋浴间、盥洗间及更衣间厕所等）应符合表 7-25 的规定。

2）锅炉房面积应根据需要确定，并应在锅炉房外设堆放煤和渣料的场地。

浴　室　面　积　　　　表 7-25

污水厂规模（万 m³/d）	二级厂浴室面积（m²）
0.5～2	25～50
2～5	50～120
5～10	120～140
10～50	140～150

注：一级厂的浴室面积，可按表中下限采用。

12. 污水处理厂应设管配件堆棚，其面积应符合表 7-26 的规定。

管配件堆棚面积　　　　表 7-26

污水厂规模（万 m³/d）	面　积（m²）
0.5～2	30～50
2～5	50～80
5～10	80～100
10～50	100～250

13. 绿化用房面积应根据绿化工定员和面积定额确定。

1）当绿化面积≤7000m² 时，绿化工定员为 2 人；绿化面积每增加 7000～10000m²，增配 1 人。

2）绿化用房面积定额，可按 5～10m²/人计算。

3）暖房面积可根据实际需要确定。

4）绿化面积，新建厂或扩建厂不宜少于厂区面积的 30%，现有厂不宜少于厂区面积的 20%。

14. 传达室可根据需要分为 1～3 间（收发和休息等），其面积应按表 7-27 采用。

传　达　室　面　积　　　　表 7-27

污水厂规模（万 m³/d）	面　积（m²）
0.5～2	15～20
2～5	15～20
5～10	20～50
10～50	25～35

15. 宿舍包括值班宿舍和单身宿舍。

1) 值班宿舍是中、夜班工人临时休息用房，其面积可按 $4m^2/$人计算。宿舍人数宜按值班工人总数的 $45\%\sim55\%$ 计算。

2) 单身宿舍是指常住在厂内的单身男女职工用房，其面积可按 $5m^2/$人计算。宿舍人数宜按给水厂定员人数的 $35\%\sim45\%$ 计算。

16. 给水厂应设置露天操作工的休息室，其面积可按 $5m^2/$人计算，总面积应不小于 $25m^2$。

17. 厂内可设自行车车棚。车棚面积可按 $0.8m^2/$辆计算，存放车辆数可按定员人数的 $30\%\sim60\%$ 采用。

第三节　估算的编制方法与步骤

一、投资估算文件的组成

建设项目可行性研究报告中的投资估算，应对总投资起控制作用，不得任意突破。因此，在投资估算编制过程中，必须严格执行国家的方针、政策和有关法规制度，在调查研究的基础上，如实反映工程项目建设规模、标准、工期、建设条件和所需投资，既不能高估冒算，也不能故意压低、留有缺口。

根据国家有关规定，投资估算文件的组成应包括如下内容：

1. 估算编制说明

估算编制说明中应含工程简要概况和编制依据。

1) 工程简要概况：主要包括项目的建设规模和建设范围，明确建设项目总投资估算中所包括的和不包括的工程项目和费用；如有几个单位共同编制时，则应说明分工编制的情况。

2) 编制依据：主要指与建设项目总投资估算有关的依据。应包括国家和主管部门发布的有关法律、法规、规章、规程等；部门或地区发布的投资估算指标及建筑、安装工程综合定额或指标；工程所在地区建设行政主管部门发布的人工、设备、材料价格、造价指数等；国外初步询价资料及所采用的外汇汇率；其他直接费、间接费、利润、税金等各项费用的费率以及工程建设其他费用内容及费率标准。

3) 征地拆迁、供电供水、考察咨询等项费用的计算；其他有关问题的说明。

2. 建设项目总投资估算及使用外汇额度

1) 总投资估算：总投资估算应按表 7-28 和表 7-29 的格式编制。

2) 工程建设项目分有远期和近期时，应分别按子项编制远、近期的工程投资总估算。

3) 按要求编制使用外汇额度表。

可行性研究报告总估算表　　　　　　　　　　　表 7-28

建设项目名称：　　　　　　　　　　　　　　　　　　　　第 页 共 页

序号	工程或费用名称	估 算 金 额（万元）					技术经济指标			备注
		建筑工程	安装工程	设备及工器具购置	其他费用	合计	单位	数量	单位价值（元）	
1	2	3	4	5	6	7	8	9	10	11

编制：　　　　　　校核：　　　　　　审核：

可行性研究报告工程建设其他费用计算表　　　　　表 7-29

建设项目名称：　　　　　　　　　　　　　　　　　　　　第 页 共 页

序号	费用名称	说 明 及 计 算 式	金额（元）	备注

编　制：　　　　　　　　　　　　　　　　　　　复 核：

3. 主要技术经济指标

　　主要技术经济指标应包括投资、用地、主要材料用量、劳动定员和经营成本费用等指标。当设计规模有远、近期不同的考虑时，或土建与安装的规模不同时，应分别计算后再行综合。以下为建设期的主要技术经济指标，生产经营期的技术经济指标见财务分析章节。

　　1）单位生产能力（设计规模）指标：

　　①给水、排水工程综合经济指标 [元/（$m^3 \cdot d$）] ＝工程总投资/设计供水量

$$(7-10)$$

　　②取水、净水厂、污水处理厂工程经济指标 [元/（$m^3 \cdot d$）] ＝工程投资/设计水量

$$(7-11)$$

　　③输水工程经济指标：

　　管道工程按单位长度或按单位长度设计流量为计量单位 [元/m 或元/（$m^3 \cdot d \cdot km$）]；

渠道工程按单位长度或按单位长度过水流量为计量单位 [元/100m 或元/ (m^3·s·km)]。

2) 单位工程造价指标：

①单项处理构筑物 [元/ (m^3·d)] ＝单项构筑物工程造价/日处理水量

(7-12)

或单项处理构筑物 (元/m^3) ＝单项构筑物工程造价/有效容积

②厂、站造价指标 [元/ (m^3·d)、元/ (L·s)] ＝厂、站工程造价/设计水量

③配水管网 (元/100m 或元/ km) ＝配水管网工程造价/设计长度；

排水管道 [元/100m、元/ (m^3·km) 或元/ (hm^2·km)] ＝排水管道工程造价/设计长度或泄水面积、单位长度。

(7-13)

④辅助性建筑工程 (元/m^2、元/m^3) ＝辅助性建筑工程造价/设计面积或体积

(7-14)

⑤ 变电所 (元/kVA) ＝变电所工程造价/设计电容量 (7-15)

⑥ 输电线路 (元/km) ＝输电线路工程造价/设计长度 (7-16)

⑦ 锅炉房 (元/t·h) ＝锅炉房造价/设计蒸发量 (7-17)

3) 水处理能耗 (kWh/m^3) ＝水处理总电耗/设计水量 (7-18)

4) 建设工期指标：以年、季、月为单位。

5) 劳动消耗量指标：如基建劳动日、建设项目投产后的设计定员。

6) 主要材料消耗指标：

①不同口径、材质的金属或非金属管道以总重量 "t" 计

②不同规格钢材、不同标号水泥以总重量 "t" 计

③木材以 "m^3" 计

7) 主要机电设备指标：以 "kW、t" 计。

8) 占用土地：总占地以 "m^2" 计、单位处理水量占地指标以 "m^2/ (m^3·d)" 计

4. 投资分析

1) 工程投资比例分析：

①各项枢纽工程的工程费用占第一部分费用 (单项工程费用总计) 的比例

②工程费用、工程建设其他费用、预备费用等，各占固定资产投资的比例

③建筑工程费、安装工程费、设备购置费、其他费用各占建设项目总投资的比例

2) 影响工程投资的主要因素分析

3) 工程项目造价分析：用前述的综合指标与工程项目造价指标比较，说明工程项目造价指标高与低及其原因。

5. 钢材、水泥、木材总需要量

应列表说明建设项目的钢材、水泥、木材总需要量。

6. 主要引进设备的内容、数量和费用

应列表说明建设项目中主要引进设备的内容、数量和费用。

7. 资金筹措、资金总额组成及年度用款安排

1）说明资金筹措方式。

2）建设项目所需资金总额以及资金来源组成。

3）借入资金的条件：借贷利率、偿还期、宽限期、贷款币种和汇率、借贷款的其他费用（管理费、代理费、承诺费等）、贷款偿付方式。

4）列表说明建设项目的年度用款计划安排。

二、投资估算的编制方法

（一）工程费用估算

工程费用又称第一部分费用，含建筑工程费用、安装工程费用、设备购置费用、工器具及生产家具购置费用等部分。

1. 建筑工程费用

建筑工程费用估算可根据单项工程的性质采用以下方法进行编制：

1）主要构筑物或单项工程

①套用估算指标或类似工程造价指标进行编制：按照建设项目所确定的主要构筑物或单项工程的设计规模、工艺参数、建设标准和主要尺寸套用相适应的构筑物估算指标或类似工程的造价指标和经济分析资料。应用估算指标或类似工程造价指标编制估算时，应结合工程的具体条件、考虑时间、地点、材料价格等可变因素，做出必要的调整。

A. 将其人工和材料价格以及费用水平调整为工程所在地编制估算年份的市场价格和现行的费率标准。

B. 当设计构筑物或单项工程的规模（能力或建筑体积或有效容积）与套用指标的规模有较大差异时，应根据规模经济效应（即工程建设费用单位造价指标与工程规模的负相关关系）调整造价指标。

C. 根据工程建设的特点和水文地质条件，调整地基处理和施工措施费用。

D. 设计构筑物或单项工程与所套用指标项目的主要结构特征或结构断面尺寸有较大差别时，应调整相应的工程量及其费用。

②套用概算定额或综合预算定额进行编制：当设计的构筑物或单项工程项目缺乏合适的估算指标或同类工程造价指标可资套用时，则应根据设计草图计算主要工程数量套用概算定额和综合预算定额。次要工程项目的费用可根据以往的统计分析资料按主要工程项目费用的百分比估列，但次要工程项目费用一般不应超

过主要工程项目费用的 20%。

2）室外管道铺设

室外管道铺设工程估算的编制，应首先采用当地的管道铺设概（估）算指标或综合定额，当地无此类定额或指标时，则可采用《全国市政工程投资估算指标》内相应的管道铺设指标，但应根据工程所在地的水文地质和施工机具设备条件，对沟槽支撑、排水、管道基础等费用项目作必要的调整，并考虑增列临时便道、建成区的路面修复、土方暂存等项费用。

3）辅助性构筑物或非主要的单项工程

辅助性构筑物或非主要的单项工程是指对整个工程造价影响较小的单项工程。可参照估算指标或类似工程单位建筑体积或有效容积的造价指标进行编制。

4）辅助生产项目和生活设施的房屋建筑

辅助生产项目和生活设施的房屋建筑，可根据工程所在地同类型或相近建设标准的房屋建设的"平方米造价指标"进行编制。

2. 安装工程费用

安装工程费用估算可根据各单项工程的不同情况采用以下方法进行编制：

①套用估算指标或类似工程造价指标进行编制：套用相适应的估算指标或类似工程技术经济指标，应注意调整人工和材料价格以及费率标准。

②套用概算定额或综合预算定额进行编制：当单项构筑物或建筑物的安装工程缺乏合适的估算指标或类似工程技术经济指标可资套用时，可采用计算主要工程量，按概算定额或综合预算定额进行编制。

工艺设备和机械设备的安装可按每吨设备或每台设备估算；工艺管道按不同材质分别以每 100m 或每吨估算；管件按不同材质以每吨估算。

③按主要设备和主要材料费用的百分比进行估算：工艺设备、机械设备、工艺管道、变配电设备、动力配电和自控仪表的安装费用也可按不同工程性质以主要设备和主要材料费用的百分比进行估算。安装费用占主要设备和材料费用的百分比可根据有关指标或同类工程的测算资料取定。

3. 设备购置费用

鉴于估算指标中考虑的设备与设计实际选用的设备类型、规格、台数等有很大的差异，因此不能直接套用指标。一般地，设备购置费用估算应按设计方案所确定的主要设备内容逐项计算。

设备购置费的估算可由以下费用项目组成：

①主要设备费用：应按主要设备项目逐项计算。

$$Q = C \cdot (1 + p)^n \tag{7-19}$$

式中 Q——某设备折算成现行（$n=0$ 年）的出厂价格（含设备的包装费）；

C——某设备第 n 年前的出厂价格（含设备的包装费）；

　　p——某设备出厂期间平均调价系数；

　　n——某设备出厂到现在的年数。

　　②备品备件购置费：备品备件购置费可按主要设备价值的1%估算。若设备原价内如已包括备品备件时，则不应再重复计列。

　　③次要设备费用：次要设备费可按占主要设备总价的百分比计算，其比例可参照主管部门颁发的综合定额、扩大指标或类似工程造价分析资料取定，一般应掌握在10%以内。

　　④成套设备服务费：设备由设备成套公司承包供应时，可计列此项费用，按设备总价（包括主要设备、次要设备和备品备件费用）的1%估算。

　　⑤设备运杂费：以设备总价为计算基础，列入设备购置费。其运杂费费率见表7-30。

　　⑥超限设备运输措施费：按预计情况计入运杂费用内。

设 备 运 杂 费 费 率　　　　　　　　　　表 7-30

序号	工 程 所 在 地 区	费率（%）
1	辽宁、吉林、河北、北京、天津、山西、上海、江苏、浙江、山东、安徽	6～7
2	河南、陕西、湖北、湖南、江西、黑龙江、广东、四川、重庆、福建	7～8
3	内蒙、甘肃、宁夏、广西、海南	8～10
4	贵州、云南、青海、新疆	10～11

　　注：西藏边远地区和厂址距离铁路或水运码头超过50km时，可适当提高运杂费费率。

4. 工器具及生产家具购置费用

　　工器具及生产家具购置费用可按第一部分工程费用内设备购置费总值的1%～2%估算。

　　（二）工程建设其他费用估算

　　工程建设其他费用系指工程费用以外的建设项目必须支出的费用，又称第二部分费用。其项目及内容应结合工程项目的实际予以确定。工程建设其他费用的取费标准可按以下次序取定：

　　①国家计委、建设部制定颁发的有关其他费用的取费标准；

　　②建设项目主管部、委制定颁发的有关其他费用的取费标准；

　　③工程所在地的省、自治区、直辖市人民政府或主管部门制定的有关费用定额；

　　④当主管部、委和工程所在地人民政府或主管部门均无明确规定时，则可参照其他部、委或邻近省市规定的取费标准计算。

1. 土地使用费及迁移补偿费

　　土地使用费及迁移补偿费是指建设项目为取得土地使用权而发生的有关费

用，主要包括：

①征用耕地补偿费，指被征、借用土地的地上和地下附着物及青苗补偿费；征用城市或市郊菜地交纳的菜地开发建设基金；耕地占用税或城镇土地使用税，土地登记费及征地管理费。

②征用土地需安置农业人口的补助费。

③征用土地上的房屋及附属构筑物、城市公用设施等拆除、迁建补偿费（包括各类管线搬迁及绿化搬迁和补偿费），搬迁运输费，企业单位因搬迁造成的减产、停产损失补偿费，拆迁管理费等。

土地使用费及迁移补偿费是根据主管单位批准的建设用地、临时用地面积以及青苗补偿、被征用土地上的房屋、水井、树木等附着物的数量，按各省、自治区、直辖市人民政府制订颁发的各项补偿费、安置补助费标准计算。

2. 建设单位管理费

建设单位管理费是指建设单位为进行建设项目筹备、场地准备、建设、联合试运转、验收总结等工作所发生的管理费用。包括：工作人员的工资、工资附加、劳动保护、差旅费、办公费、工具用具使用费，招募生产工人费，技术图书资料费，合同公证费，工程质量监督检测费，完工清理费，建设单位的临时设施费和其他管理费用性支出。不包括应计入设备、材料预算价格的建设单位采购及保管设备、材料所需的费用。

建设单位管理费是以工程费用总和为基础，按照工程项目的不同规模分别确定的建设单位管理费率（见表 7-31）计算。

建设单位管理费取费标准（新建项目）　　　　表 7-31

序号	第一部分工程费用总值 （万元）	计算基础	费率（%）
1	100～300	第一部分工程费用总值	2.0～2.4
2	300 以上～500	第一部分工程费用总值	1.7～2.0
3	500 以上～1000	第一部分工程费用总值	1.5～1.7
4	1000 以上～5000	第一部分工程费用总值	1.2～1.5
5	5000 以上～10000	第一部分工程费用总值	1.1～1.2
6	10000 以上～20000	第一部分工程费用总值	0.9～1.1
7	20000 以上～50000	第一部分工程费用总值	0.8～0.9
8	50000 以上	第一部分工程费用总值	0.6～0.8

注：1. 改、扩建项目的取费标准，原则上应低于新建项目，如工程项目新建与改、扩建不易划分时，应根据工程实际情况，按难易程度确定费率标准。

2. 费率的选择应根据工程的繁简程度确定，一般道路及管线工程取下限，厂站、桥梁工程取上限。

3. 工程建设监理费

根据委托监理业务的范围、深度和工程的性质、规模、难易程度以及工作条件等情况，按照下列方法之一计收。

①按所监理项目概（预）算的百分比计收，其费率见表 7-32。

②按照参与监理工作的年度平均人数计算：3.5～5 万元/人·年。

③由建设单位和监理单位按商定的其他方法计收。

④中外合资、合作、外商独资的建设工程，工程建设监理费由双方参照国际标准协商确定。

工程建设监理收费标准

表 7-32

序号	工程概（预）算 M（万元）	设计阶段（含设计投标）监理取费 a（%）	施工（含施工投标）及保修阶段监理取费 b（%）
1	$M<500$	$0.2<a$	$2.50<b$
2	$500\leqslant M<1000$	$0.15<a\leqslant0.2$	$2.00<b\leqslant2.50$
3	$1000\leqslant M<5000$	$0.10<a\leqslant0.15$	$1.40<b\leqslant2.00$
4	$5000\leqslant M<10000$	$0.08<a\leqslant0.10$	$1.20<b\leqslant1.40$
5	$10000\leqslant M<50000$	$0.05<a\leqslant0.08$	$0.80<b\leqslant1.20$
6	$50000\leqslant M<100000$	$0.03<a\leqslant0.05$	$0.60<b\leqslant0.80$
7	$100000\leqslant M$	$a\leqslant0.03$	$b\leqslant0.60$

4. 研究试验费

研究试验费是指为本建设项目提供或验证设计数据、资料进行必要的研究试验支出，按照设计规定在施工过程中必须进行实验所需的费用，以及支付科技成果、先进技术的一次性技术转让费。但不包括：应由科技三项费用（即新产品试制费、中间试验费和重要科学研究补偿费)开支的项目；应由间接费开支的施工企业对建筑材料、构件和建筑物进行一般鉴定、检查所发生的费用及技术革新的研究试验费；应由勘察设计费、勘察设计单位的事业费或基本建设投资中开支的项目。

研究试验费应按照设计提出的研究试验项目内容编制。

5. 生产准备费

生产准备费包括生产职工培训及提前进厂费，是指新建企业或新增生产能力的扩建企业在交工验收前自行培训或委托培训技术人员、工人和管理人员所支出的费用；生产单位为参加施工、设备安装、调试等以及熟悉工艺流程、机器性能等需要提前进厂人员所支出的费用。

费用内容包括：培训人员和提前进厂人员的工资、工资附加费、差旅费、实习费和劳动保护费等。

根据培训人数（按设计定员的 60%），按 6 个月培训期计算。为简化计算，培训费按每人每月平均工资、工资附加费标准计算；提前进厂费，按提前进厂人数每人每月平均工资、工资附加费标准计算，若工程不发生提前进厂费的不得计算此项费用。

6．办公和生活家具购置费

办公和生产家具购置费指为保证新建、改建、扩建项目初期正常生产、使用和管理所必须购置的办公和生活家具、用具的费用。改建、扩建项目所需购置的办公和生活用具购置费，应低于新建项目的费用。购置范围包括：办公室、会议室、资料档案室、阅览室、文娱室、食堂、浴室、理发室、单身宿舍和设计规定必须建设的托儿所、卫生所、招待所、中小学校等的家具用具。应本着勤俭节约的精神，严格控制购置范围。办公和生产家具购置费可按照设计定员人数，每人按 1000 元计算。

7．勘察设计费

勘察设计费指建设项目进行勘察设计工作所发生的费用，由前期工作费、工程设计费、工程勘察费和施工图预算编制费四部分组成。

①前期工作费：指进行预可行性研究和可行性研究所发生的费用（包括厂址选择、环境评估、编制可行性研究报告、设计招投标等发生的费用）。

②工程设计费：包括委托设计单位进行设计时按规定应支付的设计费和在规定范围内由建设单位自行设计所需的费用。

③工程勘察费：建设项目进行勘察按规定所应支付的费用。

④施工图预算编制费：委托设计单位编制施工图预算所应支付的费用。

勘察设计费应按国家有关部门发布的收费标准计算。

8．工程保险费

工程保险费是指建设项目在建设期间根据需要，对在建工程实施保险部分所需费用。其费用应按保险公司的有关规定计列。

9．公用事业增容补贴费

公用事业增容补贴费是指国家、地方对建设项目用电、水、煤气以及污、废水排放等内容规定收取的增容补贴费。其数值应按有关规定计算。

10．竣工图编制费

竣工图编制费是指建设工程竣工图绘制所需的费用。按规定的费率计算，一般可按设计费的 5％计取。

11．联合试运转费

联合试运转费是指新建企业和新增加生产能力的扩建企业，在竣工验收前，按照设计规定的工程质量标准，进行整个车间的负荷或无负荷联合试运转所发生的费用。不包括应由设备安装费用开支的试车调试费用。当试运转有收入时，则计列收入与支出相抵后的亏损部分，不发生试运转费的工程或试运转收入和支出相抵的工程，不列此项费用。

联合试运转费用中包括：试运转所需的原料、燃料、油料和动力的消耗费用，机械使用费用，低值易耗品及其他物品的费用和施工单位参加联合试运转人员的工资等。试运转收入包括试运转产品销售和其他收入。

联合试运转费用在给水排水工程项目中，按第一部分工程费用内设备购置费总值的 1% 计算。

12. 施工机构迁移费

施工机构迁移费是指施工机构根据建设任务的需要，经有关部门决定成建制地（指公司或公司所属工程处、工区）由原驻地迁移到另一地区所发生的一次性搬迁费用。但不包括：应由施工企业自行负担的，在规定距离范围内调动施工力量以及内部平衡施工力量所发生的迁移费用；由于违反基建程序，盲目调迁队伍所发生的迁移费用；因中标而引起施工机构迁移所发生的迁移费。

施工机构迁移费的内容包括：职工及随同家属的差旅费、调迁期间的工资，施工机构、设备、工具、用具和周转性材料的搬运费。其费用应按各地区的有关规定计算，若无规定可按第一部分工程费用中的建、安工程费总值的 0.5%～1% 估算。

13. 引进技术和进口设备项目的其他费用

引进技术和进口设备项目的其他费用的内容和编制方法见"国外贷款、引进技术及进口设备项目投资估算"。

（三）预备费计算

预备费包括基本预备费和涨价预备费两部分。

1. 基本预备费

基本预备费是指在进行可行性研究投资估算中难以预料的工程和费用，其中包括实行按施工图预算加系数包干的预算包干费。

$$\text{基本预备费} = （\text{工程费用} + \text{工程建设其他费用}）\times（8\% \sim 10\%） \quad (7\text{-}20)$$

预备费率的取值应按工程具体情况在规定的幅度内确定。

2. 涨价预备费

涨价预备费是指项目筹建和建设期间由于价格可能发生上涨而预留的费用。

计算方法：以编制项目可行性研究报告的年份为基期，估算到项目建成年份为止的设备、材料等价格上涨系数，以第一部分工程费用总值为基数，按建设期分年度用款计划进行涨价预备费估算。其计算公式如下：

$$P_f = \sum_{t=1}^{n} I_t \left[(1 + f)^{t-1} - 1 \right] \quad (7\text{-}21)$$

式中 P_f——计算期涨价预备费；

I_t——计算期第 t 年的建筑安装工程费用和设备及工器具的购置费用；

f——物价上涨系数；

n——计算期年数，以编制可行性研究报告的年份为基期，计算至项目建成的年份；

　　t——计算期第 t 年（以编制可行性研究报告的年份为计算期第一年）。

（四）固定资产投资方向调节税计算

固定资产投资方向调节税应按国家有关规定计算。

（五）建设期借款利息计算

建设期借款利息应根据资金来源、建设期年限和借款利率分别计算。同时，借款的其他费用（管理费、代理费、承诺费等）按借贷条件如实计算。

（六）铺底流动资金计算

铺底流动资金又称自有流动资金，按流动资金总额的 30％ 列入总投资计划中。

（七）建设项目总投资计算

1．静态总投资

$$静态总投资 = 工程费用 + 工程建设其他费用 + 基本预备费 +$$
$$固定资产投资方向调节税 + 铺底流动资金 \qquad (7-22)$$

2．动态总投资

$$动态总投资 = 静态总投资 + 涨价预备费 + 建设期借款利息 \qquad (7-23)$$

（八）国外贷款、引进技术及进口设备项目投资估算

国外贷款、引进技术及进口设备项目投资估算的编制，除应按上述编制方法编制引进技术及进口设备的费用外，还应编制外汇使用安排表。外汇部分以美元为统一货币单位计算，任何需要支付外汇的其他货币都一律折算成美元，再按银行牌价（卖价）折合成人民币。国内配套费用按国内同类项目考虑。

1．项目费用组成

引进技术及进口设备的项目费用分为国外部分和国内部分。

1）国外部分费用

①列入第一部分工程费用的项目：

硬件费：含设备、备品备件、材料、专用工具、化学品等，以外币折合成人民币。

从属费用：指国外运费、运输保险费，以外币折合成人民币。

②列入第二部分工程建设其他费用的项目：

软件费：指国外设计、技术资料、专利、技术秘密和技术服务等费用，以外币折合成人民币。

其他费用：指外国工程技术人员来华工资和生活费、出国人员费用，以外币折合成人民币。

2）国内部分费用

①列入第一部分工程费用的项目：

从属费用：指进口关税、增值税、银行财务费、外贸手续费，为便于调核，应

单独列项，随货价和性质对应列入设备购置费、安装工程费和其他费用栏。

国内运杂费：指引进设备和材料从到达港口岸、交货铁路车站等到建设现场仓库或堆场的运杂费及保管费等费用。

国内安装费：指引进的设备、材料由国内进行施工而发生的费用。

②列入第二部分工程建设其他费用的项目：

其他费用：包括外国工程技术人员来华费用、出国人员费、引进设备材料国内检验费、工程保险费、海关监管手续费、银行担保费、图纸资料翻译复制费、调剂外汇额度差价费等。

2. 引进设备、材料货价计算

引进设备、材料和软件的货价按人民币计算，以外币金额乘以银行牌价（卖价）折算。

3. 从属费用估算

1）国外运输费：

硬件海运费可按海运费费率6%估算，陆运费按国家有关部门的规定计算。软件不计国外运输费。

2）运输保险费：

软件不计算运输保险费，硬件按下列公式估算：

$$运输保险费 = 离岸价(FOB) \times 运保费定额(1.062) \times 保险费费率\quad(7-24)$$

式中　保险费费率——海运保险费费率为0.35%，空、邮运保险费费率为0.45%。

3）外贸手续费：

外贸手续费按货价的1.5%估算。

4）银行财务费

银行财务费按货价的0.5%计算。

5）关税

关税按到岸价（CIF）乘以关税税率计算，其关税税率按《海关税则规定》执行。

6）增值税

增值税按下式计算：

$$增值税 = （到岸价 + 关税税额） \times 增值税税率\quad(7-25)$$

式中　增值税税率——按《中华人民共和国增值税条例》和《海关税则规定》执行。

上述各计算公式中所列税率、费率，应按国家有关部门公布的最新税率、费率调整。

4. 国内运杂费计算

国内运杂费以硬件费（设备原价）为基数，分地区按表7-33规定的国内运杂费费率计算。

引进设备及材料的国内货价运杂费率

表 7-33

序号	工程所在地区	费率（％）
1	上海、天津、青岛、秦皇岛、温州、烟台、大连、连云港、南通、宁波、广州、湛江、北海、厦门	1.5
2	北京、河北、吉林、辽宁、山东、江苏、浙江、广东、海南、福建	2.0
3	山西、广西、陕西、江西、河南、湖南、湖北、安徽、黑龙江	2.5
4	四川、云南、贵州、宁夏、内蒙、甘肃	3.0
5	青海、新疆、西藏	4.0

5. 引进项目国内安装费估算

引进项目国内安装费可按引进项目硬件费的 3.5％～5.0％估算（该指标是按 1 美元＝8.3 人民币测算的，如汇率上调，估算指标可适当下调），当引进项目大件、超大件的设备比较多、安装要求较高时，安装费估算指标可取上限。

6. 引进项目其他费用估算

1）外国工程技术人员来华费用

外国工程技术人员来华费用包括工资、生活补贴、往返旅费和医疗费等，由设计或建设单位根据工程要求估列。将外币金额按人民币外汇牌价卖出价折算成人民币，并计算其财务银行财务费。

2）来华外国工程技术人员招待所家具和办公用具费

来华外国工程技术人员招待所家具和办公用具费，每人按 4000～5000 元计算，家属减半、人数按暂定的高峰人数计算。

3）来华外国工程技术人员的招待费

来华外国工程技术人员的招待费，近期每人暂按 6000 元计取，人数按暂定人数估算。

4）出国人员费用

出国人员费用包括设计联络、出国考察、联合设计、设备材料采购、设备材料检验和培训等所发生的旅费、生活费、服装费等。

①旅费：按中国民航总局提供的现行标准计算。

②生活费及服装费：按国家有关部门的现行规定计算。将生活费的外币金额按人民币外汇牌价卖出价折算成人民币，并计算其财务银行财务费。

5）引进设备材料检验费

引进设备材料检验费是指根据《中华人民共和国进出口商品检验条例》发生检验的费用。

引进设备材料检验费 ＝ 设备材料（硬件）费 × (0.5％ ～ 1％)   (7-26)

6) 为引进项目的建设、投产服务所需的备品备件测绘、图纸资料翻译复制，模型设计、引进设备材料的二次搬运及延期付款利息等费用

该部分费用由设计或建设单位提出，经审批后列入总估算第二部分其他费用。

7) 引进项目建设保险费

是指在工程建成投产前，建设单位向保险公司投保建筑工程险、安装工程险、财产险和机器损坏险等应缴付的保险费。其费率按保险公司有关规定进行计算。

8) 银行担保费

是指进、出口项目中由国内金融机构出面提供担保风险和责任所发生的费用。一般按承担保险金额的 5‰ 计取。

9) 调剂外汇额度差

是指引进项目利用调剂外汇所发生的费用。按国家外汇管理局调剂中心或工程所在地规定进行计算。

7. 世界银行贷款项目涨价预备费计算

可按国外惯用的年中计算的假定，即项目费用发生在每年的年中、假定年物价上涨率的一半来计算每年的价格上涨预备费，其计算公式为：

$$P_f = \sum_{t=1}^{n} BC_t \left[(1+f)^{t-1} + \frac{f}{2} - 1 \right] \qquad (7-27)$$

式中 P_f——计算期涨价预备费；

BC_t——计算期第 t 年的建设费用，包括总估算的第一部分和第二部分费用以及基本预备费之和；

f——物价上涨系数；

n——计算期年数，以编制可行性研究报告的年份为基期，计算至项目建成的年份；

t——计算期第 t 年（以编制可行性研究报告的年份为计算期第一年）。

各年的物价上涨系数不同时，应逐年分别计算。

思考题与习题

1. 简述各类定额及指标的特点及使用范围。

2. 某城市拟建设一座规模为 5 万 m³/d 二级处理污水厂，该地区的人工、材料价格如下：

人工：土建 15 元/工日，安装 22 元/工日；水泥：230 元/t，锯材：850 元/m³，钢材：2400 元/t，砂：33 元/m³，碎石：30 元/m³，铸铁管：3000 元/t，钢管及配件：4200 元/t，钢筋混凝土管：150 元/t，闸门：8000 元/t；设备调整系数为 1.21；其他工程费率为 10%；综合费率为土建工程 35%，安装工程 20%；工程建设其他费用费率为 12%；基本预备费费率为 10%；铺底流动资金估算为 115 万元。试计算该项目的静态总投资。

3. 简述工程量计算原则。

4. 简述投资估算的组成及编制方法。

5. 某建设项目分年度建设情况的用款为：第一年：3000 万元；第二年：5000 万元；第三年：2000 万元。考虑物价上涨系数为 2.5%，试计算该项目的涨价预备费。

第三篇 水工程经济分析与评价

第八章 水工程的运营费用分析

运营费用指项目建设后，在产品生产、制造期间所应花费用。而水工程项目中的供水工程和排水工程，它们是直接关系到人们生活质量，其运行费用的大小直接影响人们日常开支水平。本章介绍水工程运营费用确定的一般知识。

第一节 运营费用的组成

一、总成本费用

总成本（总成本费用）是指项目在一定时期内（一般为一年）为生产和销售产品而花费的全部成本和费用。

$$总成本费用 = 生产成本 + 管理费用 + 财务费用 + 销售费用 \quad (8-1)$$

或　总成本费用 = 外购原材料、燃料及动力 + 工资及福利费 + 修理费 +

$$折旧费 + 摊销费 + 日常检修维护费 + 利息支出 + 其他费用 \quad (8-2)$$

二、经营成本

经营成本是指项目在一定时期内（一般为一年）为生产和销售产品而花的现金。

$$经营成本 = 总成本费用 - 折旧费 - 摊销费 - 利息支出 \quad (8-3)$$

三、可变成本与固定成本

$$总成本 = 固定成本 + 可变成本 \quad (8-4)$$

随产品的产量变化而成比例增减的费用，称为可变成本，如原材料费用。与产量的多少无关的费用，称为固定成本，如折旧费、摊销费、管理费用。

固定成本 = 工资福利费 + 折旧费 + 摊销费 + 修理费 + 日常检修维护费

$$(8-5)$$

$$可变成本 = 外购原材料、燃料及动力费 + 利息支出 + 其他费用 \qquad (8-6)$$

四、运行费用

运行费用是指企业在一定时期内，产品正常生产过程中消耗的原材料、燃料、动力、日常的检修维护以及与生产、销售的费用和支付的劳动报酬之和。它不包括折旧、摊销、大修理费以及财务费用。

第二节 运营费用的计算

一、基本计算参数

1. 固定资产折旧年限和折旧率

1）给水排水工程有关的固定资产折旧年限参见表 8-1。

2）固定资产净残值（残值—清理费用）按固定资产净值的 4% 计算。

给水排水工程固定资产折旧年限（摘录） 表 8-1

项目名称	年限（a）	基本折旧率（%）	项目名称	年限（a）	基本折旧率（%）
机械设备	18	5.33	输电设备	28	3.43
电气设备	18	5.33	管道	30	3.2
空气压缩设备	19	5.05	水塔、蓄水池	30	3.2
自动化控制设备	10	9.6	污水池	20	4.8
半自动控制设备	12	8.0	其他建筑物	30	3.2
电子计算机	8	12.0	生产用房（钢、钢筋混凝土结构）	50	1.92
通用测试仪器及设备	10	9.6	生产用房（砖混结构）	40	2.4
成套工具及一般工具	18	5.33	生产用房（砖木结构）	30	3.2
其他非生产用设备及器具	22	4.36	受腐蚀性生产用房	30	3.2
真空吸滤机	20	4.8			

3）固定资产基本折旧率：根据国家规定的固定资产分类折旧年限和水工程土建、安装和设备购置三者的投资比例，结合目前自来水厂和污水处理厂的实际经营资料，分析测定的平均综合基本折旧率参见表 8-2。

给水排水工程固定资产基本折旧率 表 8-2

工程类别	给水工程		排水工程	
设备情况	基本国产	适量进口	基本国产	适量进口
综合基本折旧率（%）	4.4	5.0	4.6	5.2

注：适量进口指重要设备由国外进口，一般设备采用国内产品。

2. 无形资产与递延资产摊销年限

1）无形资产按规定期限分期摊销；没有规定期限的，按不少于 10 年分期摊销。

2）递延资产按照不短于 5 年的期限分期摊销。水工程的递延资产所占建设投资比重甚小，一般可按 5 年分期摊销。

3）为简化计算，从投产之年起，平均按 12.5 年的期限分期摊销，即年摊销率为 8%。

3. 修理费率

新财会制度已不提存大修理基金，改列修理费。在此，修理费率可参考原大修理基金提存计算。参见表 8-3。

年大修基金提存率

表 8-3

工程类别	给水工程		排水工程	
设备情况	基本国产	适量进口	基本国产	适量进口
年大修基金提存率（%）	2.2	2	2.4	2.2

4. 日常检修维护费率

日常检修维护费率，对给水工程一般可按固定资产价值的 0.5% 计算；排水工程一般可按 1% 计算。可合并于修理费中计算。

5. 平均利润（毛利）率

测算售水价格时，其平均利润（毛利）率一般按销售收入的 8%～10% 估算。

6. 定额流动资金周转天数

定额流动资金周转天数一般取定为 90 天。

7. 自有流动资金率

自有流动资金率除在建设资金筹措时未作明确规定的项目外，一般按流动资金的 30% 估算。

8. 供水损失率

供水损失率当地缺乏统计资料时，可按我国城市自来水公司近年来的平均损失率 7.5% 计算。

9. 水厂自用水量增加系数

水厂自用水量增加系数一般可按设计水量的 5% 计算。

二、给水工程制水成本计算

给水工程制水成本是指制水成本的构成项目，计算全年的费用，然后除以全年的制水量，即为单位制水成本，以元/m³ 表示。

构成给水工程制水成本的费用如下：

1. 水资源费或原水费 E_1

$$E_1 = 365 Q k_1 e / k_2 \qquad (元 / 年) \qquad (8\text{-}7)$$

式中　Q——最高日供水量，m^3/d；

　　　k_1——考虑水厂自用水的水量增加系数，可取 1.05；

　　　k_2——日变化系数；

　　　e——水资源或原水单价，元$/m^3$。

2. 动力费 E_2

$$E_2 = \alpha \frac{QHd}{\eta k_2} \qquad (元 / 年) \qquad (8\text{-}8)$$

式中　H——工作全扬程，包括一级泵房、二级泵房及增压泵房的全部扬程，m；

　　　α——用电增加系数，考虑厂内其他用电设备，可取 1.05；

　　　d——电费单价，元$/kWh$；

　　　η——水泵和电动机的效率，一般采用 70%～80%。

　　当变压器容量≥315kVA 时，采用基本电价（按用户受电变压器的容量每月计费，元$/kVA \cdot 月$）加电度电价（用电量乘电费单价），否则，采用电度电价。

3. 药剂费 E_3

$$E_3 = \frac{365 Q k_1}{k_2 \times 10^6} (a_1 b_1 + a_2 b_2 + a_3 b_3 + \cdots\cdots) \qquad (元 / 年) \qquad (8\text{-}9)$$

式中　a_1、a_2、a_3——各种药剂（包括混凝剂、助凝剂、消毒剂等）的平均投加量（mg/L），确定时应考虑药剂的有效成分。

$$a = \frac{a'}{\lambda} \qquad (8\text{-}10)$$

式中　　　　a'——药剂的理论需要量，mg/L；

　　　　　　λ——药剂中有效成分所占比例；

　　　b_1、b_2、b_3——各种药剂的相应单价，元/t。

4. 工资及福利费 E_4

$$E_4 = AN \qquad (元 / 年) \qquad (8\text{-}11)$$

式中　A——职工每人每年的平均工资及福利费，元/（年·人）；

　　　N——职工人数，人。

5. 固定资产基本折旧费 E_5

$$E_5 = 固定资产原值 \times 综合基本折旧率 \qquad (元 / 年) \qquad (8\text{-}12)$$

　　固定资产原值可按第一部分工程费用、预备费用和建设期借款利息三项费用之和估算。

6. 无形资产和递延资产摊销费 E_6

$$E_6 = 无形资产和递延资产值 \times 年摊销费 \qquad (元/年) \qquad (8\text{-}13)$$

无形资产和递延资产值可按第二部分工程建设其他费用与固定资产投资方向调节税之和估算。

7. 修理费

　　1）大修理费 E_7

$$E_7 = 固定资产原值 \times 大修理费率 \qquad (元/年) \qquad (8\text{-}14)$$

　　2）日常检修维护费 E_8

$$E_8 = 固定资产原值 \times 检修维护费率 \qquad (元/年) \qquad (8\text{-}15)$$

8. 管理费用、销售费用和其他费用 E_9

　　包括管理和销售部门的办公费、取暖费、租赁费、保险费、差旅费、研究试验费、会议费、成本中列支的税金（如房产税、车船使用税等），以及其他不属于以上项目的支出等。一般可按上述各项费用总和的一定比率计算。

　　对于给水排水工程，根据统计分析资料，其比率一般可取 15%，按下式计算：

$$E_9 = (E_1 + E_2 + E_3 + E_4 + E_5 + E_6 + E_7 + E_8) \times 15\% \qquad (元/年)$$
$$(8\text{-}16)$$

9. 流动资金利息支出 E_{10}

$$E_{10} = (流动资金总额 - 自有流动资金) \times 流动资金借款年利率 \qquad (元/年)$$
$$(8\text{-}17)$$

10. 年运行成本 E_y

$$E_y = E_1 + E_2 + E_3 + E_4 + E_8 + E_9 \qquad (元/年) \qquad (8\text{-}18)$$

11. 年经营成本 E_C

$$E_C = E_1 + E_2 + E_3 + E_4 + E_7 + E_8 + E_9 \qquad (元/年) \qquad (8\text{-}19)$$

12. 年总成本 YC

$$YC = E_C + E_5 + E_6 + E_{10} = \sum_{j=1}^{10} E_j \qquad (元/年) \qquad (8\text{-}20)$$

　　其中：可变成本 $YC_a = E_1 + E_2 + E_3 + E_9 + E_{10}$ 　　（元/年）　(8-21)
　　　　　固定成本 $YC_b = E_4 + E_5 + E_6 + E_7 + E_8$ 　　（元/年）　(8-22)

13. 单位制水成本 AC

$$AC = YC/\Sigma Q \qquad (元/m^3) \qquad (8\text{-}23)$$

式中　ΣQ——全年制水量，$m^3/年$；$\Sigma Q = 365 Q/k_2$。

　　其中：单位制水可变成本 $AC_a = YC_a/\Sigma Q$ 　　　　　　　(8-24)
　　　　　单位制水固定成本 $AC_b = YC_b/\Sigma Q$ 　　　　　　　(8-25)

三、污水处理成本计算

　　污水处理成本的计算，通常还包括污泥处理部分。构成成本计算的费用项目有以下几项。

1. 处理后污水的排放费 E_1

处理后污水排入水体如需支付排放费用的，按有关部门的规定计算：

$$E_1 = 365Qe \quad （元／年） \tag{8-26}$$

式中　Q——平均日污水量，m^3/d；

e——处理后污水的排放费率，元/m^3。

2. 能源消耗费 E_2

包括电费、水费等在污水处理过程中所消耗的能源费。工业废水处理中，有时还包括蒸汽、煤等能源消耗。耗量不大的能源可略而不计，耗量大的能源应进行计算。其中电费的计算见下式：

$$E_2 = \frac{8760Nd}{k} \quad （元／年） \tag{8-27}$$

式中　N——污水处理厂内的水泵、空压机或鼓风机及其他机电设备的功率总和（不包括备用设备），kW；

k——污水量总变化系数；

d——电费单价，元/（kWh）。

3. 其他计算

药剂费 E_3、工资及福利费 E_4、固定资产基本折旧费 E_5、无形资产和递延资产摊销费 E_6、大修理费 E_7、日常检修维护费 E_8、管理费用和其他费用 E_9、流动资金利息支出 E_{10} 的计算，一般与给水工程制水成本的计算方法相同。

应注意是的药剂费中除了污水处理所需药剂费外，还应包括污泥处理所需的药剂费；

检修维护费 E_8，一般生活污水可参照类似工程的比率按固定资产总值的 1% 提取，但工业废水由于对设备及构筑物的腐蚀较严重，应按废水性质及维护要求分别提取；

计算式中处理水量 Q 均应按平均日污水量（m^3/d）计算。

4. 污水、污泥综合利用的收入

如不作为产品，且价值不大时，可不计入污水处理成本中；如作产品，且价值较大时，应作为产品销售，计入污水处理成本作为其他收入栏。

5. 年经营费用和年成本计算

年经营费用和年成本计算同给水工程。

$$全年制水量(m^3／年)\Sigma Q = 365Q \tag{8-28}$$

第三节　给水排水工程收费预测

城水供水价格是指城市供水企业通过一定的工程设施，将地表水、地下水进行必要的净化、消毒处理，使水质符合国家规定的标准后供给用户使用的商品水价格。污水处置费计入城市供水价格。

一、水价分类与构成

（一）水价分类

常用的水价类型有以下几种：

1. 单一计量水价

单一计量水价（estimated water price）就是按照用水量的大小，按实际用水的立方米数计收水费，每一单位用水量的价格都相同。单一计量水价是我国目前在城市生活用水中普遍实施的水费计收方式，比较简单和容易计算，收费易于管理和推行，但从供水成本考虑，由于单位水量间供水成本的差别，单一计量水价将存在不同用水量用户间的互相补贴问题。

2. 固定收费（包月制或包年制）

固定收费（fixed water price）是指不考虑用水量的变化，每月或每年用户按照用水规模（居民生活用水一般用家庭人口数或住房面积）支付一定的费用。由于价格结构单一，计收较方便。但此类收费最大的问题是用水浪费十分严重，不鼓励节约。目前，在我国的城市居民用水中应用较少。

3. 二部制水价

二部制水价是基本水价（容量水价，base water price）和计量水价（estimated water price）相结合的一种水费计收办法。在某一用水量（即最低消费水量）以下，收费为一固定值，不随用水量的变化而变化；超过这一用水量，将采用按实际用水立方米数计费。两部制水价可以保证供水企业有一固定的收入，但存在可能侵害消费者权益的问题。如某城区目前约有 10 万户居民，1959 年起，一直沿用每户居民月生活用水不足 3 吨，按 3 吨收费的标准。这一做法，近年来受到越来越多市民的质疑，认为自来水公司强行实施最低额定流量，是对消费者合法权益的侵犯。最低消费水量在我国多数地方已基本取消。

4. 基本生活水价

基本生活水价（lifeline water price）是为了保证低收入者的基本生活用水而设置的，一般第一级别的水价设置在低收入者的支付能力范围内，同时提供低收入者最低的生活用水量。此类水价不能在非生活用水中应用。

5. 阶梯水价

阶梯水价有两类：递减水价和递增水价。

1）递减水价

递减水价（progressive decrease water price）以不同用水量的级别制定水价，第一级的水价将比第二级的水价高，第二级的水价将比第三级的水价高。在这种收费制度下，当用户的用水量增加时，用户所付的单位水价将越来越少，即当消费水量逐步增加时，供水成本随生产水量增加而降低。级数的设置一般根据当地的具体情况。递减水费的计算一般基于成本，而且符合规模经济的成本变化规律。

通常认为，递减水价不鼓励节水。但在某些情况下不一定正确。如果小用户的用水量所占的比例较大，递减水费将对小用户计收较高的水价，有利于促进节水和成本回收。因此，节水并不是在选择实施何种水价种类，而是在具体的水价制定时所采用的措施。

2）递增水价

递增水价（progressive increase water price）以不同用水量的级别制定水价，第二级的水价将比第一级的水价高，第三级的水价将比第二级的水价高。在这种收费制度下，随用户用水量的增加，水价将上升。在节约用水方面，惩罚用户多用水，相对于前述的其他收费制度，递增水费对节约用水提供了更好的经济刺激，用水增幅越大，越有利于水资源的高效利用，较好地体现了公平原则。一般可假定只有第一级水价的水将被低收入者消耗，它的上限应反映典型的低收入家庭的最大消费水量，即基本生活用水量。往往这部分家庭经常是补助对象，因此，为低收入者提供补助的水，也可以向高收入者或大用水户征收超过高级别供水的长期边际成本的水价，保证收回成本。当新增供水的边际成本上升时，公用事业部门经常采用递增水价，每一级的水被定价于生产这种级别水的长期边际成本，这样加速全部成本的回收。目前在工业水价中实施的累进水价属于此种方式，许多国家和地区的水价都是实行累进加价，用水的单价随着用水量的增加而上升。

"新水新价"（high-quality water price）也是其中的一个方式。就是按不同的供水水质来确定水价。当然，低质水的水质至少应满足基本的水质标准，更高质水是在低质水的基础上进一步净化并保证用户的用水水质。由于各自的供水成本不同，实行最低质水实行最低的水价，最高质水实行最高的水价，适于在住宅小区或城市供水设施逐步改善、并提高用户用水质量的地区。

6. 季节加价

水价随季节变动是指由于夏季用水量比其他季节多，特别是绿地和户外的用水量增加导致供水的边际成本将上升，水价将上升，而高出其他季节。对干旱季节和正常季节也实行不同的水价，干旱季节水价高于正常季节。季节水价（seasonal water price）应根据本地区水资源的丰缺情况来定。以旅游业为主或季节性消费特点明显的地区可实行季节性水价。实行季节水价上调将促进用户节约用水，提高用水效率，并为扩大开发水资源创造条件。

7. 分类水价

根据不同的用户，实行不同的水价，即分类水价（classified water price）。分类水价把满足居民基本生活与生产、商业等其他用水区分开来。最简单的分类是用水户只有居民生活和生产经营两类。但大多数城市的用水户分类还很复杂。亦有建议将用水户分为三大类的：

第一类是不以赢利为目的的用水户，即指生活用水，包括居民生活、学校、机关、部队、事业单位、市政园林和农业用水，它是保证家庭小生活、社会大生活正常运行、环境卫生的用水。

第二类是以赢利为目的的用水户，即指工业用水，包括各类工业部门用水，它是保证和促进社会经济持续发展的用水。

第三类是以水作为主要原料之一，以赢利为目的的用水户，包括建筑业、饮食服务业、宾馆、酒类饮料生产、娱乐业、澡堂、洗染业等行业，统称服务用水。

目前，较多的是根据使用性质，将城市供水分为：居民生活用水、工业用水、行政事业用水、经营服务用水及特种用水等五类。因此，城市供水的分类水价也按此进行划分。

分类水价的关键是确定合理的分类项目和各类的收费，若分类数过多，则水费的征收和计算工作复杂；反之亦然，分类数过少，不能起到分类收费的作用。而各类水价之间的比价应根据当地的实际情况来定。

实行分类水价是我国目前水价的主要形式。阶梯水价、季节水价、浮动水价是分类水价的重要补充。

（二）水价的构成

城市水价由资源水价、工程水价和环境水价三部分组成。

资源水价是水资源费，卖的是使用水的权力；工程水价是生产成本和产权收益，卖的是一定量和质的水体；环境水价是污水处理费，卖的是环境容量——三者构成完整意义上的水价。当今各国的水价构成为：原水价格、管道运输成本（包括供水管网、排水管网）、水厂净水处理成本（包括给水处理、污水处理）、经营者的利税、污水处理还原成中水的费用。所以，在发达国家，水价与电价的比例是 6：1，水比电贵，而在我国水价普遍偏低。

从财务角度讲，城市水价由成本、费用、税金和利润构成。

城市供排水成本是指水的净化、输配过程中发生的原水费、电费、原材料费、资产折旧费、修理费、直接工资、水质检测、监测费以及其他应计入供水成本的直接费用；污水的接纳、净化以及排放过程中发生的电费、原材料费、资产折旧费、修理费、直接工资、水质检测、监测费以及其他应计入排水成本的直接费用。供水系统中的输水、配水等环节中的水损可合理计入成本。

城市供排水费用是指组织和管理供排水生产经营所发生的销售费用、管理费用和财务费用。

税金是指供排水企业应交纳的税金，目前，排水企业按行政事业单位执行。

城市供水价格中的利润，按净资产利润率核定。供水企业合理盈利的平均水平应当是净资产利润率 8%～10%。具体计算时，应根据其不同的资金来源确定：对于主要靠政府投资的，企业净资产利润率不得高于 6%。主要靠企业投资的，包括利用贷款、引进外资、发行债券或股票等方式筹集建设供水设施的供水价格，还贷期间净资产利润率不得高于 12%；还贷期结束后，净资产利润率为 8%～10%。排水企业一般采用保证还贷、微利、保本经营原则。

目前，我国的污水处理费采用计入城市供水价格内统一收取。污水处理费按城市供水范围，根据用户用水量计量征收。污水处理成本按管理体制单独核算。污水处理费的标准根据城市排水管网和污水处理厂的运行维护和建设费用核定。

显然，影响水价的最主要因素是水行业成本增加。从单位成本的角度分析，包括大型基建项目融资、劳动力成本、折旧费和售水费等。受到污染的供水水源，通常是更改水源或水处理工艺来达到规定的水质标准，前者往往大幅度增加资金投入，资本成本明显提高，后者资本成本和直接运行成本均会增加。

二、水价预测与制定

水价对水工程中的给水项目就是售水的单位价格，对排水项目可以理解为排污费收取标准。它们常常牵涉到政治、经济、社会和历史因素，直接影响企业利润和经济评价的各项指标。

一般来讲，水价的制定方法有三种，即边际成本定价法、计划定价法和成本核算法。

边际成本（marginal cost）是指增加单位水量所引起总制水成本的增加量。值得注意的是：当制水工程存在富裕容量，用户的需求增加不用新建工程项目时，扩大制水量的投入只是动力、劳动力和药品，没有其他资金的投入，现存资金的机会成本是零。当制水工程能力不能满足增加的需求时，应投资修建新的工程项目，资金存在机会成本，此时，总制水成本应包括资金将来的边际成本和新建工程项目及维持新建项目运行的投入。

计划定价（planned price）是指由当地政府部门或水管理单位制定的具有强制性的水价。它可能高于或低于或等于成本，水可以采用补助价格供给社会某一阶层或某一类型的用户。此方法没有市场经济概念，有可能使企业经营不能随市场的变化做出反应，不能传递正确的商品供需信息给用户，而错误地认为供水排水是人们享受的福利，价格的变化让人们不能接受。

成本核算定价又称为成本＋利润定价（cost－profit price）。其定价的基础是企业的总成本，目的是为弥补运行费用和建设资金偿还而提供足够的收入。该方法是目前我国各城镇水行业中常用的方法。

在市场经济条件下，正逐步由政府决策转向市场定价，逐步向市场经济规律靠近。在进行水工程项目经济评价中通常采用理论水价（建议水价）来进行项目建设财务评价。而建议水价与实际水价存在的差异对财务评价的影响可通过敏感性分析求出。

1. 水价预测

1) 方法一

一般采用年成本法确定理论水价,其计算要点是把建设项目服务年限内的所有投资支出,按设定的收益率换算为等值的等额年投入与等额年经营成本相加,求出等额年总成本,乘以年销售水量的倒数,即得了理论水价。

$$d = \frac{YC}{\Sigma Q'} \tag{8-29}$$

$$YC = P(A/P, i, n) + Ec \tag{8-30}$$

式中　YC——等额年总成本（元/年）；

　　　　P——建设总投资；

　　　　Ec——年经营成本；

　　　　$(A/P, i, n)$—— 资金回收系数；$(A/P, i, n) = \dfrac{i(1+i)^n}{(1+i)^n - 1}$

　　　　i——设定的收益率；

　　　　n——项目寿命期（或项目计算期）；

　　　　$\Sigma Q'$—— 项目寿命期（或项目计算期）年售水量，m^3/年；

　　　　d——理论水价，元/m^3。

2) 方法二

水价应在制水成本的基础上增计销售税金及附加、利润等项费用,并考虑漏失水量和不收费水量的因素。

销售税金及附加是指从销售收入中扣除的税款,包括营业税、城市维护建设税及教育费附加等。

利润率可按该建设项目所要达到的利润水准或按当地已有水企业的利润率确定。如无上述资料时,也可参照全国城市供排水行业的平均利润率计算。其理论水价：

$$d = \frac{AC \cdot T_p}{S_w} \tag{8-31}$$

式中　AC——单位制水成本，元/m^3；

　　　　T_p——利税系数；

$$T_p = \frac{1}{1 - 销售税金及附加费率 - 利润率} \tag{8-32}$$

　　　　S_w——销售（收费）水量系数；

供水工程：$S_{w_g} = \dfrac{水厂供水量 - 供水损失量}{水厂供水量} = 1 - 供水损失率 \tag{8-33}$

排水工程：$S_{w_p} = S_{w_g}$（供排水合一收费） $\tag{8-34}$

【例 8.1】　设某市新建给水工程,生产能力 60 万 m³/d,给水厂自用水量 5%,日变化系数 $k_2=1.2$,各级泵扬程总和为 111m,泵和电动机效率为 0.85,水资源费单价为 0.02 元/m³,电费单价按一部电价收费为 0.42 元/(kW·h),混凝剂投加量 30mg/L,混凝剂单价 800 元/t,助凝剂投加量平均为 1mg/L,助凝剂单价为 500 元/t,消毒剂投加量 5mg/L,消毒剂单价 3000 元/t,职工定员 196 人,人均年工资及福利费 12000 元;建设项目总投资 88910.94 万元,其中:固定资产投资 87221.30 万元,递延资产 94.86 万元,建设期贷款利息 987.77 万元,铺底流动资金 607.01 万元,固定资产基本折旧率和大修理费率分别取 5.0% 和 2.0%,递延资产摊销率取 20%,日常检修维护费率取 0.50%,流动资金借款年利率 10.08%,销售税金及附加费率 6.66%,利润率 10%,销售水量系数 0.925。试算单位制水成本和售水单价。

【解】 1. 计算水资源费或原水费 E_1

$$E_1 = \frac{365 \times 600000 \times 1.05 \times 0.02}{1.2 \times 10000} = 383.25 \text{ 万元}$$

2. 计算动力费 E_2

$$E2 = \frac{1.05 \times 600000 \times 111 \times 0.42}{0.85 \times 1.2 \times 10000} = 2879.47 \text{ 万元}$$

3. 计算药剂费 E_3

$$E_3 = \frac{365 \times 600000 \times 1.05}{1.2 \times 10^6 \times 10000} \times (30 \times 800 + 1 \times 500 + 5 \times 3000) = 756.92 \text{ 万元}$$

4. 计算工资及福利费 E_4

$$E_4 = 196 \times 12000/10000 = 235.20 \text{ 万元}$$

5. 计算固定资产基本折旧费 E_5

$$E_5 = (872221.30 + 987.77) \times 0.05 = 4410.45 \text{ 万元}$$

6. 计算无形资产和递延资产摊销费 E_6

$$E_6 = 94.86 \times 0.20 = 18.97 \text{ 万元}$$

7. 计算大修理费 E_7

$$E_7 = (872221.30 + 987.77) \times 0.02 = 1764.18 \text{ 万元}$$

8. 计算日常检修维护费 E_8

$$E_8 = (872221.30 + 987.77) \times 0.005 = 441.45 \text{ 万元}$$

9. 计算管理费用、销售费用和其他费用 E_9

$$E_9 = (383.25 + 2879.77 + 756.92 + 235.20 + 4410.45 + 18.79$$
$$+ 1764.18 + 441.05) \times 0.15 = 1633.42 \text{ 万元}$$

10. 计算流动资金利息支出 E_{10}

$$E_{10} = 607.01 \times \frac{70\%}{30\%} \times 0.1008 = 142.77 \text{ 万元}$$

11. 计算年运行成本 E_y

$$E_y = 383.25 + 2879.47 + 756.92 + 235.20 +$$
$$441.05 + 1633.42 = 6329.31 \ 万元$$

12. 计算年经营成本 E_c

$$E_c = 383.25 + 2879.47 + 756.92 + 235.20 + 1764.18 +$$
$$441.05 + 1633.42 = 8093.49 \ 万元$$

13. 年总成本为

$$YC = 8093.49 + 4410.45 + 18.97 + 142.77 = 12665.68 \ 万元$$

其中：

可变成本为：$YC_a = 383.25 + 2879.47 + 756.92 + 1633.42 + 142.77 = 5795.83$ 万元

固定成本为：$YC_b = 235.20 + 4410.45 + 1764.18 + 18.97 + 441.05 = 6869.85$ 万元

14. 计算单位制水成本 AC

$$单位制水成本 \ AC = \frac{126656800 \times 1.2}{365 \times 600000} = 0.694 \ 元/m^3$$

15. 计算售水价格

方法一：

∵ 平均年总成本为：

$$YC = P(A/P, i, n) + E_c = 88910.94 \times (A/P, 10\%, 22) + 8093.49$$
$$= 10136.30 + 8093.49 = 18229.79 \ 万元$$

∴ $\quad d = \dfrac{YC}{\Sigma Q'} = 18229.79/(365 \times 60 \times 0.925) = 0.90 \ 元/m^3$

方法二：

∵ 单位制水成本 $AC = 0.694 \ 元/m^3$

$$Tp = \frac{1}{1 - 销售税金计附加费率 - 利润率} = \frac{1}{1 - 0.0666 - 0.1} = 1.1999$$

$$S_w = 0.925$$

∴ $\quad d = \dfrac{AC \cdot Tp}{S_w} = \dfrac{0.694 \times 1.1999}{0.925} = 0.90 \ 元/m^3$

2. 两部制水价计算

$$两部制水价 = 容量水价 + 计量水价 \tag{8-35}$$

1) 容量水价用于补偿供水的固定资产。按下式计算：

$$容量水价 = 容量基价 \times 每户容量基数 \tag{8-36}$$

$$容量基价 = \frac{年固定资产折旧额 + 年固定资产投资利息}{年制水能力} \tag{8-37}$$

居民生活用水每户容量基数：每户人均人口×每人每月计划平均水消费量

非居民生活用水每户容量基数：前一年或前三年的平均用水量，对新用水单位按审定后用水量计算。

第一次制定两部制水价时，容量水价不得超过居民每月负担平均水价的三分之一。

2）计量水价用于补偿供水的经营成本。按下式计算：

$$计量水价 = 计量基价 \times 每户实际用水量$$

$$计量基价 = \frac{成本 + 费用 + 税金 + 利润 - (年固定资产折旧额 + 年固定资产投资利息)}{年实际售水量}$$

$$(8-38)$$

3. 阶梯水价计算

阶梯式计量水价可分为三级，级差为 $1:1.5:2$。具体比价关系应结合本地实际情况确定。

阶梯式计量水价计算公式如下：

$$阶梯式计量水价 = 第一级水价 \times 第一级水量基数 + 第二级水价 \times$$
$$第二级水量基数 + 第三级水价 \times 第三级水量基数 \qquad (8-39)$$
$$居民生活用水计量水价第一级水量基数 = 每户平均人口$$
$$\times 每人每月计划平均消费量 \qquad (8-40)$$

居民生活用水阶梯式水价的第一级水量基数，根据确保居民基本生活用水的原则制定；第二级水量基数，根据改善和提高居民生活质量的原则制定；第三级水量基数，根据按市场价格满足特殊需要的原则制定。具体各级水量基数应结合本地实际情况确定。各级水价标准可按上述的水价计算办法制定。

城市非居民生活用水实行两部制水价时，应与国家有关部门发布的实行计划用水超计划加价的有关规定相衔接。

当供排水企业按国家法律、法规合法经营，价格不足以补偿简单再生产时；政府给予补贴后仍有亏损时；需合理补偿扩大再生产投资时可以提出调整水价申请。

城市水价格调整与制定应有利于供排水事业的发展，满足经济发展和人民生活需要；有利于节约用水；有利于规范供排水价格，健全供排水企业成本约束机制；理顺城市供水价格应分步实施，充分考虑社会承受能力。

思考题与习题

1. 简述运行费用的组成。
2. 运行费用的计算参数有哪些？
3. 给水、污水处理成本是如何计算的？
4. 简述水价的分类与构成。
5. 如何进行水价的预测与制定？

第九章　水工程项目经济评价案例分析

国民经济评价是以国民经济或整个社会为出发点研究建设项目的宏观经济效果。鉴于城市供水排水工程系城市基础设施，其国民经济效益主要表现为社会效益和环境效益，很难用货币量化；工程项目的经济效益则主要体现为促进本地区工农业经济的发展，减免国民经济损失，提高城市综合经济实力，而其净贡献也难以确切地定量计算。很明显排水工程项目对城市环境的改善，无疑会对国民经济或整个社会是有益的。供水工程项目对城市经济的发展，乃至人们生活质量的提高无疑是有益的。在此不作国民经济评价，仅作项目的财务评价。

第一节　供水工程项目经济评价案例分析

一、概　述

某城镇将新建一座给水处理厂及其配套的管道、取水工程以保证新建科技开发区的居民和生产等方面用水。该项目经济评价是在可行性研究完成项目建设必要性，供水人口和需水量，水厂规模，取水水源及方式，进出水设计水质，水处理工艺方案，配水管网布置，动力、药剂材料等供应，建厂条件和厂址方案，环境保护，消防，节能，劳动保护，管理机构，人员编制与建设进度诸方面进行研究论证和多方案比较后，确定的最佳方案的基础上进行的。

工程内容：该供水工程包括 3 万 m^3/d 的水厂以及配套的取水工程、配水管网等子项。主要设备拟采用国产设备。

厂址位于城市近郊，占用土地 30 亩。靠近公路、河流，交通较方便。水、电供应可靠。

该项目主要设施包括岸边深井取水构筑物、输水管道、净水构筑物、配水管道、中途加压泵房及高位水池、与工艺生产相适应的附属建筑物。

二、基　础　数　据

(一) 实施进度

给水处理厂及配套管网工程项目拟 2 年建成，第 3 年投产，当年生产负荷达到设计能力的 80%，第 4 年达到 90%，第 5 年达到 100%。生产期按 18 年计算，计算期为 20 年。

（二）总投资估算及资金来源

1. 总投资估算

1）投资估算是根据《××项目可行性研究报告》及图纸；全国市政工程投资估算指标（HGZ47—102—96）；建设部建标［96］628号文《市政工程可行性研究投资估算编制办法》（试行）（1996年）；某省市政工程预算定额及建设工程费用定额；当地的施工机械台班费用、混凝土及砂浆配合比表、材料价格基价表；建设单位提供的有关资料进行编制。设备价格计算按生产厂家报价加设备运杂费。基本预备费按工程费用和其他费用之和的10%计列，价格预备费根据国家计委投资［1999］1340号文规定国内配套资金按年上涨率0%递增计列，今后发生按实调整。固定投资为3927.00万元，其中：第一部分工程费用投资估算额为2959.00万元、第二部分工程建设其他费用投资估算额为611.00万元人民币、预备费为357.00万元。

2）固定资产投资方向调节税，按国家规定本项目固定资产投资方向调节税率为0%。

3）本工程银行贷款采用10年贷款期限，6.21%的贷款利率。建设期贷款利息估算为148.59万元人民币。其中：固定资产投资建设期贷款利息估算为131.84万元，递延资产及无形资产投资建设期贷款利息估算为16.75万元。

4）流动资金估算按照行业习惯采用以经营成本为费用基数的扩大指标估算法计算。当生产率达到100%时，流动资金按经营成本的25%估算，流动资金估算额为131.51万元。铺底流动资金按流动资金的30%估算，流动资金借款按流动资金的70%估算，流动资金借款年利率为5.85%。该工程项目的铺底流动资金为39.45万元。

工程项目总投资＝工程费用投资＋建设工程其他费用投资＋固定资产投资方向调节税＋预备费＋建设期利息＋流动资金＝2959.00＋611.00＋0＋357.00＋148.59＋131.51＝4207.11万元。

建设筹资＝工程项目总投资－流动资金借款＝4207.11－92.06＝4115.05万元。

工程项目总投资估算见附表4-1。

5）该厂的日变化系数为1.25；自用水水量增加系数为1.05；供水损失率为8%。

2. 资金来源

工程项目自有资金（资本金）为1610.26万元，其余全部为借款，其额度为2596.85万元。资金来源及用款计划见附表4-2。

三、财 务 评 价

（一）年销售收入和年销售税金及附加估算

自来水收费考虑借款的还本付息、应缴的税金及附加、所得税和一定的利润，按第八章的预测方法，平均按 1.65 元/m³ 收取自来水费。正常年份的年收入估算值为 1329.77 万元。

销售税金及附加按有关规定计取，增值税率为 13%，营业税率为 6%，城市维护建设税按增值税与营业税之和的 7% 计取，教育费附加按增值税与营业税之和的 3% 计取。销售税金及附加的估算值在正常年份为 277.92 万元。

（二）成本估算

当生产负荷达到设计能力的 100% 时，工程项目年总成本估算额为 727.30 万元（不含长期借款利息），年经营成本估算额为 526.04 万元。其中：

1）工资福利费按 8000 元/（人·年）计，职工定员 38 人；

2）固定资产折旧费：按固定资产总值的 4.40% 计；净残值率按 4% 计算。固定资产总值为 3616.09 万元。

3）大修理基金提存费：按固定资产总值的 2.2% 计；

4）无形资产和递延资产摊销费：按无形资产和递延资产总值的 8% 计；无形资产和递延资产总值为 459.51 万元。

5）日常检修维护费：按 0.5% 计；

6）管理、销售和其他费用：按上述费用和的 15% 计。

成本估算结果参见附表 4-3。

（三）利润总额及分配

利润总额及分配见损益表（附表 4-4）。所得税按利润总额的 33% 计取，特种资金按税后利润的 25% 计取，盈余公积金、公益金按可供分配利润的 15% 计取。

（四）财务盈利能力分析

1. 财务现金流量表（全部投资）见附表 4-5。根据该表计算以下财务指标：

所得税后财务内部收益率（FIRR）为 7.92%，财务净现值（$i_c=6\%$ 时）为 631.76 万元；

所得税前财务内部收益率（FIRR）为 10.16%，财务净现值（$i_c=6\%$ 时）为 1470.62 万元。

财务收益率均大于行业基准收益率 6%，说明盈利能力满足了行业最低要求，财务净现值均大于零，该工程项目在财务上是可以接受的。

所得税后投资回收期为 11.50 年（含建设期），所得税前投资回收期为 10.12 年（含建设期），短于行业基准投资回收期 15 年，这表明工程项目投资能按时收回。

2. 现金流量表（自有资金）见附表 4-6。根据该表计算以下财务指标：

所得税后财务内部收益率（FIRR）为 6.08%，财务净现值（$i_c=6\%$时）为 18.38 万元；

所得税前财务内部收益率（FIRR）为 9.34%，财务净现值（$i_c=6\%$时）为 857.25 万元。

所得税后投资回收期为 15.30 年（含建设期），所得税前投资回收期均为 13.11 年（含建设期）。

3. 根据损益表见附表 4-4 和资金来源及用款计划表（附表 4-7）。根据该表计算以下财务指标：

$$
\begin{aligned}
投资利润率 &= \frac{年利润总额}{总投资} \times 100\% \\
&= \frac{5199.78/18}{4207.11} \times 100\% = 6.87\%
\end{aligned}
\tag{9-1}
$$

$$
\begin{aligned}
投资利税率 &= \frac{年利税总额}{总投资} \times 100\% \\
&= \frac{(5199.78 + 4919.21 + 1715.93)/18}{4207.11} \times 100\% = 15.63\%
\end{aligned}
\tag{9-2}
$$

$$
\begin{aligned}
资本金利润率 &= \frac{年利润总额}{资本金总额} \times 100\% \\
&= \frac{5199.78/18}{1610.26} \times 100\% = 17.94\%
\end{aligned}
\tag{9-3}
$$

（五）清偿能力分析

清偿能力分析是通过对"资金来源与应用表"（附表 4-7）、"资产负债表"（附表 4-8）和"借款还本付息计算表"（附表 4-9）的计算，来考察工程项目在计算期内各年的财务状况及偿债能力。

$$
资产负债率 = \frac{各年负债总额}{各年资产总额} \times 100\%
\tag{9-4}
$$

该项目的资产负债率为 3%～61%，平均为 21%；

$$
流动比率 = \frac{各年流动资产总额}{各年流动负债总额} \times 100\%
\tag{9-5}
$$

该项目的流动比率最低为 68%，平均为 807%；

$$
速动比率 = \frac{各年流动资产总额 - 各年存货额}{各年流动负债总额} \times 100\%
\tag{9-6}
$$

该项目的速动比率最低为 40%，平均为 759%。

国内长期借款偿还从项目运行开始 8 年偿还全部本息，还本金：2504.79（含建设期利息）万元，还利息：670.80 万元。为保证长期借款的偿还，项目运行的前 8 年采用国内短期借款，当年借款，1 年内偿还。还本金：740.38 万元，还利息：47.02万元。项目具有一定偿债能力。

（六）不确定性分析

1. 盈亏平衡分析

以生产能力利用率表示盈亏平衡点（BEP）：

$$BEP = \frac{年固定总成本}{年售水收费收入 - 年可变总成本 - 年销售税金及附加} \times 100\%$$

$$(9-7)$$

以达到设计处理能力的情况计算：

$$BEP = \frac{404.39}{1307.61 - 341.05 - 273.29} \times 100\% = 58.33\%$$

计算结果表明，该项目只要达到设计能力的58.33%，该项目就可以保本。盈亏平衡图见图9-1。

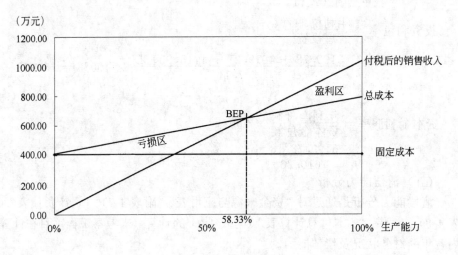

图 9-1　盈亏平衡图

2. 敏感性分析

该工程项目作了所得税前全部投资财务内部收益率、自有资金财务内部收益率和投资利润率的敏感性分析。

基本方案中：全部投资财务内部收益率为10.16%，投资回收期从建设开始年算10.12年；自有资金财务内部收益率为9.34%，投资回收期从建设开始年算13.11年；投资利润率为6.87%。

考虑工程项目实施过程中一些不定因素的变化，分别对固定投资、经营成本、售水收费标准作了提高和降低5%、10%、15%和20%的单因素变化对财务内部收益率和投资利润率的敏感性分析。敏感性分析图见图9-2～图9-4。

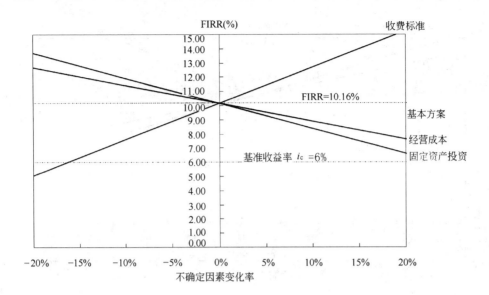

图 9-2 全部投资——敏感性分析图

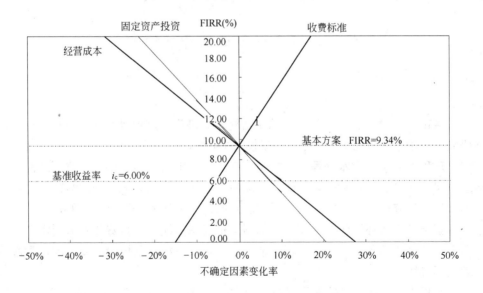

图 9-3 自有资金——敏感性分析图

显然,对财务内部收益率和投资利润率影响的敏感程度,分别为售水收费标准、固定投资和经营成本。

从上述评价来看,财务内部收益率高于行业基准收益率,借款偿还也能满足贷款机构要求,工程项目具有一定的抗风险能力,因此,该工程项目从财务上讲是可行的。

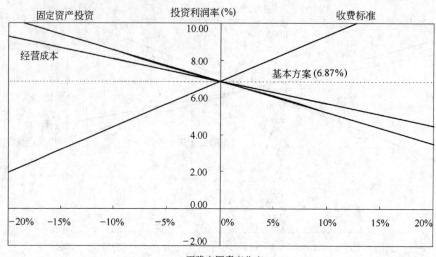

图 9-4   投资利润率——敏感性分析图

第二节   排水工程项目经济评价案例分析

一、概   述

某市将新建一座 10 万 m³/d 的生活污水处理厂。该项目经济评价是在可行性研究完成项目建设必要性，污水厂规模，进出水设计水质，污水量和污水收集，污水处理程度确定，污水处理工艺方案，动力、药剂、材料等供应，建厂条件和厂址方案，环境保护，消防，节能，劳动保护，管理机构，人员编制与建设进度诸方面进行研究论证和多方案比较后，确定的最佳方案的基础上进行的。

鉴于该市水环境污染严重，并加剧了水资源短缺，直接威胁着饮用水的安全和人民的身体健康，为保护环境造福后代，保护下游水环境的需要，城市污水治理刻不容缓。

工程内容：该污水处理厂规模为 10 万 m³/d，建设配套主干管共 24km。经比较污水处理采用氧化沟工艺，辅以化学除磷，处理出水达到国家污水综合排放一级标准。主要设备拟采用国产。

厂址位于城市近郊，占用土地 7.9hm²，厂外公路占用土地 1.2hm²，管渠借、占地 2.04hm²。靠近河流，交通较方便。水、电供应可靠。

该项目主要设施包括污水、污泥处理构筑物和建筑物，与工艺生产相适应的辅助建筑物。

二、基础数据

（一）实施进度

污水处理厂及配套管网工程项目拟 3 年建成，第 4 年投产，当年生产负荷达到设计能力的 80%，第 5 年达到 90%，第 6 年达到 100%。生产期按 20 年计算，计算期为 23 年。

（二）总投资估算及资金来源

1. 总投资估算

1）投资估算是根据《××项目可行性研究报告》及图纸；全国市政工程投资估算指标（HGZ47—102—96）；建设部建标［96］628 号文《市政工程可行性研究投资估算编制办法》（试行）（1996 年）；某市市政工程预算定额及建设工程费用定额；当地的施工机械台班费用、混凝土及砂浆配合比表、材料价格基价表；建设单位提供的有关资料进行编制。设备价格计算按生产厂家报价加设备运杂费。基本预备费按工程费用和其他费用之和的 10% 计列，价格预备费根据国家计委投资［1999］1340 号文规定国内配套资金按年上涨率 0% 递增计列，今后发生按实调整。固定投资为 24479.00 万元，其中：第一部分工程费用投资估算额为 17497.60 万元、第二部分工程建设其他费用投资估算额为 4756.00 万元人民币、预备费为 2225.40 万元。

2）固定资产投资方向调节税，按国家规定本项目固定资产投资方向调节税率为 0%。

3）本工程银行贷款采用 20 年贷款期限，6.21% 的贷款利率。建设期贷款利息估算为 1649.63 万元人民币。其中：固定资产投资建设期贷款利息估算为 1380.05 万元，递延资产及无形资产投资建设期贷款利息估算为 269.58 万元。

4）流动资金估算按照行业习惯采用以经营成本为费用基数的扩大指标估算法计算。流动资金按经营成本的 25% 估算，达到 100% 生产负荷时流动资金估算额为 651.92 万元。铺底流动资金按流动资金的 30% 估算，流动资金借款按流动资金的 70% 估算，流动资金借款年利率为 5.85%。该工程项目的铺底流动资金为 195.57 万元。

工程项目总投资=工程费用投资＋建设工程其他费用投资＋固定资产投资方向调节税＋预备费＋建设期利息＋流动资金＝ 17497.60＋4756.00＋0＋2225.40＋1649.63＋651.92＝26780.55 万元。

建设筹资=工程项目总投资－流动资金借款＝26780.55－456.34＝26324.20 万元。

工程项目总投资估算见附表 4-10。

2. 资金来源

工程项目自有资金（资本金）为 7539.27 万元，其余全部为借款，其额度为 18784.93 万元。资金来源及用款计划见附表 4-11。

三、财务评价

（一）年销售收入和年销售税金及附加估算

污水处理收费考虑借款的还本付息、应缴的税金及附加和一定的利润，按第八章的预测方法，平均按 1.50 元/m³ 收取污水处理费。正常年份的年收入估算值为 5475.00 万元。

销售税金及附加按有关规定计取，营业税率为 6%，城市维护建设税按营业税的 7% 计取，教育费附加按营业税的 3% 计取。销售税金及附加的估算值在正常年份为 361.35 万元。

（二）成本估算

当生产负荷达到设计能力的 100% 时，工程项目年总成本估算额为 3981.46 万元，年经营成本估算额为 2607.66 万元。其中：

1) 工资福利费按 12000 元/（人·年）计，职工定员 90 人；

2) 固定资产折旧费：按固定资产总值的 4.60% 计；净残值率按 4% 计算。固定资产总值为 21858.67 万元。

3) 大修理基金提存费：按固定资产总值的 2.4% 计；

4) 无形资产和递延资产摊销费：按无形资产和递延资产总值的 8% 计；无形资产和递延资产总值为 4269.96 万元。

5) 日常检修维护费：按 1.0% 计；

6) 管理、销售和其他费用：按上述费用和的 15% 计。

成本估算结果参见附表 4-12。

（三）利润总额及分配

利润总额及分配见损益表（附表 4-13）。所得税按利润总额的 33% 计取，所得税额在计算期内为 4312.41 万元。特种资金按税后利润的 25% 计取，盈余公积金、公益金按可供分配利润的 15% 计取。

（四）财务盈利能力分析

1. 财务现金流量表（全部投资）见附表 4-14。根据该表计算以下财务指标：

所得税后财务内部收益率（FIRR）为 6.02%，财务净现值（$i_c=4\%$时）为 4970.62 万元；

所得税前财务内部收益率（FIRR）为 6.70%，财务净现值（$i_c=4\%$时）为 7073.33 万元。

财务收益率均大于行业基准收益率，说明盈利能力满足了行业最低要求，财务净现值均大于零，该工程项目在财务上是可以接受的。

所得税后投资回收期为 13.68 年（含建设期），所得税前投资回收期为 13.49 年（含建设期），短于行业基准投资回收期 18 年，这表明工程项目投资能按时收回。

2. 现金流量表（自有资金）见附表 4-15。根据该表计算以下财务指标：

所得税后财务内部收益率（FIRR）为 5.19%，财务净现值（$i_c=4\%$ 时）为 1214.68 万元；

所得税前财务内部收益率（FIRR）为 6.86%，财务净现值（$i_c=4\%$ 时）为 3317.39 万元。

所得税后投资回收期为 16.65 年（含建设期），所得税前投资回收期均为 15.55 年（含建设期），短于行业基准投资回收期 18 年。

3. 根据损益表见附表 4-13 和资金来源及用款计划表（附表 4-16）。根据该表计算以下财务指标：

$$投资利润率=\frac{年利润总额}{总投资}\times 100\%$$

$$=\frac{13067.90/20}{26780.55}\times 100\%=2.44\% \tag{9-8}$$

$$投资利税率=\frac{年利税总额}{总投资}\times 100\%$$

$$=\frac{(13067.90+7118.60+4312.41)/20}{26780.55}\times 100\%=4.57\% \tag{9-9}$$

排水工程项目是涉及子孙后代生存环境的项目，不能用盈利多少来衡量。但是，必须保证工程项目不亏损，并有较低的盈利能力。

$$资本金利润率=\frac{年利润总额}{资本金总额}\times 100\%$$

$$=\frac{13067.90/20}{7539.27}\times 100\%=8.67\% \tag{9-10}$$

（五）清偿能力分析

清偿能力分析是通过对"资金来源与应用表"（附表 4-16）、"资产负债表"（附表 4-17）和"借款还本付息计算表"（附表 4-18）的计算，来考察工程项目在计算期内各年的财务状况及偿债能力。

$$资产负债率=\frac{各年负债总额}{各年资产总额}\times 100\% \tag{9-11}$$

该项目的资产负债率为 5%～74%，平均为 53%；

$$流动比率=\frac{各年流动资产总额}{各年流动负债总额}\times 100\% \tag{9-12}$$

该项目的流动比率最低为 138%，平均为 828%；

$$速动比率 = \frac{各年流动资产总额 - 各年存货额}{各年流动负债总额} \times 100\% \qquad (9\text{-}13)$$

该项目的速动比率最低为 97%，平均为 790%。

国内借款偿还从项目运行开始 20 年偿还全部本息，还本金：18784.93（含建设期利息）万元，还利息：6619.58 万元。项目具有偿债能力。

（六）不确定性分析

1. 盈亏平衡分析

以生产能力利用率表示盈亏平衡点（BEP）：

$$BEP = \frac{年固定总成本}{年污水收费收入 - 年可变总成本 - 年销售税金及附加} \times 100\%$$

$$\qquad (9\text{-}14)$$

以达到设计处理能力的情况计算：

$$BEP = \frac{2714.13}{5475.00 - 1267.33 - 361.35} \times 100\% = 70.56\%$$

计算结果表明，该项目只要达到设计能力的 70.56%，就可以保本（未考虑长期借款利息偿还）。盈亏平衡图见图 9-5。

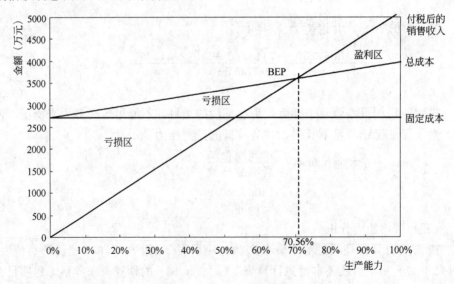

图 9-5 盈亏平衡图

2. 敏感性分析

该工程项目作了所得税前全部投资财务内部收益率、自有资金财务内部收益率以及投资利润率和投资回收期的敏感性分析。

基本方案中：全部投资财务内部收益率为 6.70%，投资回收期为 13.49 年；

自有资金财务内部收益率为 6.86％，投资回收期为 15.55 年；投资利润率为 2.44％。

考虑工程项目实施过程中一些不定因素的变化，分别对固定投资、经营成本、污水收费标准作了提高和降低 5％、10％、15％和 20％的单因素变化对财务内部收益率、投资利润率和投资回收期影响的敏感性分析。敏感性分析图见图 9-6～图 9-10。

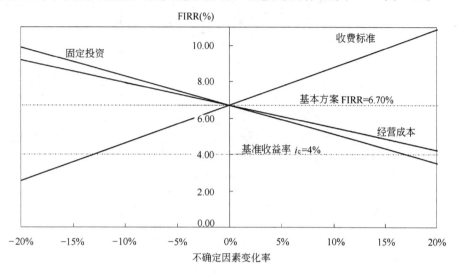

图 9-6　全部投资——敏感性分析图

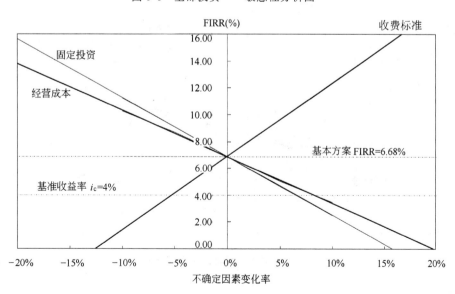

图 9-7　自有资金——敏感性分析图

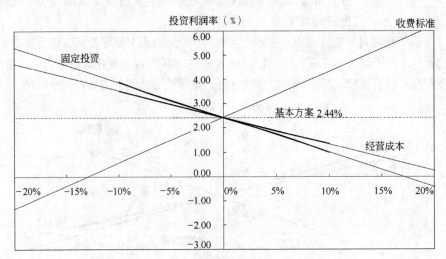

图 9-8   投资利润率—敏感性分析图

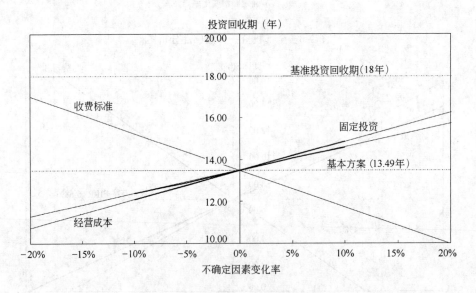

图 9-9   全部投资回收期—敏感性分析图

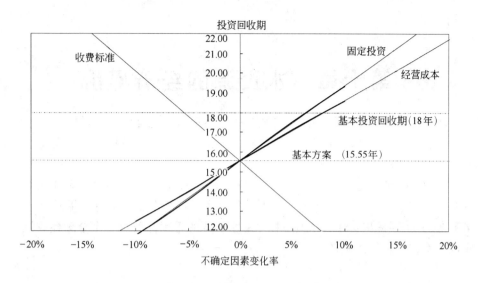

图 9-10　自有资金回收期——敏感性分析图

　　显然，对财务内部收益率、投资利润率和投资回收期影响的敏感程度，分别为污水收费标准、固定投资、经营成本。

　　从上述评价来看，财务内部收益率高于行业基准收益率，投资回收期低于行业基准投资回收期，借款偿还也能满足贷款机构要求，工程项目具有一定的抗风险能力，因此，该工程项目从财务上讲是可行的。

第十章　水资源的经济评价

水资源是人类生产和生活不可缺少的自然资源，也是生物赖以生存的环境资源，随着水资源危机的加剧和水环境质量不断恶化，水资源短缺已演变成世界备受关注的资源环境问题之一。

因此，从现实角度来看，水资源不仅具有自然属性、社会属性、环境属性，更重要的是它还具有经济属性。世界银行负责环境持续发展的副总裁伊斯梅尔·塞诺丁在 1994 年提出：对世界上正耗尽的水资源的管理需要有一个全球性政策，水应该被看成一种经济资源。

第一节　水资源及其在经济分析评价中的影响

一、水资源和水资源短缺引起的经济问题

（一）水资源

1977 年联合国教科文组织（UNESCO）建议：“水资源应指可资利用或有可能被利用的水源，这个水源应具有足够的数量和可用的质量，并能在某一地点为满足某种用途而可被利用。”因此，水资源应是地球表面层可供人类利用的水，包括水量（数量与质量）、水域和水能资源。城市水资源应是指城镇或城镇附近可供人们生活、生产、环境需要的淡水资源，包括其水质、水量两方面。

地球上总储水量约为 13.86 亿 km^3，其中 97.47% 为咸水，淡水仅占 2.53%，且主要分布在冰川与永久积雪（占 68.70%）和地下（占 30.36%）之中。考虑现有的经济和技术能力，理论上可以开发利用的淡水不到地球总水量 1%。实际上，可用水量分布不均匀性，使适合饮用的淡水水源十分有限。

值得注意的是：一些暂时无法利用的水，如南、北极的冰山，尽管暂时对国民经济没有影响，但当经济技术发展到一定阶段可以开发利用时，它就是潜在的水资源；世界各国每年向环境排放大量的污水也是待开发利用的水资源。

水资源（water resourcse）是水资源数量与水质的高度统一，在一特定的区域内，可用水资源的多少并不完全取决于水资源数量（quantity of water resourcse），而且还取决于水资源质量（quality of water resourcse）。只考虑水量或者水质的作法都是不科学的，必须予以纠正。

（二）我国的水资源

我国是一个水资源短缺、水旱灾害频繁的国家，人均水资源占有量只有 2200 m³（1997 年），约为世界人均水资源量的 1/4，已经被联合国列为 13 个贫水国家之一。预测到 2030 年人口增至 16 亿时，人均水资源量将降到 1760m³，按国际一般公认的标准，人均水资源量少于 1700 m³ 为用水紧张的国家。我国未来的水资源的形势是严峻的。应该特别强调，由于我国国土辽阔，各地区之间自然条件存在很大差异，导致水资源的不均衡分布。我国七大水系存在着不同程度的污染，其污染程度大小在 1996 年时进行排序的结果为：辽河、海河、淮河、黄河、松花江、长江，这更加剧了可用水的短缺。

由此可见，我国水资源面临的形势非常严峻，如果在水资源开发利用上没有大的突破，在管理上不能适应这种现实，水资源很难支持国民经济迅速发展的需求，水资源危机将成为所有资源问题中最为严重的问题之一。

（三）水资源短缺引起的经济问题

水资源等自然资源是社会财富的重要组成部分，是社会经济发展的支柱之一，它对经济有着直接或巨大的潜在影响。仔细地研究水资源等自然资源与其他经济活动的关系，我们会发现，在很长一段时间内，将水资源等自然资源假设为"取之不尽，用之不竭"的天赐资源，因而在投入经济生活时不计任何成本，导致了水资源等自然资源的无偿使用。由于缺乏有效的经济杠杆调节作用，致使水资源等自然资源被掠夺性地开发，且效率低下，严重地影响或制约了经济社会持续发展，严重威胁着人类的居住环境，造成各种不同的经济危机。

1. 引起生态环境恶化

水资源危机将会导致生态环境的进一步恶化。为了取得足够的水资源供给社会，必将加大水资源开采力度，水资源过度开发，可能导致一系列的生态环境问题。通常认为，当径流量利用率超过 20％时就会对水环境产生很大影响，超过 50％时则会产生严重影响，目前，我国水资源开发利用率已达 19％，接近世界平均水平的三倍，个别地区的开发利用率已达 50％以上，过度开采地下水会引起地面沉降、海水入侵、海水倒灌等环境问题，继而造成一系列经济损失。

2. 威胁着人类生存

水对人类生存和人类社会发展的意义是多方面的。水是人体最主要的成分。人体中所含水量平均约占人体体重的 60％（婴儿占 70％，60 岁老人占 49％）。水在人体内是作为一种溶剂存在的，食物中许多成分溶于水为人体吸收，废物需要通过水排出体外。没有水，新陈代谢不能进行，生命便告结束。水资源短缺显然对人的健康生存有着十分明显的影响，造成人们为健康饮水付出高昂的支出。

3. 导致国民经济损失

水资源短缺将严重制约各类工业、旅游业等的发展。水资源短缺将严重威胁农业、林业、牧业、渔业等生产安全。粮食、肉类、副食品等是人类生活不可缺少的物质，其充足的粮食供给是现代化社会的首要标志之一。随着社会经济的发展，国民经济依赖水资源程度越来越大，水资源危机势必给国民经济带来损失，并且随着水资源危机的加剧，损失不断加大。

据调查，1995 年，全国现有 640 个城市中，约有 333 个城市缺水，比较严重缺水的 108 座，严重缺水的 58 座，分别占城市总数的 52％、17％和 9％，共缺水 1400 多万吨/日，其中生活方面缺水占一半左右，影响居民的生活，日供水能力仅能保证高峰期日用水量的 65％～70％。水资源的危机，已严重制约了国民经济的发展。我国农业上每年缺水 300 亿～400 亿立方米，损失粮食 100 亿～150 亿公斤；工业上，因水资源短缺造成的损失是巨大的，因缺水迫使部分工业减产、停产，损失严重；据初步统计，全国水资源不足而造成工业减产每年 400 亿～500 亿元。

4. 将加大对污水治理的投入

世界各国每年向环境排放大量的污水，它们对国民经济和社会发展产生巨大影响。反过来，污水也是待开发利用的水资源，目前正在兴起的污水资源化技术为解决水资源供需矛盾、保护水环境带来了佳音。当然，这就将投入大量的资金、人力、物力来改善污水资源的水质，使之为我所用。据有关资料表明：仅"七五"期间，我国用于废水治理投资总额达 88.3 亿元；到 2020 年累计废水治理费用超过 8000 亿元。因此，现有的水资源中含有人类的劳动。

二、水资源的商品性与水资源市场

（一）水资源的商品性

商品（commodity）是用来交换、能满足人们某种需要的劳动产品。在这里有三个属性必须满足，其一，交换（exchange）：指人们相互提供生产过程、消费过程中各种活动和能力的交换，以及原材料、半成品等的交换。显然，水资源具有交换属性。其二，产品（product）：指具有使用价值、能够满足人们物质需要或精神需要的劳动成果，包括物质资料、劳务和精神产品。水资源具有使用价值。其三，劳动（work）：指在产品形成过程中，人们投入的体力、脑力和智慧。水资源是否具有劳动的属性？简单地说，随着科学技术不断提高，为了弥补水资源日益短缺，水越来越多地凝聚着人们的劳动。因此，水资源具有商品的属性，水资源可以被称为一种商品，且是人们生活、生产中重要的商品。

（二）水资源市场

市场（market）是商品交换的场所，水资源市场除了具有此种含义外，还包括与水资源交易有关的其他一系列关系的总和。水资源市场的建立是水资源市场交易的前提。水资源市场可分为第一市场、第二市场和第三市场。第一市场指水资源商品原料市场，它是在水资源所有权与经营权、使用权分离情况下产生的，是所有权实现的市场；第二市场指从事水生产、处理和水事务服务的水工业企业向社会直接提供产品和服务；第三市场是指消费市场。因此，水资源市场除了具有商品市场特征外，还有其自身的特征。

1. 水资源市场的垄断性与广泛性

我国《水法》规定："水资源属于国家所有，即全民所有，农业集体经济组织所有的水塘、水库中的水，属于集体所有。"法律上对水资源进行了垄断，这主要是因为水资源是人类生活不可缺少的资源，它关系到国计民生；其二，尽管水资源在一定条件下可以再生，但是由于它数量的有限性，使经济发展对水的需求以及可能供给的水量之间的矛盾加剧，使水资源所有权垄断不但成为可能，而且也是必然。

同时，水资源市场具有广阔性，这是一般商品难以比拟的。水资源用途广泛，无论是生物生存，还是国民经济各个部门，都离不开水资源。水资源市场具有广泛性。

2. 水资源市场的双重性

水资源作为经济生活中的投入物，在生产过程中创造价值而逐渐降低或失去使用价值，同时在人类生活中它也是难以替代的物质。因此水资源具有生产资料和消费资料双重性，因而水资源市场也具有双重性。正因为如此，在制定水资源价格时，对于生产的投入物（水）即生产资料应完全按着市场经济的原则进行，对于消费资料，其价格的制定应有很强的政策性，最高价格不能超过社会承受能力。

3. 水资源市场时空分异性

水资源商品同其他商品一个重要区别在于水资源商品具有明显的时空分异性。从空间分布来看，水资源数量和质量分布十分不均。我国水资源数量总的趋势是南多北少，水资源质量大体是经济较发达地区水质较差，欠发达地区水质较好。从时间分布来看，即使是同一空间，在同一年内，水资源量的分布也存在很大差别。若从时间来看，水资源数量多少存在一个周期，但不同地区周期长短存在很大差异。所以，水资源价格也会因水资源时空变化相应地变化，存在着明显的时空价值流。

4. 水资源市场失效性

在水资源市场中，总存在某些方面失灵，主要表现在水资源的保护方面。由于受利益的驱使和企业的短视行为，在保护水资源环境中缺乏约束机制，常常依靠消耗资源和牺牲环境来换取经济的快速增长，由于水资源环境污染具有潜在性、渐进性、滞后性、长期性及涉及面广的特点，因而完全依靠市场进行水资源保护是困难的，甚至是不可能的，必须辅助宏观调控的手段，使水资源市场更加完善。

5. 水资源市场交易所有权的恒定性

商品交易最终结果导致商品所有权及使用权的转移。水资源市场则不同，在交易过程中，出现水资源所有权、经营权和使用权的分离。水资源所有权永远属于国家或集体，这是法律强制的结果。所以，水资源市场中水资源所有权是不变的。

（三）水资源市场交易的特殊性

在市场经济条件下，水资源市场交易规则应该遵循市场经济运行机制，如公平竞争机制、供求平衡机制和价格决定机制等。但是，由于水资源本身所具有的特性，如它是再生资源、可以多次使用、储存形式和运动过程受自然地理和人类活动的影响、年内变化有周期性、近似性和不重复性等。因此，水资源市场交易除了尽可能地遵循市场交易普遍原则外，它还呈现出特殊性，主要表现在以下几方面：

1. 持续性

可持续发展是当今世界经济发展主潮流，也是资源开发利用主导思想之一。它要求水资源开发利用不能只顾眼前利益，而且还必须着眼于我们的子孙后代。水资源是一种财富，但是这种财富不仅属于我们，而且是属于我们的子孙。国家是水资源的所有者与支配者，也是子孙后代财富的代理者。因此，在水资源交易时，水资源所有者收益至少不能低于水资源耗竭的补偿，达到水资源持续供给和利用。

2. 综合效益性

水资源是稀缺的不可替代的自然资源，水资源短缺是制约国民经济发展的一个重要因素，让有限的水资源发挥更大的效益，科学交易水资源，是市场经济条件下面临的困境之一。水资源交易时，应着眼于整体利益，达到整体效益最佳。这里所指整体效益是指社会效益、经济效益、环境效益的综合效益。

3. 补偿性

公平交易是市场经济必须遵循的原则之一。水资源公平交易时具有极特定的含义，具有补偿性。如水源地，当地人民为了保护水资源污染付出了巨大代价，他们的心血体现在良好的水质中。因此，在水资源交易上，他们不仅具有优先权，而且应该得到与其付出相适应的补偿。

4. 承受性

水资源是人类生活及工农业生产不可缺少的自然资源，水资源商品与其他常见的商品相比有着特殊性，它的需求弹性小，因此，水资源交易过程中价格保持在社会承受能力范围之内是很重要的。当价格超过社会承受能力时，国家应予以适当的政策补贴，否则可能引起一定的社会问题。

（四）水资源市场存在的问题

1. 水资源价值观尚未适应社会主义市场经济的要求

从水资源是否含有人类劳动影响来看，可分为自然水体和人工水体。自然水体是未经人类劳动的水资源，如天然河流、湖泊等；人工水体则含有人类劳动，如水利工程中的水资源。对于人工水体具有价值是普遍认可的，对于自然水体是否具有价值，理论界至今争论不休，未有定论。实际上，无论是自然水体还是水利工程中的人工水体，它们都是国民财富的一部分，都具有使用价值和价值，只有建立这样的水资源价值观，才能适应社会主义市场经济发展的要求，才能建立健全水资源市场。

2. 水资源价值计算尚没有科学的方法

合理的水资源价格是水资源市场健康运行的关键。因此，如何科学计算水资源价格是非常重要的。1985 年国务院颁布的《水利工程水费核定计收和管理办法》是目前水利工程水价制定规定性文件，但也存在问题，如未考虑水资源本身价值。我国的水法规定收取水资源费，但水资源如何确定，无论从理论上还是从实践上都未解决。目前，中国、日本、美国等二十几个国家或组织参与了水资源核算及核算纳入国民经济核算体系的研究工作，共同面临着如何计算水资源价值问题。

3. 水资源各级市场问题较多

目前，第一市场由于价值观念尚未完全转变，产权不清晰，在经济生产实践中基本无市场；第二市场由于事（业）、企（业）未分，适应市场经济运作的商品水资源生产经营者还很少；第三市场则因水价偏低，造成水资源浪费极大。

4. 维护水资源市场运行的政策法规尚不完善

市场经济是法制经济，必须有一套完备的政策法规加以引导实施。目前具有的法律法规，如《水法》、《水污染防治法》等等对水资源开发利用及保护起到了积极作用。但是，它尚不能规范水资源市场，还必须有一系列的法律法规出台。

第二节 水资源价值及效益评价

一、水资源价值观

水资源是生命生存不可替代的自然资源，是生命支持系统之一，也是重要的环境要素，且对一切社会经济部门都具有生死攸关的重要意义。楼兰古城的兴起是由于丰富的罗布泊湖水的滋润，富庶的楼兰 11 万 m^2，人口达万人，是楼兰国的首邑，是我国古代一重镇，也是丝绸之路南线必经之地。后来由于种种原因导致水资源衰竭，繁华的古城衰落，直至湮没在茫茫的荒漠之下。它充分地说明水在人类社会和经济发展中的不可替代作用，具有价值。

（一）水资源价值研究

水资源等自然资源市场交易，必须具有完善的市场基础，同时由于水资源是一种极其特殊的自然资源，涉及面广、应用广泛，是生命支持系统重要组成部分，是不可替代的物质，因此研究水资源价值具有现实性和长期性。

1. 水资源价值研究是实现持续发展战略一个组成部分

受传统价值观念影响，水资源价格严重背离水资源价值，水资源的无价或低价，造成了水资源长期被无偿地开发利用，不仅造成水资源浪费和对水资源非持续开发利用，同时对人类的生存及国民经济的健康发展产生了严重威胁。尽管近几年来对此有所认识，采取了相应的行政或法律手段扭转这种被动局面，但是，由于水资源价值概念不够深入人心，致使所采取的措施缺乏广泛的社会经济基础，最终结果是政府干预行为过于集中和强硬，市场行为和经济杠杆的作用又过于薄弱，导致期望与现实相差甚远。因此，水资源价值研究在持续利用水资源过程中具有重要的地位，是实现持续发展战略一个组成部分。

2. 水资源价值研究是水资源核算的关键

水资源核算是自然资源核算的构成部分之一，而自然资源核算是国民经济核算的重要组成部分。水资源核算既包括水资源实物量核算、价值量核算，同时又包括水资源水质核算，其中水资源价值量核算是水资源核算的关键，也是将水资源纳入国民经济核算体系的难点，这是由于水资源价值的确定还很困难。

目前，在国民经济核算体系中，仍未包括水资源这一部分。这样就导致水资源的变化，在国民账户中没有得到反映，一方面经济不断增长，另一方面水环境资产不断减少，造成虚假的繁荣。随着经济的高速发展，对水资源等环境资源的消耗速度日益增大，最终会到某一时刻水资源等环境资源的消耗难以满足经济发展的需求，人类的生存也受到威胁。所有的这一切在国民账户中均没有得到反映，使决策者不能掌握这个威胁人类自身生存的现实，使其决策建立在忽视水资源等自然资源存在的基础上，其结果是，决策更加失误，后果难以想像。人口、资源、环境问题的出现，已渐渐地证明了这一点。大量的实例也已经说明对水资源等自然资源核算是非常必要和迫切的。

3. 水资源价值研究是社会主义市场经济的需要

随着社会主义市场经济的逐步建立和完善，水资源走向市场已成为一种必然。我国法律规定，水资源等自然资源归国家或集体所有。仅从法律条文上来看，水资源具有明确的所有权。从实践上来看，由于客观上存在着水资源所有权与经营权、使用权的分离，导致了水资源产权的模糊，产生了一系列问题。随着经济的发展，资源稀缺性和需求无限增长矛盾日益尖锐，争夺稀缺资源已成为必然，由此而产生的冲突是不可避免的。合理的产权制度就是明确界定资源的所有权和使用权，以及在资源使用中获益、受益、受损的边界和补偿原则，并规定产权交易的原则以及保护产权所有者利益等。为保证经济得到最大限度的发展，建立合理的产权制度对资源配置和资源的利用具有重大的意义，也是影响资源配置的决定性因素。

4. 在水资源经济管理中水资源价值具有重要地位

水资源价值在水资源经济管理中占有重要地位，水资源价值不仅是水利经济循环连接者，也是水利经济与其他部门经济连接的纽带；通过水资源价值可以掌握水利经济运动规律，反映国家水利产业政策及调整水利产业与其他产业经济关系，合理分配水利产业既得利益。适宜的水资源价值不仅能够促进节约用水，提高用水效率，实现水资源在各部门间有效配置，而且对地区间水资源合理调配都具有重要意义。

（二）水资源价值观

水资源是重要的自然资源，也是环境资源。近几年来，随着经济的迅速发展，所需资源的增加，加上缺乏有效的保护和管理措施，出现了前所未有的水环境恶化问题，引起了人们的广泛关注。出现水环境恶化问题的根本原因就是水资源的不合理开发利用，而这种不合理开发利用的根源在于人们对水资源价值观的认识问题。

水资源长期被无偿地开发利用，肆意糟踏水资源，造成水资源浪费和对水资源非持续开发利用。事实上，我国是一个严重缺水的国家，据预测，2010 年全国缺水近 1000 亿 m^3。认为"水是自然的产物，水资源是无价的，社会公有的，可任意使用的，利用水资源就不存在收取费用问题"是极其错误的。长此以往，只会加重水资源的污染，降低水资源质量，带来的后果是对人类的生存产生严重的威胁。

因此，水资源是有价的，使用水资源是应付出代价的，这个代价就是对水资源的更新所花的费用，只有这样才能使水资源能有序循环、合理使用。

二、水资源价值

（一）价值

价值（value）是指体现在商品里的社会必要劳动或事物的积极作用。比如，空气具有使用价值，但不具有价值。因为它是没有经过人类劳动加工的东西。价值量的大小决定于生产这一商品所需的社会必要劳动时间的多少。在这里所使用的"价值"，实际上就是我们通常所说的价格。经济学或政治经济学中的"价值"一词有两个不同的含义，它有时表示特定物品的效用，有时又表示由于占有某物而取得的对其他种货物的购买力，前者可叫做使用价值，后者可叫做交换价值。水资源作为商品，它是否应具有价值，将作为衡量水资源收费的依据。

（二）水资源价值

随着经济的发展，导致水资源等自然资源的供给与需求之间产生了尖锐的矛盾，加之过度的掠夺性开发自然资源，使自然资源的更新途径和速度发生质的变化，缺乏节约的观念，造成了资源的极大浪费，特别是随着污染的加剧，使本来就极其有限的淡水资源更加有限，进一步激化了水资源供给与需求的矛盾。由于它与现实的经济生活产生了尖锐的冲突，导致了种种弊端，因此，传统的自然资源价值观念必须彻底改变。

关于水资源等自然资源是否具有价值，具有不同的解释，主要存在西方的效用价值论、马克思的劳动价值论、生态价值论、哲学价值论、工程价值论等观点。

1. 效用价值论

效用价值论（utility value）是从物品满足人的欲望能力或人对物品效用的主观心理评价角度来解释价值及其形成过程的经济理论。所谓的效用是指物品满足人的需要的能力。一切物品的价值都来自它们的效用，物品的效用在于满足人类天生的欲望。无用之物，没有价值。

19世纪50年代前表现出的"一般效用价值理论"认为，一切生产无非都是创造"效用"的过程，人们获得效用却不一定非要通过生产，效用不但可以通过大自然的赐予获得，而且人们的主观感觉也是效用的一个源泉。

19世纪70年代以后表现的"边际效用论"是指不断增加某一消费品所取得的一系列递减的效用中最后一个单位所带来的效用。边际效用论主要观点是：价值起源于效用，效用是形成价值的必要条件又以物品的稀缺性为条件，效用和稀缺性是价值得以出现的充分条件。因为只有在物品相对于人的欲望来说稀缺的时候，才构成人们的评价即价值。

运用效用价值理论很容易得出水资源等自然资源具有价值的结论。因为水资源是人类生活不可缺少的自然资源，无疑对人类具有巨大的效用；此外，自本世纪70年代以来，水资源供给与需求之间产生了尖锐的矛盾，水资源短缺已成为全球性问题，水资源满足既短缺又有用的条件，因此，水资源等自然资源具有价值。

2. 劳动价值论

劳动价值论（work value）是物化在商品中的社会必要劳动量决定商品价值的理论。运用马克思的劳动价值论来考察水资源等自然资源的价值，关键在于水资源等自然资源是否凝集着人类的劳动。

在经济尚不发达，环境问题还不突出，资源相对于人类的需求比较丰富的年代，认为处于自然状态下的水资源等自然资源，是自然界赋予的天然产物，不是人类创造的劳动产品，没有凝结着人类的劳动，它没有价值。而当今社会，经济高度发达，资源环境问题成为世界面临的大问题，资源的供给已难以满足日益增长的经济需求，人类为了保持自然资源消耗速度和经济发展需求增长相均衡，加快自然资源的人为再生产，不可避免地投入了大量的人力物力等社会必要劳动。水资源等自然资源，它已不是纯的天然自然资源，它有人类的劳动参与，打上了人类劳动的烙印，具有价值。水资源等自然资源价值就是人们为使社会经济发展与自然资源再生产和生态环境保持良性平衡而付出的社会必要劳动，从生产、使用价值与价值补偿等角度来看,水资源等自然资源不再是自然之物,它包含了人类劳动,所以水资源等自然资源具有价值,其形成是为了补偿水资源等自然资源消耗与使用的平衡所投入的劳动。

事实上,立足于劳动价值论下的两种不同的结论都没有解决水资源等自然资源被无偿使用的问题。前者认为水资源等自然资源没有价值,因而衍化出没有价格的结论,水资源等自然资源被无偿使用,导致掠夺性地开发,破坏了生态平衡;后者尽管谈及水资源等自然资源具有价值,但价值的补偿只是对所耗费的劳动进行补偿,同样也没有涉及到对自然资源本身被耗费的补偿,它虽然在一定程度上通过经济杠杆调节作用限制了水资源等自然资源的使用,但最终的结果同前者一样,水资源等自然资源被无偿使用了。

3. 生态价值论

生态系统是由生命系统及其支持系统组成的开放系统。图 10-1 是生态系统结构示意图。自然系统与社会经济系统构成了生态系统。

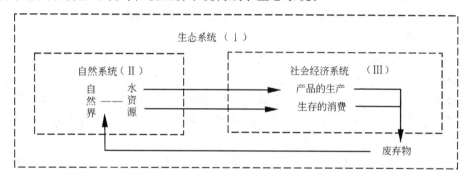

图 10-1　生态系统结构示意图

在这一循环过程中,水资源在数量上相对减少,质量上又不断下降,如不进行补偿或再生产,出现的后果则是一方面经济不断增长,另一方面水资源功能持续下降,最终达到水资源的供给不能满足国民经济持续、快速、健康发展的需要,甚至导致国民经济的崩溃。

经济的再生产过程,总是同一个自然的再生产过程交织在一起的。过去,由于只有生产观点,缺乏生态观点,从而,造成生态系统的严重破坏和污染。特别是随着近代工矿业的发展及城市人口的增加和集中,更使生态系统遭到日益严重地破坏和污染。

如果从整个生态系统考察社会经济系统,经济生产不可避免地要投入水资源等自然资源,同时将生产中产生的废弃物排入自然界,使环境资源,特别是水资源受到污染,使其功能和质量下降,为了保持生态平衡,使水资源等自然资源能够持久地为人类服务,保证人类的延续生存环境相对稳定,必须对耗费的水资源等自然资源进行补偿，这样，商品的价值应该为：

$$W = C_n + C + V + M \tag{10-1}$$

式中　C_n——使用的水资源等自然资源，称为自然资本；

　　　C——生产过程中消耗的不变资本；

　　　V——生产过程中消耗的可变资本；

　　　M——生产过程中形成的剩余价值。

　　该理论将社会经济放在生态系统中进行考察，克服了以前只顾向大自然索取，缺乏对自然投入，忽视经济发展对自然依赖关系等传统的价值理论和再生产理论的缺陷，对于重新认识水资源等自然资源价值具有极大的启发作用。值得注意的是，该理论上所提到的价值，是指生态价值，并非是通常经济学上所谈的价值。实际上，对自然资源使用的补偿内涵应是更加广泛的，除了对直接消耗等自然资源进行补偿外，还应该包括由于直接消耗某些自然资源时因对生态结构关系的破坏而引致的对其他自然资源的间接消耗，如森林的砍伐导致水资源时空的变化；除此之外，人类在保护生态环境中所投入的必要劳动也必须补偿。

4. 哲学价值论

　　从哲学的角度认识水资源等自然资源的价值，可以为我们开阔一个新视野。哲学中的价值是指客体的属性和功能能够满足主题需要的一种功效或效用价值，即客体对主体的意义或者说客体对主体生存和发展的意义。它的本质在于能够使主体更加完善，能够推动人类的进步。能够满足主体需要的客体就有价值，而主体需要的满足就是客体价值的实现。

　　价值的性质和程度如何，主要取决于价值关系主体情况，而不是由客体所决定的。例如，我们离开人这个主体去讨论水资源的价值，是毫无意义的。水资源价值如何决定，归根到底在于人自己如何认识，在于人怎样同水发生主客体关系。被污染水的价值低，饮用后就会影响人体健康，甚至威胁人类的生存。随着人口的不断增多，水的供应问题越来越严重。因此，水资源价值就越来越高。

5. 工程价值论

　　"工程价值论"中的"价值"是追求经济与技术之间的动态平衡，是一种技术经济指标，经常将它作为评价事物有益程度的尺度，或者用来评价产品给企业、用户带来的经济效益以及对产品的功能所做的一种综合测评。

　　对于水资源等自然资源如何进行评价？它对经济社会的发展有何影响？对于水这种特殊商品功能和成本如何进行综合评价？这就涉及到评价水资源等自然资源对主体有益程度尺度问题，从价值工程角度上理解，它具有价值，其价值大小可用如下公式表示：

$$V = F/C \tag{10-2}$$

式中　V——水资源等自然资源价值；

　　F——水资源等自然资源功能值；

　　C——实现此功能所应花费的费用。

　　上述从效用价值论、劳动价值论、生态价值论、哲学价值论、工程价值论等不同角度来阐述水资源等自然资源的价值，从中我们可以看出，水资源等自然资源的价值来源问题在理论上还没有统一，正处于百花齐放，蓬勃发展阶段。

三、水资源效益评价理论

（一）均衡价值理论

　　效用价值论最后被称为"均衡价值理论"。价值是由"生产费用"和"边际效用"两个原理共同构成的，二者缺一不可。商品的边际效用可以用买主愿意支付的货币数量即价格加以衡量。一般认为供给的数量随着价格的提高而减少，随着价格的下降而增加，利润就是商品的边际费用。当供求均衡时，一个单位时间内所生产的商品量可以叫均衡产量，它的售价叫均衡价格。均衡价格就是供给和需求价格相一致时的价格。

　　如图 10-2，dd' 为需求曲线，ss' 为供给曲线，A 为均衡点，AH 为均衡价格。一般均衡价值论认为，价格就是价值，价格由供给和需求决定的，由价格限制需求。

　　显然，当水资源出现极度匮乏时，水资源的价值就更能体现出来。此时，人们不得不采用价格来限制水资源的使用。而水资源又是工农业以及人们生活中不可缺少的资源，评价其价格应小心谨慎。

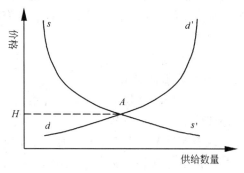

图 10-2　均衡价格示意图

（二）水资源环境价值论

　　环境是指所研究对象周围一切因素的总体。环境学中所谈的环境是作用于人类这一客体所有外界影响和力量的总和。水资源环境是以水资源为中心，与水资源有关诸要素的集合。水资源环境可以形象地用图 10-3 来描述。

　　图 10-3 表明，水资源环境可以概括地表示成人、自然因素、社会因素、经济因素等四大要素。

　　水资源是生物生存不可替代的物质，是经济活动难以缺少的投入物，是构成自然环境的基本要素之一，所以水资源具有自然属性、社会属性、经济属性。因此，研究考察水资源价值必须立足于社会、经济、自然（包括环境）综合角度来进行，否则，势必影响水资源价值客观准确性。

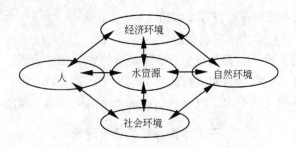

图 10-3 水资源环境示意图

水资源环境价值论以环境的变化对水资源的影响评价或者水资源变化对环境的影响评价为主要研究内容，实质上就是用经济的方法综合评价水资源功能，以便从价值角度把握水资源。首先，它综合吸收了各种水资源价值理论的长处，既从人与物的关系考察水资源，又从人与社会的角度上进行研究，而且还从生态经济角度来认识水资源，这是符合现实情况的。其次，这是一种现实抉择，宏观把握水资源经济价值是水资源归国家或集体所有条件下的必然产物。水资源所有者只有充分地掌握水资源的价值，才能在水资源分配过程中实现其自身的利益，防止所有权受到损害。

（三）水资源地租理论

1. 水资源级差地租理论

地租（land rent）是土地所有者凭借土地所有权获得的收入。级差地租（differ-ential rent）指生产条件较好或中等土地所出现的超额利润。级差地租分为级差地租Ⅰ与级差地租Ⅱ。级差地租Ⅰ是等量资本投在不同等级的同量土地上所产生的个别生产价格与调节市场价格、垄断生产价格之间的差额。级差地租Ⅱ是等量的资本不是同时投在质量不等的同量土地上，而是连续地追加在同一土地上，那么，由于连续追加投资的不同生产率而产生的级差地租。

由于水资源的时空分布极不均匀，且产业结构相差很大，污染源的分布也有差异，而且，水资源的态势、丰度等不同，这样，同量的资本投在不同的水资源上，所获得的收益是不同的，或者连续追加资本到同一水资源上，其生产率是有差别的，因此，产生水资源级差地租。如两个企业 A、B，A 占有并使用较好的水资源，而 B 所占有并使用的水资源较差，则 A 企业的水的生产成本比 B 企业水的生产成本低，从而 A 比 B 获得的超额利润大。显然，这部分超额利润不是 A 企业管理经营的结果，而是因为它利用优等的水资源原因，在不征收水资源级差地租情况下，这部分利润没有到水资源所有者手中，而是无偿地被使用者所有。

水资源级差地租形成的根本原因就在于水资源的态势、丰度、质量不同及开发利用条件不同。同时与水源地距用水企业的远近有关，距企业远，供水成本就高，所获得的利润就小，反之，则获得的利润就高。

　　将级差地租理论应用于水资源价格的制定存在一定困难。首先，水资源缺乏实施级差地租和超额利润的前提和所具备的条件，主要是因为：水资源的流通调剂性差；水价格的形成受国家政策的影响很大；我国的水价远未走上市场经济的轨道，自来水公司无论所运用的水资源优与劣，都难以获得超额利润。其次，若按级差地租理论，进行水资源价格的确定，会出现与现实相矛盾的地方。

2. 水资源绝对地租理论

　　绝对地租（absolute rent）是指土地所有者单凭土地所有权的垄断所获得的地租。

　　水资源是人类生活不可缺少的资源、不可代替的资源，它是关系到国计民生的大问题；水资源尽管在一定条件下可以再生，但是它的数量是有限的，经济发展需求与水资源供给存在很大矛盾，而且水资源的可供给量主要不是由于经济制度本身所决定的。

　　水资源所具有的生产性、不可替代性和稀缺性，使水资源所有权的垄断成为可能。为了有效、合理地利用水资源，并在市场经济条件下，使水资源所有权在经济上得以实现，就必须对水资源的使用者收取一定的费用，这种凭借水资源所有权所取得的收益，就是水资源绝对地租。

　　如果使用者使用资源，不向资源所有者交付任何费用，其结果等于资源所有者放弃所有权。水资源绝对地租的实现，也就是水资源所有权的实现。它要求不管水资源如何丰富，也不管水资源开发条件多么恶劣等，使用具有明确所有权的水资源都应该向所有者交纳一定的地租，即付出地租转化而来的水资源价格，否则便意味着所有权的废除，即使不是法律上的废除，也是事实上的废除。

3. 污水资源地租理论

　　污水资源是水资源的重要组成部分。在地租理论中，像污水这样给生态造成严重影响，并且制约经济发展的资源是否存在地租？

　　事实表明，污水资源存在地租。如城市生活污水，含有大量的营养成分，将其作为灌溉用水，可以减少化肥施用量，获得相应的效益。假使有城市A、B，它们所排放的废水中均含有适量对植物增长有用的营养成分，且城市A的浓度比城市B大，则引用A城市的污水比引用城市B所节约的化肥要大，因而其获得的利润比B大，这就是污水资源的级差地租。

　　最初，使用者可以从污水灌溉中获得收益，污水具有明显的地租；随着污染的进行，由于土壤结构遭到破坏和重金属的积累，土地收益下降，到某一时间，收益下降为零，此时污水资源地租为零。由于水资源供需矛盾存在，工业与农业争水比较普遍，农业用水采用工业废水或城市生活污水，会造成污染严重的农产品市场价格很低，甚至售不出去，这样，污水使用者所投入的劳动没有被市场所承认，难以获得收益，此时的地租转化为负数。

对于污水所有者，当农业生产因使用污水获得收益的时候，他没有收取地租，原因在于污水是他的废物，对他本人无任何使用价值，使用者所获收益可以看做是污水所有者的外部不经济性引起的。这种外部不经济性随着时间的推移给使用者带来的损失增大，他必须付出一定的费用，来补偿所造成的损失。

4. 水资源价格

1）水资源价格实质

水资源价格的实质可以通俗地理解为：水资源价格是水资源使用者为了获得水资源使用权需要支付给水资源所有者（包括国家或集体）的一定货币额，不管这种水资源是处于自然状态，还是已经凝集了人类的劳动。它是水资源有偿使用的具体表现，是对水资源所有者因水资源资产付出的一种补偿，是维持水资源持续供给的最基本前提。

水资源价格的产生与水资源变得日益稀缺有着密切的关系，但最根本的是所有权的实现，稀缺与所有权的实现是水资源形成资产的必要条件，也是水资源具有价格的充要条件。水资源的价格与其他商品的价格有着本质的区别，一般的商品价格，是价值的货币具体表现形式，没有劳动的凝结，就没有价格的形成，它体现了一种社会关系；水资源价格则是地租的资金化，它不受是否凝结着一般的无差别人类劳动的限制，是所有权在经济上得以体现的具体结果，它体现了一种经济关系。

2）污水资源价格实质

污水资源价格，指污水所有者排放单位污水所造成的各种损失。它包括两部分内容，其一是污水所造成的损失，它是对社会、经济、环境等各方面损失之和；其二是污水排放时应交付的各种费用，如排水设施有偿使用费等。

污水污染了水资源，实际上是对水资源所有者所有权的侵害，它使水资源财富贬值。因此，污水资源地租同水资源地租不同，它不是水资源所有者凭借水资源所有权获得的收入，而是所有者因所有权受到侵害得到的损失补偿。因而污水资源价格的实质是污水排放者排放的污水对受害者财富所有权侵害的补偿。

污水资源的价格公式应为：

$$P_w = -(A/r + B) \tag{10-3}$$

式中　P_w——污水资源价格；

A——污水资源地租；

B——污水排放应交付的各种费用；

r——利息率。

"—"号表示污水资源给所有者带来的不是收益，而是损失，它是由污水所有者（即污水排放者）支付的。

四、水资源价值评价技术

对于水资源等自然资源进行核算，特别是价值量核算，是非常重要的，但同时认为定价是十分困难的。

（一）水资源价值评价技术

1. 影子价格模型

影子价格（shadow price）概念最早源于数学规划。假设经济活动过程涉及 n 种活动，其水平用 $x = (x_1, x_2, x_3, \cdots, x_n)^T$ 表示；从事这些活动所耗用的资源有 m 种，资源的供应为 $b = (b_1, b_2, b_3, \cdots, b_m)^T$，则使 n 种经济活动达到最优的条件是：

$$\left. \begin{aligned} &\max s = c_1 x_1 + c_1 x_2 + \cdots + c_n x_n \\ &a_{11} x_1 + a_{12} x_2 + \cdots + a_{1n} x_n \leqslant b_1 \\ &a_{21} x_1 + a_{22} x_2 + \cdots + a_{2n} x_n \leqslant b_2 \\ &\cdots\cdots\cdots\cdots\cdots\cdots\cdots\cdots\cdots\cdots\cdots\cdots \\ &a_{m1} x_1 + a_{m2} x_2 + \cdots + a_{mn} x_n \leqslant b_m \\ &x_1, x_2, \cdots, x_n \geqslant 0 \end{aligned} \right\} \tag{10-4}$$

式中　c——目标函数系数；

　　　a——约束条件的系数；

　　　s——总收益。

我们可以用矩阵形式将上面的线性规划写成：

$$\max s = c^T x$$

（LP）　　　$s.t. \quad Ax \leqslant b$

$$x \geqslant 0$$

其中 c, x, b 均为列向量。通过引入 m 维的非负向量 z，可以将线性规划写成标准形式：

$$\max s = c^T x$$

（LPS）　　　$s.t. \quad Ax + z = b$

$$x, z \geqslant 0$$

用 E_m 表示 m 阶单位矩阵，令 $D = (A, E_m)$，当总收益 s 达到最优时，设 B 是（LPS）的最优基，它是矩阵 D 的 m 阶可逆子矩阵，c_B 是向量 $(c^T, 0^T)^T$ 中与 B 的列对应的 m 个元素构成的 m 维列向量，则

$$y^* = c_B B^{-1} \tag{10-5}$$

的每个分量即为对应的资源的影子价格，即 y_i 为资源 b_i 的影子价格。

例：假使某工厂生产 x_1、x_2 两种产品，其所消耗掉原料、售价及原料（资源）限量见表 10-1。

表 10-1

项　　目	消耗资源 1	消耗资源 2	产品售价	资源限量
x_1	6	2	20	资源 1＝100
x_2	1	7	30	资源 2＝140

企业收益最大的数学模型是：

$$\max s = 20x_1 + 30x_2 \tag{10-6}$$
$$\text{s.t.}\quad 6x_1 + 2x_2 \leqslant 100$$
$$x_1 + 7x_2 \leqslant 140$$
$$x_1,\ x_2 \geqslant 0$$

可以求出企业的最优生产计划量 $x^* = (10.5, 18.5)$，相应的影子价格为：

$$y^* = c_B B^{-1} = (20, 30)\, B^{-1} = (2.75,\ 3.5)$$

资源 1 的影子价格为 2.75，资源 2 的影子价格为 3.5。

影子价格是以资源有限性作为出发点，将资源充分合理分配并有效利用作为核心，以最大经济效益为目标的一种测算价格，它综合了企业的经济效益和社会效益，协调了各方面关系。或者说影子价格是对资源使用价值的定量分析，为最优计划价格，企业利用它控制产品的生产成本，社会利用其分配资源。总之，影子价格是社会处于某种最优状态下的，反映社会劳动消耗、资源稀缺程度和对最终产品需求的产品和资源的价格。影子价格大于零，表示资源稀缺，稀缺程度越大，影子价格越大，它表明增加此种资源带来经济效益越大；当影子价格为零时，表示此种资源不稀缺，资源有剩余，增加此种资源并不会带来经济效益。

假使总效益 s 受到 b 的限制，即 s 是 b 的函数，表示为：

$$s = f(b_1, b_2, b_3, \cdots\cdots, b_n) \tag{10-7}$$

根据影子价格的涵义，b_1 的影子价格为 y_1^*，则：

$$y_1^* = \frac{\partial s}{\partial b_1} \tag{10-8}$$

也就是说在经济系统中，资源每增加一单位时，总效益增加的数值正好等于该种资源的影子价格。

在完全竞争市场中，市场价格就是影子价格。所谓的完全竞争，必须满足以下四个条件：（1）市场中有众多的商品销售者和购买者，任何个人所占比重极小，其经济行为不能影响市场价格；（2）市场中所有厂商生产出来的商品，在性质和质量上没有差别；（3）市场中所有的生产资源可以任意流动，即可以随时进入或退出某种产品的生产；（4）市场中所有的消费者、资源拥有者和生产者对当前以及未来的产品价格和成本都具有充分的信息和知识。

实际上，真正符合上述四个条件的市场是不存在的。因此，影子价格与市场价格存在不同程度上的偏差。为了实用，影子价格常常以世界市场价格为基础，在此基础上调整国内价格而得到。正因为如此，目前流行的影子价格概念已失去数学规划中所定义的那种严格性，而是泛指实际价格以外的，较能反映资源稀缺程度的社会价值（social value）的那种价格。

影子价格的获得有多种途径，其中最常用的有以下几种方法：（1）求解线性规划，前已提及，影子价格的数学基础是线性规划之对偶规划理论。资源的最优配置可以转化为一个线性规划问题，其对偶规划的最优解就是影子价格。（2）以国内市场价格为基础进行调整，由于市场的非完全竞争性，市场价格受到经济机制、经济政策和历史因素等影响，市场价格不同程度地偏离其实际价值，因此，剔除这些因素影响的市场价格，就作为该商品的影子价格。（3）以国际市场价格为基础确定，尽管世界市场价格并不是完全理想的影子价格，但是由于各种商品的价值通常并不受个别国家的控制，主要是在市场竞争中形成的，因此可以认为它较好地反映了商品的价值，国际市场的价格比较接近影子价格（邹一峰，1992）。（4）机会成本法，机会成本是局部均衡分析的一种途径。资源的用途是多样的，将资源运用于某种用途，则意味着放弃了该资源的其他用途。因此，将机会成本视为影子价格，关键在于准确计算放弃的效益，一般以放弃的最大效益作为机会成本。

影子价格的提出是为了解决资源的有效配置，它正确地反映了资源的稀缺程度，为资源的合理配置及有效利用提供了正确的价格信号和计量尺度。根据影子价格的定义，影子价格与生产价格、市场价格很不一样，它只反映了某种资源的稀缺程度，反映了一种资源与总体经济效益之间的关系，因此它不能代替资源本身的价值。

2. 边际机会成本模型

边际分析（marginal analyse）是将数学中微积分应用于经济活动的研究。它认为，经济主体对经济变量的反映和评价，不是由经济总量或平均量来决定的，而是由变量的增加或边际量所决定的。在经济学中，"边际"具有特殊的含义，它是指处在最后一单位被生产或消费的点上，边际的单位是某物的增加单位。通俗地讲，边际就是增加、追加或额外的意思，即指数学中的增量比。

机会成本（opportunity cost）指在资源有限的情况下，从事某项经济活动而必须放弃的其他活动的价值，即由于使用某种资源必须放弃的该资源其他用途的效益。机会成本中不仅包括财务成本，还包括生产者在尽可能有效地利用财务成本所代表的生产要素时所付能够得到的利润。例如建设项目占用农业土地，其机会成本为原来的农业净效益。

边际机会成本（Marginal Opportunity Cost，简称MOC）是指从经济角度对资源利用的客观影响进行抽象和度量的一个有用的工具。边际机会成本理论认为：

资源的消耗使用应包括下述三种成本：（1）直接消耗成本（Marginal Production Cost，简称 MPC），它是指为了获得资源，必须投入的直接费用，如为了获得水资源，需要进行调水，因此而投入的各种费用包含水源工程费用、输水工程费用、环保及其他费用等；（2）使用成本（Marginal Use Cost 简称 MUC），它是指用某种方式利用单位稀缺某种自然资源时所放弃的以其他方式利用同一个自然资源可能获取的最大纯收益，即将来使用此资源的人所放弃的净效益。资源是有限的，一个人使用了某种资源，就意味着另一个人丧失了这种资源的使用权力，因而会给"另一人"带来一定的损失。这里还存在这样情况，某人暂时不用此资源，但将来需要这种资源，这样现在资源的消耗使用也间接地损害了将来使用此资源人的一部分利益，其所放弃的净效益就是 MUC。当然，如果资源的使用是在可承受的基础上进行的，MUC 就是用于更新资源的费用；（3）外部成本（Marginal External Cost 简称 MEC）。外部成本是与外部效果（external effects）紧密联系在一起的。所谓的外部效果是指那些与资源使用无直接关联者所招致的效益和损失。外部成本主要指所造成的损失，这种损失包括目前或者将来的损失，当然也包括各种外部环境成本。上述三项可以用下式来表示：

$$MOC = MPC + MUC + MEC \tag{10-9}$$

式中   MOC——边际机会成本；

　　　 MPC——直接消耗成本；

　　　 MUC——使用成本；

　　　 MEC——外部成本。

　　总之，自然资源的边际成本不仅包括了生产者收获自然资源所花费的财务成本，而且还包括生产者从事生产所应该得到的利润，包括因收获自然资源对社会和他人造成的损失，并反映了自然资源的稀缺程度变化的影响。MOC 理论认为：MOC 表示由社会所承担的消耗一种自然资源的费用，在理论上应是使用者为资源消耗行为所付出的价格 P。当资源的 $P<MOC$ 时会刺激资源过度使用，$P>MOC$ 时会抑制正常的消费。

3. 供求定价模型

　　该模型建立在供水是商品的前提下的，符合下列公式：

$$Q_2 = Q_1(P_1/P_2)^E \tag{10-10}$$

式中 Q_2——调整后的用水量；

　　　 Q_1——调整前的用水量；

　　　 P_1——原水价；

　　　 P_2——调整后的水资源价格；

　　　 E——水资源价格弹性系数。国外有按用水类型划分的，住宅用水水价弹性系数为 0.225；喷洒用水，干旱地区为 0.7，湿润地区为 1.6。商业、工业用水的水价弹性系数为 0.10。世行在 1991 年度发展报告中对发展中国家水的需求弹性进行了估算，其结果为 0.25。

$$水资源价值 = Q_2 - C \tag{10-11}$$

式中 C——水资源生产成本及利润。

供求价格法有其优点。首先，其公式比较简单，数据容易获得；其次，它适应市场经济大环境，人们也容易接受。但是，应该注意水资源价格是一个复杂的问题，与各方面关系甚为密切，仅仅通过水资源量的关系决定水资源价值是不完善的，还应考虑水资源质、用水功能、污水排放等。因此，该公式存在着明显的缺陷，供求价格模型尚需进一步完善。

4. 级差收益理论

该理论基础是地租理论，它认为，水资源在国民经济不同部门的使用，其所产生的经济效益是不同的，例如，水资源分别在工业部门和农业部门，其经济效益存在着显著差异。对水资源定价时应该充分考虑水产生的最大效益的那些部门。水价计算公式为：

$$P = D/R \tag{10-12}$$

式中 P——水价；

D——级差水价；

R——投资效果系数。

该法只考虑了用水功能，至于其他有关诸因素都未考虑，特别是将其应用于农业水资源定价时，将产生这样的效果：将增加的经济效益完全归于灌溉，抹杀了土地对于经济效益的作用，因而运用这种方法算出的水价不尽合理。

5. 生产价格法

该法是从生产的角度来研究水资源的价值（价格），它认为供水也是商品，应该从商品经济角度出发，按生产价格法来制定水价。其基本公式为：

$$P = K_1 + P_2 \tag{10-13}$$

式中 P——单位水价；

K_1——平均成本；

P_2——平均利润。

运用该公式算出的结果只是水资源的生产价格，根本没有包括水资源本身价格，它忽视了水资源的特性和水资源是一种特殊的商品。若完全按照此理论推算，如果用水部门使用自己的设备就不用交水费了，这完全违背了有偿使用的原则，显然是不合理的。

6. 供水价格法

水资源价格应充分体现水资源商品的商品性、稀缺性和有限性特征。其计算公式为：

$$P = K + L + R \tag{10-14}$$

式中　P——水价；

　　　K——水资源生产成本；

　　　L——利润；

　　　R——资源税。

税收只能在盈余中提取，因此，税收应该保证劳动消耗的补偿。水商品是除直接供水成本以外，附加费用支出特大的商品。在此资源税是作为水资源有偿使用的补偿，或者水资源本身所具有的价格。

7. 市场逆算法

市场逆算法理论认为：如果供水的价格高于供水的成本和利润，那么，二者的差价就是水资源价值，其基本计算公式为：

$$P = S_p + C_p + L_p \tag{10-15}$$

式中　P——水资源价格；

　　　S_p——供水价格（收入）；

　　　C_p——供水成本（支出）；

　　　L_p——供水利润（支出）。

从理论上讲，其方法是正确的，但从经济实践上来看，存在着很大问题。由于水资源是关系到国计民生的重要自然资源和环境资源，是国家垄断的物质，因此国家采取了特殊的政策性倾斜，结果是水价往往低于水资源成本，而且水资源长距离运输的不经济性，不可能形成统一市场。在这种特殊的背景下，如果采用此种公式，就有可能产生了一个负值，显然是不合理的。只有理顺了水价，才能运用此式进行计算。

8. 平衡价格法

该理论认为，水资源的价格应该是供、用、排三者合一，其基本公式为：

$$P = P_1 + r_1 S_{排} + r_2 S_{污} \tag{10-16}$$

式中　P——总水资源价；

　　　P_1——供水价格；

　　　$S_{排}$——直接进入环境的污水水价；

　　　$S_{污}$——污水价，是用水户向市政管网或污水处理厂排放废水价格；

　　　r_1、r_2——单位时间内进入排水系统和环境内的污水排放量。

9. 目标效益法

它主要适用于地表水作为能源效益的定价方法。其计算公式为：

$$P = K(P_A - P_B)/Q \tag{10-17}$$

式中　P——热水价格；

P_A——常规供热、发电成本；

P_B——热水代替能源在同样效率下的成本；

Q——开采地表水的数量；

K——系数。

10. 市场利润提成法

矿泉水，由于其所具有的特殊用途和价值，形成了市场价格，并且随着市场的供求关系而波动。其定价公式为：

$$P = (P_R \times C)/Q \tag{10-18}$$

式中　P——水资源价格；

P_R——销售利润；

C——系数；

Q——水资源开采量。

11. 完全成本法

该理论认为：已经查明的地表水资源价格由以下几个部分组成：（1）地表水资源测量储量价格；（2）绝对收益和级差收益；（3）补偿费用。其公式为：

$$P = P_1 + P_2 + P_3 \tag{10-19}$$

式中　P——水资源价格；

P_1——查明地表水资源价格；

P_2——地表水资源测量储量价格；

P_3——水资源绝对、级差效益。

绝对收益指水市场价格与超过生产价格的余额，主要表现在两个方面，即稀缺性和垄断性。级差效益指由于贮存量、水质级别、地理条件和降雨量、时间变化、用水功能、城市乡村、人口密度、经济发展、技术进步及开采条件不同，投入同样的劳动在不同的自然条件下可以获得不同的水资源使用量价值。

补偿费用实质是由于水资源的耗竭和条件的恶化，社会除了已消耗的在水商品中所包含的价值以外，不得不投入比上一次生产循环更多的劳动。它包括以下几个方面：防止水资源和环境的破坏，弥补和修复有水资源开发而导致水资源基础和环境质量的降低，保持适当的耗竭速度所采取的水资源保护方面的费用，它体现了环境效益和水资源的永续利用。

（二）影响水资源价值的有关参数

纵观构成水资源的价值因素，可以将其分为三类：自然因素（包括环境因素）、经济因素、社会因素。它们三种因素之间相互影响、相互作用、相互耦合，使水资源价值更加复杂化。影响水资源价值的因素是多种的，下面仅就几个重要因素进行介绍。

1. 水资源价值与人口

水资源价值与人口有密切的关系，这主要表现在以下几个方面：

1）人口的增加使生态环境恶化，影响水资源价值。

人口问题、环境问题是世界性问题，特别是发展中国家这两个问题更为严重。

当水资源能充分满足人类自身需求条件时，生态环境的恶化对水资源价值的影响是不显著的，但是，当水资源随着人口的增加出现短缺时，生态环境的恶化对水资源价值就产生较大影响。环境的恶化意味着水资源的短缺加剧，因而最终影响水资源价值。

2）人口增加使直接耗水量增大，加剧了水资源供需矛盾。

人类生存离不开水资源。据有关资料显示：公元前一个人一天耗水12L，到了中世纪增长到 20～40L，18 世纪增长到 60L，当前欧美一些大城市每人每天综合耗水达 500L。它表明人类耗水量与生活水平有密切的关系，随着生活水平提高，耗水量也在增加。

此外，需水量的增加同时也说明了污水排放量的增加。人本身就是一污染源。据估算，在目前生活水平条件下，每日每人排放 COD、BOD、氨氮、总磷分别为50、25、2.5、0.5g，随着生活水平的提高，还会有所增加。这说明人口的增加使水质污染，更加剧了水资源的供需矛盾。

综上所述，水资源价值与人口有密切的关系。在研究水资源价值时，决不能忽略人口这个因素。

2. 水资源价值与经济

水资源是利用最广的自然资源，绝大多数经济活动，水是重要的投入要素之一，因此，水资源与经济关系密不可分。水资源的短缺常常导致企业的减产或停产，造成巨大的经济损失。不同的部门对水资源的消耗存在很大差异，对水资源的依赖程度不同，水资源的短缺对不同部门的影响显然不一样，但可以肯定，消耗水量大的部门对水资源价值很敏感。总之，水资源价值对经济存在着巨大影响。

水资源短缺对经济的影响主要表现在三个方面：（1）水资源流向产值高的部门；（2）农业结构向低耗水型转化；（3）工业内部结构也向低耗水型转变。

因此，水资源与经济系统是相互作用不可分割的，经济结构影响着水资源价值。

3. 水资源价值与水质

水质（water quality）标志着水体的物理、化学、生物的特征及其组成的状况，它是水体环境自然演化过程中和人类在集水区域内活动程度的反映。因此，水质是多种监测参数的集合。水质与水资源的功能是紧密地联系在一起的，从水资源功能来看，大体可分为生活用水、水产养殖、工业用水、农业灌溉、航运、景观旅游、环境用水（纳污净化）等七类。各类水资源分别执行国家颁布标准。

水资源功能不同，单位水资源量所创造的价值是不同的。一般地说，水资源功能决定于该水资源的质，好的水质功能多样，适用范围较广；差的水质则功能单一，甚至失去原有功能成为废水。

我国水资源污染量出现加重的趋势，水质的恶化，加剧了水资源的危机，使供给与需求矛盾加剧。水资源的污染，不仅造成农业的危害，农产品的质量下降，土地结构破坏，而且导致工业产品质量下降甚至停产，同时严重地影响人类自身的健康，破坏生态平衡，并且加剧水资源供需矛盾。水资源受到污染，所造成的损失是巨大的。为了治理水资源污染，人类花费巨大的资金，投入大量的劳动，这种价值的投入是为了尽可能恢复水资源原有功能而进行的。

投资的增加，从一个侧面说明了水质与经济发展相互依赖的关系，一方面经济的发展污染了水资源，使水质变差，另一方面，经济的发展积累了资金，同时促进科学技术的发展，为水质的恢复和改善打下了雄厚的物质基础，二者矛盾的统一，反映了资源价值与水质的关系。应该注意的是，从经济学原理来看，水资源价值并不是由单一污水资源恢复到原来程度所需要的费用所决定的，它与区域整体的水质等其他因素有关。

4. 水资源价值与水量

"物以稀为贵"，它通俗地说明了价值与量的关系。水资源价值与水量存在着不可分割的必然联系。

水量（water quantity）是评价一个地区或流域内水资源丰富程度的重要指标。水量的多少指在正常情况下，当地地表水可以自产多少，本地流入外地多少以及这些水量的年际变化和本地区分布情况，此外还包括当地水资源的控制程度。地表水水资源的水量受降水影响较大。

并不是所有降水都具有价值，只有那些能够被利用的水才具有价值。冬季、秋季我国大部分地区雨量稀少，春季、夏季为我国多雨季节，在缺乏有效的水利工程调节时，季节降水量与用水高峰不匹配时，会出现水的危机。不同月份，或者同一月份的不同天，甚至同一天的不同时间，用水量不同，降水量相差可能很大。因此，研究水资源价值与水资源量关系时必须将时间因素纳入进行综合研究。

水资源价值的复杂还在于：水资源问题的动态性、水资源工程的多目标和多宗旨性以及获得、传递和处理数据的困难以及在水资源决策过程中技术、环境、社会、体制、政治、经济等因素。水资源价值系统是复杂且模糊的系统，它适宜于用模糊数学的方法进行处理。

第三节　水资源管理的经济方法

一、水资源管理经济方法的必要性与作用

水资源利用与管理必须同时考虑生活用水、工业生产用水、农业灌溉用水等各个方面，并协调它们之间的矛盾，而且各种用水要求是不断发展的，各时期的主要矛盾不断变化的。水的资源特性如可再生性、随机性、三水转化特性以及人类活动影响等特点，决定了水资源的难度；因此不仅要研究自然条件对水资源变化的影响，还要研究人类活动的影响；不仅要研究水量变化，还要研究水质变化；不仅要研究今日的变化，还要预测未来的变化。

另外，水资源开发利用后，还会带来一系列环境问题。水是最好的溶剂，因此也最易被污染。它比空气污染、噪声污染的污染源复杂得多，污水不仅污染了水体，而且对农作物、土壤和地下水造成严重危害，对水利工程的破坏也十分明显。地下水超采后，还会引起地面下沉、地面建筑物倒塌、地下建筑物破坏、海水入侵等一系列严重的环境后果。处理和防治这些环境后果，包括地下水补源、回灌和保护等措施，常比供水困难得多，要付出更大的代价，使得在供水成本外，需附加很大的费用支出。

因此，水资源管理包含范围广、管理复杂。将水资源视为水资源资产一样施以严格的管理，使人们的意识深处会产生水资源不再是取之不尽，用之不竭的资源，它是一种财富，水资源的浪费与损失，也即意味着水资源财富的耗减与折损，它会彻底地改变传统的水资源价值观念，对于节约用水，建立节水型社会，加强水资源危机感具有重要意义。

二、有偿使用水资源

（一）水资源价值量核算

资源环境是经济发展的物质基础，储备的资源是真正的财富，一个国家富裕程度，不仅应用国民生产总值来衡量，而且应该用资源储备来度量。

随着经济的飞速发展和人口的高速增长，环境污染、生态破坏、能源危机、粮食短缺等等资源环境问题日益突出，不仅严重地削弱了生活福利，甚至威胁了人类的生存。引起了世界各国普遍关注，特别是"可持续发展"（sustainable development）概念逐步得到认识和深化以后，世界各国正努力对资源环境进行核算并且尽可能地纳入国民经济核算体系。国际上已普遍采用"可持续收入"（sustainable income）指标作为可持续发展指标，也称"绿色国民经济核算体系"。

现行的国民经济核算体系对水资源也没有进行核算。对水资源采取不标价、不

核算、不折旧的"三不"方式，水资源的价值和变化在国民经济总收入中没有得到反映；对水资源的储存量、变化量和使用量没有核算，不能反映水资源枯竭程度与国民收入之间关系；对于水质的变化没有反映，水资源受到污染，改变了原来的水质状态，使用价值降低了，没有得到合理补偿；对水资源不折旧，水资源难以维持再生产。在这种背景下，水资源核算日益受到重视和关注。

对于水资源进行核算，具有重要意义，主要表现在以下几个方面：

(1) 能够全面客观地评价经济发展的潜力

水资源所具有不可替代的特殊性，决定了它在社会经济生活中的重要地位。一个地区乃至一个国家的持续健康的发展在某种程度上取决于水资源的是否可持续利用开发。水量、水质是社会经济发展中不可缺少的重要因素之一，水量减少、污染严重、水质恶化，无疑会影响经济社会的发展，甚至导致经济崩溃，威胁人类生存。由此可见，对水资源进行科学的核算，对于全面客观地评价经济发展的潜力是极为重要的。

(2) 为合理开发利用保护水资源提供有价值的信息

水资源核算，既要进行实物量核算，又要进行价值量核算，同时包括水质核算。实物量的增加或减少，显示了社会经济发展对水资源的需求状况和下一周期水资源供需矛盾。由于水质状况在水资源价格中得到了体现（按质论价原则），因此，水资源价值量的变化，从某一侧面反映了污水治理情况和水资源财富在货币上的增减。这种信息，无疑对我们水资源科学管理是极其宝贵的。

(3) 减少水污染，有利于建立节水型社会

通过水资源价值量核算，制定出合理的水资源价格，实行对水资源有偿使用和折旧制度，符合水资源持续利用原则，也可减少污染保护环境。实践表明：水的污染与浪费同水费有很大关系。我国目前水的价格过低，水资源成本仅占产品成本的 $1\%\sim2\%$，甚至千分之几。因此，不少企业宁可多花水费，不愿节水，不愿建设循环设备。承认水资源本身有价值，并且利用价值规律，水资源价格提高了，会引起有关部门的注意，提高重复利用率，这样，严重浪费水资源现象会有所好转，甚至消除，水危机会得到缓解。

(4) 可持续发展战略需要

水资源是自然资源的重要组成部分，它的可持续开发利用直接影响着资源是否得到高效配置，经济社会是否可持续发展。联合国环境与发展大会通过的《21世纪议程》中指出："应在所有国家中建立环境与经济一体化体系，应发掘更好的方法，用来计量自然资源的价值，以及由环境提供的其他贡献的价值，国民收入和产值核算应予扩充，以适应环境与经济一体化的核算体系，从而补充传统的国民收入和产值核算的方法"。对资源环境核算是一种必然趋势，也是迫在眉睫的现实，它是可持续发展所必需的，对经济社会发展具有导向和监测作用，因此，水

资源核算是可持续发展战略不可分割的一部分。

（二）水资源价格的确定

通常认为，价格是价值的货币表现形式，在这种情况下，价值是价格的源泉。然而，对于非劳动产品，如天然的水资源等，其价格不能用简单的这种关系来套用，水资源取得商品的形式是由于：（1）水资源稀缺性。即相对于人类的需求而言，适宜的水资源不能完全满足人类不断增加的需求，这样，需用经济手段加以调节；（2）水资源所有权的明确性。我国宪法和水法对水资源的所有权有明确的规定，所有权的实现，是市场经济必然的结果。因此，国家赋予水资源价格是一种必然。所以，水资源的价格并非是凝结在水资源中无差别的劳动的货币表现形式，而是反映了水资源稀缺，并且体现所有权在经济上加以实现的一种经济行为。

承认资源具有价格，是现实的抉择，在对外经济合作中，特别加入 WTO 后，我们不能将自己的水资源、土地、矿产等资源无偿地提供给投资者使用，必须以一定的价格提供给外国或本国投资者。从社会历史发展情况来看，水资源等自然资源已经由普通的资源向资产过渡。也就是说水资源转化为水资源资产具有量的界限，在某个限度之内，水资源就是水资源，超出这个限度，水资源转化为水资源资产。当水资源丰富且使用时，当代人对后代人的生存权与发展权没有构成剥夺与损害，它不是资产；只有在水资源短缺时，它才具有资产的特性。

资源与资产之间有着特殊的关系，既有区别，又有联系。首先，水资源资产化为加强资源的有效管理提供了理论依据，将水资源视为水资源资产一样施以严格的管理，彻底地改变传统的水资源价值观念，对于节约用水，建立节水型社会，加强水资源危机感具有重要意义；其次，为水资源的核算及其纳入国民经济核算体系之中提供了一种新的途径，将水资源视为水资源资产，可以同资产一样将水资源纳入国家经济账户；第三，为水资源取得价格寻找了一条新的理论途径。使用水资源资产，必须予以相应的补偿，这是社会再生产所应遵循的最基本原则之一，水资源价格的实现，是用经济手段来调节水资源配置，加强水资源科学管理及其使用的合理化，保证水资源持续供给的基本途径。

因此，水资源获得资产的形式，既是历史发展的必然，也是人类自身必须实现其资产特性的要求。水资源价格是资产实现的必然产物。水资源价格最终要体现出由水资源开发利用特性决定的附加费用的补偿，其合理内容主要包括两个方面：

1）水资源开发的前期费用

当人类为其自身需要科学地开发和利用天然水资源时，必须首先对天然水资源进行调查、勘测、测验、评价和研究，尤其在水资源严重短缺的地区，迫使人们进一步去研究新的水源及开源节流对策。这样，一方面在水资源开发利用之前必须首先投入社会所必需的、一定的物化劳动和活劳动；另一方面，随着时间变化和社会经济的发展，水资源前期工作还要不断深化和扩展，还要付出更多的劳动消耗。

2）水资源开发利用的后期费用

如果水资源开发利用带来了社会、经济或环境问题，则需要加强研究并采取有效的措施加以解决，这都需要投入一定的物化劳动和活劳动，现实中存在水资源开发利用后期费用补偿问题。

总之，水资源开发的前期费用和后期费用构成了水资源价格的客观基础。具体测算方法可参考前述内容。

三、防止水资源污染的收费与补贴

由于水资源受到污染，为了尽可能减轻水污染所造成的损失，人们不得不投入大量的人力、物力进行治理；为了防止水资源污染就必须减少污染或者通过收费进行污染的治理，必要时给予补贴。首先就需了解污染对水资源造成的损失，水资源污染损失分为直接损失、间接损失以及污水治理费。

1）水资源污染造成的直接损失用下式表示：

$$\Sigma W_i = W_1 + W_2 + W_3 + \cdots + W_n \tag{10-20}$$

式中　ΣW_i——污水所造成的直接经济损失，元；

　　　W_1——硬水软化处理费用与使用硬水因结垢而浪费燃料费用之和。硬水软化处理费用包括原材料消耗、能源消耗、设施维修、折旧费、工资及人员管理费用等，元；

　　　W_2——渔业损失，由于污水的排放而导致鱼死亡或减产所造成的损失，元；

　　　W_3——由于使用污水灌溉而造成的作物减产值，其可用下式进行计算：

$$W_3 = \sum^i (1 - \mu_i) M_i S_i A_i \tag{10-21}$$

式中　i——作物的种类；

　　　S_i——i 作物受害减产面积，亩；

　　　A_i——i 作物的价值，元/kg；

　　　M_i——污灌前 i 作物的单产值，kg/亩；

　　　μ_i——污灌后与污灌前 i 作物单产之比；

　　　W_n——其他应计入的直接经济损失，元；

2）间接损失是由于各种污染原因而造成对人体健康的影响，其计量很复杂，数额也巨大，常常采用替代法进行计算，如疾病引起的劳动力损失可用下公式计算：

$$\Sigma L_i = R \cdot \sum^i A_i B_i \tag{10-22}$$

式中　ΣL_i——污水引发的间接经济损失，元；

$\qquad R$——就业人员每年创造的价值，元/年；

$\qquad i$——因水污染而造成的某种疾病；

$\qquad A_i$——i 疾病的发病率；

$\qquad B_i$——i 疾病引起的劳动力丧失时间，年。

3）治理污水所投入各种费用：

$$\Sigma J_i = J_1 + J_2 + J_3 + J_4 + \cdots + J_n \qquad (10\text{-}23)$$

式中　ΣJ_i——治理污水所投入各种费用，元；

$\qquad J_1$——治理污水固定资产折旧费，元；

$\qquad J_2$——治理污水的生产成本及正常利润，元；

$\qquad J_3$——治理污水的科研费用，元；

$\qquad J_4$——设备维修、人员管理、工资费用，元；

$\qquad J_n$——其他应计入的费用，元。

因此，水资源污染造成的收费应为：

$$V' = (\Sigma J_i + \Sigma W_i + \Sigma L_i)/Q \qquad (10\text{-}24)$$

式中　V'——弥补水资源污染的收费，元/m³；

$\qquad Q$——污水总量，m³。

四、合理开发利用水资源

由于人口的急剧增长，导致了人口与经济、人口与资源矛盾的日益突出，人类为了满足自身的需求，在缺乏有效的保护措施情况下，大量地开采和使用自然资源，使资源耗竭严重、生态环境恶化，威胁了人类的生存和发展。面对着人口、资源和环境等世界性问题，谋求人与自然和谐相处、协调发展的新的发展模式成为当务之急，这是形成可持续发展思想的现实推动力。

（一）水资源可持续发展

1992 年，持续发展的概念被联合国环境与发展大会（UNCED）所接受，其传播速度之快、影响范围之广超出人们的意料。持续发展是指既满足于当代人的需要，又不对后代满足其需要的能力构成危害的发展。它要求我们在伦理上应遵循"只有一个地球"、"人与自然平衡"、"平等发展权利"、"互惠互济"、"共建共享"等原则，在资源利用上，强调当世与后代公平享用共有的资源，留给后代同样或更好的资源基础。

对于水资源等自然资源而言，持续发展的本质就是运用生态学原理，增强资源的再生能力，引导技术变革，使再生资源替代非再生资源成为可能，制定行之有效的资源战略，使发展更加趋于合理化。

合理开发水资源要求我们：

（1）树立持续发展的资源利用观，对于地表水资源等可更新的资源开发利用，要限制在其再生产的承载力限度内，同时采取有效措施促进可更新资源的再生产；对于深层地下水等不可更新资源要减少其消耗，提高它的利用效率，积极开辟新的资源途径，并尽可能用可更新资源和其他相对丰富的资源来代替。

（2）在开发利用水资源等自然资源时，不仅仅考虑当代人的利益，还必须兼顾后代人的需求，这不仅仅是一个伦理问题，而且关系到人类社会是否永续发展下去的大问题。在人类社会再生产的漫长过程中，同我们相比，后代人对水资源等自然资源应该拥有同等或更美好的享用权和生存权。当代人不应该牺牲后代人的利益换取自己的舒适，应该主动采取"财富转移"的政策，为后代人留下宽松的生存空间，让他们同我们一样拥有均等的发展机会。

为了人类自身生存和延续能够顺利进行，当代人无疑从上代人那里继承大量的财富，包括自然资源财富，同时利用这些财富进行物质再生产，在满足当代人各种需求的同时，并不断进行财富的积累。当代人最终会将所有的全部财富作为遗产留给下一代，出现财富代际转移现象。代际财富转移的转移方式有两种：实物量方式和价值量方式，前者是将实物本身转移给下一代，后者不仅仅是将实物量转化为价值量，而且还包括用资金、技术等方式对下一代的补偿转移。当上一代人消耗掉了本应属于下一代人的物质财富时，当代人就应该采取恰当的方式对下一代进行合理的补偿。只有采取这种代际财富转移的政策，人类社会的生活质量才不至于一代不如一代，环境质量的进一步衰退才能得到扼制，未来几代人同我们相比才能有相同或更好的资源享用权与生存权，人类社会才能持续发展。

水资源等自然资源财富代际转移存在着两种基本类型，即资源财富均衡转移和资源财富失衡转移。前者是持续发展所需要的理想模式，后代人所拥有的财富同我们相比是均等的，从资源财富角度来看是公平的，是我们所追求的最理想目标；后者同前者相比恰恰相反，它导致代际间的财富占有不均等，或者当代人所占有财富高于下一代，或者当代人的财富小于后一代，是一种非持续发展模式，是我们必须克服和扭转的。就水资源数量和质量上而言，我国的水资源财富无论在数量上还是在质量上都呈下降趋势。污染的加剧，使本来就有限的水资源供求矛盾更加尖锐，掠夺性的开发造成严重的后果。由于不合理的水资源开发，我们当代人的经济发展受到严重威胁。掠夺性开发，侵吞了本应该属于我们子孙后代的资源，留给他们的将是资源枯竭、污染严重的烂摊子，他们的生存环境更加恶劣。

因此，我们必须改变目前的水资源开发利用模式，采取行之有效的措施，给我们后代创造一个美好的生存环境。走持续发展的道路，有计划有步骤地制定实施水资源财富代际转移战略，是利在当今、功在千秋的大事。因此，水资源财富代际转移的研究具有十分重要的理论与现实意义。

（二）水资源开发利用模式

水资源是自然界赋予人类的宝贵自然财富，是生物生存和物质生产不可替代的资源性资产。人口再生产是无限的，代代相继，相互依存。代际间财富的公平分配是均衡、平等发展的物质基础。每一代人既是财富的继承者、使用者，也是财富的遗传者。继承、使用、遗传三者在数量上不同的关系体现了不同的生产方式和代际伦理道德。

1. 水资源财富转移模式

假使 A 是 a 代人从 a−1 代人继承的水资源财富，B 是 a 代人消费的水资源财富，C 为 a 代人遗传给 a+1 代人的水资源财富，D 为 a 代人存续期间水资源再生的财富，则上述各种量之间存在下列方程式：

$$A - B + D = C \tag{10-25}$$

将 (10-25) 式变换，得到方程式 (10-26)

$$A - C = B - D \tag{10-26}$$

(10-26) 式可以衍生为下列三种情况：

① A>C 或 B>D，即 a 代人遗传给 a+1 代人的水资源财富小于 a 代人从 a−1 代人手中继承的财富，或者说 a 代人水资源的使用量大于水资源的再生量。这样，a 代人要消耗水资源本底数量，致使 a+1 代人所拥有的水资源财富同我们相比相对减少，a 代人消耗了本属于 a+1 代人的水资源财富，剥夺了 a+1 代人与 a 代人发展机会均等的权力。这种生产方式是典型的"吃子孙饭"方式，是非持续发展的水资源利用模式；

② A=C 或 B=D，即 a 代人从 a−1 代人继承的水资源财富等于 a 代人遗传给 a+1 代人的水资源财富，或者说 a 代人的水资源使用量等于水资源的再生量。这种模式若代代相传，每代人对水资源财富具有相同的享用权和生存权，是一种理想的持续发展模式；

③ A<C 或 B<D，即 a 代人遗传给 a+1 代的水资源财富大于从 a−1 代人继承的水资源财富，或者说 a 代人水资源的使用量小于水资源的再生量。此种模式为 a+1 代人提供了更多的水资源享用权和生存权。但是同时存在这种情况，如果一味地追求这种生产模式，尽可能地减少 a 代人水资源财富的使用量，会使 a 代人社会经济发展和物质享受受到限制，不利于 a 代人的自身需求，这种"利他主义"的水资源开发利用模式限制了自身的发展，因此，这种水资源开发利用模式也不是持续发展模式。

2. 利用贴现率增加水资源财富代际转移模式

贴现率与财富的代际转移有着非常密切的关系，它通过调节自然资源开发利用投资而起作用。一般地，贴现率高时比贴现率低时获得的效益大。任何经济活动，都是以最少的劳动耗费获得最大经济效益为目标，因此，贴现率低时投资者投资的积极性小于贴现率高时投资者投资的积极性。因此，有人认为：降低贴现率对可耗尽的自然资源起到保护作用。由此可以推断，相对较低的贴现率可以使更多的水资源等自然资源财富转移给下一代，有利于世代公平，对于资源的持续发展是有益的。因此，确定合理实用的贴现率，是持续发展中的重要内容之一。

水资源等自然资源财富的代际转移与贴现率有着密切的关系，那么如何确定贴现率？目前，在贴现率如何确定上，存在着很多不同的观点，主要表现在以下三种：

（1）贴现率为零。其主要理由是水资源等自然资源均衡代际转移是持续发展所要求，只有做到这一点，代际公平才可能实现，如果贴现率大于零，则意味着当代和后代人的不平等性，它重视当代人而轻视后代人。

（2）贴现率必须大于零。这是主客观共同决定结果，首先，这是由人们的时间偏好性决定的，每个人都愿意现在而不是将来得到同样价值的东西，因为未来具有风险和不确定性，人们无法保证未来自己的存在和意外事情的不发生；其次，资本的性质决定的，资本投入生产过程中会产生一定的效益机会是很大的；第三，受边际效用的时间性影响，边际效用随时间推移而下降，人们通常认为未来的单位价值效用会低于目前的效用。

（3）根据具体项目而定。对资源环境项目应使用较低的贴现率，对非资源环境项目应使用较高的贴现率。

对于水资源等自然资源而言，贴现的目的是为了更有效地保护资源。贴现率过低，尽管限制了水资源等自然资源的开发利用，保护了资源，但会限制当代人的经济发展，它不符合持续发展的公平性原则。没有经济的发展，资源保护是不可能的；发展经济，必须保护资源环境，二者之间达到的动态平衡，是持续发展不可缺少的。

开发利用水资源等自然资源时，必须考虑水资源等自然资源的自身更新率或替代率。替代从某种角度而言，相当于增加了资源的总量。水资源的重复利用可以适当增加水资源的供给，所以水资源等自然资源的总更新率为：

$$\beta = \beta_1 + \beta_2 \tag{10-27}$$

式中　β——资源总更新率；

　　　β_1——资源自身更新率；

　　　β_2——资源的替代率。

贴现率 r 与资源的总更新率 β 存在以下三种类型：

（1）当 $r > \beta$ 时，经济社会偏好当前消费，资本积累程度大。由于其投资的报酬率高，促使资源开发利用。导致资源的过度开发，尽管积累的财富可以部分转移给下一代，但这种转移的财富很难补偿因资源枯竭而带来的经济损失，它在一定程度上削弱了下一代经济发展所赖以生存的物质基础。

（2）当 $r < \beta$ 时，由于其投资的未来资本报酬率降低，就会减少甚至停止对自

然资源的开发，限制当代经济的发展，促进其恢复存量，为下一代留下更多的自然资源财富，但不利于资源以外的其他财富的代际转移。

（3）当 $r=\beta$ 时，经济的发展可以开发一定的自然资源，自然资源的更新保持了资源总量的相对稳定性。经济与资源保护持续协调发展，是一种理想的发展模式。

因此，贴现率的确定应该等于资源总更新率，只有这样，水资源等自然资源财富代际转移才处于最优状态。

思考题与习题

1. 简述水资源及水资源短缺引起的经济问题。
2. 为什么水资源具有价值、属于商品？
3. 简述水资源价值评价技术。
4. 影响水资源价值的因素有哪些？
5. 为什么要进行水资源价值核算？
6. 简述水资源开发利用模式。

附　　录

附录一　复利系数表

一次支付终值系数表　　$(F/P,i,n)=(1+i)^n$　　　附表 1-1

n \ i	0.75%	1%	1.50%	2%	2.50%	3%	4%	5%	6%
1	1.0075	1.0100	1.0150	1.0200	1.0250	1.0300	1.0400	1.0500	1.0600
2	1.0151	1.0201	1.0302	1.0404	1.0506	1.0609	1.0816	1.1025	1.1236
3	1.0227	1.0303	1.0457	1.0612	1.0769	1.0927	1.1249	1.1576	1.1910
4	1.0303	1.0406	1.0614	1.0824	1.1038	1.1255	1.1699	1.2155	1.2625
5	1.0381	1.0510	1.0773	1.1041	1.1314	1.1593	1.2167	1.2763	1.3382
6	1.0459	1.0615	1.0934	1.1262	1.1597	1.1941	1.2653	1.3401	1.4185
7	1.0537	1.0721	1.1098	1.1487	1.1887	1.2299	1.3159	1.4071	1.5036
8	1.0616	1.0829	1.1265	1.1717	1.2184	1.2668	1.3686	1.4775	1.5938
9	1.0696	1.0937	1.1434	1.1951	1.2489	1.3048	1.4233	1.5513	1.6895
10	1.0776	1.1046	1.1605	1.2190	1.2801	1.3439	1.4802	1.6289	1.7908
11	1.0857	1.1157	1.1779	1.2434	1.3121	1.3842	1.5395	1.7103	1.8983
12	1.0938	1.1268	1.1956	1.2682	1.3449	1.4258	1.6010	1.7959	2.0122
13	1.1020	1.1381	1.2136	1.2936	1.3785	1.4685	1.6651	1.8856	2.1329
14	1.1103	1.1495	1.2318	1.3195	1.4130	1.5126	1.7317	1.9799	2.2600
15	1.1186	1.1610	1.2502	1.3459	1.4483	1.5580	1.8009	2.0789	2.3966
16	1.1270	1.1726	1.2690	1.3728	1.4845	1.6047	1.8730	2.1829	2.5404
17	1.1354	1.1843	1.2880	1.4002	1.5216	1.6528	1.9479	2.2920	2.6928
18	1.1440	1.1961	1.3073	1.4282	1.5597	1.7024	2.0258	2.4066	2.8543
19	1.1525	1.2081	1.3270	1.4568	1.5987	1.7535	2.1068	2.5270	3.0256
20	1.1612	1.2202	1.3469	1.4859	1.6386	1.8061	2.1911	2.6533	3.2071
21	1.1699	1.2324	1.3671	1.5157	1.6796	1.8603	2.2788	2.7860	3.3996
22	1.1787	1.2447	1.3876	1.5460	1.7216	1.9161	2.3699	2.9253	3.6035
23	1.1875	1.2572	1.4084	1.5769	1.7646	1.9736	2.4647	3.0715	3.8197
24	1.1964	1.2697	1.4295	1.6084	1.8087	2.0328	2.5633	3.2251	4.0489
25	1.2054	1.2824	1.4509	1.6406	1.8539	2.0938	2.6658	3.3864	4.2919
26	1.2144	1.2953	1.4727	1.6734	1.9003	2.1566	2.7725	3.5557	4.5494
27	1.2235	1.3082	1.4948	1.7069	1.9478	2.2213	2.8834	3.7335	4.8223
28	1.2327	1.3213	1.5172	1.7410	1.9965	2.2879	2.9987	3.9201	5.1117
29	1.2420	1.3345	1.5400	1.7758	2.0464	2.3566	3.1187	4.1161	5.4184
30	1.2513	1.3478	1.5631	1.8114	2.0976	2.4273	3.2434	4.3219	5.7435
31	1.2607	1.3613	1.5865	1.8476	2.1500	2.5001	3.3731	4.5380	6.0881
32	1.2701	1.3749	1.6103	1.8845	2.2038	2.5751	3.5081	4.7649	6.4534
33	1.2796	1.3887	1.6345	1.9222	2.2589	2.6523	3.6484	5.0032	6.8406
34	1.2892	1.4026	1.6590	1.9607	2.3153	2.7319	3.7943	5.2533	7.2510
35	1.2989	1.4166	1.6839	1.9999	2.3732	2.8139	3.9461	5.5160	7.6861
40	1.3483	1.4889	1.8140	2.2080	2.6851	3.2620	4.8010	7.0400	10.2857
45	1.3997	1.5648	1.9542	2.4379	3.0379	3.7816	5.8412	9.9850	13.7646
50	1.4530	1.6446	2.1052	2.6916	3.4371	4.3839	7.1067	11.4674	18.4202
55	1.5083	1.7285	2.2679	2.9717	3.8888	5.0821	8.6464	14.6356	24.6503
60	1.5657	1.8167	2.4432	3.2810	4.3998	5.8916	10.5196	18.6792	32.9877
65	1.6253	1.9094	2.6320	3.6225	4.9780	6.8300	12.7987	23.8399	44.1450
70	1.6872	2.0068	2.8355	3.9996	5.6321	7.9178	15.5716	30.4264	59.0759
75	1.7514	2.1091	3.0546	4.4158	6.3722	9.1789	18.9453	38.8327	79.0569
80	1.8180	2.2167	3.2907	4.8754	7.2096	10.6409	23.0498	49.5614	105.7960
85	1.8873	2.3298	3.5450	5.3829	8.1570	12.3357	28.0436	63.2544	141.5789
90	1.9591	2.4486	3.8189	5.9431	9.2289	14.3005	34.1193	80.7304	189.4645
95	2.0337	2.5735	4.1141	6.5617	10.4416	16.5782	41.5114	103.0347	253.5463
100	2.1111	2.7048	4.4320	7.2446	11.8137	19.2186	50.5049	131.5013	339.3021

一次支付终值系数表　　$(F/P，i，n)=(1+i)^n$　　续附表 1-1

$\frac{i}{n}$	7%	8%	9%	10%	12%	15%	20%	25%	30%
1	1.0700	1.0800	1.0900	1.1000	1.1200	1.1500	1.2000	1.2500	1.3000
2	1.1449	1.1664	1.1881	1.2100	1.2544	1.3225	1.4400	1.5625	1.6900
3	1.2250	1.2597	1.2950	1.3310	1.4049	1.5209	1.7280	1.9531	2.1970
4	1.3108	1.3605	1.4116	1.4641	1.5735	1.7490	2.0736	2.4414	2.8561
5	1.4026	1.4693	1.5386	1.6105	1.7623	2.0114	2.4883	3.0518	3.7129
6	1.5007	1.5869	1.6771	1.7716	1.9738	2.3131	2.9860	3.8147	4.8268
7	1.6058	1.7138	1.8280	1.9487	2.2107	2.6600	3.5832	4.7684	6.2749
8	1.7182	1.8509	1.9926	2.1436	2.4760	3.0590	4.2998	5.9605	8.1573
9	1.8385	1.9990	2.1719	2.3579	2.7731	3.5179	5.1598	7.4506	10.6045
10	1.9672	2.1589	2.3674	2.5937	3.1058	4.0456	6.1917	9.3132	13.7858
11	2.1049	2.3316	2.5804	2.8531	3.4785	4.6524	7.4301	11.6415	17.9216
12	2.2522	2.5182	2.8127	3.1384	3.8960	5.3503	8.9161	14.5519	23.2981
13	2.4098	2.7196	3.0658	3.4523	4.3635	6.1528	10.6993	18.1899	30.2875
14	2.5785	2.9372	3.3417	3.7975	4.8871	7.0757	12.8392	22.7374	39.3738
15	2.7590	3.1722	3.6425	4.1772	5.4736	8.1371	15.4070	28.4217	51.1859
16	2.9522	3.4259	3.9703	4.5950	6.1304	9.3576	18.4884	35.5271	66.5417
17	3.1588	3.7000	4.3276	5.0545	6.8660	10.7613	22.1861	44.4089	86.5042
18	3.3799	3.9960	4.7171	5.5599	7.6900	12.3755	26.6233	55.5112	112.4554
19	3.6165	4.3157	5.1417	6.1159	8.6128	14.2318	31.9480	69.3889	146.1920
20	3.8697	4.6610	5.6044	6.7275	9.6463	16.3665	38.3376	86.7362	190.0496
21	4.1406	5.0338	6.1088	7.4002	10.8038	18.8215	46.0051	108.4202	247.0645
22	4.4304	5.4365	6.6586	8.1403	12.1003	21.6447	55.2061	135.5253	321.1839
23	4.7405	5.8715	7.2579	8.9543	13.5523	24.8915	66.2474	169.4066	417.5391
24	5.0724	6.3412	7.9111	9.8497	15.1786	28.6252	79.4968	211.7582	542.8008
25	5.4274	6.8485	8.6231	10.8347	17.0001	32.9190	95.3962	264.6978	705.6410
26	5.8074	7.3964	9.3992	11.9182	19.0401	37.8568	114.4755	330.8722	917.3333
27	6.2139	7.9881	10.2451	13.1100	21.3249	43.5353	137.3706	413.5903	1192.5333
28	6.6488	8.6271	11.1671	14.4210	23.8839	50.0656	164.8447	516.9879	1550.2933
29	7.1143	9.3173	12.1722	15.8631	26.7499	57.5755	197.8136	646.2349	2015.3813
30	7.6123	10.0627	13.2677	17.4494	29.9599	66.2118	237.3763	807.7936	2619.9956
31	8.1451	10.8677	14.4618	19.1943	33.5551	76.1435	284.8516	1009.7420	3405.9943
32	8.7153	11.7371	15.7633	21.1138	37.5817	87.5651	341.8219	1262.1774	4427.7926
33	9.3253	12.6760	17.1820	23.2252	42.0915	100.6998	410.1863	1577.7218	5756.1304
34	9.9781	13.6901	18.7284	25.5477	47.1425	115.8048	492.2235	1972.1523	7482.9696
35	10.6766	14.7853	20.4140	28.1024	52.7996	133.1755	590.6682	2465.1903	9727.8604
40	14.9745	21.7245	31.4094	45.2593	93.0510	267.8635	1469.7716	7523.1638	36118.8648
45	21.0025	31.9204	48.3273	72.8905	163.9876	538.7693	3657.2620	22958.8740	
50	29.4570	46.9016	74.3575	117.3909	289.0022	1083.6574	9100.4382	70064.9232	
55	41.3150	68.9139	114.4083	189.0591	509.3206	2179.6222			
60	57.9464	101.2571	176.0313	304.4816	897.5969	4383.9987			
65	81.2729	148.7798	270.8460	490.3707	1581.8725	8817.7874			
70	113.9894	218.6064	416.7301	789.7470	2787.7998				
75	159.8760	321.2045	641.1909	1271.8954	4913.0558				
80	224.2344	471.9548	986.5517	2048.4002	8658.4831				
85	314.5003	693.4565	1517.9320	3298.9690	15259.2057				
90	441.1030	1018.9151	2335.5266	5313.0226	26891.9342				
95	618.6697	1497.1205	3593.4971	8556.6760	47392.7766				
100	867.7163	2199.7613	5529.0408	13780.6123	83522.2657				

一次支付现值系数表　$(P/F,i,n)=\dfrac{1}{(1+i)^n}$　附表 1-2

i / n	0.75%	1%	1.50%	2%	2.50%	3%	4%	5%	6%
1	0.9926	0.9901	0.9852	0.9804	0.9756	0.9709	0.9615	0.9524	0.9434
2	0.9852	0.9803	0.9707	0.9612	0.9518	0.9426	0.9246	0.9070	0.8900
3	0.9778	0.9706	0.9563	0.9423	0.9286	0.9151	0.8890	0.8638	0.8396
4	0.9706	0.9610	0.9422	0.9238	0.9060	0.8885	0.8548	0.8227	0.7921
5	0.9633	0.9515	0.9283	0.9057	0.8839	0.8626	0.8219	0.7835	0.7473
6	0.9562	0.9420	0.9145	0.8880	0.8623	0.8375	0.7903	0.7462	0.7050
7	0.9490	0.9327	0.9010	0.8706	0.8413	0.8131	0.7599	0.7107	0.6651
8	0.9420	0.9235	0.8877	0.8535	0.8207	0.7894	0.7307	0.6768	0.6274
9	0.9350	0.9143	0.8746	0.8368	0.8007	0.7664	0.7026	0.6446	0.5919
10	0.9280	0.9053	0.8617	0.8203	0.7812	0.7441	0.6756	0.6139	0.5584
11	0.9211	0.8963	0.8489	0.8043	0.7621	0.7224	0.6496	0.5847	0.5268
12	0.9142	0.8874	0.8364	0.7885	0.7436	0.7014	0.6246	0.5568	0.4970
13	0.9074	0.8787	0.8240	0.7730	0.7254	0.6810	0.6006	0.5303	0.4688
14	0.9007	0.8700	0.8118	0.7579	0.7077	0.6611	0.5775	0.5051	0.4423
15	0.8940	0.8613	0.7999	0.7430	0.6905	0.6419	0.5553	0.4810	0.4173
16	0.8873	0.8528	0.7880	0.7284	0.6736	0.6232	0.5339	0.4581	0.3936
17	0.8807	0.8444	0.7764	0.7142	0.6572	0.6050	0.5134	0.4363	0.3714
18	0.8742	0.8360	0.7649	0.7002	0.6412	0.5874	0.4936	0.4155	0.3503
19	0.8676	0.8277	0.7536	0.6864	0.6255	0.5703	0.4746	0.3957	0.3305
20	0.8612	0.8195	0.7425	0.6730	0.6103	0.5537	0.4564	0.3769	0.3118
21	0.8548	0.8114	0.7315	0.6598	0.5954	0.5375	0.4388	0.3589	0.2942
22	0.8484	0.8034	0.7207	0.6468	0.5809	0.5219	0.4220	0.3418	0.2775
23	0.8421	0.7954	0.7100	0.6342	0.5667	0.5067	0.4057	0.3256	0.2618
24	0.8358	0.7876	0.6995	0.6217	0.5529	0.4919	0.3901	0.3101	0.2470
25	0.8296	0.7798	0.6892	0.6095	0.5394	0.4776	0.3751	0.2953	0.2330
26	0.8234	0.7720	0.6790	0.5976	0.5262	0.4637	0.3607	0.2812	0.2198
27	0.8173	0.7644	0.6690	0.5859	0.5134	0.4502	0.3468	0.2678	0.2074
28	0.8112	0.7568	0.6591	0.5744	0.5009	0.4371	0.3335	0.2551	0.1956
29	0.8052	0.7493	0.6494	0.5631	0.4887	0.4243	0.3207	0.2429	0.1846
30	0.7992	0.7419	0.6398	0.5521	0.4767	0.4120	0.3083	0.2314	0.1741
31	0.7932	0.7346	0.6303	0.5412	0.4651	0.4000	0.2965	0.2204	0.1643
32	0.7873	0.7273	0.6210	0.5306	0.4538	0.3883	0.2851	0.2099	0.1550
33	0.7815	0.7201	0.6118	0.5202	0.4427	0.3770	0.2741	0.1999	0.1462
34	0.7757	0.7130	0.6028	0.5100	0.4319	0.3660	0.2636	0.1904	0.1379
35	0.7699	0.7059	0.5939	0.5000	0.4214	0.3554	0.2534	0.1813	0.1301
40	0.7416	0.6717	0.5513	0.4529	0.3724	0.3066	0.2083	0.1420	0.0972
45	0.7145	0.6391	0.5117	0.4102	0.3292	0.2644	0.1712	0.1113	0.0727
50	0.6883	0.6080	0.4750	0.3715	0.2909	0.2281	0.1407	0.0872	0.0543
55	0.6630	0.5785	0.4409	0.3365	0.2572	0.1968	0.1157	0.0683	0.0406
60	0.6387	0.5504	0.4093	0.3048	0.2273	0.1697	0.0951	0.0535	0.0303
65	0.6153	0.5237	0.3799	0.2761	0.2009	0.1464	0.0781	0.0419	0.0227
70	0.5927	0.4983	0.3527	0.2500	0.1776	0.1263	0.0642	0.0329	0.0169
75	0.5710	0.4741	0.3274	0.2265	0.1569	0.1089	0.0528	0.0258	0.0126
80	0.5500	0.4511	0.3039	0.2051	0.1387	0.0940	0.0434	0.0202	0.0095
85	0.5299	0.4292	0.2821	0.1858	0.1226	0.0811	0.0357	0.0158	0.0071
90	0.5104	0.4084	0.2619	0.1683	0.1084	0.0699	0.0293	0.0124	0.0053
95	0.4917	0.3886	0.2431	0.1524	0.0958	0.0603	0.0241	0.0097	0.0039
100	0.4737	0.3697	0.2256	0.1380	0.0846	0.0520	0.0198	0.0076	0.0029

一次支付现值系数表　$(P/F, i, n) = \dfrac{1}{(1+i)^n}$　　续附表 1-2

i n	7%	8%	9%	10%	12%	15%	20%	25%	30%
1	0.9346	0.9259	0.9174	0.9091	0.8929	0.8696	0.8333	0.8000	0.7692
2	0.8734	0.8573	0.8417	0.8264	0.7972	0.7561	0.6944	0.6400	0.5917
3	0.8163	0.7938	0.7722	0.7513	0.7118	0.6575	0.5787	0.5120	0.4552
4	0.7629	0.7350	0.7084	0.6830	0.6355	0.5718	0.4823	0.4096	0.3501
5	0.7130	0.6806	0.6499	0.6209	0.5674	0.4972	0.4019	0.3277	0.2693
6	0.6663	0.6302	0.5963	0.5645	0.5066	0.4323	0.3349	0.2621	0.2072
7	0.6227	0.5835	0.5470	0.5132	0.4523	0.3759	0.2791	0.2097	0.1594
8	0.5820	0.5403	0.5019	0.4665	0.4039	0.3269	0.2326	0.1678	0.1226
9	0.5439	0.5002	0.4604	0.4241	0.3606	0.2843	0.1938	0.1342	0.0943
10	0.5083	0.4632	0.4224	0.3855	0.3220	0.2472	0.1615	0.1074	0.0725
11	0.4751	0.4289	0.3875	0.3505	0.2875	0.2149	0.1346	0.0859	0.0558
12	0.4440	0.3971	0.3555	0.3186	0.2567	0.1869	0.1122	0.0687	0.0429
13	0.4150	0.3677	0.3262	0.2897	0.2292	0.1625	0.0935	0.0550	0.0330
14	0.3878	0.3405	0.2992	0.2633	0.2046	0.1413	0.0779	0.0440	0.0254
15	0.3624	0.3152	0.2745	0.2394	0.1827	0.1229	0.0649	0.0352	0.0195
16	0.3387	0.2919	0.2519	0.2176	0.1631	0.1069	0.0541	0.0281	0.0150
17	0.3166	0.2703	0.2311	0.1978	0.1456	0.0929	0.0451	0.0225	0.0116
18	0.2959	0.2502	0.2120	0.1799	0.1300	0.0808	0.0376	0.0180	0.0089
19	0.2765	0.2317	0.1945	0.1635	0.1161	0.0703	0.0313	0.0144	0.0068
20	0.2584	0.2145	0.1784	0.1486	0.1037	0.0611	0.0261	0.0115	0.0053
21	0.2415	0.1987	0.1637	0.1351	0.0926	0.0531	0.0217	0.0092	0.0040
22	0.2257	0.1839	0.1502	0.1228	0.0826	0.0462	0.0181	0.0074	0.0031
23	0.2109	0.1703	0.1378	0.1117	0.0738	0.0402	0.0151	0.0059	0.0024
24	0.1971	0.1577	0.1264	0.1015	0.0659	0.0349	0.0126	0.0047	0.0018
25	0.1842	0.1460	0.1160	0.0923	0.0588	0.0304	0.0105	0.0038	0.0014
26	0.1722	0.1352	0.1064	0.0839	0.0525	0.0264	0.0087	0.0030	0.0011
27	0.1609	0.1252	0.0976	0.0763	0.0469	0.0230	0.0073	0.0024	0.0008
28	0.1504	0.1159	0.0895	0.0693	0.0419	0.0200	0.0061	0.0019	0.0006
29	0.1406	0.1073	0.0822	0.0630	0.0374	0.0174	0.0051	0.0015	0.0005
30	0.1314	0.0994	0.0754	0.0573	0.0334	0.0151	0.0042	0.0012	0.0004
31	0.1228	0.0920	0.0691	0.0521	0.0298	0.0131	0.0035	0.0010	0.0003
32	0.1147	0.0852	0.0634	0.0474	0.0266	0.0114	0.0029	0.0008	0.0002
33	0.1072	0.0789	0.0582	0.0431	0.0238	0.0099	0.0024	0.0006	0.0002
34	0.1002	0.0730	0.0534	0.0391	0.0212	0.0086	0.0020	0.0005	0.0001
35	0.0937	0.0676	0.0490	0.0356	0.0189	0.0075	0.0017	0.0004	0.0001
40	0.0668	0.0460	0.0318	0.0221	0.0107	0.0037	0.0007	0.0001	
45	0.0476	0.0313	0.0207	0.0137	0.0061	0.0019	0.0003		
50	0.0339	0.0213	0.0134	0.0085	0.0035	0.0009	0.0001		
55	0.0242	0.0145	0.0087	0.0053	0.0020	0.0005			
60	0.0173	0.0099	0.0057	0.0033	0.0011	0.0002			
65	0.0123	0.0067	0.0037	0.0020	0.0006	0.0001			
70	0.0088	0.0046	0.0024	0.0013	0.0004	0.0001			
75	0.0063	0.0031	0.0016	0.0008	0.0002				
80	0.0045	0.0021	0.0010	0.0005	0.0001				
85	0.0032	0.0014	0.0007	0.0003	0.0001				
90	0.0023	0.0010	0.0004	0.0002					
95	0.0016	0.0007	0.0003	0.0001					
100	0.0012	0.0005	0.0002	0.0001					

等额支付系列终值系数表　$(F/A,i,n)=\dfrac{(1+i)^n-1}{i}$　附表 1-3

i \ n	0.75%	1%	1.50%	2%	2.50%	3%	4%	5%	6%
1	1.0000	1.0000	1.0000	1.0000	1.0000	1.0000	1.0000	1.0000	1.0000
2	2.0075	2.0100	2.0150	2.0200	2.0250	2.0300	2.0400	2.0500	2.0600
3	3.0226	3.0301	3.0452	3.0604	3.0756	3.0909	3.1216	3.1525	3.1836
4	4.0452	4.0604	4.0909	4.1216	4.1525	4.1836	4.2465	4.3101	4.3746
5	5.0756	5.1010	5.1523	5.2040	5.2563	5.3091	5.4163	5.5256	5.6371
6	6.1136	6.1520	6.2296	6.3081	6.3877	6.4684	6.6330	6.8019	6.9753
7	7.1595	7.2135	7.3230	7.4343	7.5474	7.6625	7.8983	8.1420	8.3938
8	8.2132	8.2857	8.4328	8.5830	8.7361	8.8923	9.2142	9.5491	9.8975
9	9.2748	9.3685	9.5593	9.7546	9.9545	10.1591	10.5828	11.0266	11.4913
10	10.3443	10.4622	10.7027	10.9497	11.2034	11.4639	12.0061	12.5779	13.1808
11	11.4219	11.5668	11.8633	12.1687	12.4835	12.8078	13.4864	14.2068	14.9716
12	12.5076	12.6825	13.0412	13.4121	13.7956	14.1920	15.0258	15.9171	16.8699
13	13.6014	13.8093	14.2368	14.6803	15.1404	15.6178	16.6268	17.7130	18.8821
14	14.7034	14.9474	15.4504	15.9739	16.5190	17.0863	18.2919	19.5986	21.0151
15	15.8137	16.0969	16.6821	17.2934	17.9319	18.5989	20.0236	21.5786	23.2760
16	16.9323	17.2579	17.9324	18.6393	19.3802	20.1569	21.8245	23.6575	25.6725
17	18.0593	18.4304	19.2014	20.0121	20.8647	21.7616	23.6975	25.8404	28.2129
18	19.1947	19.6147	20.4894	21.4123	22.3863	23.4144	25.6454	28.1324	30.9057
19	20.3387	20.8109	21.7967	22.8406	23.9460	25.1169	27.6712	30.5390	33.7600
20	21.4912	22.0190	23.1237	24.2974	25.5447	26.8704	29.7781	33.0660	36.7856
21	22.6524	23.2392	24.4705	25.7833	27.1833	28.6765	31.9692	35.7193	39.9927
22	23.8223	24.4716	25.8376	27.2990	28.8629	30.5368	34.2480	38.5052	43.3923
23	25.0010	25.7163	27.2251	28.8450	30.5844	32.4529	36.6179	41.4305	46.9958
24	26.1885	26.9735	28.6335	30.4219	32.3490	34.4265	39.0826	44.5020	50.8156
25	27.3849	28.2432	30.0630	32.0303	34.1578	36.4593	41.6459	47.7271	54.8645
26	28.5903	29.5256	31.5140	33.6709	36.0117	38.5530	44.3117	51.1135	59.1564
27	29.8047	30.8209	32.9867	35.3443	37.9120	40.7096	47.0842	54.6691	63.7058
28	31.0282	32.1291	34.4815	37.0512	39.8598	42.9309	49.9676	58.4026	68.5281
29	32.2609	33.4504	35.9987	38.7922	41.8563	45.2189	52.9663	62.3227	73.6398
30	33.5029	34.7849	37.5387	40.5681	43.9027	47.5754	56.0849	66.4388	79.0582
31	34.7542	36.1327	39.1018	42.3794	46.0003	50.0027	59.3283	70.7608	84.8017
32	36.0148	37.4941	40.6883	44.2270	48.1503	52.5028	62.7015	75.2988	90.8898
33	37.2849	38.8690	42.2986	46.1116	50.3540	55.0778	66.2095	80.0638	97.3432
34	38.5646	40.2577	43.9331	48.0338	52.6129	57.7302	69.8579	85.0670	104.1838
35	39.8538	41.6603	45.5921	49.9945	54.9282	60.4621	73.6522	90.3203	111.4348
40	46.4465	48.8864	54.2679	60.4020	67.4026	75.4013	95.0255	120.7998	154.7620
45	53.2901	56.4811	63.6142	71.8927	81.5161	92.7199	121.0294	159.7002	212.7435
50	60.3943	64.4632	73.6828	84.5794	97.4843	112.7969	152.6671	209.3480	290.3359
55	67.7688	72.8525	84.5296	98.5865	115.5509	136.0716	191.1592	272.7126	394.1720
60	75.4241	81.6697	96.2147	114.0515	135.9916	163.0534	237.9907	353.5837	533.1282
65	83.3709	90.9366	108.8028	131.1262	159.1183	194.3328	294.9684	456.7980	719.0829
70	91.6201	100.6763	122.3638	149.9779	185.2841	230.5941	364.2905	588.5285	967.9322
75	100.1833	110.9128	136.9728	170.7918	214.8883	272.6309	448.6314	756.6537	1300.9487
80	109.0725	121.6715	152.7109	193.7720	248.3827	321.3630	551.2450	971.2288	1746.5999
85	118.3001	132.9790	169.6652	219.1439	286.2786	377.8570	676.0901	1245.0871	2342.9817
90	127.8790	144.8633	187.9299	247.1567	329.1543	443.3489	827.9833	1594.6073	3141.0752
95	137.8225	157.3538	207.6061	278.0850	377.6642	519.2720	1012.7846	2040.6935	4209.1042
100	148.1445	170.4814	228.8030	312.2323	432.5487	607.2877	1237.6237	2610.0252	5638.3681

等额支付系列终值系数表 $(F/A,i,n)=\dfrac{(1+i)^n-1}{i}$ 续附表 1-3

i \ n	7%	8%	9%	10%	12%	15%	20%	25%	30%
1	1.0000	1.0000	1.0000	1.0000	1.0000	1.0000	1.0000	1.0000	1.0000
2	2.0700	2.0800	2.0900	2.1000	2.1200	2.1500	2.2000	2.2500	2.3000
3	3.2149	3.2464	3.2781	3.3100	3.3744	3.4725	3.6400	3.8125	3.9900
4	4.4399	4.5061	4.5731	4.6410	4.7793	4.9934	5.3680	5.7656	6.1870
5	5.7507	5.8666	5.9847	6.1051	6.3528	6.7424	7.4416	8.2070	9.0431
6	7.1533	7.3359	7.5233	7.7156	8.1152	8.7537	9.9299	11.2588	12.7560
7	8.6540	8.9228	9.2004	9.4872	10.0890	11.0668	12.9159	15.0735	17.5828
8	10.2598	10.6366	11.0285	11.4359	12.2997	13.7268	16.4991	19.8419	23.8577
9	11.9780	12.4876	13.0210	13.5795	14.7757	16.7858	20.7989	25.8023	32.0150
10	13.8164	14.4866	15.1929	15.9374	17.5487	20.3037	25.9587	33.2529	42.6195
11	15.7836	16.6455	17.5603	18.5312	20.6546	24.3493	32.1504	42.5661	56.4053
12	17.8885	18.9771	20.1407	21.3843	24.1331	29.0017	39.5805	54.2077	74.3270
13	20.1406	21.4953	22.9534	24.5227	28.0291	34.3519	48.4966	68.7596	97.6250
14	22.5505	24.2149	26.0192	27.9750	32.3926	40.5047	59.1959	86.9495	127.9125
15	25.1290	27.1521	29.3609	31.7725	37.2797	47.5804	72.0351	109.6868	167.2863
16	27.8881	30.3243	33.0034	35.9497	42.7533	55.7175	87.4421	138.1085	218.4722
17	30.8402	33.7502	36.9737	40.5447	48.8837	65.0751	105.9306	173.6357	285.0139
18	33.9990	37.4502	41.3013	45.5992	55.7497	75.8364	128.1167	218.0446	371.5180
19	37.3790	41.4463	46.0185	51.1591	63.4397	88.2118	154.7400	273.5558	483.9734
20	40.9955	45.7620	51.1601	57.2750	72.0524	102.4436	186.6880	342.9447	630.1655
21	44.8652	50.4229	56.7645	64.0025	81.6987	118.8101	225.0256	429.6809	820.2151
22	49.0057	55.4568	62.8733	71.4027	92.5026	137.6316	271.0307	538.1011	1067.2796
23	53.4361	60.8933	69.5319	79.5430	104.6029	159.2764	326.2369	673.6264	1388.4635
24	58.1767	66.7648	76.7898	88.4973	118.1552	184.1678	392.4842	843.0329	1806.0026
25	63.2490	73.1059	84.7009	98.3471	133.3339	212.7930	471.9811	1054.7912	2348.8033
26	68.6765	79.9544	93.3240	109.1818	150.3339	245.7120	567.3773	1319.4890	3054.4443
27	74.4838	87.3508	102.7231	121.0999	169.3740	283.5688	681.8528	1650.3612	3971.7776
28	80.6977	95.3388	112.9682	134.2099	190.6989	327.1041	819.2233	2063.9515	5164.3109
29	87.3465	103.9659	124.1354	148.6309	214.5828	377.1697	984.0680	2580.9394	6714.6042
30	94.4608	113.2832	136.3075	164.4940	241.3327	434.7451	1181.8816	3227.1743	8729.9855
31	102.0730	123.3459	149.5752	181.9434	271.2926	500.9569	1419.2579	4034.9678	11349.9811
32	110.2182	134.2135	164.0370	201.1378	304.8477	577.1005	1704.1095	5044.7098	14755.9755
33	118.9334	145.9506	179.8003	222.2515	342.4294	664.6655	2045.9314	6306.8872	19183.7681
34	128.2588	158.6267	196.9823	245.4767	384.5210	765.3654	2456.1176	7884.6091	24939.8985
35	138.2369	172.3168	215.7108	271.0244	431.6635	881.1702	2948.3411	9856.7613	32422.8681
40	199.6351	259.0565	337.8824	442.5926	767.0914	1779.0903	7343.8578	30088.6554	
45	285.7493	386.5056	525.8587	718.9048	1358.2300	3585.1285	18281.3099	91831.4962	
50	406.5289	573.7702	815.0836	1163.9085	2400.0182	7217.7163	45497.1908		
55	575.9286	848.9232	1260.0918	1880.5914	4236.0050	14524.1479			
60	813.5204	1253.2133	1944.7921	3034.8164	7471.6411	29219.9916			
65	1146.7552	1847.2481	2998.2885	4893.7073	13173.9374	58778.5826			
70	1614.1342	2720.0801	4619.2232	7887.4696	23223.3319				
75	2269.6574	4002.5566	7113.2321	12708.9537	40933.7987				
80	3189.0627	5886.9354	10950.5741	20474.0021	72145.6925				
85	4478.5761	8655.7061	16854.8003	32979.6903	127151.7140				
90	6287.1854	12723.9386	25939.1842	53120.2261	224091.1185				
95	8823.8535	18701.5069	39916.6350	85556.7605	394931.4719				
100	12381.6618	27484.5157	61422.6755	137796.1234	696010.5477				

等额支付系列积累基金系数表 $(A/F,i,n)=\dfrac{i}{(1+i)^n-1}$ 附表 1-4

n \ i	0.75%	1%	1.50%	2%	2.50%	3%	4%	5%	6%
1	1.0000	1.0000	1.0000	1.0000	1.0000	1.0000	1.0000	1.0000	1.0000
2	0.4981	0.4975	0.4963	0.4950	0.4938	0.4926	0.4902	0.4878	0.4854
3	0.3308	0.3300	0.3284	0.3268	0.3251	0.3235	0.3203	0.3172	0.3141
4	0.2472	0.2463	0.2444	0.2426	0.2408	0.2390	0.2355	0.2320	0.2286
5	0.1970	0.1960	0.1941	0.1922	0.1902	0.1884	0.1846	0.1810	0.1774
6	0.1636	0.1625	0.1605	0.1585	0.1565	0.1546	0.1508	0.1470	0.1434
7	0.1397	0.1386	0.1366	0.1345	0.1325	0.1305	0.1266	0.1228	0.1191
8	0.1218	0.1207	0.1186	0.1165	0.1145	0.1125	0.1085	0.1047	0.1010
9	0.1078	0.1067	0.1046	0.1025	0.1005	0.0984	0.0945	0.0907	0.0870
10	0.0967	0.0956	0.0934	0.0913	0.0893	0.0872	0.0833	0.0795	0.0759
11	0.0876	0.0865	0.0843	0.0822	0.0801	0.0781	0.0741	0.0704	0.0668
12	0.0800	0.0788	0.0767	0.0746	0.0725	0.0705	0.0666	0.0628	0.0593
13	0.0735	0.0724	0.0702	0.0681	0.0660	0.0640	0.0601	0.0565	0.0530
14	0.0680	0.0669	0.0647	0.0626	0.0605	0.0585	0.0547	0.0510	0.0476
15	0.0632	0.0621	0.0599	0.0578	0.0558	0.0538	0.0499	0.0463	0.0430
16	0.0591	0.0579	0.0558	0.0537	0.0516	0.0496	0.0458	0.0423	0.0390
17	0.0554	0.0543	0.0521	0.0500	0.0479	0.0460	0.0422	0.0387	0.0354
18	0.0521	0.0510	0.0488	0.0467	0.0447	0.0427	0.0390	0.0355	0.0324
19	0.0492	0.0481	0.0459	0.0438	0.0418	0.0398	0.0361	0.0327	0.0296
20	0.0465	0.0454	0.0432	0.0412	0.0391	0.0372	0.0336	0.0302	0.0272
21	0.0441	0.0430	0.0409	0.0388	0.0368	0.0349	0.0313	0.0280	0.0250
22	0.0420	0.0409	0.0387	0.0366	0.0346	0.0327	0.0292	0.0260	0.0230
23	0.0400	0.0389	0.0367	0.0347	0.0327	0.0308	0.0273	0.0241	0.0213
24	0.0382	0.0371	0.0349	0.0329	0.0309	0.0290	0.0256	0.0225	0.0197
25	0.0365	0.0354	0.0333	0.0312	0.0293	0.0274	0.0240	0.0210	0.0182
26	0.0350	0.0339	0.0317	0.0297	0.0278	0.0259	0.0226	0.0196	0.0169
27	0.0336	0.0324	0.0303	0.0283	0.0264	0.0246	0.0212	0.0183	0.0157
28	0.0322	0.0311	0.0290	0.0270	0.0251	0.0233	0.0200	0.0171	0.0146
29	0.0310	0.0299	0.0278	0.0258	0.0239	0.0221	0.0189	0.0160	0.0136
30	0.0298	0.0287	0.0266	0.0246	0.0228	0.0210	0.0178	0.0151	0.0126
31	0.0288	0.0277	0.0256	0.0236	0.0217	0.0200	0.0169	0.0141	0.0118
32	0.0278	0.0267	0.0246	0.0226	0.0208	0.0190	0.0159	0.0133	0.0110
33	0.0268	0.0257	0.0236	0.0217	0.0199	0.0182	0.0151	0.0125	0.0103
34	0.0259	0.0248	0.0228	0.0208	0.0190	0.0173	0.0143	0.0118	0.0096
35	0.0251	0.0240	0.0219	0.0200	0.0182	0.0165	0.0136	0.0111	0.0090
40	0.0215	0.0205	0.0184	0.0166	0.0148	0.0133	0.0105	0.0083	0.0065
45	0.0188	0.0177	0.0157	0.0139	0.0123	0.0108	0.0083	0.0063	0.0047
50	0.0166	0.0155	0.0136	0.0118	0.0103	0.0089	0.0066	0.0048	0.0034
55	0.0148	0.0137	0.0118	0.0101	0.0087	0.0073	0.0052	0.0037	0.0025
60	0.0133	0.0122	0.0104	0.0088	0.0074	0.0061	0.0042	0.0028	0.0019
65	0.0120	0.0110	0.0092	0.0076	0.0063	0.0051	0.0034	0.0022	0.0014
70	0.0109	0.0099	0.0082	0.0067	0.0054	0.0043	0.0027	0.0017	0.0010
75	0.0100	0.0090	0.0073	0.0059	0.0047	0.0037	0.0022	0.0013	0.0008
80	0.0092	0.0082	0.0065	0.0052	0.0040	0.0031	0.0018	0.0010	0.0006
85	0.0085	0.0075	0.0059	0.0046	0.0035	0.0026	0.0015	0.0008	0.0004
90	0.0078	0.0069	0.0053	0.0040	0.0030	0.0023	0.0012	0.0006	0.0003
95	0.0073	0.0064	0.0048	0.0036	0.0026	0.0019	0.0010	0.0005	0.0002
100	0.0068	0.0059	0.0044	0.0032	0.0023	0.0016	0.0008	0.0004	0.0002

等额支付系列积累基金系数表　$(A/F,i,n)=\dfrac{i}{(1+i)^n-1}$　续附表 1-4

n \ i	7%	8%	9%	10%	12%	15%	20%	25%	30%
1	1.0000	1.0000	1.0000	1.0000	1.0000	1.0000	1.0000	1.0000	1.0000
2	0.4831	0.4808	0.4785	0.4762	0.4717	0.4651	0.4545	0.4444	0.4348
3	0.3111	0.3080	0.3051	0.3021	0.2963	0.2880	0.2747	0.2623	0.2506
4	0.2252	0.2219	0.2187	0.2155	0.2092	0.2003	0.1863	0.1734	0.1616
5	0.1739	0.1705	0.1671	0.1638	0.1574	0.1483	0.1344	0.1218	0.1106
6	0.1398	0.1363	0.1329	0.1296	0.1232	0.1142	0.1007	0.0888	0.0784
7	0.1156	0.1121	0.1087	0.1054	0.0991	0.0904	0.0774	0.0663	0.0569
8	0.0975	0.0940	0.0907	0.0874	0.0813	0.0729	0.0606	0.0504	0.0419
9	0.0835	0.0801	0.0768	0.0736	0.0677	0.0596	0.0481	0.0388	0.0312
10	0.0724	0.0690	0.0658	0.0627	0.0570	0.0493	0.0385	0.0301	0.0235
11	0.0634	0.0601	0.0569	0.0540	0.0484	0.0411	0.0311	0.0235	0.0177
12	0.0559	0.0527	0.0497	0.0468	0.0414	0.0345	0.0253	0.0184	0.0135
13	0.0497	0.0465	0.0436	0.0408	0.0357	0.0291	0.0206	0.0145	0.0102
14	0.0443	0.0413	0.0384	0.0357	0.0309	0.0247	0.0169	0.0115	0.0078
15	0.0398	0.0368	0.0341	0.0315	0.0268	0.0210	0.0139	0.0091	0.0060
16	0.0359	0.0330	0.0303	0.0278	0.0234	0.0179	0.0114	0.0072	0.0046
17	0.0324	0.0296	0.0270	0.0247	0.0205	0.0154	0.0094	0.0058	0.0035
18	0.0294	0.0267	0.0242	0.0219	0.0179	0.0132	0.0078	0.0046	0.0027
19	0.0268	0.0241	0.0217	0.0195	0.0158	0.0113	0.0065	0.0037	0.0021
20	0.0244	0.0219	0.0195	0.0175	0.0139	0.0098	0.0054	0.0029	0.0016
21	0.0223	0.0198	0.0176	0.0156	0.0122	0.0084	0.0044	0.0023	0.0012
22	0.0204	0.0180	0.0159	0.0140	0.0108	0.0073	0.0037	0.0019	0.0009
23	0.0187	0.0164	0.0144	0.0126	0.0096	0.0063	0.0031	0.0015	0.0007
24	0.0172	0.0150	0.0130	0.0113	0.0085	0.0054	0.0025	0.0012	0.0006
25	0.0158	0.0137	0.0118	0.0102	0.0075	0.0047	0.0021	0.0009	0.0004
26	0.0146	0.0125	0.0107	0.0092	0.0067	0.0041	0.0018	0.0008	0.0003
27	0.0134	0.0114	0.0097	0.0083	0.0059	0.0035	0.0015	0.0006	0.0003
28	0.0124	0.0105	0.0089	0.0075	0.0052	0.0031	0.0012	0.0005	0.0002
29	0.0114	0.0096	0.0081	0.0067	0.0047	0.0027	0.0010	0.0004	0.0001
30	0.0106	0.0088	0.0073	0.0061	0.0041	0.0023	0.0008	0.0003	0.0001
31	0.0098	0.0081	0.0067	0.0055	0.0037	0.0020	0.0007	0.0002	0.0001
32	0.0091	0.0075	0.0061	0.0050	0.0033	0.0017	0.0006	0.0002	0.0001
33	0.0084	0.0069	0.0056	0.0045	0.0029	0.0015	0.0005	0.0002	0.0001
34	0.0078	0.0063	0.0051	0.0041	0.0026	0.0013	0.0004	0.0001	
35	0.0072	0.0058	0.0046	0.0037	0.0023	0.0011	0.0003	0.0001	
40	0.0050	0.0039	0.0030	0.0023	0.0013	0.0006	0.0001		
45	0.0035	0.0026	0.0019	0.0014	0.0007	0.0003	0.0001		
50	0.0025	0.0017	0.0012	0.0009	0.0004	0.0001			
55	0.0017	0.0012	0.0008	0.0005	0.0002	0.0001			
60	0.0012	0.0008	0.0005	0.0003	0.0001				
65	0.0009	0.0005	0.0003	0.0002	0.0001				
70	0.0006	0.0004	0.0002	0.0001					
75	0.0004	0.0002	0.0001	0.0001					
80	0.0003	0.0002	0.0001						
85	0.0002	0.0001	0.0001						
90	0.0002	0.0001							
95	0.0001	0.0001							
100	0.0001								

等额支付系列资金恢复系数表 $(A/P,i,n) = \dfrac{i(1+i)^n}{(1+i)^n - 1}$ 附表 1-5

n \ i	0.75%	1%	1.50%	2%	2.50%	3%	4%	5%	6%
1	1.0075	1.0100	1.0150	1.0200	1.0250	1.0300	1.0400	1.0500	1.0600
2	0.5056	0.5075	0.5113	0.5150	0.5188	0.5226	0.5302	0.5378	0.5454
3	0.3383	0.3400	0.3434	0.3468	0.3501	0.3535	0.3603	0.3672	0.3741
4	0.2547	0.2563	0.2594	0.2626	0.2658	0.2690	0.2755	0.2820	0.2886
5	0.2045	0.2060	0.2091	0.2122	0.2152	0.2184	0.2246	0.2310	0.2374
6	0.1711	0.1725	0.1755	0.1785	0.1815	0.1846	0.1908	0.1970	0.2034
7	0.1472	0.1486	0.1516	0.1545	0.1575	0.1605	0.1666	0.1728	0.1791
8	0.1293	0.1307	0.1336	0.1365	0.1395	0.1425	0.1485	0.1547	0.1610
9	0.1153	0.1167	0.1196	0.1225	0.1255	0.1284	0.1345	0.1407	0.1470
10	0.1042	0.1056	0.1084	0.1113	0.1143	0.1172	0.1233	0.1295	0.1359
11	0.0951	0.0965	0.0993	0.1022	0.1051	0.1081	0.1141	0.1204	0.1268
12	0.0875	0.0888	0.0917	0.0946	0.0975	0.1005	0.1066	0.1128	0.1193
13	0.0810	0.0824	0.0852	0.0881	0.0910	0.0940	0.1001	0.1065	0.1130
14	0.0755	0.0769	0.0797	0.0826	0.0855	0.0885	0.0947	0.1010	0.1076
15	0.0707	0.0721	0.0749	0.0778	0.0808	0.0838	0.0899	0.0963	0.1030
16	0.0666	0.0679	0.0708	0.0737	0.0766	0.0796	0.0858	0.0923	0.0990
17	0.0629	0.0643	0.0671	0.0700	0.0729	0.0760	0.0822	0.0887	0.0954
18	0.0596	0.0610	0.0638	0.0667	0.0697	0.0727	0.0790	0.0855	0.0924
19	0.0567	0.0581	0.0609	0.0638	0.0668	0.0698	0.0761	0.0827	0.0896
20	0.0540	0.0554	0.0582	0.0612	0.0641	0.0672	0.0736	0.0802	0.0872
21	0.0516	0.0530	0.0559	0.0588	0.0618	0.0649	0.0713	0.0780	0.0850
22	0.0495	0.0509	0.0537	0.0566	0.0596	0.0627	0.0692	0.0760	0.0830
23	0.0475	0.0489	0.0517	0.0547	0.0577	0.0608	0.0673	0.0741	0.0813
24	0.0457	0.0471	0.0499	0.0529	0.0559	0.0590	0.0656	0.0725	0.0797
25	0.0440	0.0454	0.0483	0.0512	0.0543	0.0574	0.0640	0.0710	0.0782
26	0.0425	0.0439	0.0467	0.0497	0.0528	0.0559	0.0626	0.0696	0.0769
27	0.0411	0.0424	0.0453	0.0483	0.0514	0.0546	0.0612	0.0683	0.0757
28	0.0397	0.0411	0.0440	0.0470	0.0501	0.0533	0.0600	0.0671	0.0746
29	0.0385	0.0399	0.0428	0.0458	0.0489	0.0521	0.0589	0.0660	0.0736
30	0.0373	0.0387	0.0416	0.0446	0.0478	0.0510	0.0578	0.0651	0.0726
31	0.0363	0.0377	0.0406	0.0436	0.0467	0.0500	0.0569	0.0641	0.0718
32	0.0353	0.0367	0.0396	0.0426	0.0458	0.0490	0.0559	0.0633	0.0710
33	0.0343	0.0357	0.0386	0.0417	0.0449	0.0482	0.0551	0.0625	0.0703
34	0.0334	0.0348	0.0378	0.0408	0.0440	0.0473	0.0543	0.0618	0.0696
35	0.0326	0.0340	0.0369	0.0400	0.0432	0.0465	0.0536	0.0611	0.0690
40	0.0290	0.0305	0.0334	0.0366	0.0398	0.0433	0.0505	0.0583	0.0665
45	0.0263	0.0277	0.0307	0.0339	0.0373	0.0408	0.0483	0.0563	0.0647
50	0.0241	0.0255	0.0286	0.0318	0.0353	0.0389	0.0466	0.0548	0.0634
55	0.0223	0.0237	0.0268	0.0301	0.0337	0.0373	0.0452	0.0537	0.0625
60	0.0208	0.0222	0.0254	0.0288	0.0324	0.0361	0.0442	0.0528	0.0619
65	0.0195	0.0210	0.0242	0.0276	0.0313	0.0351	0.0434	0.0522	0.0614
70	0.0184	0.0199	0.0232	0.0267	0.0304	0.0343	0.0427	0.0517	0.0610
75	0.0175	0.0190	0.0223	0.0259	0.0297	0.0337	0.0422	0.0513	0.0608
80	0.0167	0.0182	0.0215	0.0252	0.0290	0.0331	0.0418	0.0510	0.0606
85	0.0160	0.0175	0.0209	0.0246	0.0285	0.0326	0.0415	0.0508	0.0604
90	0.0153	0.0169	0.0203	0.0240	0.0280	0.0323	0.0412	0.0506	0.0603
95	0.0148	0.0164	0.0198	0.0236	0.0276	0.0319	0.0410	0.0505	0.0602
100	0.0143	0.0159	0.0194	0.0232	0.0273	0.0316	0.0408	0.0504	0.0602

等额支付系列资金恢复系数表 $(A/P,i,n)=\dfrac{i(1+i)^n}{(1+i)^n-1}$ 续附表 1-5

n \ i	7%	8%	9%	10%	12%	15%	20%	25%	30%
1	1.0700	1.0800	1.0900	1.1000	1.1200	1.1500	1.2000	1.2500	1.3000
2	0.5531	0.5608	0.5685	0.5762	0.5917	0.6151	0.6545	0.6944	0.7348
3	0.3811	0.3880	0.3951	0.4021	0.4163	0.4380	0.4747	0.5123	0.5506
4	0.2952	0.3019	0.3087	0.3155	0.3292	0.3503	0.3863	0.4234	0.4616
5	0.2439	0.2505	0.2571	0.2638	0.2774	0.2983	0.3344	0.3718	0.4106
6	0.2098	0.2163	0.2229	0.2296	0.2432	0.2642	0.3007	0.3388	0.3784
7	0.1856	0.1921	0.1987	0.2054	0.2191	0.2404	0.2774	0.3163	0.3569
8	0.1675	0.1740	0.1807	0.1874	0.2013	0.2229	0.2606	0.3004	0.3419
9	0.1535	0.1601	0.1668	0.1736	0.1877	0.2096	0.2481	0.2888	0.3312
10	0.1424	0.1490	0.1558	0.1627	0.1770	0.1993	0.2385	0.2801	0.3235
11	0.1334	0.1401	0.1469	0.1540	0.1684	0.1911	0.2311	0.2735	0.3177
12	0.1259	0.1327	0.1397	0.1468	0.1614	0.1845	0.2253	0.2684	0.3135
13	0.1197	0.1265	0.1336	0.1408	0.1557	0.1791	0.2206	0.2645	0.3102
14	0.1143	0.1213	0.1284	0.1357	0.1509	0.1747	0.2169	0.2615	0.3078
15	0.1098	0.1168	0.1241	0.1315	0.1468	0.1710	0.2139	0.2591	0.3060
16	0.1059	0.1130	0.1203	0.1278	0.1434	0.1679	0.2114	0.2572	0.3046
17	0.1024	0.1096	0.1170	0.1247	0.1405	0.1654	0.2094	0.2558	0.3035
18	0.0994	0.1067	0.1142	0.1219	0.1379	0.1632	0.2078	0.2546	0.3027
19	0.0968	0.1041	0.1117	0.1195	0.1358	0.1613	0.2065	0.2537	0.3021
20	0.0944	0.1019	0.1095	0.1175	0.1339	0.1598	0.2054	0.2529	0.3016
21	0.0923	0.0998	0.1076	0.1156	0.1322	0.1584	0.2044	0.2523	0.3012
22	0.0904	0.0980	0.1059	0.1140	0.1308	0.1573	0.2037	0.2519	0.3009
23	0.0887	0.0964	0.1044	0.1126	0.1296	0.1563	0.2031	0.2515	0.3007
24	0.0872	0.0950	0.1030	0.1113	0.1285	0.1554	0.2025	0.2512	0.3006
25	0.0858	0.0937	0.1018	0.1102	0.1275	0.1547	0.2021	0.2509	0.3004
26	0.0846	0.0925	0.1007	0.1092	0.1267	0.1541	0.2018	0.2508	0.3003
27	0.0834	0.0914	0.0997	0.1083	0.1259	0.1535	0.2015	0.2506	0.3003
28	0.0824	0.0905	0.0989	0.1075	0.1252	0.1531	0.2012	0.2505	0.3002
29	0.0814	0.0896	0.0981	0.1067	0.1247	0.1527	0.2010	0.2504	0.3001
30	0.0806	0.0888	0.0973	0.1061	0.1241	0.1523	0.2008	0.2503	0.3001
31	0.0798	0.0881	0.0967	0.1055	0.1237	0.1520	0.2007	0.2502	0.3001
32	0.0791	0.0875	0.0961	0.1050	0.1233	0.1517	0.2006	0.2502	0.3001
33	0.0784	0.0869	0.0956	0.1045	0.1229	0.1515	0.2005	0.2502	0.3001
34	0.0778	0.0863	0.0951	0.1041	0.1226	0.1513	0.2004	0.2501	0.3000
35	0.0772	0.0858	0.0946	0.1037	0.1223	0.1511	0.2003	0.2501	0.3000
40	0.0750	0.0839	0.0930	0.1023	0.1213	0.1506	0.2001	0.2500	0.3000
45	0.0735	0.0826	0.0919	0.1014	0.1207	0.1503	0.2001	0.2500	0.3000
50	0.0725	0.0817	0.0912	0.1009	0.1204	0.1501	0.2000	0.2500	0.3000
55	0.0717	0.0812	0.0908	0.1005	0.1202	0.1501	0.2000	0.2500	0.3000
60	0.0712	0.0808	0.0905	0.1003	0.1201	0.1500	0.2000	0.2500	0.3000
65	0.0709	0.0805	0.0903	0.1002	0.1201	0.1500	0.2000	0.2500	0.3000
70	0.0706	0.0804	0.0902	0.1001	0.1200	0.1500	0.2000	0.2500	0.3000
75	0.0704	0.0802	0.0901	0.1001	0.1200	0.1500	0.2000	0.2500	0.3000
80	0.0703	0.0802	0.0901	0.1000	0.1200	0.1500	0.2000	0.2500	0.3000
85	0.0702	0.0801	0.0901	0.1000	0.1200	0.1500	0.2000	0.2500	0.3000
90	0.0702	0.0801	0.0900	0.1000	0.1200	0.1500	0.2000	0.2500	0.3000
95	0.0701	0.0801	0.0900	0.1000	0.1200	0.1500	0.2000	0.2500	0.3000
100	0.0701	0.0800	0.0900	0.1000	0.1200	0.1500	0.2000	0.2500	0.3000

等额支付系列现值系数表　$(P/A,i,n)=\dfrac{(1+i)^n-1}{i(1+i)^n}$　附表 1-6

n \\ i	0.75%	1%	1.50%	2%	2.50%	3%	4%	5%	6%
1	0.9926	0.9901	0.9852	0.9804	0.9756	0.9709	0.9615	0.9524	0.9434
2	1.9777	1.9704	1.9559	1.9416	1.9274	1.9135	1.8861	1.8594	1.8334
3	2.9556	2.9410	2.9122	2.8839	2.8560	2.8286	2.7751	2.7232	2.6730
4	3.9261	3.9020	3.8544	3.8077	3.7620	3.7171	3.6299	3.5460	3.4651
5	4.8894	4.8534	4.7826	4.7135	4.6458	4.5797	4.4518	4.3295	4.2124
6	5.8456	5.7955	5.6972	5.6014	5.5081	5.4172	5.2421	5.0757	4.9173
7	6.7946	6.7282	6.5982	6.4720	6.3494	6.2303	6.0021	5.7864	5.5824
8	7.7366	7.6517	7.4859	7.3255	7.1701	7.0197	6.7327	6.4632	6.2098
9	8.6716	8.5660	8.3605	8.1622	7.9709	7.7861	7.4353	7.1078	6.8017
10	9.5996	9.4713	9.2222	8.9826	8.7521	8.5302	8.1109	7.7217	7.3601
11	10.5207	10.3676	10.0711	9.7868	9.5142	9.2526	8.7605	8.3064	7.8869
12	11.4349	11.2551	10.9075	10.5753	10.2578	9.9540	9.3851	8.8633	8.3838
13	12.3423	12.1337	11.7315	11.3484	10.9832	10.6350	9.9856	9.3936	8.8527
14	13.2430	13.0037	12.5434	12.1062	11.6909	11.2961	10.5631	9.8986	9.2950
15	14.1370	13.8651	13.3432	12.8493	12.3814	11.9379	11.1184	10.3797	9.7122
16	15.0243	14.7179	14.1313	13.5777	13.0550	12.5611	11.6523	10.8378	10.1059
17	15.9050	15.5623	14.9076	14.2919	13.7122	13.1661	12.1657	11.2741	10.4773
18	16.7792	16.3983	15.6726	14.9920	14.3534	13.7535	12.6593	11.6896	10.8276
19	17.6468	17.2260	16.4262	15.6785	14.9789	14.3238	13.1339	12.0853	11.1581
20	18.5080	18.0456	17.1686	16.3514	15.5892	14.8775	13.5903	12.4622	11.4699
21	19.3628	18.8570	17.9001	17.0112	16.1845	15.4150	14.0292	12.8212	11.7641
22	20.2112	19.6604	18.6208	17.6580	16.7654	15.9369	14.4511	13.1630	12.0416
23	21.0533	20.4558	19.3309	18.2922	17.3321	16.4436	14.8568	13.4886	12.3034
24	21.8891	21.2434	20.0304	18.9139	17.8850	16.9355	15.2470	13.7986	12.5504
25	22.7188	22.0232	20.7196	19.5235	18.4244	17.4131	15.6221	14.0939	12.7834
26	23.5422	22.7952	21.3986	20.1210	18.9506	17.8768	15.9828	14.3752	13.0032
27	24.3595	23.5596	22.0676	20.7069	19.4640	18.3270	16.3296	14.6430	13.2105
28	25.1707	24.3164	22.7267	21.2813	19.9649	18.7641	16.6631	14.8981	13.4062
29	25.9759	25.0658	23.3761	21.8444	20.4535	19.1885	16.9837	15.1411	13.5907
30	26.7751	25.8077	24.0158	22.3965	20.9303	19.6004	17.2920	15.3725	13.7648
31	27.5683	26.5423	24.6461	22.9377	21.3954	20.0004	17.5885	15.5928	13.9291
32	28.3557	27.2696	25.2671	23.4683	21.8492	20.3888	17.8736	15.8027	14.0840
33	29.1371	27.9897	25.8790	23.9886	22.2919	20.7658	18.1476	16.0025	14.2302
34	29.9128	28.7027	26.4817	24.4986	22.7238	21.1318	18.4112	16.1929	14.3681
35	30.6827	29.4086	27.0756	24.9986	23.1452	21.4872	18.6646	16.3742	14.4982
40	34.4469	32.8347	29.9158	27.3555	25.1028	23.1148	19.7928	17.1591	15.0463
45	38.0732	36.0945	32.5523	29.4902	26.8330	24.5187	20.7200	17.7741	15.4558
50	41.5664	39.1961	34.9997	31.4236	28.3623	25.7298	21.4822	18.2559	15.7619
55	44.9316	42.1472	37.2715	33.1748	29.7140	26.7744	22.1086	18.6335	15.9905
60	48.1734	44.9550	39.3803	34.7609	30.9087	27.6756	22.6235	18.9293	16.1614
65	51.2963	47.6266	41.3378	36.1975	31.9646	28.4529	23.0467	19.1611	16.2891
70	54.3046	50.1685	43.1549	37.4986	32.8979	29.1234	23.3945	19.3427	16.3845
75	57.2027	52.5871	44.8416	38.6771	33.7227	29.7018	23.6804	19.4850	16.4558
80	59.9944	54.8882	46.4073	39.7445	34.4518	30.2008	23.9154	19.5965	16.5091
85	62.6838	57.0777	47.8607	40.7113	35.0962	30.6312	24.1085	19.6838	16.5489
90	65.2746	59.1609	49.2099	41.5869	35.6658	31.0024	24.2673	19.7523	16.5787
95	67.7704	61.1430	50.4622	42.3800	36.1692	31.3227	24.3978	19.8059	16.6009
100	70.1746	63.0289	51.6247	43.0984	36.6141	31.5989	24.5050	19.8479	16.6175

等额支付系列现值系数表 $\quad (P/A,i,n) = \dfrac{(1+i)^n - 1}{i(1+i)^n}$ 续附表 1-6

n \ i	7%	8%	9%	10%	12%	15%	20%	25%	30%
1	0.9346	0.9259	0.9174	0.9091	0.8929	0.8696	0.8333	0.8000	0.7692
2	1.8080	1.7833	1.7591	1.7355	1.6901	1.6257	1.5278	1.4400	1.3609
3	2.6243	2.5771	2.5313	2.4869	2.4018	2.2832	2.1065	1.9520	1.8161
4	3.3872	3.3121	3.2397	3.1699	3.0373	2.8550	2.5887	2.3616	2.1662
5	4.1002	3.9927	3.8897	3.7908	3.6048	3.3522	2.9906	2.6893	2.4356
6	4.7665	4.6229	4.4859	4.3553	4.1114	3.7845	3.3255	2.9514	2.6427
7	5.3893	5.2064	5.0330	4.8684	4.5638	4.1604	3.6046	3.1611	2.8021
8	5.9713	5.7466	5.5348	5.3349	4.9676	4.4873	3.8372	3.3289	2.9247
9	6.5152	6.2469	5.9952	5.7590	5.3282	4.7716	4.0310	3.4631	3.0190
10	7.0236	6.7101	6.4177	6.1446	5.6502	5.0188	4.1925	3.5705	3.0915
11	7.4987	7.1390	6.8052	6.4951	5.9377	5.2337	4.3271	3.6564	3.1473
12	7.9427	7.5361	7.1607	6.8137	6.1944	5.4206	4.4392	3.7251	3.1903
13	8.3577	7.9038	7.4869	7.1034	6.4235	5.5831	4.5327	3.7801	3.2233
14	8.7455	8.2442	7.7862	7.3667	6.6282	5.7245	4.6106	3.8241	3.2487
15	9.1079	8.5595	8.0607	7.6061	6.8109	5.8474	4.6755	3.8593	3.2682
16	9.4466	8.8514	8.3126	7.8237	6.9740	5.9542	4.7296	3.8874	3.2832
17	9.7632	9.1216	8.5436	8.0216	7.1196	6.0472	4.7746	3.9099	3.2948
18	10.0591	9.3719	8.7556	8.2014	7.2497	6.1280	4.8122	3.9279	3.3037
19	10.3356	9.6036	8.9501	8.3649	7.3658	6.1982	4.8435	3.9424	3.3105
20	10.5940	9.8181	9.1285	8.5136	7.4694	6.2593	4.8696	3.9539	3.3158
21	10.8355	10.0168	9.2922	8.6487	7.5620	6.3125	4.8913	3.9631	3.3198
22	11.0612	10.2007	9.4424	8.7715	7.6446	6.3587	4.9094	3.9705	3.3230
23	11.2722	10.3711	9.5802	8.8832	7.7184	6.3988	4.9245	3.9764	3.3254
24	11.4693	10.5288	9.7066	8.9847	7.7843	6.4338	4.9371	3.9811	3.3272
25	11.6536	10.6748	9.8226	9.0770	7.8431	6.4641	4.9476	3.9849	3.3286
26	11.8258	10.8100	9.9290	9.1609	7.8957	6.4906	4.9563	3.9879	3.3297
27	11.9867	10.9352	10.0266	9.2372	7.9426	6.5135	4.9636	3.9903	3.3305
28	12.1371	11.0511	10.1161	9.3066	7.9844	6.5335	4.9697	3.9923	3.3312
29	12.2777	11.1584	10.1983	9.3696	8.0218	6.5509	4.9747	3.9938	3.3317
30	12.4090	11.2578	10.2737	9.4269	8.0552	6.5660	4.9789	3.9950	3.3321
31	12.5318	11.3498	10.3428	9.4790	8.0850	6.5791	4.9824	3.9960	3.3324
32	12.6466	11.4350	10.4062	9.5264	8.1116	6.5905	4.9854	3.9968	3.3326
33	12.7538	11.5139	10.4644	9.5694	8.1354	6.6005	4.9878	3.9975	3.3328
34	12.8540	11.5869	10.5178	9.6086	8.1566	6.6091	4.9898	3.9980	3.3329
35	12.9477	11.6546	10.5668	9.6442	8.1755	6.6166	4.9915	3.9984	3.3330
40	13.3317	11.9246	10.7574	9.7791	8.2438	6.6418	4.9966	3.9995	3.3332
45	13.6055	12.1084	10.8812	9.8628	8.2825	6.6543	4.9986	3.9998	3.3333
50	13.8007	12.2335	10.9617	9.9148	8.3045	6.6605	4.9995	3.9999	3.3333
55	13.9399	12.3186	11.0140	9.9471	8.3170	6.6636	4.9998	4.0000	3.3333
60	14.0392	12.3766	11.0480	9.9672	8.3240	6.6651	4.9999	4.0000	3.3333
65	14.1099	12.4160	11.0701	9.9796	8.3281	6.6659	5.0000	4.0000	3.3333
70	14.1604	12.4428	11.0844	9.9873	8.3303	6.6663	5.0000	4.0000	3.3333
75	14.1964	12.4611	11.0938	9.9921	8.3316	6.6665	5.0000	4.0000	3.3333
80	14.2220	12.4735	11.0998	9.9951	8.3324	6.6666	5.0000	4.0000	3.3333
85	14.2403	12.4820	11.1038	9.9970	8.3328	6.6666	5.0000	4.0000	3.3333
90	14.2533	12.4877	11.1064	9.9981	8.3330	6.6666	5.0000	4.0000	3.3333
95	14.2626	12.4917	11.1080	9.9988	8.3332	6.6667	5.0000	4.0000	3.3333
100	14.2693	12.4943	11.1091	9.9993	8.3332	6.6667	5.0000	4.0000	3.3333

均匀梯度系列年度费用系数表 $(A/G,i,n)=\dfrac{1}{i}-\dfrac{n}{(1+i)^n-1}$ 附表 1-7

n \ i	0.75%	1%	1.50%	2%	2.50%	3%	4%	5%	6%
1	0.0000	0.0000	0.0000	0.0000	0.0000	0.0000	0.0000	0.0000	0.0000
2	0.4981	0.4975	0.4963	0.4950	0.4938	0.4926	0.4902	0.4878	0.4854
3	0.9950	0.9934	0.9901	0.9868	0.9835	0.9803	0.9739	0.9675	0.9612
4	1.4907	1.4876	1.4814	1.4752	1.4691	1.4631	1.4510	1.4391	1.4272
5	1.9851	1.9801	1.9702	1.9604	1.9506	1.9409	1.9216	1.9025	1.8836
6	2.4782	2.4710	2.4566	2.4423	2.4280	2.4138	2.3857	2.3579	2.3304
7	2.9701	2.9602	2.9405	2.9208	2.9013	2.8819	2.8433	2.8052	2.7676
8	3.4608	3.4478	3.4219	3.3961	3.3704	3.3450	3.2944	3.2445	3.1952
9	3.9502	3.9337	3.9008	3.8681	3.8355	3.8032	3.7391	3.6758	3.6133
10	4.4384	4.4179	4.3772	4.3367	4.2965	4.2565	4.1773	4.0991	4.0220
11	4.9253	4.9005	4.8512	4.8021	4.7534	4.7049	4.6090	4.5144	4.4213
12	5.4110	5.3815	5.3227	5.2642	5.2062	5.1485	5.0343	4.9219	4.8113
13	5.8954	5.8607	5.7917	5.7231	5.6549	5.5872	5.4533	5.3215	5.1920
14	6.3786	6.3384	6.2582	6.1786	6.0995	6.0210	5.8659	5.7133	5.5635
15	6.8606	6.8143	6.7223	6.6309	6.5401	6.4500	6.2721	6.0973	5.9260
16	7.3413	7.2886	7.1839	7.0799	6.9766	6.8742	6.6720	6.4736	6.2794
17	7.8207	7.7613	7.6431	7.5256	7.4091	7.2936	7.0656	6.8423	6.6240
18	8.2989	8.2323	8.0997	7.9681	7.8375	7.7081	7.4530	7.2034	6.9597
19	8.7759	8.7017	8.5539	8.4073	8.2619	8.1179	7.8342	7.5569	7.2867
20	9.2516	9.1694	9.0057	8.8433	8.6823	8.5229	8.2091	7.9030	7.6051
21	9.7261	9.6354	9.4550	9.2760	9.0986	8.9231	8.5779	8.2416	7.9151
22	10.1994	10.0998	9.9018	9.7055	9.5110	9.3186	8.9407	8.5730	8.2166
23	10.6714	10.5626	10.3462	10.1317	9.9193	9.7093	9.2973	8.8971	8.5099
24	11.1422	11.0237	10.7881	10.5547	10.3237	10.0954	9.6479	9.2140	8.7951
25	11.6117	11.4831	11.2276	10.9745	10.7241	10.4768	9.9925	9.5238	9.0722
26	12.0800	11.9409	11.6646	11.3910	11.1205	10.8535	10.3312	9.8266	9.3414
27	12.5470	12.3971	12.0992	11.8043	11.5130	11.2255	10.6640	10.1224	9.6029
28	13.0128	12.8516	12.5313	12.2145	11.9015	11.5930	10.9909	10.4114	9.8568
29	13.4774	13.3044	12.9610	12.6214	12.2861	11.9558	11.3120	10.6936	10.1032
30	13.9407	13.7557	13.3883	13.0251	12.6668	12.3141	11.6274	10.9691	10.3422
31	14.4028	14.2052	13.8131	13.4257	13.0436	12.6678	11.9371	11.2381	10.5740
32	14.8636	14.6532	14.2355	13.8230	13.4166	13.0169	12.2411	11.5005	10.7988
33	15.3232	15.0995	14.6555	14.2172	13.7856	13.3616	12.5396	11.7566	11.0166
34	15.7816	15.5441	15.0731	14.6083	14.1508	13.7018	12.8324	12.0063	11.2276
35	16.2387	15.9871	15.4882	14.9961	14.5122	14.0375	13.1198	12.2498	11.4319
40	18.5058	18.1776	17.5277	16.8885	16.2620	15.6502	14.4765	13.3775	12.3590
45	20.7421	20.3273	19.5074	18.7034	17.9185	17.1556	15.7047	14.3644	13.1413
50	22.9476	22.4363	21.4277	20.4420	19.4839	18.5575	16.8122	15.2233	13.7964
55	25.1223	24.5049	23.2894	22.1057	20.9608	19.8600	17.8070	15.9664	14.3411
60	27.2665	26.5333	25.0930	23.6961	22.3518	21.0674	18.6972	16.6062	14.7909
65	29.3801	28.5217	26.8393	25.2147	23.6600	22.1841	19.4909	17.1541	15.1601
70	31.4634	30.4703	28.5290	26.6632	24.8881	23.2145	20.1961	17.6212	15.4613
75	33.5163	32.3793	30.1631	28.0434	26.0393	24.1634	20.8206	18.0176	15.7058
80	35.5391	34.2492	31.7423	29.3572	27.1167	25.0353	21.3718	18.3526	15.9033
85	37.5318	36.0801	33.2676	30.6064	28.1235	25.8349	21.8569	18.6346	16.0620
90	39.4946	37.8724	34.7399	31.7929	29.0629	26.5667	22.2826	18.8712	16.1891
95	41.4277	39.6265	36.1602	32.9189	29.9382	27.2351	22.6550	19.0689	16.2905
100	43.3311	41.3426	37.5295	33.9863	30.7525	27.8444	22.9800	19.2337	16.3711

均匀梯度系列年度费用系数表 $(A/G,i,n)=\dfrac{1}{i}-\dfrac{n}{(1+i)^n-1}$ 续附表 1-7

n \ i	7%	8%	9%	10%	12%	15%	20%	25%	30%
1	0.0000	0.0000	0.0000	0.0000	0.0000	0.0000	0.0000	0.0000	0.0000
2	0.4831	0.4808	0.4785	0.4762	0.4717	0.4651	0.4545	0.4444	0.4348
3	0.9549	0.9487	0.9426	0.9366	0.9246	0.9071	0.8791	0.8525	0.8271
4	1.4155	1.4040	1.3925	1.3812	1.3589	1.3263	1.2742	1.2249	1.1783
5	1.8650	1.8465	1.8282	1.8101	1.7746	1.7228	1.6405	1.5631	1.4903
6	2.3032	2.2763	2.2498	2.2236	2.1720	2.0972	1.9788	1.8683	1.7654
7	2.7304	2.6937	2.6574	2.6216	2.5515	2.4498	2.2902	2.1424	2.0063
8	3.1465	3.0985	3.0512	3.0045	2.9131	2.7813	2.5756	2.3872	2.2156
9	3.5517	3.4910	3.4312	3.3724	3.2574	3.0922	2.8364	2.6048	2.3963
10	3.9461	3.8713	3.7978	3.7255	3.5847	3.3832	3.0739	2.7971	2.5512
11	4.3296	4.2395	4.1510	4.0641	3.8953	3.6549	3.2893	2.9663	2.6833
12	4.7025	4.5957	4.4910	4.3884	4.1897	3.9082	3.4841	3.1145	2.7952
13	5.0648	4.9402	4.8182	4.6988	4.4683	4.1438	3.6597	3.2437	2.8895
14	5.4167	5.2731	5.1326	4.9955	4.7317	4.3624	3.8175	3.3559	2.9685
15	5.7583	5.5945	5.4346	5.2789	4.9803	4.5650	3.9588	3.4530	3.0344
16	6.0897	5.9046	5.7245	5.5493	5.2147	4.7522	4.0851	3.5366	3.0892
17	6.4110	6.2037	6.0024	5.8071	5.4353	4.9251	4.1976	3.6084	3.1345
18	6.7225	6.4920	6.2687	6.0526	5.6427	5.0843	4.2975	3.6698	3.1718
19	7.0242	6.7697	6.5236	6.2861	5.8375	5.2307	4.3861	3.7222	3.2025
20	7.3163	7.0369	6.7674	6.5081	6.0202	5.3651	4.4643	3.7667	3.2275
21	7.5990	7.2940	7.0006	6.7189	6.1913	5.4883	4.5334	3.8045	3.2480
22	7.8725	7.5412	7.2232	6.9189	6.3514	5.6010	4.5941	3.8365	3.2646
23	8.1369	7.7786	7.4357	7.1085	6.5010	5.7040	4.6475	3.8634	3.2781
24	8.3923	8.0066	7.6384	7.2881	6.6406	5.7979	4.6943	3.8861	3.2890
25	8.6391	8.2254	7.8316	7.4580	6.7708	5.8834	4.7352	3.9052	3.2979
26	8.8773	8.4352	8.0156	7.6186	6.8921	5.9612	4.7709	3.9212	3.3050
27	9.1072	8.6363	8.1906	7.7704	7.0049	6.0319	4.8020	3.9346	3.3107
28	9.3289	8.8289	8.3571	7.9137	7.1098	6.0960	4.8291	3.9457	3.3153
29	9.5427	9.0133	8.5154	8.0489	7.2071	6.1541	4.8527	3.9551	3.3189
30	9.7487	9.1897	8.6657	8.1762	7.2974	6.2066	4.8731	3.9628	3.3219
31	9.9471	9.3584	8.8083	8.2962	7.3811	6.2541	4.8908	3.9693	3.3242
32	10.1381	9.5197	8.9436	8.4091	7.4586	6.2970	4.9061	3.9746	3.3261
33	10.3219	9.6737	9.0718	8.5152	7.5302	6.3357	4.9194	3.9791	3.3276
34	10.4987	9.8208	9.1933	8.6149	7.5965	6.3705	4.9308	3.9828	3.3288
35	10.6687	9.9611	9.3083	8.7086	7.6577	6.4019	4.9406	3.9858	3.3297
40	11.4233	10.5699	9.7957	9.0962	7.8988	6.5168	4.9728	3.9947	3.3322
45	12.0360	11.0447	10.1603	9.3740	8.0572	6.5830	4.9877	3.9980	3.3330
50	12.5287	11.4107	10.4295	9.5704	8.1597	6.6205	4.9945	3.9993	3.3332
55	12.9215	11.6902	10.6261	9.7075	8.2251	6.6414	4.9976	3.9997	3.3333
60	13.2321	11.9015	10.7683	9.8023	8.2664	6.6530	4.9989	3.9999	3.3333
65	13.4760	12.0602	10.8702	9.8672	8.2922	6.6593	4.9995	4.0000	3.3333
70	13.6662	12.1783	10.9427	9.9113	8.3082	6.6627	4.9998	4.0000	3.3333
75	13.8136	12.2658	10.9940	9.9410	8.3181	6.6646	4.9999	4.0000	3.3333
80	13.9273	12.3301	11.0299	9.9609	8.3241	6.6656	5.0000	4.0000	3.3333
85	14.0146	12.3772	11.0551	9.9742	8.3278	6.6661	5.0000	4.0000	3.3333
90	14.0812	12.4116	11.0726	9.9831	8.3300	6.6664	5.0000	4.0000	3.3333
95	14.1319	12.4365	11.0847	9.9889	8.3313	6.6665	5.0000	4.0000	3.3333
100	14.1703	12.4545	11.0930	9.9927	8.3321	6.6666	5.0000	4.0000	3.3333

附录二　工业企业固定资产分类折旧年限表

固　定　资　产　名　目	折旧年限（年）
一、通用设备部分	
1. 机械设备	10～14
2. 动力设备	11～18
3. 传导设备	15～28
4. 运输设备	6～12
5. 自动化控制及仪器仪表	
自动化、半自动化控制设备	8～12
电子计算机	4～10
通用测试仪器设备	7～12
6. 工业炉窑	7～13
7. 工具及其他生产用具	9～14
8. 非生产用设备及器具、工具	18～22
电视机、复印机、文字处理机	5～8
二、专用设备部分	
9. 冶金工业专用设备	9～15
10. 电力工业专用设备	
发电及供热设备	12～20
输电线路	30～35
配电线路	14～16
变电配电设备	18～22
核能发电设备	20～25
11. 机械工业专用设备	8～12
12. 石油工业专用设备	8～14
13. 化工、医药工业专用设备	7～14
14. 电子仪表电讯工业专用设备	5～10
15. 建材工业专用设备	6～12
16. 纺织、轻工专用设备	8～14
17. 矿山、煤炭及森工专用设备	7～15
18. 造船工业专用设备	15～22
19. 核工业专用设备	20～25
20. 公用事业企业专用设备	
自来水	15～25
燃气	16～25

续表

固 定 资 产 名 目	折旧年限(年)
三、房屋、建筑部分	
21. 房屋	
生产用房	30～40
受腐蚀生产用房	20～25
受强腐蚀生产用房	10～15
非生产用房	35～45
简易房	8～10
22. 建筑物	
水电站大坝	45～55
其他建筑物	15～25

附录三　水工程项目综合指标表

给水管道工程综合指标　单位:m³/(d · km)　　　　　附表 3-1

	指标编号		3A1-1-1	3A1-1-2	3A1-1-3	3A1-1-4	3A1-2-1	3A1-2-2	3A1-2-3	3A1-2-4
			输水管道		水量(m³/d)		配水管道		水量(m³/d)	
序号	项目名称	单位	2万以内	5万以内	10万以内	10万以上	2万以内	5万以内	10万以内	10万以上
1	人　工	工日	0.59	0.42	0.28	0.20	0.67	0.50	0.32	0.24
2	人工费小计	元	8.59	6.11	4.07	2.91	9.75	7.28	4.66	3.49
3	钢　材	kg	0.30	0.24	0.17	0.14	0.09	0.07	0.05	0.04
4	水　泥	kg	1.40	1.00	0.70	0.60	0.70	0.50	0.35	0.30
5	金属管	kg	11.10	8.90	6.50	6.00	11.10	8.90	6.50	6.00
6	非金属管	kg	18.00	14.00	12.00	9.00	9.00	7.00	6.00	4.50
7	其他材料费	元	7.72	6.12	4.30	4.05	6.25	4.98	3.76	3.31
8	材料费小计	元	59.23	46.95	32.97	31.05	47.92	38.14	28.86	25.42
9	机械使用费小计	元	3.60	2.84	2.58	2.10	3.44	2.71	2.50	2.00
10	指标基价	元	71.42	55.90	39.62	36.06	61.11	48.13	36.02	30.91
11	其他工程费	元	5.71	4.47	3.17	2.88	4.89	3.85	2.88	2.47
12	综合费用	元	25.91	20.28	14.37	13.08	22.17	17.46	13.07	11.21
13	建筑安装工程费	元	103.04	80.65	57.16	52.02	88.17	69.44	51.97	44.59
14	工程建设其他费用	元	8.49	6.64	5.71	4.28	7.26	5.72	4.28	3.67
15	基本预备费	元	11.15	8.73	6.28	5.63	9.54	7.51	5.62	4.82
16	指标总造价	元	122.68	96.02	69.15	61.93	104.97	82.67	61.87	53.08

注:给水管道工程内容包括开挖路面,挖土,支撑,排水,回填土,管道铺设,阀门安装,试压,消毒等。

取水工程综合指标　　单位:m³/d　　附表 3-2

指标编号			3B-1-1-1	3B-1-1-2	3B-1-1-3	3B-1-1-4	3B-1-1-5
			地面水简单取水工程				
序号	项目名称	单位	水量20 万m³/d 以上	水量10~20 万m³/d	水量5~10 万m³/d	水量2~5 万m³/d	水量1~2 万m³/d
1	人工	工日	0.55~0.60	0.60~0.75	0.75~0.90	0.90~1.05	1.05~1.20
2	人工费小计	元	8~9	9~11	11~13	13~16	16~18
3	钢材	kg	0.90~1.00	1.00~1.30	1.30~1.60	1.60~2.00	2.00~2.40
4	水泥	kg	5.00~6.00	6.00~7.50	7.50~9.00	9.00~11.00	11.00~13.00
5	锯材	m³	0.001~0.002	0.001~0.002	0.002~0.003	0.002~0.003	0.003~0.004
6	砂	m³	0.002~0.003	0.003~0.004	0.004~0.005	0.005~0.006	0.006~0.007
7	碎(砾)石	m³	0.003~0.004	0.004~0.005	0.005~0.006	0.006~0.007	0.007~0.008
8	铸铁管及管件	kg	1.10~1.20	1.20~1.50	1.50~1.70	1.70~2.20	2.20~2.40
9	钢管及管件	kg	0.20~0.25	0.35~0.40	0.40~0.50	0.50~0.60	0.60~0.70
10	钢筋混凝土管	kg					
11	手动闸门	kg	0.30~0.35	0.35~0.45	0.45~0.55	0.55~0.60	0.60~0.70
12	其他材料费	元	3~3	3~3	3~4	4~4	4~5
13	材料费小计	元	15~19	18~23	23~28	28~34	34~40
14	机械使用费	元	2~2	3~3	3~3	4~4	4~5
(一)	指标基价	元	25~30	30~37	37~45	45~53	53~62
(二)	其他工程费	元	2~2	2~3	3~4	4~4	4~5
(三)	综合费用	元	9~10	10~12	12~15	15~18	18~21
一	建筑安装工程费	元	36~42	42~52	52~64	64~75	75~88
二	设备购置费	元	12~13	13~16	16~18	18~20	20~23
三	工程建设其他费用	元	7~8	8~10	10~10	10~14	14~16
四	预备费	元	5~6	6~8	8~9	9~11	11~13
五	总造价指标	元	60~70	70~85	85~100	100~120	120~140
用地及设备功率指标							
1	用地	m²	0.03~0.05	0.03~0.06	0.04~0.07	0.05~0.08	0.06~0.09
2	设备	W	4~7	5~8	7~9	8~10	9~12
指标编号			3B-1-1-6	3B-1-1-7	3B-1-1-8	3B-1-1-9	3B-1-1-10
			地面水复杂取水工程				
序号	项目名称	单位	水量20 万m³/d 以上	水量10~20 万m³/d	水量5~10 万m³/d	水量2~5 万m³/d	水量1~2 万m³/d
1	人工	工日	0.70~0.80	0.80~0.85	0.85~1.00	1.00~1.25	1.25~1.40
2	人工费小计	元	10~12	12~13	13~15	15~19	19~21
3	钢材	kg	2.60~3.20	3.20~3.86	3.86~4.80	4.80~5.80	5.80~6.90
4	水泥	kg	16.00~18.00	18.00~22.00	22.00~26.00	26.00~30.00	30.00~36.00
5	锯材	m³	0.002~0.003	0.003~0.004	0.004~0.005	0.005~0.006	0.006~0.008
6	砂	m³	0.003~0.004	0.004~0.005	0.005~0.006	0.006~0.007	0.007~0.008
7	碎(砾)石	m³	0.005~0.006	0.006~0.008	0.008~0.008	0.008~0.011	0.011~0.013
8	铸铁管及管件	kg	0.50~0.60	0.60~0.65	0.65~0.70	0.80~1.00	1.00~1.20

续表

指　标　编　号		单位	3B-1-1-6	3B-1-1-7	3B-1-1-8	3B-1-1-9	3B-1-1-10
			地面水复杂取水工程				
序号	项目名称		水量 20 万 m³/d 以上	水量 10~20 万 m³/d	水量 5~10 万 m³/d	水量 2~5 万 m³/d	水量 1~2 万 m³/d
9	钢管及管配件	kg	1.35~1.45	1.45~1.55	1.55~1.70	1.70~2.20	2.20~2.40
10	钢筋混凝土管	kg					
11	手动闸门	kg	0.45~0.50	0.50~0.55	0.55~0.65	0.65~0.80	0.80~0.95
12	其他材料费	元	6~7	7~8	8~10	10~12	12~14
13	材料费小计	元	34~40	40~48	48~57	57~69	69~83
14	机械使用费	元	4~5	5~6	6~7	7~9	9~10
(一)	指标基价	元	48~57	57~66	66~79	79~97	97~114
(二)	其他工程费	元	4~5	5~5	5~6	6~8	8~9
(三)	综合费用	元	16~19	19~22	22~27	27~33	33~39
一	建筑安装工程费	元	68~81	81~94	94~112	112~137	137~162
二	设备购置费	元	19~23	23~26	26~32	32~39	39~46
三	工程建设其他费用	元	12~14	14~16	16~20	20~24	24~29
四	预备费	元	10~12	12~14	14~16	16~20	20~24
五	总造价指标	元	110~130	130~150	150~180	180~220	220~260
用地及设备功率指标							
1	用　地	m²	0.04~0.07	0.04~0.07	0.05~0.08	0.06~0.09	0.07~0.10
2	设　备	W	6~8	7~9	8~11	10~12	11~13

指标编号		单位	3B-1-1-11	3B-1-1-12	3B-1-1-13
			地下水深层取水工程		
序号	项目名称		水量 10 万 m³/d 以上	水量 2~10 万 m³/d	水量 1~2 万 m³/d
1	人　工	工日	0.90~1.10	1.10~1.40	1.40~1.70
2	人工费小计	元	13~16	16~21	21~25
3	钢材	kg	0.40~0.50	0.50~0.60	0.60~0.70
4	水泥	kg	9.00~11.00	11.00~14.00	14.00~17.00
5	锯材	m³	0.004~0.005	0.005~0.006	0.006~0.007
6	砂	m³	0.01~0.02	0.01~0.02	0.02~0.03
7	碎(砾)石	m³	0.02~0.03	0.03~0.04	0.04~0.05
8	铸铁管及管件	kg	3.00~4.00	4.00~5.00	5.00~6.50
9	钢管及管配件	kg	2.00~2.50	2.50~3.00	3.00~3.70
10	钢筋混凝土管	kg			
11	手动闸门	kg	2.20~2.50	2.50~2.80	2.80~3.50
12	其他材料费	元	8~11	11~13	13~15
13	材料费小计	元	54~67	67~81	81~98
14	机械使用费	元	10~13	14~16	16~18
(一)	指标基价	元	77~97	97~118	118~142
(二)	其他工程费	元	6~8	8~9	9~11
(三)	综合费用	元	26~33	33~40	40~48
一	建筑安装工程费	元	109~138	138~167	167~201
二	设备购置费	元	43~54	54~65	65~79

续表

序号	项目名称	单位	3B-1-1-11	3B-1-1-12	3B-1-1-13
			地下水深层取水工程		
			水量10 万 m³/d 以上	水量2～10 万 m³/d	水量1～2 万 m³/d
三	工程建设其他费用	元	21～26	26～32	32～38
四	预备费	元	17～22	22～26	26～32
五	总造价指标	元	190～240	240～290	290～350
用地及设备功率指标					
1	用　地	m²	0.10～0.12	0.11～0.14	0.13～0.15
2	设　备	W	8～11	10～16	14～20

序号	项目名称	单位	3B-1-1-14	3B-1-1-15	3B-1-1-16
			地下水浅层取水工程		
			水量10 万 m³/d 以上	水量2～10 万 m³/d	水量1～2 万 m³/d
1	人　工	工日	1.60～1.80	1.80～2.40	2.40～2.90
2	人工费小计	元	24～27	27～36	36～43
3	钢材	kg	1.80～2.00	2.00～2.50	2.50～3.60
4	水泥	kg	7.00～8.00	8.00～10.00	10.00～12.00
5	锯材	m³	0.003～0.004	0.004～0.005	0.005～0.006
6	砂	m³	0.01～0.02	0.01～0.02	0.02～0.03
7	碎(砾)石	m³	0.04～0.05	0.05～0.06	0.06～0.07
8	铸铁管及管件	kg	1.50～2.50	2.50～3.00	3.00～3.50
9	钢管及管配件	kg	2.40～2.90	2.90～3.60	3.60～4.40
10	钢筋混凝土管	kg	14.00～17.00	17.00～21.00	21.00～22.00
11	手动闸门	kg	1.80～2.00	2.00～2.20	2.20～2.60
12	其他材料费	元	9～10	11～13	13～16
13	材料费小计	元	55～67	66～80	80～98
14	机械使用费	元	11～13	13～16	16～20
(一)	指标基价	元	89～106	106～132	132～162
(二)	其他工程费	元	7～9	9～11	11～13
(三)	综合费用	元	30～36	36～45	45～55
一	建筑安装工程费	元	127～151	151～187	187～229
二	设备购置费	元	42～50	50～62	62～76
三	工程建设其他费用	元	22～27	27～33	33～40
四	预备费	元	19～22	22～27	27～34
五	总造价指标	元	210～250	250～310	310～380
用地及设备功率指标					
1	用　地	m²	0.30～0.40	0.30～0.40	0.40～0.70
2	设　备	W	12～22	22～35	33～48

注：1. 地面水源(如江、河、湖、水库以及海水等)取水枢纽工程,根据取水结构类型和构筑物的复杂程度,分为复杂和简单两种:复杂取水工程指水位变化大、河床不稳定、结构复杂的取水构筑物,如深井式取水、江心取水、复杂岸边取水、桥墩式取水、斗槽取水等;简单取水工程系指水位变化不大、河床稳定、结构简单的取水构筑物,如简易岸边取水、浮动式取水。

2. 地下水水源取水枢纽工程,分为深层和浅层两种:取水构筑物深度(管井)超过地面以下 70m 为深层水源,深度小于 70m(包括大口井、渗渠、泉水等)为浅层取水。

净水工程综合指标　　　　单位:m³/d　　**附表 3-3**

序号	项目名称	单位	3B-1-2-1	3B-1-2-2	3B-1-2-3	3B-1-2-4	3B-1-2-5
	指标编号		地面水沉淀净化工程				
			水量20万 m³/d 以上	水量10~20万 m³/d	水量5~10万 m³/d	水量2~5万 m³/d	水量1~2万 m³/d
1	人　工	工日	1.00~1.20	1.20~1.40	1.40~1.60	1.60~1.80	1.80~2.00
2	人工费小计	元	15~18	18~21	21~24	24~27	27~30
3	钢材	kg	7.80~8.80	8.80~9.50	9.50~11.00	11.00~13.00	13.00~15.00
4	水泥	kg	24.00~27.00	27.00~32.00	32.00~37.00	37.00~44.00	44.00~52.00
5	锯材	m³	0.002~0.003	0.002~0.003	0.003~0.004	0.004~0.005	0.005~0.006
6	砂	m³	0.05~0.06	0.06~0.07	0.07~0.08	0.08~0.10	0.10~11
7	碎(砾)石	m³	0.10~0.11	0.11~0.13	0.13~0.15	0.15~0.18	0.18~0.21
8	铸铁管及管件	kg	2.50~2.90	2.90~3.50	3.50~3.80	3.80~4.00	4.00~4.50
9	钢管及管配件	kg	2.00~2.50	2.50~3.00	3.00~3.50	3.50~4.00	4.00~4.50
10	钢筋混凝土管	kg	2.00~2.30	2.30~2.70	2.70~3.20	3.20~3.50	3.50~3.80
11	手动闸门	kg	0.50~0.60	0.60~0.65	0.65~0.75	0.75~0.85	0.85~0.95
12	其他材料费	元	11~12	13~14	14~16	16~17	17~19
13	材料费小计	元	73~86	85~97	97~112	112~129	129~148
14	机械使用费	元	8~9	9~11	11~12	12~13	13~15
(一)	指标基价	元	96~112	112~128	128~148	148~168	168~193
(二)	其他工程费	元	8~9	9~10	10~12	12~13	13~15
(三)	综合费用	元	33~38	38~43	43~50	50~57	57~65
一	建筑安装工程费	元	136~160	159~182	182~211	211~239	239~273
二	设备购置费	元	55~64	64~73	73~84	84~96	96~109
三	工程建设其他费用	元	27~31	31~36	36~41	41~47	47~54
四	预备费	元	22~26	26~30	30~34	34~39	39~44
五	总造价指标	元	240~280	280~320	320~370	370~420	420~480
	用地及设备功率指标						
1	用　地	m²	0.20~0.30	0.30~0.45	0.35~0.60	0.40~0.80	0.50~1.00
2	设　备	W	10~13	12~16	15~18	17~20	20~22

续表

指标编号			3B-1-2-6	3B-1-2-7	3B-1-2-8	3B-1-2-9	3B-1-2-10
序号	项目名称	单位	地面水过滤净化工程				
			水量 20 万 m³/d 以上	水量 10~20 万 m³/d	水量 5~10 万 m³/d	水量 2~5 万 m³/d	水量 1~2 万 m³/d
1	人　工	工日	1.20~1.40	1.40~1.60	1.60~1.80	1.80~2.00	2.00~2.20
2	人工费小计	元	18~21	21~24	24~27	27~30	30~33
3	钢材	kg	10.50~12.00	12.00~14.00	14.00~16.00	16.00~18.00	18.00~20.00
4	水泥	kg	42.00~48.00	48.00~55.00	55.00~62.00	62.00~70.00	70.00~78.00
5	锯材	m³	0.008~0.009	0.009~0.010	0.010~0.012	0.012~0.014	0.014~0.016
6	砂	m³	0.11~0.12	0.12~0.14	0.14~0.16	0.16~0.18	0.18~0.20
7	碎(砾)石	m³	0.17~0.18	0.18~0.20	0.20~0.24	0.24~0.26	0.26~0.30
8	铸铁管及管件	kg	2.00~2.30	2.30~2.50	2.50~2.80	2.80~3.40	3.40~3.80
9	钢管及管配件	kg	5.60~6.40	6.40~6.80	6.80~8.10	8.10~9.00	9.00~9.80
10	钢筋混凝土管	kg	3.60~4.00	4.00~4.60	4.60~5.20	5.20~6.00	6.00~6.70
11	手动闸门	kg	1.00~1.20	1.20~1.30	1.30~1.40	1.40~1.60	1.60~1.90
12	其他材料费	元	21~24	24~27	27~28	28~31	31~39
13	材料费小计	元	131~149	149~167	167~190	190~215	215~245
14	机械使用费	元	16~18	18~20	20~21	21~23	23~29
(一)	指标基价	元	165~188	188~211	211~238	238~268	268~307
(二)	其他工程费	元	13~15	15~17	17~19	19~21	21~25
(三)	综合费用	元	56~64	64~71	71~80	80~91	91~104
一	建筑安装工程费	元	234~267	267~299	299~337	337~381	381~435
二	设备购置费	元	110~125	125~141	141~159	159~179	179~204
三	工程建设其他费用	元	47~54	54~61	61~68	68~77	77~88
四	预备费	元	39~45	45~50	50~56	56~64	64~73
五	总造价指标	元	430~490	490~550	550~620	620~700	700~800
用地及设备功率指标							
1	用　地	m²	0.20~0.40	0.30~0.60	0.50~0.80	0.60~1.10	0.80~1.40
2	设　备	W	13~16	15~20	18~22	20~24	22~30

续表

指标编号			3B-1-2-11	3B-1-2-12	3B-1-2-13
			地下水除铁净化工程		
序号	项目名称	单位	水量 2~6 万 m³/d	水量 1~2 万 m³/d	水量 0.5~1 万 m³/d
1	人 工	工日	0.80~0.90	0.90~1.10	1.10~1.30
2	人工费小计	元	12~13	13~16	16~19
3	钢材	kg	7.50~9.00	9.00~11.00	11.00~13.00
4	水泥	kg	23.00~29.00	29.00~34.00	34.00~41.00
5	锯材	m³	0.004~0.005	0.005~0.006	0.006~0.007
6	砂	m³	0.06~0.07	0.07~0.09	0.09~0.10
7	碎(砾)石	m³	0.10~0.12	0.12~0.14	0.14~0.17
8	铸铁管及管件	kg	0.25~0.30	0.30~0.40	0.40~0.50
9	钢管及管配件	kg	3.50~4.60	4.60~5.40	5.40~6.40
10	钢筋混凝土管	kg	1.00~1.20	1.20~1.50	1.50~1.80
11	手动闸门	kg	0.60~0.80	0.80~0.90	0.90~1.10
12	其他材料费	元	13~16	16~19	19~23
13	材料费小计	元	78~98	98~117	117~139
14	机械使用费	元	10~12	12~14	14~17
(一)	指标基价	元	100~124	124~148	148~176
(二)	其他工程费	元	8~10	10~12	12~14
(三)	综合费用	元	34~42	42~50	50~59
一	建筑安装工程费	元	142~175	175~210	210~249
二	设备购置费	元	59~73	73~87	87~104
三	工程建设其他费用	元	27~33	33~40	40~48
四	预备费	元	22~28	28~33	33~39
五	总造价指标	元	250~310	310~370	370~440
用地及设备功率指标					
1	用 地	m²	0.30~0.40	0.30~0.40	0.40~0.70
2	设 备	W	12~22	22~35	33~48

注:1. 沉淀净化是指原水只经过一次或两次沉淀的生产用水;

2. 过滤净化是指原水经过沉淀后过滤或不经过沉淀直接进行过滤和消毒的水。

排水管道工程综合指标　　　　　　　附表 3-4

序号	项目	单位	1-1	1-2	1-3	2-1	2-2	2-3	2-4
			雨水管道,泄水面积(hm²)			污水管道,平均日流量(m³/d)			
			50	100	200	10000	20000	50000	100000
			指标单位(ha/km)			指标单位[m³/(d·km)]			
1	人　工	工日	248.141	185.245	104.996	1.1698	0.8435	0.4668	0.3546
2	人工费小计	元	3610.47	2695.31	1527.69	17.02	12.27	6.79	5.16
3	水泥	t	2.324	2.156	1.47	0.0044	0.0033	0.0032	0.002
4	砂	m³	9.392	12.362	6.088	0.066	0.0714	0.0438	0.0408
5	碎石	m³	7.82	7.418	5.694	0.0087	0.0074	0.0107	0.0052
6	道渣	m³	0.246	0.16	0.106	0.0009	0.0006	0.0003	0.0002
7	砾石砂	m³	2.182	1.472	1.019	0.0054	0.0038	0.0027	0.0015
8	机砖	千块	1.278	0.801	0.443	0.0061	0.0037	0.0017	0.0013
9	钢筋	t	0.0083	0.0073	0.0044	0.00002	0.00001	0.00001	0.00002
10	钢材	t	0.1647	0.1704	0.0761	0.00147	0.00131	0.00068	0.00059
11	锯材	m³	0.4699	0.2621	0.1604	0.00267	0.00145	0.00065	0.00033
12	DN300 混凝土管	m	4.333			0.0857	0.0156	0.0021	
13	DN400 混凝土管	m	2.829			0.0056	0.0033	0.0005	
14	DN500 钢筋混凝土管	m	2.454	0.306		0.0088	0.0163	0.0038	0.0013
15	DN600 钢筋混凝土管	m	0.955	0.298	0.165		0.01		0.0006
16	DN700 钢筋混凝土管	m	2.137				0.0047	0.0034	0.0021
17	DN800 钢筋混凝土管	m		1.675	0.375			0.0001	0.001
18	DN900 钢筋混凝土管	m	1.035		0.384				
19	DN1000 钢筋混凝土管	m	2.544	2.351	0.42				
20	DN1200 钢筋混凝土管	m	2.454	1.53	1.509			0.0101	0.0035
21	DN1350 钢筋混凝土管	m	0.589	1.438	0.759				0.0015
22	DN1650 钢筋混凝土管	m	0.669	1.514	0.542				
23	DN2000 钢筋混凝土管	m		0.535	0.439				
24	DN2200 钢筋混凝土管	m		0.352	0.363				
25	DN2400 钢筋混凝土管	m			0.042				
26	铸铁井盖井座	套	0.55	0.2115	0.1375	0.00275	0.00137	0.00055	0.00028
27	其他材料费	元	1664.89	1609.22	1031.60	7.27	5.19	3.25	2.77
28	材料费小计	元	7073.79	6944.73	4590.02	24.94	19.06	13.33	9.89
29	机械使用费小计	元	3243.34	2737.29	1519.59	22.35	17.20	9.40	8.02
30	指标基价	元	13927.60	12377.33	7637.31	64.31	48.53	29.53	23.07
31	其他工程费	元	1392.76	1237.73	763.73	6.43	4.85	2.95	2.31
32	综合费用	元	6085.25	5407.90	3336.89	28.10	21.20	12.90	10.08
33	建筑安装工程费	元	21405.61	19022.96	11737.93	98.84	74.58	45.38	35.46
34	工程建设其他工程费用	元	1877.27	1668.31	1029.42	8.67	6.54	3.98	3.11
35	基本预备费	元	2328.29	2069.13	1276.74	10.75	8.11	4.94	3.86
36	指标总造价	元	25611.17	22760.40	14044.09	118.26	89.23	54.30	42.43

注:1. 排水管道工程综合指标分为污水管道工程和雨水管道工程,其内容包括土方工程、沟槽支撑及拆除、管道铺设、砖砌方沟、砌筑检查井、沟槽排水。指标中未考虑防冻、防淤、地基加固、穿越铁路等工程措施。

　　2. 雨水管道的设计径流系数为 0.6,重现期为一年。

污水处理厂综合指标　　　　　　单位:m³/d　**附表 3-5**

指标编号			4B-1-1-1	4B-1-1-2	4B-1-1-3	4B-1-1-4	4B-1-1-5
序号	项目名称	单位	一级污水处理综合指标				
			水量 20 万 m³/d 以上	水量 10~20 万 m³/d	水量 5~10 万 m³/d	水量 2~5 万 m³/d	水量 1~2 万 m³/d
1	人　工	工日	2~2.4	2.4~2.8	2.8~3.4	3.4~4	4~4.5
2	人工费小计	元	29.1~34.9	34.9~40.7	40.7~49.5	49.5~58.2	58.2~65.5
3	水泥	kg	90~95	95~105	105~115	115~130	130~160
4	锯材	m³	0.013~0.015	0.015~0.018	0.018~0.022	0.022~0.025	0.025~0.030
5	钢材	kg	12~14	14~16	16~18	18~20	20~25
6	砂	m³	0.25~0.28	0.28~0.3	0.3~0.35	0.35~0.42	0.42~0.52
7	碎石	m³	0.4~0.45	0.45~0.5	0.5~0.6	0.6~0.72	0.72~0.85
8	铸铁管	kg	2~3	3~4	4~5	5~6	6~7
9	钢管及钢配件	kg	1~2	1~2	2~3	2~3	3~4
10	钢筋混凝土管	kg	5~7	6~8	7~10	9~11	10~12
11	闸阀	kg	1~2	2~3	2~3	3~4	3~4
12	其他材料费	元	51~47	52~44	53~55	60~60	69~48
13	材料费小计	元	185~211	211~236	237~277	277~317	318~355
14	机械使用费	元	26~32	31~37	36~43	43~50	49~60
15	指标基价	元	240~277	277~314	314~370	370~425	425~481
16	其他工程费	元	19~22	22~25	25~30	30~34	34~39
17	综合费用	元	83~96	96~109	109~128	128~147	147~167
一	建筑安装工程费	元	343~396	396~448	448~528	528~607	607~686
二	设备购置费	元	177~204	204~231	231~272	272~313	313~353
三	工程建设其他费用	元	71~82	82~93	93~110	110~126	126~143
四	预备费	元	59~68	68~77	77~91	91~105	105~118
五	总造价指标	元	650~750	750~850	850~1000	1000~1150	1150~1300
用地及设备功率指标							
1	用　地	m²	0.3~0.5	0.4~0.6	0.5~0.8	0.6~1.0	0.6~1.4
2	设　备	W	4~6	5~8	8~10	10~15	15~20

指标编号			4B-1-1-6	4B-1-1-7	4B-1-1-8	4B-1-1-9	4B-1-1-10
			二级污水处理综合指标(一)				
序号	项目名称	单位	水量20万 m³/d 以上	水量10～20万 m³/d	水量5～10万 m³/d	水量2～5万 m³/d	水量1～2万 m³/d
1	人　工	工日	2.5～3	3.5～4	4～4.5	4.5～5	5～6
2	人工费小计	元	36.4～43.7	50.9～58.2	58.2～65.5	65.5～72.8	72.8～87.3
3	水泥	kg	95～115	115～140	135～160	150～180	180～240
4	锯材	m³	0.013～0.015	0.015～0.018	0.018～0.022	0.022～0.025	0.025～0.030
5	钢材	kg	16～19	18～22	20～24	24～28	28～32
6	砂	m³	0.22～0.25	0.25～0.29	0.29～0.33	0.33～0.38	0.38～0.48
7	碎石	m³	0.35～0.4	0.4～0.48	0.48～0.54	0.54～0.62	0.62～0.8
8	铸铁管	kg	6.5～8	7～8.5	7.5～9	8～11	10～13
9	钢管及钢配件	kg	2～3	3～4	4～6	6～8	8～10
10	钢筋混凝土管	kg	10～14	13～15	14～18	16～20	20～25
11	闸阀	kg	2～3	2～3	3～4	3～4	4～5
12	其他材料费	元	90～95	99～99	106～114	123～152	154～164
13	材料费小计	元	261～306	296～343	339～400	395～482	481～552
14	机械使用费	元	54～57	60～61	65～70	75～92	93～100
15	指标基价	元	351～407	407～462	462～536	536～647	647～739
16	其他工程费	元	28～33	33～37	37～43	43～52	52～60
17	综合费用	元	122～141	141～160	160～186	186～224	224～256
一	建筑安装工程费	元	501～580	580～659	659～765	765～923	923～1055
二	设备购置费	元	258～299	299～340	340～394	394～476	476～544
三	工程建设其他费用	元	104～121	121～137	137～159	159～192	192～220
四	预备费	元	86～100	100～114	114～132	132～159	159～182
五	总造价指标	元	950～1100	1100～1250	1250～1450	1450～1750	1750～2000
用地及设备功率指标							
1	用　地	m²	0.5～0.8	0.6～0.9	0.8～1.2	1.0～1.5	1.0～2.0
2	设　备	W	12～17	15～20	18～25	20～30	25～35

续表

指标编号			4B-1-1-11	4B-1-1-12	4B-1-1-13	4B-1-1-14	4B-1-1-15
			二级污水处理综合指标(二)				
序号	项目名称	单位	水量20 万 m³/d 以上	水量10～20 万 m³/d	水量5～10 万 m³/d	水量2～5 万 m³/d	水量1～2 万 m³/d
1	人　工	工日	3～4	4～5	5～6	6～7.5	7.5～9
2	人工费小计	元	43.7～58.2	58.2～72.8	72.8～87.3	87.3～109.1	109.1～131.0
3	水泥	kg	110～140	140～170	170～200	200～260	260～310
4	锯材	m³	0.018～0.022	0.021～0.024	0.023～0.026	0.025～0.028	0.027～0.032
5	钢材	kg	24～28	28～36	36～42	42～52	52～62
6	砂	m³	0.24～0.29	0.29～0.35	0.35～0.42	0.42～0.52	0.52～0.62
7	碎石	m³	0.35～0.47	0.47～0.58	0.58～0.58	0.68～0.86	0.86～1.0
8	铸铁管	kg	7～9	8～10	9～11	10～12	11～14
9	钢管及钢配件	kg	3～4	4～5	5～7	6～9	9～11
10	钢筋混凝土管	kg	9～10	10～11	11～12	12～13	13～14
11	闸阀	kg	3～4	4～5	5～6	6～7	7～8
12	其他材料费	元	133～136	139～121	124～133	139～157	160～181
13	材料费小计	元	358～415	413～461	460～531	528～641	640～752
14	机械使用费	元	79～82	83～76	77～84	87～100	101～115
15	指标基价	元	481～554	554～610	610～702	702～850	850～998
16	其他工程费	元	39～45	45～49	49～57	57～68	68～80
17	综合费用	元	167～192	192～211	211～243	243～295	295～346
一	建筑安装工程费	元	686～791	791～870	870～1002	1002～1213	1213～1424
二	设备购置费	元	353～408	408～448	448～516	516～625	625～734
三	工程建设其他费用	元	143～165	165～181	181～209	209～253	253～297
四	预备费	元	118～136	136～150	150～173	173～209	209～245
五	总造价指标	元	1300～1500	1500～1650	1650～1900	1900～2300	2300～2700
用地及设备功率指标							
1	用　地	m²	0.6～1.0	0.8～1.2	1.0～2.5	2.5～4.0	4.0～6.0
2	设　备	W	15～20	18～22	20～30	25～40	38～50

注:1. 一级处理工艺流程大体为:提升(泵房)、沉砂、沉淀及污泥浓缩、干化处理或脱水处理等;

2. 二级处理(一)工艺流程大体为:提升(泵房)、沉砂、初次沉淀、曝气、二次沉淀及污泥浓缩干化处理等;

3. 二级处理(二)工艺流程大体为:提升(泵房)、沉砂、初次沉淀、曝气、二次沉淀、消毒及污泥提升、浓缩、消化、脱水及沼气利用等;

4. 污水处理厂综合指标也是用于采用氧化沟、AB法、AO法等处理工艺的污水厂;综合指标上限适用于处理比较困难,地质条件较差,工艺标准及结构标准较高,自控程度较高等情况。

雨、污水泵房综合指标 单位:L/s 附表 3-6

指标编号			4B-1-2-1	4B-1-2-2	4B-1-2-3	4B-1-2-4
序号	项目名称	单位	雨水泵站综合指标			
			流量20000 L/s 以上	流量10000～ 20000L/s	流量5000～ 10000L/s	流量1000～ 5000L/s
1	人 工	工日	3～3.6	3.6～4.2	4.2～5.2	5.2～6.3
2	人工费小计	元	43.7～52.4	52.4～61.1	61.1～75.7	75.7～91.7
3	水泥	kg	130～160	160～190	190～240	240～280
4	锯材	m³	0.04～0.06	0.06～0.07	0.07～0.08	0.08～0.10
5	钢材	kg	32～40	40～48	48～58	58～70
6	砂	m³	0.34～0.40	0.40～0.50	0.50～0.60	0.60～0.70
7	碎石	m³	0.58～0.68	0.68～0.82	0.82～1.00	1.00～1.20
8	铸铁管	kg	6～8	8～10	10～13	13～16
9	钢管及钢配件	kg	4～5	5～7	7～9	8～10
10	钢筋混凝土管	kg	10～14	12～16	16～20	20～24
11	闸阀	kg	4～5	5～7	7～9	9～11
12	其他材料费	元	98～120	120～166	166～218	221～282
13	材料费小计	元	415～531	531～669	669～831	829～1020
14	机械使用费	元	62～76	77～104	104～135	137～173
15	指标基价	元	521～660	660～833	833～1042	1042～1285
16	其他工程费	元	42～53	53～67	67～84	84～103
17	综合费用	元	181～229	229～289	289～361	361～445
一	建筑安装工程费	元	743～942	942～1189	1189～1487	1487～1834
二	设备购置费	元	456～577	577～729	729～911	911～1124
三	工程建设其他费用	元	165～209	209～264	264～329	329～406
四	预备费	元	136～173	173～218	218～273	273～336
五	总造价指标	元	1500～1900	1900～2400	2400～3000	3000～3700
用地及设备功率指标						
1	用 地	m²	0.4～0.6	0.5～0.7	0.6～0.8	0.8～1.1
2	设 备	W	70～90	80～100	90～110	110～140

续表

指标编号			4B-1-2-5	4B-1-2-6	4B-1-2-7	4B-1-2-8	4B-1-2-9
			污水泵站综合指标				
序号	项目名称	单位	流量2000 L/s以上	流量1000～ 2000L/s	流量600～ 1000L/s	流量300～ 600L/s	流量100～ 300L/s
1	人　工	工日	7～9	9～11	11～14	14～17	17～20
2	人工费小计	元	101.9～131.0	131.0～160.1	160.1～203.7	203.7～247.4	247.4～291.0
3	水泥	kg	360～510	510～650	650～820	820～950	950～1200
4	锯材	m³	0.09～0.13	0.13～0.17	0.17～0.22	0.22～0.27	0.27～0.35
5	钢材	kg	90～115	115～150	150～200	200～260	260～330
6	砂	m³	0.75～1.00	1.00～1.40	1.40～1.80	1.80～2.20	2.20～2.80
7	碎石	m³	1.3～1.8	1.8～2.30	2.30～2.80	2.8～3.4	3.4～4.3
8	铸铁管	kg	20～25	25～32	32～38	38～46	46～55
9	钢管及钢配件	kg	12～15	15～20	20～26	26～33	33～40
10	钢筋混凝土管	kg	24～28	28～34	34～42	42～50	50～60
11	闸阀	kg	4～7	6～8	7～9	8～10	9～12
12	其他材料费	元	491～738	743～962	967～1169	1174～1759	1764～2248
13	材料费小计	元	1278～1802	1800～2339	2336～2936	2934～3952	3949～5018
14	机械使用费	元	287～428	430～557	559～679	682～1009	1012～1288
15	指标基价	元	1667～2361	2361～3056	3056～3819	3819～5208	5208～6597
16	其他工程费	元	134～190	190～246	246～307	307～419	419～531
17	综合费用	元	578～819	819～1059	1059～1324	1324～1806	1806～2287
一	建筑安装工程费	元	2379～3370	3370～4361	4361～5451	5451～7433	7433～9415
二	设备购置费	元	1458～2065	2065～2673	2673～3341	3341～4556	4556～5771
三	工程建设其他费用	元	527～747	747～966	966～1208	1208～1647	1647～2087
四	预备费	元	436～618	618～800	800～1000	1000～1364	1364～1727
五	总造价指标	元	4800～6800	6800～8800	8800～11000	11000～15000	15000～19000
用地及设备功率指标							
1	用　地	m²	1.5～3.0	2.0～4.0	2.5～5.0	3.0～6.0	4.0～7.0
2	设备	W	150～250	200～300	250～400	350～500	500～650

　注:1. 排水泵站综合指标包括泵房、进出水口、变配电间、管理建筑以及总图布置。

　　　2. 简易临时性泵房,指标应适当降低;雨污水合流泵站可参考雨水泵站指标。

附录四　水工程项目案例分析表

建设项目名称：供水工程，Q=3 万 m³/d

工程投资总估算表

附表 4-1

序号	估算表编号	工程或费用名称	建筑工程（万元人民币）	安装工程（万元人民币）	设备购置（万元人民币）	工器具购置（万元人民币）	其他费用（万元人民币）	合计	技术经济指标 单位	数量	指标（元）	备注（占总投资）
I		工程建设费用	1263.50	1218.50	472.50	4.50	0.00	2959.00	m³/d	30000	986.33	71.91%
	1.1	取水构筑物小计	310.00	40.00	140.00	1.40	0.00	491.40				
	1.1.1	岸边深井取水及设备	300.00	25.00	90.00	0.90		415.90				
	1.1.2	输配电工程	10.00	15.00	50.00	0.50		75.50				
	1.2	输水管工程	40.00	130.00				170.00				
	1.3	净水厂小计	485.50	133.50	265.00	2.65	0.00	886.65	m³/d	30000	295.55	
	1.3.1	水厂总平面	70.00	30.00				100.00				
	1.3.2	配水井	2.50	0.50				3.00				
	1.3.3	网格反应、斜管预沉池	42.00	16.00	2.00	0.02		60.02				
	1.3.4	管式静态混合器	1.00	1.00	8.00	0.08		10.08				
	1.3.5	网格反应、斜管沉淀池	68.00	24.00	4.00	0.04		96.04				
	1.3.6	无阀滤池	56.00	10.00	14.00	0.14		80.14				
	1.3.7	清水池	108.00	12.00				120.00				
	1.3.8	送水泵房（含吸水井）	45.00	15.00	40.00	0.40		100.40				
	1.3.9	投药间	3.00	1.00	16.00	0.16		20.16				
	1.3.10	加氯间及酸雾净化间	6.00	2.00	22.00	0.22		30.22				
	1.3.11	电气设备		9.00	71.00	0.71		80.71				
	1.3.12	附属建筑物	82.00	8.00				90.00				
	1.3.13	车辆购置费			40.00	0.40		40.40				
	1.3.14	机修、化验、通讯、暖通设备	2.00	5.00	48.00	0.48		55.48				

续附表 4-1

工程投资总资估算表

建设项目名称：供水工程，Q=3 万 m³/d

序号	估算表编号	工程或费用名称	建筑工程（万元人民币）	安装工程（万元人民币）	设备购置（万元人民币）	工器具购置（万元人民币）	其他费用（万元人民币）	合计	单位	数量	指标（元）	备注（占总投资）
	1.4	配水管工程	300.00	900.00				1200.00				
	1.5	中途加压泵房及高位水池小计	128.00	15.00	45.00	0.45		188.45				
	1.6	设备备件			22.50			22.50				
II		工程建设其他费用					611.00	611.00				14.85%
	2.1	征地、拆迁补偿费及规费					240.00	240.00				
	2.2	建设单位管理费					40.04	40.04				
	2.3	工程建设监理费					54.20	54.20				
	2.4	工程建设质监费					3.72	3.72				
	2.5	研究试验费					8.90	8.90				
	2.6	生产人员培训费					9.12	9.12				
	2.7	办公及生活家具购置费					3.80	3.80				
	2.8	前期工作费					6.05	6.05				
	2.9	工程设计费					59.20	59.20				
	2.10	施工图预算编制费					5.92	5.92				
	2.11	竣工图编绘费					2.96	2.96				
	2.12	工程勘察费					44.39	44.39				
	2.13	工程保险费					14.80	14.80				
	2.14	招投标管理费					14.80	14.80				
	2.15	供电贴费					70.40	70.40				

续附录 4-1

工程投资总估算表

建设项目名称：供水工程，Q=3万 m³/d

序号 (估算表序号)	估算编号	工程或费用名称	建筑工程 (万元人民币)	安装工程 (万元人民币)	设备购置 (万元人民币)	工器具购置 (万元人民币)	其他费用 (万元人民币)	合　计	技术经济指标 单位	技术经济指标 数量	技术经济指标 指标（元）	备注 （占总投资）
	2.16	联合试运转费					4.73	4.73				
	2.17	环境评价费					10.00	10.00				
	2.18	排水口航运评价费					8.00	8.00				
	2.19	水土保持评价费					5.00	5.00				
	2.20	各类评审费					5.00	5.00				
		第一、二部分费用合计	1263.50	1218.50	472.50	4.50	611.00	3570.00				86.75%
	Ⅲ	预备费					357.00	357.00			10%	8.68%
	3.1	工程因素					357.00	357.00				
	3.2	价格因素					0.00	0.00				
		固定资产投资	1263.50	1218.50	472.50	4.50	968.00	3927.00	m³/d	30000	1309.00	
	Ⅳ	建设期贷款利息					148.59	148.59				3.61%
	Ⅴ	铺底流动资金					39.45	39.45				0.96%
		建设项目总投资	1263.50	1218.50	472.50	4.50	1156.05	4115.05	m³/d	30000	1371.68	100.00%
		占总投资比例	30.70%	29.61%	11.48%	0.11%	28.09%	100.00%				

投资使用计划和资金筹措表

序号	项目	合计 （万元人民币）	建设期		投产期		
			1 年	2 年	3 年	4 年	5 年
1	建设项目总投资	4207.11	2112.09	1963.50	114.04	8.74	8.74
1.1	固定资产投资	3927.00	1963.50	1963.50			
1.2	建设期贷款利息	148.59	148.59				
1.3	流动资金增加额	131.51			114.04	8.74	8.74
2	资金筹措	4207.11	2000.08	2075.51	114.04	8.74	8.74
2.1	自有资金	1610.26	785.40	785.40	39.45		
	其中：固定资产投资	1570.80	785.40	785.40			
	铺底流动资金	39.45			39.45		
2.2	银行借款（含建设期利息）	2504.79	1214.68	1290.11			
	其中：当年借款	2356.20	1178.10	1178.10			
	当年利息	148.59	36.58	112.01			
2.3	流动资金借款	92.06			74.59	8.74	8.74

总成本费用估算表　附表 4-3

单位：万元人民币

序号	项目	合计	投产营运期								
	年份		3	4	5	6	7	8	9	10	11
	生产负荷（%）		80%	90%	100%	100%	100%	100%	100%	100%	100%
1	水资源费	488.41	22.08	24.83	27.59	27.59	27.59	27.59	27.59	27.59	27.59
2	电费	4311.72	194.88	219.24	243.60	243.60	243.60	243.60	243.60	243.60	243.60
3	药剂费	577.96	26.12	29.39	32.65	32.65	32.65	32.65	32.65	32.65	32.65
4	工资福利费	547.20	30.40	30.40	30.40	30.40	30.40	30.40	30.40	30.40	30.40
5	年折旧额	2863.94	159.11	159.11	159.11	159.11	159.11	159.11	159.11	159.11	159.11
6	大修理基金	1431.97	79.55	79.55	79.55	79.55	79.55	79.55	79.55	79.55	79.55
7	摊销费	459.51	36.76	36.76	36.76	36.76	36.76	36.76	36.76	36.76	36.76
8	维护费	325.45	18.08	18.08	18.08	18.08	18.08	18.08	18.08	18.08	18.08
9	财务费用	760.82	157.73	140.72	121.79	102.60	83.16	63.72	24.83	15.11	5.39
9.1	其中：银行借款利息支出	670.80	155.55	136.10	116.66	97.22	77.77	58.33	19.44	9.72	0.00
9.2	流动资金利息支出	90.02	2.18	4.62	5.13	5.39	5.39	5.39	5.39	5.39	5.39
10	管理费用及其他	1650.92	85.05	89.60	94.16	94.16	94.16	94.16	94.16	94.16	94.16
11	年总成本	13417.90	809.76	827.69	843.70	824.52	805.07	785.63	746.74	737.02	727.30
	其中：固定成本	7278.99	408.95	413.51	418.07	418.07	418.07	418.07	418.07	418.07	418.07
	可变成本	6138.91	400.81	414.19	425.64	406.45	387.01	367.56	328.68	318.95	309.23
12	单位处理成本（元/m³）	0.85	0.92	0.94	0.96	0.94	0.92	0.90	0.85	0.84	0.83
	其中：单位处理固定成本	0.46	0.47	0.47	0.48	0.48	0.48	0.48	0.48	0.48	0.48
	单位处理可变成本	0.39	0.46	0.47	0.49	0.46	0.44	0.42	0.38	0.36	0.35
13	年经营成本	9333.63	456.16	491.10	526.04	526.04	526.04	526.04	526.04	526.04	526.04
14	单位经营成本（元/m³）	0.60	0.65	0.62	0.60	0.60	0.60	0.60	0.60	0.60	0.60
15	年运行成本	7901.66	376.61	411.55	446.49	446.49	446.49	446.49	446.49	446.49	446.49
16	单位运行成本（元/m³）	0.51	0.54	0.52	0.51	0.51	0.51	0.51	0.51	0.51	0.51
17	建议水价（元/m³）	1.67	1.93	1.77	1.65	1.65	1.65	1.65	1.65	1.65	1.65

总成本费用估算表　　　　单位：万元人民币　续附表 4-3

序号	项　目	生产营运期								
		12	13	14	15	16	17	18	19	20
1	生产负荷（%）	100%	100%	100%	100%	100%	100%	100%	100%	100%
	水资源费	27.59	27.59	27.59	27.59	27.59	27.59	27.59	27.59	27.59
2	电费	243.60	243.60	243.60	243.60	243.60	243.60	243.60	243.60	243.60
3	药剂费	32.65	32.65	32.65	32.65	32.65	32.65	32.65	32.65	32.65
4	工资福利费	30.40	30.40	30.40	30.40	30.40	30.40	30.40	30.40	30.40
5	年折旧额	159.11	159.11	159.11	159.11	159.11	159.11	159.11	159.11	159.11
6	大修理基金	79.55	79.55	79.55	79.55	79.55	79.55	79.55	79.55	79.55
7	摊销费	36.76	36.76	36.76	18.38					
8	维护费	18.08	18.08	18.08	18.08	18.08	18.08	18.08	18.08	18.08
9	财务费用	5.39	5.39	5.39	5.39	5.39	5.39	5.39	5.39	2.69
9.1	其中：银行借款利息支出	0.00	0.00	0.00	0.00	0.00	0.00	0.00	0.00	0.00
9.2	流动资金利息支出	5.39	5.39	5.39	5.39	5.39	5.39	5.39	5.39	2.69
10	管理费用及其他	94.16	94.16	94.16	91.41	88.65	88.65	88.65	88.65	88.65
11	年总成本	727.30	727.30	727.30	706.16	685.02	685.02	685.02	685.02	682.33
	其中：固定成本	418.07	418.07	418.07	396.93	375.79	375.79	375.79	375.79	375.79
	可变成本	309.23	309.23	309.23	309.23	309.23	309.23	309.23	309.23	306.54
12	单位处理成本（元/m³）	0.83	0.83	0.83	0.81	0.78	0.78	0.78	0.78	0.78
	其中：单位处理固定成本	0.48	0.48	0.48	0.45	0.43	0.43	0.43	0.43	0.43
	单位处理可变成本	0.35	0.35	0.35	0.35	0.35	0.35	0.35	0.35	0.35
13	年经营成本	526.04	526.04	526.04	523.29	520.53	520.53	520.53	520.53	520.53
14	单位经营成本（元/m³）	0.60	0.60	0.60	0.60	0.59	0.59	0.59	0.59	0.59
15	年运行成本	446.49	446.49	446.49	443.73	440.98	440.98	440.98	440.98	440.98
16	单位运行成本（元/m³）	0.51	0.51	0.51	0.51	0.50	0.50	0.50	0.50	0.50
17	建议水价（元/m³）	1.65	1.65	1.65	1.65	1.64	1.64	1.64	1.64	1.64

损　益　表

单位：万元人民币　**附表 4-4**

序号	项　目	年份 合计	3	4	5	6	7	8	9	10	11
	生产负荷（%）		80%	90%	100%	100%	100%	100%	100%	100%	100%
1	产品销售（营业）收入	23536.89	1063.81	1196.79	1329.77	1329.77	1329.77	1329.77	1329.77	1329.77	1329.77
2	销售税金及附加（1×20.9%）	4919.21	222.34	250.13	277.92	277.92	277.92	277.92	277.92	277.92	277.92
3	总成本费用	13417.90	809.76	827.69	843.70	824.52	805.07	785.63	746.74	737.02	727.30
4	利润总额	5199.78	31.72	118.97	208.14	227.33	246.77	266.22	305.11	314.83	324.55
5	应纳税所得额	5199.78	31.72	118.97	208.14	227.33	246.77	266.22	305.11	314.83	324.55
6	所得税（5×33%）	1715.93	10.47	39.26	68.69	75.02	81.44	87.85	100.68	103.89	107.10
7	税后利润	3483.85	21.25	79.71	139.46	152.31	165.34	178.37	204.42	210.93	217.45
8	特种资金（7×25%）	0.00									
9	可供分配利润	3483.85	21.25	79.71	139.46	152.31	165.34	178.37	204.42	210.93	217.45
9.1	盈余公积金、公益金（9×15%）	522.58	3.19	11.96	20.92	22.85	24.80	26.75	30.66	31.64	32.62
9.2	应付利润	0.00									
9.3	未分配利润	2961.28	18.06	67.75	118.54	129.47	140.54	151.61	173.76	179.29	184.83
10	累计未分配利润		18.06	85.82	204.36	333.82	474.36	625.97	799.73	979.02	1163.85

（投　产　营　运　期）

损 益 表

续附表 4-4

单位：万元人民币

序号	项 目	投产营运期								
		12	13	14	15	16	17	18	19	20
	生产负荷（%）	100%	100%	100%	100%	100%	100%	100%	100%	100%
1	产品销售（营业）收入	1329.77	1329.77	1329.77	1329.77	1329.77	1329.77	1329.77	1329.77	1329.77
2	销售税金及附加（1×20.9%）	277.92	277.92	277.92	277.92	277.92	277.92	277.92	277.92	277.92
3	总成本费用	727.30	727.30	727.30	706.16	685.02	685.02	685.02	685.02	682.33
4	利润总额	324.55	324.55	324.55	345.69	366.82	366.82	366.82	366.82	369.52
5	应纳税所得额	324.55	324.55	324.55	345.69	366.82	366.82	366.82	366.82	369.52
6	所得税（5×33%）	107.10	107.10	107.10	114.08	121.05	121.05	121.05	121.05	121.94
7	税后利润	217.45	217.45	217.45	231.61	245.77	245.77	245.77	245.77	247.58
8	特种资金（7×25%）									
9	可供分配利润	217.45	217.45	217.45	231.61	245.77	245.77	245.77	245.77	247.58
9.1	盈余公积金、公益金（9×15%）	32.62	32.62	32.62	34.74	36.87	36.87	36.87	36.87	37.14
9.2	应付利润									
9.3	未分配利润	184.83	184.83	184.83	196.87	208.91	208.91	208.91	208.91	210.44
10	累计未分配利润	1348.68	1533.51	1718.34	1915.21	2124.12	2333.02	2541.93	2750.84	2961.28

现金流量表（全部投资）

单位：万元人民币　附表 4-5

序号	项目	合计	建设期 1	建设期 2	投产营运期 3	4	5	6	7	8	9	10
	生产负荷（%）				80%	90%	100%	100%	100%	100%	100%	100%
1	现金流入	24420.55			1063.81	1196.79	1325.77	1329.77	1329.77	1329.77	1329.77	1329.77
1.1	营业（产品销售）收入	23536.89			1063.81	1196.79	1325.77	1329.77	1329.77	1329.77	1329.77	1329.77
1.2	回收固定资产余值	752.15										
1.3	回收流动资金	131.51										
2	现金流出	20027.29	1963.50	1963.50	803.00	789.23	881.39	878.98	885.40	891.82	904.65	907.86
2.1	固定资产投资	3927.00	1963.50	1963.50								
2.2	固定资产投资方向调节税	0.00										
2.3	流动资金	131.51			114.04	8.74	8.74					
2.4	经营成本	9333.63			456.16	491.10	523.04	526.04	526.04	526.04	526.04	526.04
2.5	销售税金及附加	4919.21			222.34	250.13	277.92	277.92	277.92	277.92	277.92	277.92
2.6	所得税	1715.93			10.47	39.26	68.69	75.02	81.44	87.85	100.68	103.89
2.7	特种基金	0.00			0.00	0.00	0.00	0.00	0.00	0.00	0.00	0.00
3	所得税后净现金流量	4393.26	−1963.50	−1963.50	260.81	407.57	448.38	450.78	444.37	437.95	425.12	421.91
4	所得税后累计净现金流量	−5601.16	−1963.50	−3927.00	−3666.19	−3258.63	−2810.25	−2359.47	−1915.10	−1477.15	−1052.03	−630.12
5	所得税前净现金流量	6109.19	−1963.50	−1963.50	271.28	446.82	517.07	525.80	525.80	525.80	525.80	525.80
6	所得税前累计净现金流量	8254.74	−1963.50	−3927.00	−3655.73	−3208.90	−2691.83	−2166.03	−1640.23	−1114.43	−588.62	−62.82

计算指标：

	所得税后	所得税前
财务内部收益率 FIRR=	7.92%	10.16%
财务净现值 i_c＝6%	631.76	1470.62
投资回收期（从建设期算起）	11.50	10.12

现金流量表（全部投资）　续附表 4-5

单位：万元人民币

序号	项目	建设期			投产营运期						
		11	12	13	14	15	16	17	18	19	20
	生产负荷（%）	100%	100%	100%	100%	100%	100%	100%	100%	100%	100%
1	现金流入	1329.77	1329.77	1329.77	1329.77	1329.77	1329.77	1329.77	1329.77	1329.77	2213.43
1.1	营业（产品销售）收入	1329.77	1329.77	1329.77	1329.77	1329.77	1329.77	1329.77	1329.77	1329.77	1329.77
1.2	回收固定资产余值										752.15
1.3	回收流动资金										131.51
2	现金流出	911.07	911.07	911.07	911.07	915.28	919.50	919.50	919.50	919.50	920.39
2.1	固定资产投资										
2.2	固定资产投资方向调节税										
2.3	流动资金										
2.4	经营成本	526.04	526.04	526.04	526.04	523.29	520.53	520.53	520.53	520.53	520.53
2.5	销售税金及附加	277.92	277.92	277.92	277.92	277.92	277.92	277.92	277.92	277.92	277.92
2.6	所得税	107.10	107.10	107.10	107.10	114.08	121.05	121.05	121.05	121.05	121.94
2.7	特种基金	0.00	0.00	0.00	0.00	0.00	0.00	0.00	0.00	0.00	0.00
3	所得税后净现金流量	418.70	418.70	418.70	418.70	414.48	410.27	410.27	410.27	410.27	1293.03
4	所得税后累计净现金流量	−211.42	207.28	625.98	1044.69	1459.17	1869.43	2279.70	2689.96	3100.23	4393.26
5	所得税前净现金流量	525.80	525.80	525.80	525.80	528.56	531.32	531.32	531.32	531.32	1414.97
6	所得税前累计净现金流量	462.98	988.78	1514.59	2040.39	2568.95	3100.27	3631.58	4162.90	4694.22	6109.19

现金流量表（自有资金）

单位：万元人民币 附表4-6

序号	项目	合计	建设期		投产营运期							
	年份		1	2	3	4	5	6	7	8	9	10
	生产负荷（%）				80%	90%	103%	100%	100%	100%	100%	100%
1	现金流入	24420.55			1063.81	1196.79	1329.77	1329.77	1329.77	1329.77	1329.77	1329.77
1.1	营业（产品销售）收入	23536.89			1063.81	1196.79	1329.77	1329.77	1329.77	1329.77	1329.77	1329.77
1.2	回收固定资产余值	752.15										
1.3	回收流动资金	131.51										
2	现金流出	21724.10	785.40	785.40	1199.25	1336.38	1466.51	1455.64	1424.67	1386.97	1324.53	1258.18
2.1	固定资产投资	1610.26	785.40	785.40	39.45							
2.2	固定资产投资方向调节税	3337.23			313.10	412.27	461.75	460.44	448.21	424.90	390.52	333.99
2.3	流动资金	807.84			157.73	143.62	132.11	116.21	91.06	70.26	29.36	16.33
2.4	经营成本	9333.63			456.16	491.10	526.04	526.04	526.04	526.04	526.04	526.04
2.5	销售税金及附加	4919.21			222.34	250.13	277.92	277.92	277.92	277.92	277.92	277.92
2.6	所得税	1715.93			10.47	39.26	68.69	75.02	81.44	87.85	100.68	103.89
2.7	特种基金	0.00			0.00	0.00	0.00	0.00	0.00	0.00	0.00	0.00
3	所得税后净现金流量	2696.45	-785.40	-785.40	-135.43	-139.59	-136.74	-125.87	-94.91	-57.20	5.24	71.59
4	所得税后累计净现金流量	-17365.42	-785.40	-1570.80	-1706.23	-1845.83	-1982.57	-2108.44	-2203.34	-2260.55	-2255.31	-2183.72
5	所得税前净现金流量	4412.38	-785.40	-785.40	-124.96	-100.33	-68.06	-50.85	-13.47	30.65	105.93	175.48
6	所得税前累计净现金流量	-3509.52	-785.40	-1570.80	-1695.77	-1796.10	-1864.16	-1915.00	-1928.47	-1897.83	-1791.90	-1616.42

计算指标：

	所得税后	所得税前
财务内部收益率 FIRR=	6.08%	c.34%
财务净现值 $i_c=6\%$	18.38	857.25
投资回收期（从建设期算起）	15.30	13.11

现金流量表（自有资金） 续附表 4-6

单位：万元人民币

序号	项目	建设期					投产营运期				
		11	12	13	14	15	16	17	18	19	20
	生产负荷（%）	100%	100%	100%	100%	100%	100%	100%	100%	100%	100%
1	现金流入	1329.77	1329.77	1329.77	1329.77	1329.77	1329.77	1329.77	1329.77	1329.77	2213.43
1.1	营业（产品销售）收入	1329.77	1329.77	1329.77	1329.77	1329.77	1329.77	1329.77	1329.77	1329.77	1329.77
1.2	回收固定资产余值										752.15
1.3	回收流动资金										131.51
2	现金流出	916.45	916.45	916.45	916.45	920.67	924.89	924.89	924.89	924.89	1015.14
2.1	固定资产投资										
2.2	固定资产投资方向调节税	0.00	0.00	0.00	0.00	0.00	0.00	0.00	0.00	0.00	92.06
2.3	流动资金	5.39	5.39	5.39	5.39	5.39	5.39	5.39	5.39	5.39	2.69
2.4	经营成本	526.04	526.04	526.04	526.04	523.29	520.53	520.53	520.53	520.53	520.53
2.5	销售税金及附加	277.92	277.92	277.92	277.92	277.92	277.92	277.92	277.92	277.92	277.92
2.6	所得税	107.10	107.10	107.10	107.10	114.08	121.05	121.05	121.05	121.05	121.94
2.7	特种基金	0.00	0.00	0.00	0.00	0.00	0.00	0.00	0.00	0.00	0.00
3	所得税后净现金流量	413.32	413.32	413.32	413.32	409.10	404.88	404.88	404.88	404.88	1198.28
4	所得税后累计净现金流量	−1770.40	−1357.08	−943.77	−530.45	−121.35	283.53	688.41	1093.28	1498.16	2696.45
5	所得税前净现金流量	520.42	520.42	520.42	520.42	523.17	525.93	525.93	525.93	525.93	1320.22
6	所得税前累计净现金流量	−1096.00	−575.58	−55.17	465.25	988.43	1514.36	2040.29	2566.22	3092.15	4412.38

资金来源及应用表

附表 4-7

单位：万元人民币

序号	项目	合计	建设期 1	建设期 2	投产营运期 3	4	5	6	7	8	9	10
	生产负荷（%）				80%	90%	100%	100%	100%	100%	100%	100%
1	资金来源	14354.38	2000.08	2075.51	440.80	472.22	560.09	558.31	554.44	539.51	521.86	510.70
1.1	利润总额	5199.78			31.72	118.97	208.14	227.33	246.77	266.22	305.11	314.83
1.2	折旧费	2863.94			159.11	159.11	159.11	159.11	159.11	159.11	159.11	159.11
1.3	摊销费	459.51			36.76	36.76	36.76	36.76	36.76	36.76	36.76	36.76
1.5	长期借款（包括建设期利息）	2504.79	1214.68	1290.11								
1.6	流动资金借款	92.06			74.59	8.74	8.74					
1.7	其他短期借款	740.38			99.17	148.65	147.34	135.11	111.80	77.42	20.89	
1.8	自有资金	1610.26	785.40	785.40	39.45							
	用于：固定资产投资	1570.80	785.40	785.40								
	铺底流动资金	39.45			39.45							
1.9	其他	0.00										
1.10	回收固定资产余值	752.15			0.00	0.00	0.00	0.00	0.00	0.00	0.00	0.00
1.11	回收流动资金	131.51			0.00	0.00	0.00	0.00	0.00	0.00	0.00	0.00
2	资金应用	9260.27	2000.08	2075.51	437.61	460.26	539.17	535.46	529.65	512.75	491.20	437.88
2.1	固定资产投资（含投资方向调节税）	3927.00	1963.50	1963.50	0.00	0.00	0.00	0.00	0.00	0.00	0.00	0.00
2.2	建设期利息	148.59	36.58	112.01								
2.3	流动资金	131.51			114.04	8.74	8.74					
2.4	所得税	1715.93			10.47	39.26	68.69	75.02	81.44	87.85	100.68	103.89
2.5	特种基金	0.00			0.00	0.00	0.00	0.00	0.00	0.00	0.00	0.00
2.6	应付利润	0.00			0.00	0.00	0.00	0.00	0.00	0.00	0.00	0.00
2.7	长期借款本金偿还	2504.79			313.10	313.10	313.10	313.10	313.10	313.10	313.10	313.10
2.8	流动资金借款本金偿还	92.06			0.00	0.00	0.00	0.00	0.00	0.00	0.00	0.00
2.9	短期借款本金偿还	740.38		0.00	3.19	99.17	148.65	147.34	135.11	111.80	77.42	20.89
3	盈余资金	5094.11	0.00	0.00	3.19	11.96	20.92	22.85	24.80	26.76	30.66	72.81
4	逐年累计盈余资金				3.19	15.15	36.07	58.92	83.71	110.47	141.13	213.94

续附表 4-7

资金来源及应用表

单位：万元人民币

序号	项目	投产营运期									
		11	12	13	14	15	16	17	18	19	20
	生产负荷（%）	100%	100%	100%	100%	100%	100%	100%	100%	100%	100%
1	资金来源	520.42	520.42	520.42	520.42	523.17	525.93	525.93	525.93	525.93	1412.28
1.1	利润总额	324.55	324.55	324.55	324.55	345.69	366.82	366.82	366.82	366.82	369.52
1.2	折旧费	159.11	159.11	159.11	159.11	159.11	159.11	159.11	159.11	159.11	159.11
1.3	摊销费	36.76	36.76	36.76	36.76	18.38					
1.5	长期借款（包括建设期利息）										
1.6	流动资金借款										
1.7	其他短期借款										
1.8	自有资金	0.00	0.00	0.00	0.00	0.00	0.00	0.00	0.00	0.00	0.00
	用于：固定资产投资										
	铺底流动资金										
1.9	其他										
1.10	回收固定资产余值	0.00	0.00	0.00	0.00	0.00	0.00	0.00	0.00	0.00	752.15
1.11	回收流动资金	0.00	0.00	0.00	0.00	0.00	0.00	0.00	0.00	0.00	131.51
2	资金应用	107.10	107.10	107.10	107.10	114.08	121.05	121.05	121.05	121.05	214.00
2.1	固定资产投资（含投资方向调节税）										
2.2	建设期利息										
2.3	流动资金										
2.4	所得税	107.10	107.10	107.10	107.10	114.08	121.05	121.05	121.05	121.05	121.94
2.5	特种基金	0.00	0.00	0.00	0.00	0.00	0.00	0.00	0.00	0.00	0.00
2.6	应付利润	0.00	0.00	0.00	0.00	0.00	0.00	0.00	0.00	0.00	0.00
2.7	长期借款本金偿还	0.00	0.00	0.00	0.00	0.00	0.00	0.00	0.00	0.00	0.00
2.8	流动资金借款本金偿还	0.00	0.00	0.00	0.00	0.00	0.00	0.00	0.00	0.00	92.06
2.9	短期借款本金偿还	0.00	0.00	0.00	0.00	0.00	0.00	0.00	0.00	0.00	0.00
3	盈余资金	413.32	413.32	413.32	413.32	409.10	404.88	404.88	404.88	404.88	1198.28
4	逐年累计盈余资金	627.26	1040.58	1453.89	1867.21	2276.31	2681.19	3086.07	3490.94	3895.82	5094.11

资产负债表

单位：万元人民币　　附表4-8

序号	项目	合计	建设期		投产营运期							
			1	2	3	4	5	6	7	8	9	10
1	资产	76447.07	2000.08	4075.60	4045.58	3883.31	3731.53	3558.51	3387.44	3218.33	3053.12	2930.06
1.1	流动资产总额	29842.47			165.85	199.45	243.54	266.39	291.19	317.94	348.60	421.42
1.1.1	应收账款	1532.22			60.82	73.67	87.67	87.67	87.67	87.67	87.67	87.67
1.1.2	存货	1767.38			64.82	82.04	101.28	101.28	101.28	101.28	101.28	101.28
1.1.3	现金	366.93			37.01	28.60	18.52	18.52	18.52	18.52	18.52	18.52
1.1.4	累计盈余资金	26175.95			3.19	15.15	36.07	58.92	83.71	110.47	141.13	213.94
1.2	在建工程（包括建设期利息）	6075.68	2000.08	4075.60								
1.3	固定资产净值	37882.17			3456.98	3297.87	3138.77	2979.66	2820.55	2661.44	2502.33	2343.23
1.4	无形及递延资产净值	2646.75			422.75	385.98	349.22	312.46	275.70	238.94	202.18	165.42
2	负债及所有者权益	76447.07	2000.08	4075.60	4045.58	3883.31	3731.53	3558.51	3387.44	3218.33	3053.12	2930.06
2.1	流动负债总额	3696.74			222.37	293.50	315.36	303.13	279.82	245.44	188.91	168.02
2.1.1	应付账款	1325.53			48.62	61.53	75.96	75.96	75.96	75.96	75.96	75.96
2.1.2	流动资金借款	1630.83			74.59	83.32	92.06	92.06	92.06	92.06	92.06	92.06
2.1.3	其他短期借款	740.38			99.17	148.65	147.34	135.11	111.80	77.42	20.89	0.00
2.2	长期借款	12486.26	1214.68	2504.79	2191.70	1878.60	1565.50	1252.40	939.30	626.20	313.10	0.00
	负债小计	16183.00	1214.68	2504.79	2414.07	2172.10	1880.86	1555.53	1219.12	871.64	502.01	168.02
2.3	所有者权益	60264.07	785.40	1570.80	1631.51	1711.22	1850.67	2002.99	2168.32	2346.69	2551.11	2762.05
2.3.1	资本金	32132.40	785.40	1570.80	1610.26	1610.26	1610.26	1610.26	1610.26	1610.26	1610.26	1610.26
2.3.2	资本公积金	0.00			0.00							
2.3.3	累计盈余公积金	4219.75			3.19	15.14	36.06	58.91	83.71	110.47	141.13	172.77
2.3.4	累计未分配利润	23911.92			18.06	85.82	204.36	333.82	474.36	625.97	799.73	979.02
计算指标:												
	资产负债率（%）	21%	61%	61%	60%	56%	50%	44%	36%	27%	16%	6%
	流动比率（%）	807%			75%	68%	77%	88%	104%	130%	185%	251%
	速动比率（%）	759%			45%	40%	45%	54%	68%	88%	131%	191%

续附表 4-8

资产负债表　　　　单位：万元人民币

序号	项目	投产营运期									
		11	12	13	14	15	16	17	18	19	20
1	资　产　总　额	3147.51	3364.96	3582.41	3799.86	4031.47	4277.24	4523.01	4768.78	5014.55	6053.73
1.1	流动资产总额	834.73	1248.05	1661.36	2074.68	2483.78	2888.66	3293.54	3698.42	4103.30	5301.58
1.1.1	应收账款	87.67	87.67	87.67	87.67	87.21	86.75	86.75	86.75	86.75	86.75
1.1.2	存货	101.28	101.28	101.28	101.28	101.28	101.28	101.28	101.28	101.28	101.28
1.1.3	现金	18.52	18.52	18.52	18.52	18.98	19.44	19.44	19.44	19.44	19.44
1.1.4	累计盈余资金	627.26	1040.58	1453.89	1867.21	2276.31	2681.19	3086.07	3490.94	3895.82	5094.11
1.2	在建工程（包括建设期利息）										
1.3	固定资产净值	2184.12	2025.01	1865.90	1706.79	1547.69	1388.58	1229.47	1070.36	911.25	752.15
1.4	无形及递延资产净值	128.66	91.90	55.14	18.38	0.00					
2	负债及所有者权益	3147.51	3364.96	3582.41	3799.86	4031.47	4277.24	4523.01	4768.78	5014.55	6053.73
2.1	流动负债总额	168.02	168.02	168.02	168.02	168.02	168.02	168.02	168.02	168.02	168.02
2.1.1	应付账款	75.96	75.96	75.96	75.96	75.96	75.96	75.96	75.96	75.96	75.96
2.1.2	流动资金借款	92.06	92.06	92.06	92.06	92.06	92.06	92.06	92.06	92.06	92.06
2.1.3	其他短期借款	0.00	0.00	0.00	0.00	.00	0.00	0.00	0.00	0.00	0.00
2.2	长期借款	0.00	0.00	0.00	0.00	0.00	0.00	0.00	0.00	0.00	0.00
	负债小计	168.02	168.02	168.02	168.02	168.02	168.02	168.02	168.02	168.02	168.02
2.3	所有者权益	2979.49	3196.94	3414.39	3631.84	3863.45	4109.22	4354.99	4600.76	4846.53	5885.71
2.3.1	资本金	1610.26	1610.26	1610.26	1610.26	1610.26	1610.26	1610.26	1610.26	1610.26	2401.86
2.3.2	资本公积金										
2.3.3	累计盈余公积金	205.39	238.00	270.62	303.24	337.98	374.84	411.71	448.58	485.44	522.58
2.3.4	累计未分配利润	1163.85	1348.68	1533.51	1718.34	1915.21	2124.12	2333.02	2541.93	2750.84	2961.28
计算指标:											
	资产负债率（%）	5%	5%	5%	4%	4%	4%	4%	4%	3%	3%
	流动比率（%）	497%	743%	989%	1235%	1478%	1719%	1960%	2201%	2442%	3155%
	速动比率（%）	437%	683%	929%	1175%	1418%	1659%	1900%	2141%	2382%	3095%

借款还本付息计算表

单位：万元人民币　　附表 4-9

序号	项目	利率	合计	建设期		投产营运期							
	年份			1	2	3	4	5	6	7	8	9	10
	生产负荷（%）					80%	90%	100%	100%	100%	100%	100%	100%
1	长期借款												
1.1	年初借款本息累计		12486.26		1214.68	2504.79	2191.70	1878.60	1565.50	1252.40	939.30	626.20	313.10
1.1.1	本金		12264.51		1178.10	2468.21	2043.10	1878.60	1565.50	1252.40	939.30	626.20	313.10
1.1.2	建设期利息		148.59		36.58	148.59							
1.2	本年借款		2356.20	1178.10	1178.10								
1.3	本年应计利息	6.21%	819.39	36.58	112.01	155.55	136.10	116.66	97.22	77.77	58.33	19.44	9.72
1.4	本年还本		2504.79			313.10	313.10	313.10	313.10	313.10	313.10	313.10	313.10
1.5	本年付息		670.80			155.55	136.10	116.66	97.22	77.77	58.33	19.44	9.72
1.6	年末借款本息累计		12486.26	1214.68	2504.79	2191.70	1878.60	1565.50	1252.40	939.30	626.20	313.10	0.00
2	流动资金借款												
2.1	年初借款本息累计		1538.77				74.59	83.32	92.06	92.06	92.06	92.06	92.06
2.2	本年借款		92.06			74.59	8.74	8.74	0.00				
2.3	本年应计利息	5.85%	90.02			2.18	4.62	5.13	5.39	5.39	5.39	5.39	5.39
2.4	本年还本		92.06										
2.5	本年付息		90.02			2.18	4.62	5.13	5.39	5.39	5.39	5.39	5.39
2.6	年末借款本息累计		1538.77			74.59	83.32	92.06	92.06	92.06	92.06	92.06	92.06

借款还本付息计算表　　续附表 4-9

单位：万元人民币

序号	项目	利率	年份 合计	建设期		投产营运期							
				1	2	3	4	5	6	7	8	9	10
	生产负荷（%）					80%	90%	100%	100%	100%	100%	100%	100%
3	其他短期借款												
3.1	年初借款本息累计		787.40			0.00	102.07	158.97	160.95	143.01	118.34	81.95	22.11
3.2	本年借款		740.38			99.17	148.65	147.34	135.11	111.80	77.42	20.89	0.00
3.3	本年应计利息	5.85%	47.02			2.90	10.32	13.61	7.90	6.54	4.53	1.22	0.00
3.4	本年还本		740.38			0.00	99.17	148.65	147.34	135.11	111.80	77.42	20.89
3.5	本年付息		47.02			0.00	2.90	10.32	13.61	7.90	6.54	4.53	1.22
3.6	年末借款本息累计		787.40			102.07	158.97	160.95	143.01	118.34	81.95	22.11	0.00
	应还借款本息合计		4145.07			470.83	555.89	593.86	576.65	539.27	495.16	419.88	350.32
	其中：本金合计		3337.23			313.10	412.27	461.75	460.44	448.21	424.90	390.52	333.99
	利息合计		807.84			157.73	143.62	132.11	116.21	91.06	70.26	29.36	16.33
4	偿还本金来源		7025.10			313.10	412.27	461.75	460.44	448.21	424.90	390.52	375.16
4.1	利润		2961.28			18.06	67.75	118.54	129.47	140.54	151.61	173.76	179.29
4.2	折旧		2863.94			159.11	159.11	159.11	159.11	159.11	159.11	159.11	159.11
4.3	摊销		459.51			36.76	36.76	36.76	36.76	36.76	36.76	36.76	36.76
4.4	自由资金		0.00										
4.5	短期借款		740.38			99.17	148.65	147.34	135.11	111.80	77.42	20.89	
5	偿还本金后余额					0.00	0.00	0.00	0.00	0.00	0.00	0.00	41.17
6	偿还本金后余额累计		3687.87			0.00	0.01	0.00	0.01	0.00	0.00	0.00	41.17

续附表 4-9

借款还本付息计算表

单位：万元人民币

序号	项目	利率	11	12	13	14	15	16	17	18	19	20
								投产营运期					
	生产负荷（%）		100%	100%	100%	100%	100%	100%	100%	100%	100%	100%
1	长期借款											
1.1	年初借款本息累计											
1.1.1	本金											
1.1.2	建设期利息											
1.2	本年借款											
1.3	本年应计利息	6.21%										
1.4	本年还本											
1.5	本年付息											
1.6	年末借款本息累计											
2	流动资金借款											
2.1	年初借款本息累计		92.06	92.06	92.06	92.06	92.06	92.06	92.06	92.06	92.06	92.06
2.2	本年借款											
2.3	本年应计利息	5.85%	5.39	5.39	5.39	5.39	5.39	5.39	5.39	5.39	5.39	2.69
2.4	本年还本											92.06
2.5	本年付息		5.39	5.39	5.39	5.39	5.39	5.39	5.39	5.39	5.39	2.69
2.6	年末借款本息累计		92.06	92.06	92.06	92.06	92.06	92.06	92.06	92.06	92.06	0.00

借款还本付息计算表　　续附表 4-9

单位：万元人民币

序号	项目	利率	11	12	13	14	15	16	17	18	19	20
						投产营运期						
3	生产负荷（%）		100%	100%	100%	100%	100%	100%	100%	100%	100%	100%
3.1	其他短期借款											
	年初借款本息累计											
3.2	本年借款											
3.3	本年应计利息	5.85%										
3.4	本年还本											
3.5	本年付息											
3.6	年末借款本息累计											
	应还借款本息合计		5.39	5.39	5.39	5.39	5.39	5.39	5.39	5.39	5.39	94.75
	其中：本金合计											92.06
	利息合计		5.39	5.39	5.39	5.39	5.39	5.39	5.39	5.39	5.39	2.69
4	偿还本金来源		380.70	380.70	380.70	380.70	374.36	368.01	368.01	368.01	368.01	369.55
4.1	利润		184.83	184.83	184.83	184.83	196.87	208.91	208.91	208.91	208.91	210.44
4.2	折旧		159.11	159.11	159.11	159.11	159.11	159.11	159.11	159.11	159.11	159.11
4.3	摊销		36.76	36.76	36.76	36.76	18.38					
4.4	自由资金											
4.5	短期借款											
5	偿还本金后余额		380.70	380.70	380.70	380.70	374.36	368.01	368.01	368.01	368.01	277.49
6	偿还本金后余额累计		421.87	802.57	1183.27	1563.97	1938.33	2306.34	2674.36	3042.37	3410.38	3687.87

附表 4-10

污水处理厂工程投资估算表

建设工程名称:污水厂;Q=10万 m³/d;管渠:24km

序号	估算书编号	工程及费用名称	工程估算费用(人民币:万元,2000年价)						技术经济指标			备注
1	2	3	建筑工程	安装工程	设备购置	工器具购置	其他费用	合计	单位	数量	指标(元)	(占总投资)
			4	5	6	7	8	9	12	13	14	15
1	I	工程费用	12621.70	1285.69	3443.00	67.20	80.00	17497.60	m³/d	100000	1749.76	66.47%
I	1.1	污水处理厂	4221.70	1285.69	3443.00	67.20	80.00	9097.60	m³/d	100000	909.76	34.56%
1.1.1		污水处理构筑物	2307.00	648.00	1942.00	38.80	0.00	4935.80				18.75%
		粗格栅井	30.00	45.00	134.00	2.70		211.70				
		细格栅井	15.00	50.00	146.00	2.90		213.90				
		沉砂池	51.00	30.00	92.00	1.80		174.80				
		氧化沟	1210.00	420.00	1260.00	25.20		2915.20				
		二次沉淀池	875.00	103.00	310.00	6.20		1294.20				
		接触池	126.00					126.00				
1.1.2		污泥处理构筑物	105.00	130.00	385.00	7.70	0.00	627.70				2.38%
		贮泥池	11.00					11.00				
		化学除磷池	40.00	28.00	85.00	1.70		154.70				
		浓缩脱水机房	54.00	102.00	300.00	6.00		462.00				
1.1.3		主要辅助构筑物	246.00	204.00	612.00	12.30	0.00	1074.30				4.08%
		污水提升泵房	87.00	55.00	165.00	3.30		310.30				
		污泥回流泵房	65.00	41.00	123.00	2.50		231.50				
		剩余污泥泵房	34.00	31.00	94.00	1.90		160.90				
		加药间	38.00	10.00	30.00	0.60		78.60				
		变配电间	22.00	67.00	200.00	4.00		293.00				
1.1.4		其他建筑物	425.00	6.70	20.00	2.00	80.00	533.70				2.03%
		传达室	4.90					4.90				
		仓库	28.80					28.80				
		机修间	46.80	6.70	20.00	0.40		73.90				

续附表 4-10

污水处理厂工程投资估算表

建设工程名称：污水厂：Q=10万 m³/d；管渠：24km

序号	估算书编号	工程及费用名称	工程估算费用（人民币：万元，2000年价）						技术经济指标			备注
			建筑工程	安装工程	设备购置	工器具购置	其他费用	合计	单位	数量	指标（元）	（占总投资）
1	2	3	4	5	6	7	8	9	12	13	14	15
1		综合楼	291.60					291.60				
		食堂、浴室、锅炉房	37.80					37.80				
		车库	15.10			1.60	80.00	96.70				
1.1.5		自控、化验、仪表	4.80	100.00	300.00	6.00		410.80				1.56%
1.1.6		污水处理厂平面	263.00	7.00	20.00	0.40		290.40				1.10%
1.1.7		厂内三通一平	39.40					39.40				0.15%
1.1.8		厂内绿化	110.60					110.60				0.42%
1.1.9		厂外三通建设	720.90	190.00				910.90				3.46%
1.1.10		设备备件			164.00			164.00				0.62%
1.2		污水截流管渠	8400.00					8400.00	km	24.00	3500000	31.91%
II		工程建设其他费用	0.00	0.00	0.00	0.00	4756.00	4756.00				18.07%
2.1		征地、拆迁补偿费（含厂区、管渠、厂外道路）	0.00	0.00	0.00	0.00	3092.00	3092.00	ha	11.14	2775000	11.75%
2.2		建设单位管理费					166.30	166.30		工程费用	0.95%	
2.3		工程监理费					209.90	209.90		工程费用	1.20%	
2.4		工程质检验费					35.00	35.00		工程费用	0.20%	
2.5		研究人员试验费					52.50	52.50		工程费用	0.30%	
2.6		生产人员培训费					25.90	25.90	人月	定员×60%	800.00	6月
2.7		办公及生活家具购置费					9.00	9.00	人	90.00	1000.00	
2.8		设计前期费					52.00	52.00		总投资	0.20%	
2.9		设计费					262.50	262.50		工程费用	1.50%	
2.10		施工图预算审查费					13.10	13.10		设计费	5.00%	
2.11		施工图预算编制费					26.20	26.20		设计费	10.00%	

续附录 4-10

污水处理厂工程投资估算表

建设工程名称：污水厂；Q=10 万 m³/d；管渠：24km

序号	估算书编号	工程及费用名称	工程估算费用（人民币：万元，2000年价）						技术经济指标			备注
			建筑工程	安装工程	设备购置	工器具购置	其他费用	合计	单位	数量	指标（元）	（占总投资）
1	2	3	4	5	6	7	8	9	12	13	14	15
2.12		竣工图编制费					13.10	13.10		设计费	5.00%	
2.13		勘察费					350.00	350.00		工程费用	2.00%	
2.14		供电贴费					99.00	99.00	kVA	2250	2×220	双电源
2.15		招投标管理费					87.50	87.50		工程费用	0.50%	
2.16		工程保险费					87.50	87.50		工程费用	0.50%	
2.17		联合试运转费					34.50	34.50		设备购置	1.00%	
2.18		环境评价费					40.00	40.00				估列
2.19		排水口航运评价费					20.00	20.00				估列
2.20		水土保持评价费					30.00	30.00				估列
2.21		各类评审费					50.00	50.00				估列
Ⅱ		第一、二部分费用合计	12621.70	1285.69	3443.00	67.20	4836.00	22253.60				84.54%
Ⅲ		预备费					2225.40	2225.40				8.45%
3.1		其中：工程因素					2225.40	2225.40			10.00%	
3.2		价格因素					0.00	0.00				
Ⅳ		固定资产投资方向调节税										
Ⅴ		建设期贷款利息					1649.63	1649.63				
Ⅵ		铺底流动资金					195.57	195.57				
		建设工程总投资	12621.70	1285.69	3443.00	67.20	7061.40	26324.20	m³/d	100000	2632.42	100.00%
		占总投资的百分比	47.95%	4.88%	13.08%	0.26%	26.82%	100.00%				

污水处理厂资金来源和用款计划表

附表 4-11

序号	项目	合计	建设期				投产期	
			1	2	3	4	5	6
1	建设项目总投资	26780.55	7503.31	10333.56	8291.75	589.88	31.02	31.02
1.1	固定投资	24479.00	7343.70	9791.60	7343.70			
1.2	建设期利息	1649.63	159.62	541.96	948.05			
1.3	流动资金	651.92				589.88	31.02	31.02
1.4	固定资产投资方向调节税	0.00						
2	资金筹措	26780.55	7503.31	10333.56	8291.75	589.88	31.02	31.02
2.1	自有资金(资本金)	7539.27	2203.10	2937.50	2203.10	195.57		
2.1.1	其中:固定投资	7343.70	2203.10	2937.50	2203.10			
2.1.2	铺底流动资金	195.57				195.57		
2.2	银行借款	19241.27	5300.22	7396.06	6088.65	394.31	31.02	31.02
2.2.1	固定投资借款	17135.30	5140.60	6854.10	5140.60			
2.2.2	建设期利息	1649.63	159.62	541.96	948.05			
2.2.3	流动资金借款	456.34				394.31	31.02	31.02

总成本费用估算表

单位:万元人民币　　附表4-12

项目	平均	4	5	6	7	8	9	10	11	12	13
生产负荷(%)		80%	90%	100%	100%	100%	100%	100%	100%	100%	100%
年折旧额	1117.22	1005.50	1005.50	1005.50	1005.50	1005.50	1005.50	1005.50	1005.50	1005.50	1005.50
大修理基金	524.61	524.61	524.61	524.61	524.61	524.61	524.61	524.61	524.61	524.61	524.61
电费	939.65	763.17	858.57	953.96	953.96	953.96	953.96	953.96	953.96	953.96	953.96
药剂费	282.37	229.33	258.00	286.67	286.67	286.67	286.67	286.67	286.67	286.67	286.67
工资福利费	108.00	108.00	108.00	108.00	108.00	108.00	108.00	108.00	108.00	108.00	108.00
维护费	218.59	218.59	218.59	218.59	218.59	218.59	218.59	218.59	218.59	218.59	218.59
摊销费	213.50	341.60	341.60	341.60	341.60	341.60	341.60	341.60	341.60	341.60	341.60
财务费用	26.42	23.07	24.88	26.70	26.70	26.70	26.70	26.70	26.70	26.70	26.70
其中:流动资金利息支出	26.42	23.07	24.88	26.70	26.70	26.70	26.70	26.70	26.70	26.70	26.70
管理费用及其他	515.84	515.84	515.84	515.84	515.84	515.84	515.84	515.84	515.84	515.84	515.84
年总成本(万元/年)	3834.47	3729.70	3855.58	3981.46	3981.46	3981.46	3981.46	3981.46	3981.46	3981.46	3981.46
其中:固定成本	2586.03	2714.13	2714.13	2714.13	2714.13	2714.13	2714.13	2714.13	2714.13	2714.13	2714.13
可变成本	1248.44	1015.57	1141.45	1267.33	1267.33	1267.33	1267.33	1267.33	1267.33	1267.33	1267.33
单位处理水量成本(元/m³)	1.07	1.28	1.17	1.09	1.09	1.09	1.09	1.09	1.09	1.09	1.09
年经营成本(万元/年)	2589.05	2359.54	2483.60	2607.66	2607.66	2607.66	2607.66	2607.66	2607.66	2607.66	2607.66
单位处理水量经营成本(元/m³)	0.72	0.81	0.76	0.71	0.71	0.71	0.71	0.71	0.71	0.71	0.71
年运行成本(万元/年)	2064.45	1834.93	1958.99	2083.06	2083.06	2083.06	2083.06	2083.06	2083.06	2083.06	2083.06
单位处理水量运行成本(元/m³)	0.57	0.63	0.60	0.57	0.57	0.57	0.57	0.57	0.57	0.57	0.57
污水处理收费预测(元/m³)	1.50	1.50	1.50	1.50	1.50	1.50	1.50	1.50	1.50	1.50	1.50

年份　投产营运期

续附表 4-12

总成本费用估算表

单位:万元人民币

项　　目	投产营运期										合计
	14	15	16	17	18	19	20	21	22	23	
生产负荷(%)	100%	100%	100%	100%	100%	100%	100%	100%	100%	100%	100%
年折旧基金	1005.50	1005.50	1005.50	1005.50	1005.50	1005.50	1005.50	1005.50	1005.50	1005.50	20109.98
大修理基金	524.61	524.61	524.61	524.61	524.61	524.61	524.61	524.61	524.61	524.61	10492.16
电费	953.96	953.96	953.96	953.96	953.96	953.96	953.96	953.96	953.96	953.96	18793.09
药剂费	286.67	286.67	286.67	286.67	286.67	286.67	286.67	286.67	286.67	286.67	5647.33
工资福利费	108.00	108.00	108.00	108.00	108.00	108.00	108.00	108.00	108.00	108.00	2160.00
维护费	218.59	218.59	218.59	218.59	218.59	218.59	218.59	218.59	218.59	218.59	4371.73
摊销费	341.60	341.60	170.80								4269.96
财务费用	26.70	26.70	26.70	26.70	26.70	26.70	26.70	26.70	26.70	26.70	528.48
其中:流动资金利息支出	26.70	26.70	26.70	26.70	26.70	26.70	26.70	26.70	26.70	26.70	528.48
管理费用及其他	515.84	515.84	515.84	515.84	515.84	515.84	515.84	515.84	515.84	515.84	10316.76
年总成本(万元/年)	3981.46	3981.46	3810.66	3639.86	3639.86	3639.86	3639.86	3639.86	3639.86	3639.86	76689.50
其中:固定成本	2714.13	2714.13	2543.33	2372.53	2372.53	2372.53	2372.53	2372.53	2372.53	2372.53	51720.60
可变成本	1267.33	1267.33	1267.33	1267.33	1267.33	1267.33	1267.33	1267.33	1267.33	1267.33	24968.90
单位处理水量成本(元/m³)	1.09	1.09	1.04	1.00	1.00	1.00	1.00	1.00	1.00	1.00	
年经营成本(万元/年)	2607.66	2607.66	2607.66	2607.66	2607.66	2607.66	2607.66	2607.66	2607.66	2607.66	51781.08
单位处理水量经营成本(元/m³)	0.71	0.71	0.71	0.71	0.71	0.71	0.71	0.71	0.71	0.71	
年运行成本(万元/年)	2083.06	2083.06	2083.06	2083.06	2083.06	2083.06	2083.06	2083.06	2083.06	2083.06	2083.06
单位处理水量运行成本(元/m³)	0.57	0.57	0.57	0.57	0.57	0.57	0.57	0.57	0.57	0.57	
污水处理收费预测(元/m³)	1.50	1.50	1.50	1.50	1.50	1.50	1.50	1.50	1.50	1.50	

单位：万元人民币　　附表 4-13

损　益　表

序号	项目	合计	4	5	6	7	8	9	10	11	12
						投产营运期					
	生产负荷(%)		80%	90%	100%	100%	100%	100%	100%	100%	100%
1	产品销售(营业)收入	107857.50	4380.00	4927.50	5475.00	5475.00	5475.00	5475.00	5475.00	5475.00	5475.00
2	销售税金及附加(1×6.6%)	7118.60	289.08	325.22	361.35	361.35	361.35	361.35	361.35	361.35	361.35
3	总成本费用	76689.50	3729.70	3855.58	3981.46	3981.46	3981.46	3981.46	3981.46	3981.46	3981.46
4	长期借款利息支出	10981.51	1166.54	1131.47	1071.79	991.56	933.24	874.91	816.58	758.25	699.93
5	利润总额	13067.90	-805.32	-384.76	60.40	140.63	198.96	257.29	315.61	373.94	432.27
6	弥补前年亏损	5654.24		805.32	1190.09	1129.68	989.05	790.09	532.81	217.19	
7	应纳税所得额	7413.66	-805.32	-1190.09	-1129.68	-989.05	-790.09	-532.81	-217.19	156.75	432.27
8	所得税(7×33%)	4312.41								51.73	142.65
9	税后利润	8755.49	-805.32	-384.76	60.40	140.63	198.96	257.29	315.61	322.21	289.62
10	特种资金(9×25%)	0.00									
11	可供分配利润	8755.49	-805.32	-384.76	60.40	140.63	198.96	257.29	315.61	322.21	289.62
11.1	盈余公积金、公益金(11×15%)	1345.90								48.33	43.44
11.2	应付利润 11×10%	897.27								32.22	28.96
11.3	未分配利润	6512.32	-805.32	-384.76	60.40	140.63	198.96	257.29	315.61	241.66	217.21
12	累计未分配利润		-805.32	-1190.09	-1129.68	-989.05	-790.09	-532.81	-217.19	24.47	241.68

续附表 4-13

单位:万元人民币

损　益　表

序号	项　目	投产营运期										
		13	14	15	16	17	18	19	20	21	22	23
1	生产负荷(%)	100%	100%	100%	100%	100%	100%	100%	100%	100%	100%	100%
	产品销售(营业)收入	5475.00	5475.00	5475.00	5475.00	5475.00	5475.00	5475.00	5475.00	5475.00	5475.00	5475.00
2	销售税金及附加(1×6.6%)	361.35	361.35	361.35	361.35	361.35	361.35	361.35	361.35	361.35	361.35	361.35
3	总成本费用	3981.46	3981.46	3981.46	3810.66	3639.86	3639.86	3639.86	3639.86	3639.86	3639.86	3639.86
4	长期借款利息支出	641.60	583.27	262.47	233.31	204.15	174.98	145.82	116.65	87.49	58.33	29.16
5	利润总额	490.60	548.92	869.72	1069.68	1269.65	1298.81	1327.97	1357.14	1386.30	1415.46	1444.63
6	弥补前年亏损											
7	应纳税所得额	490.60	548.92	869.72	1069.68	1269.65	1298.81	1327.97	1357.14	1386.30	1415.46	1444.63
8	所得税(7×33%)	161.90	181.14	287.01	353.00	418.98	428.61	438.23	447.86	457.48	467.10	476.73
9	税后利润	328.70	367.78	582.71	716.69	850.66	870.20	889.74	909.28	928.82	948.36	967.90
10	特种资金(9×25%)											
11	可供分配利润	328.70	367.78	582.71	716.69	850.66	870.20	889.74	909.28	928.82	948.36	967.90
11.1	盈余公积金、公益金(11×15%)	49.30	55.17	87.41	107.50	127.60	130.53	133.46	136.39	139.32	142.25	145.19
11.2	应付利润 11×10%	32.87	36.78	58.27	71.67	85.07	87.02	88.97	90.93	92.88	94.84	96.79
11.3	未分配利润	246.52	275.83	437.04	537.52	638.00	652.65	667.31	681.96	696.62	711.27	725.93
12	累计未分配利润	488.21	764.04	1201.08	1738.59	2376.59	3029.24	3696.55	4378.51	5075.13	5786.40	6512.32

现金流量表（全部投资）

附表4-14

单位：万元人民币

投产营运期

序号	项目	合计	建设期			投产营运期							
		年序	1	2	3	4	5	6	7	8	9	10	11
	生产负荷(%)					80%	90%	100%	100%	100%	100%	100%	100%
1	现金流入	110258.11				4380.00	4927.50	5475.00	5475.00	5475.00	5475.00	5475.00	5475.00
1.1	营业(产品销售)收入	107857.50				4380.00	4927.50	5475.00	5475.00	5475.00	5475.00	5475.00	5475.00
1.2	回收固定资产余值	1748.69											
1.3	回收流动资金	651.92											
2	现金流出	88343.00	7343.70	9791.60	7343.70	3238.50	2839.83	3000.03	2969.01	2969.01	2969.01	2969.01	3020.74
2.1	固定投资	24479.00	7343.70	9791.60	7343.70								
2.2	固定资产投资方向调节税	0.00											
2.3	流动资金	651.92				589.88	31.02	31.02					
2.4	经营费用	51781.08				2359.54	2483.60	2607.66	2607.66	2607.66	2607.66	2607.66	2607.66
2.5	销售税金及附加	7118.60				289.08	325.22	361.55	361.35	361.35	361.35	361.35	361.35
2.6	所得税	4312.41											51.73
2.7	特种基金	0.00											
3	所得税后净现金流量	21915.11	-7343.70	-9791.60	-7343.70	1141.50	2087.67	2474.97	2505.99	2505.99	2505.99	2505.99	2454.26
4	所得税后累计净现金流量	-69330.36	-7343.70	-17135.30	-24479.00	-23337.50	-21249.83	-18774.86	-16268.87	-13762.89	-11256.90	-8750.92	-6296.66
5	所得税前净现金流量(3+2.6+2.7)	26227.52	-7343.70	-9791.60	-7343.70	1141.50	2087.67	2474.97	2505.99	2505.99	2505.99	2505.99	2505.99
6	所得税前累计净现金流量	-45676.30	-7343.70	-17135.30	-24479.00	-23337.50	-21249.83	-18774.86	-16268.87	-13762.89	-11256.90	-8750.92	-6244.93

计算指标：

	所得税后	所得税前
财务内部收益率 FIRR =	6.02%	6.70%
财务净现值 $i_c=4\%$	4970.62	7073.33
投资回收期(从建设期算起)	13.68	13.49

现金流量表（全部投资）　　　　　　　单位：万元人民币　　续附表 4-14

序号	项目	投产营运期											
		12	13	14	15	16	17	18	19	20	21	22	23
	生产负荷（%）	100%	100%	100%	100%	100%	100%	100%	100%	100%	100%	100%	100%
1	现金流入	5475.00	5475.00	5475.00	5475.00	5475.00	5475.00	5475.00	5475.00	5475.00	5475.00	5475.00	7875.61
1.1	营业（产品销售）收入	5475.00	5475.00	5475.00	5475.00	5475.00	5475.00	5475.00	5475.00	5475.00	5475.00	5475.00	5475.00
1.2	回收固定资产余值												1748.69
1.3	回收流动资金												651.92
2	现金流出	3111.66	3130.91	3150.16	3256.02	3322.01	3388.00	3397.62	3407.24	3416.87	3426.49	3436.12	3445.74
2.1	固定投资												
2.2	固定资产投资方向调节税												
2.3	流动资金												
2.4	经营费用	2607.66	2607.66	2607.66	2607.66	2607.66	2607.66	2607.66	2607.66	2607.66	2607.66	2607.66	2607.66
2.5	销售税金及附加	361.35	361.35	361.35	361.35	361.35	361.35	361.35	361.35	361.35	361.35	361.35	361.35
2.6	所得税	142.65	161.90	181.14	287.01	353.00	418.98	428.61	438.23	447.86	457.48	467.10	476.73
2.7	特种基金												
3	所得税后净现金流量	2363.34	2344.09	2324.84	2218.98	2152.99	2087.00	2077.38	2067.76	2058.13	2048.51	2038.88	4429.87
4	所得税后累计净现金流量	-3933.32	-1589.23	735.61	2954.59	5107.58	7194.58	9271.96	11339.72	13397.85	15446.36	17485.24	21915.11
5	所得税前净现金流量（3+2.6+2.7）	2505.99	2505.99	2505.99	2505.99	2505.99	2505.99	2505.99	2505.99	2505.99	2505.99	2505.99	4906.60
6	所得税前累计净现金流量	-3738.94	-1232.96	1273.03	3779.02	6285.00	8790.99	11296.98	13802.96	16308.95	18814.93	21320.92	26227.52

现金流量表（自有资金）

单位：万元人民币

附表 4-15

序号	项目	年序 合计	建设期 1	2	3	投产营运期 4	5	6	7	8	9	10	11
	生产负荷(%)					80%	90%	100%	100%	100%	100%	100%	100%
1	现金流入	110258.11				4380.00	4927.50	5475.00	5475.00	5475.00	5475.00	5475.00	5475.00
1.1	营业(产品销售)收入	107857.50				4380.00	4927.50	5475.00	5475.00	5475.00	5475.00	5475.00	5475.00
1.2	回收固定资产余值	1748.69											
1.3	回收流动资金	651.92											
2	现金流出	102078.91	2203.10	2937.50	2203.10	4777.48	5301.89	5381.14	4926.52	4868.19	4809.86	4751.54	4744.94
2.1	自有资金	7343.70	2203.10	2937.50	2203.10								
2.2	借款本金偿还	20013.14				939.25	1336.73	1313.64	939.25	939.25	939.25	939.25	939.25
2.3	借款利息偿还	11509.98				1189.61	1156.35	1098.49	1018.26	959.93	901.60	843.28	784.95
2.4	经营费用	51781.08				2359.54	2483.60	2607.66	2607.66	2607.66	2607.66	2607.66	2607.66
2.5	销售税金及附加	7118.60				289.08	325.22	361.35	361.35	361.35	361.35	361.35	361.35
2.6	所得税	4312.41											51.73
2.7	特种基金	0.00											
3	所得税后净现金流量	8179.20	-2203.10	-2937.50	-2203.10	-397.48	-374.39	93.86	548.48	606.81	665.14	723.46	730.06
4	所得税后累计净现金流量	-56820.39	-2203.10	-5140.60	-7343.70	-7741.17	-8115.57	-8021.71	-7473.23	-6866.42	-6201.28	-5477.82	-4747.76
5	所得税前净现金流量(3+2.6)	12491.61	-2203.10	-2937.50	-2203.10	-397.48	-374.39	93.86	548.48	606.81	665.14	723.46	781.79
6	所得税前累计净现金流量	-33166.34	-2203.10	-5140.60	-7343.70	-7741.17	-8115.57	-8021.71	-7473.23	-6866.42	-6201.28	-5477.82	-4696.03

计算指标：

	所得税后	所得税前
财务内部收益率 FIRR=	4.46%	5.78%
财务净现值 $i_c=4\%$	444.60	1936.21
投资回收期（从建设期算起）	17.61	16.74

现金流量表（自有资金）

续附表 4-15

单位：万元人民币

序号	项　目	投产营运期											
		12	13	14	15	16	17	18	19	20	21	22	23
	生产负荷(%)	100%	100%	100%	100%	100%	100%	100%	100%	100%	100%	100%	100%
1	现金流入	5475.00	5475.00	5475.00	5475.00	5475.00	5475.00	5475.00	5475.00	5475.00	5475.00	5475.00	7875.61
1.1	营业(产品销售)收入	5475.00	5475.00	5475.00	5475.00	5475.00	5475.00	5475.00	5475.00	5475.00	5475.00	5475.00	5475.00
1.2	回收固定资产余值												1748.69
1.3	回收流动资金												651.92
2	现金流出	4777.53	4738.45	4699.37	4484.44	4521.26	4558.08	4538.55	4519.01	4499.47	4479.93	4460.39	4897.19
2.1	自有资金												
2.2	借款本金偿还	939.25	939.25	939.25	939.25	939.25	939.25	939.25	939.25	939.25	939.25	939.25	1395.59
2.3	借款利息偿还	726.62	668.30	609.97	289.17	260.00	230.84	201.68	172.51	143.35	114.19	85.02	55.86
2.4	经营费用	2607.66	2607.66	2607.66	2607.66	2607.66	2607.66	2607.66	2607.66	2607.66	2607.66	2607.66	2607.66
2.5	销售税金及附加	361.35	361.35	361.35	361.35	361.35	361.35	361.35	361.35	361.35	361.35	361.35	361.35
2.6	所得税	142.65	161.90	181.14	287.01	353.00	418.98	428.61	438.23	447.86	457.48	467.10	476.73
2.7	特种基金												
3	所得税后净现金流量	697.47	736.55	775.63	990.56	953.74	916.92	936.45	955.99	975.53	995.07	1014.61	2978.42
4	所得税后累计净现金流量	−4050.29	−3313.74	−2538.11	−1547.55	−593.81	323.11	1259.56	2215.56	3191.09	4186.16	5200.78	8179.20
5	所得税前净现金流量(3+2.6)	840.12	898.44	956.77	1277.57	1306.73	1335.90	1365.06	1394.23	1423.39	1452.55	1481.72	3455.15
6	所得税前累计净现金流量	−3855.91	−2957.47	−2000.70	−723.12	583.61	1919.51	3284.57	4678.80	6102.19	7554.74	9036.46	12491.61

资金来源及应用表　　附表 4-16

单位:万元人民币

序号	项目	合计	建设期			投产营运期							
			1	2	3	4	5	6	7	8	9	10	11
	生产负荷(%)					80%	90%	100%	100%	100%	100%	100%	100%
1	资金来源	65000.25	7503.31	10333.56	8291.75	1529.14	1367.74	1438.51	1487.73	1546.05	1604.38	1662.71	1721.04
1.1	利润总额	13067.90				-805.32	-384.76	60.40	140.63	198.96	257.29	315.61	373.94
1.2	折旧费	20109.98				1005.50	1005.50	1005.50	1005.50	1005.50	1005.50	1005.50	1005.50
1.3	摊销费	4269.96				341.60	341.60	341.60	341.60	341.60	341.60	341.60	341.60
1.4	长期借款(包括建设期利息)	18784.93	5300.22	7396.06	6088.65								
1.5	流动资金借款	456.34				394.31	31.02	31.02					
1.6	短期借款	771.87				397.48	374.39						
1.7	自有资金	7539.27	2203.10	2937.50	2203.10	195.57							
	其中:固定投资	7343.70	2203.10	2937.50	2203.10								
	流动资金	195.57				195.57							
1.8	其他	0.00											
1.9	回收固定资产余值	1748.69											51.73
1.10	回收流动资金	651.92											0.00
2	资金应用	51547.02	7503.31	10333.56	8291.75	1529.13	1367.74	1344.65	939.25	939.25	939.25	939.25	1023.20
2.1	固定投资(含投资方向调节税)	24479.00	7343.70	9791.60	7343.70								
2.2	建设期利息	1649.63	159.62	541.96	948.05								
2.3	流动资金	651.92				589.88	31.02	31.02					
2.4	所得税	4312.41											
2.5	特种基金	0.00				0.00	0.00						
2.6	应付利润	897.27					397.48	374.39					32.22
2.7	长期借款本金偿还	18784.93				939.25	939.25	939.25	939.25	939.25	939.25	939.25	939.25
2.8	流动资金借款本金偿还	456.34				0.00							
2.9	短期借款本金偿还	771.87				0.00	0.00						
3	盈余资金	13453.23	0.00	0.00	0.00	0.00	0.00	93.86	548.48	606.81	665.14	723.46	697.84
4	逐年累计盈余资金		0.00	0.00	0.00	0.00	0.00	93.86	642.34	1249.15	1914.29	2637.75	3335.59

资金来源及应用表　　续附表 4-16

单位：万元人民币

序号	项目	投产营运期 12	13	14	15	16	17	18	19	20	21	22	23	上年余值
	生产负荷(%)	100%	100%	100%	100%	100%	100%	100%	100%	100%	100%	100%	100%	100%
1	资金来源	1779.36	1837.69	1896.02	2216.82	2245.98	2275.15	2304.31	2333.47	2362.64	2391.80	2420.96	2450.13	2400.61
1.1	利润总额	432.27	490.60	548.92	869.72	1069.68	1269.65	1298.81	1327.97	1357.14	1386.30	1415.46	1444.63	
1.2	折旧费	1005.50	1005.50	1005.50	1005.50	1005.50	1005.50	1005.50	1005.50	1005.50	1005.50	1005.50	1005.50	
1.3	摊销费	341.60	341.60	341.60	341.60	170.80								
1.4	长期借款(包括建设期利息)													
1.5	流动资金借款													
1.6	其他短期借款													
1.7	自有资金													
	其中:固定投资													
	流动资金													
1.8	其他													
1.9	回收固定资产余值													1748.69
1.10	回收流动资金													651.92
2	资金应用	1110.86	1134.01	1157.17	1284.53	1363.91	1443.30	1454.87	1466.45	1478.03	1489.61	1501.19	1512.76	456.34
2.1	固定投资(含投资方向调节税)													
2.2	建设期利息													
2.3	流动资金													
2.4	所得税	142.65	161.90	181.14	287.01	353.00	418.98	428.61	438.23	447.86	457.48	467.10	476.73	
2.5	特种基金	28.96	32.87	36.78	58.27	71.67	85.07	87.02	88.97	90.93	92.88	94.84	96.79	
2.6	应付利润													
2.7	长期借款本金偿还	939.25	939.25	939.25	939.25	939.25	939.25	939.25	939.25	939.25	939.25	939.25	939.25	456.34
2.8	流动资金借款本金偿还													
2.9	短期借款本金偿还													
3	盈余资金	668.51	703.68	738.85	932.29	882.07	831.85	849.43	867.02	884.61	902.19	919.78	937.36	1944.27
4	逐年累计盈余资金	4004.10	4707.78	5446.63	6378.92	7260.99	8092.84	8942.27	9809.29	10693.90	11596.09	12515.87	13453.23	15397.50

资产负债表

附表 4-17

单位：万元人民币

序号	项目	年份 合计	建设期			投产营运期							
			1	2	3	4	5	6	7	8	9	10	11
	生产负荷（%）		71%	71%	72%	80%	90%	100%	100%	100%	100%	100%	100%
1	资产	433912.73	7503.31	17836.88	26128.63	25619.55	24334.48	23143.28	22344.67	21604.38	20922.42	20298.79	19649.53
1.1	流动资产总额	131830.27				838.02	900.04	1055.94	1604.42	2211.23	2876.36	3599.82	4297.67
	应收账款	8561.83				347.69	391.15	434.61	434.61	434.61	434.61	434.61	434.61
	存货	6110.11				248.13	279.14	310.16	310.16	310.16	310.16	310.16	310.16
	现金	4383.44				242.20	229.75	217.31	217.31	217.31	217.31	217.31	217.31
	累计盈余资金	112774.90						93.36	642.34	1249.15	1914.29	2637.75	3335.59
1.2	在建工程（包括建设期利息）	51468.82	7503.31	17836.88	26128.63								
1.3	固定资产净值	226018.67				20853.17	19847.67	18842.18	17836.68	16831.18	15825.68	14820.18	13814.68
1.4	无形及递延资产净值	24594.96				3928.36	3586.77	3245.17	2903.57	2561.98	2220.38	1878.78	1537.19
2	负债及所有者权益	433912.73	7503.31	17836.88	26128.63	25619.55	24334.48	23143.28	22344.67	21604.38	20922.42	20298.79	19649.53
2.1	流动负债总额	15915.75				1039.92	1078.86	763.50	766.50	766.50	766.50	766.50	766.50
	应付账款	6110.11				248.13	279.14	310.16	310.16	310.16	310.16	310.16	310.16
	流动资金借款	9033.77				394.31	425.33	456.34	456.34	456.34	456.34	456.34	456.34
	其他短期借款	771.87				397.48	374.39						
2.2	累计长期借款	215238.28	5300.22	12696.28	18784.93	17845.69	16906.44	15367.19	15027.95	14088.70	13149.45	12210.21	11270.96
	负债小计	231154.03	5300.22	12696.28	18784.93	18885.60	17985.30	16733.69	15794.44	14855.20	13915.95	12976.70	12037.46
2.3	所有者权益	202758.70	2203.10	5140.60	7343.70	6733.95	6349.19	6409.59	6550.22	6749.18	7006.47	7322.08	7612.07
	资本金	165472.88	2203.10	5140.60	7343.70	7539.27	7539.27	7539.27	7539.27	7539.27	7539.27	7539.27	7539.27
	资本公积金	0.00											
	累计盈余公积金	7627.26											48.33
	累计盈余未分配利润	29658.56				-805.32	-1190.09	-1129.68	-989.05	-790.09	-532.81	-217.19	24.47
	计算指标：												
	资产负债率（%）	53%	71%	71%	72%	74%	74%	72%	71%	69%	67%	64%	61%
	流动比率（%）	828%				74%	74%	138%	209%	288%	375%	470%	561%
	速动比率（%）	790%				74%	74%	97%	169%	248%	335%	429%	520%

资产负债表

续附表 4-17

单位：万元人民币

序号	项目		投产营运期											
		12	13	14	15	16	17	18	19	20	21	22	23
	生产负荷（%）	100%	100%	100%	100%	100%	100%	100%	100%	100%	100%	100%	100%
1	资产	18970.94	18327.53	17719.28	17304.48	17010.25	16836.60	16680.53	16542.06	16421.16	16317.86	16232.13	16164.00
1.1	流动资产总额	4966.17	5669.85	6408.70	7340.99	8223.06	9054.91	9904.35	10771.37	11655.97	12558.16	13477.94	14415.30
	应收账款	434.61	434.61	434.61	434.61	434.61	434.61	434.61	434.61	434.61	434.61	434.61	434.61
	存货	310.16	310.16	310.16	310.16	310.16	310.16	310.16	310.16	310.16	310.16	310.16	310.16
	现金	217.31	217.31	217.31	217.31	217.31	217.31	217.31	217.31	217.31	217.31	217.31	217.31
	累计盈余资金	4004.10	4707.78	5446.63	6378.92	7260.99	8092.84	8942.27	9809.29	10693.90	11596.09	12515.87	13453.23
1.2	在建工程（包括建设期利息）												
1.3	固定资产净值	12809.18	11803.68	10798.18	9792.69	8787.19	7781.69	6776.19	5770.69	4765.19	3759.69	2754.19	1748.69
1.4	无形及递延资产净值	1195.59	853.99	512.40	170.80	0.00							
2	负债及所有者权益	18970.94	18327.53	17719.28	17304.48	17010.25	16836.60	16680.53	16542.06	16421.16	16317.86	16232.13	16164.00
2.1	流动负债总额	766.50	766.50	766.50	766.50	766.50	766.50	766.50	766.50	766.50	766.50	766.50	766.50
	应付账款	310.16	310.16	310.16	310.16	310.16	310.16	310.16	310.16	310.16	310.16	310.16	310.16
	流动资金借款	456.34	456.34	456.34	456.34	456.34	456.34	456.34	456.34	456.34	456.34	456.34	456.34
	其他短期借款												
2.2	累计长期借款	10331.71	9392.47	8453.22	7513.97	6574.73	5635.48	4696.23	3756.99	2817.74	1878.49	939.25	
	负债小计	11098.21	10158.96	9219.72	8280.47	7341.22	6401.98	5462.73	4523.49	3584.24	2644.99	1705.75	766.50
2.3	所有者权益	7872.73	8168.56	8499.56	9024.00	9669.02	10434.62	11217.80	12018.57	12836.92	13672.86	14526.39	15397.50
	资本金	7539.27	7539.27	7539.27	7539.27	7539.27	7539.27	7539.27	7539.27	7539.27	7539.27	7539.27	7539.27
	资本公积金												
	累计盈余公积金	91.78	141.08	196.25	283.65	391.16	518.76	649.29	782.75	919.14	1058.46	1200.72	1345.90
	累计未分配利润	241.68	488.21	764.04	1201.08	1738.59	2376.59	3029.24	3696.55	4378.51	5075.13	5786.40	6512.32
	计算指标：												
	资产负债率（%）	59%	55%	52%	48%	43%	38%	33%	27%	22%	16%	11%	5%
	流动比率（%）	648%	740%	836%	958%	1073%	1181%	1292%	1405%	1521%	1638%	1758%	1881%
	速动比率（%）	607%	699%	796%	917%	1032%	1141%	1252%	1365%	1480%	1598%	1718%	1840%

借款还本付息计算表

附表 4-18

单位：万元人民币

序号	项目	利率	年份合计	建设期 1	建设期 2	建设期 3	投产营运期 4	5	6	7	8	9	10	11
1	长期资金借款													
1.1	年初借款本息累计		215238.28		5300.22	12696.28	18784.93	17845.69	16906.44	15967.19	15027.95	14088.70	13149.45	12210.21
1.2	本年借款		17135.30	5140.60	6854.10	5140.60								
1.3	本年应计利息	6.21%	12585.99	159.62	541.96	948.05	1166.54	1108.22	1049.89	991.56	933.24	874.91	816.58	758.25
1.4	本年还本		18784.93				939.25	939.25	939.25	939.25	939.25	939.25	939.25	939.25
1.5	本年付息		10936.35				1166.54	1108.22	1049.89	991.56	933.24	874.91	816.58	758.25
1.6	年末借款本息累计		215238.28	5300.22	12696.28	18784.93	17845.69	16906.44	15967.19	15027.95	14088.70	13149.45	12210.21	11270.96
2	流动资金借款													
2.1	年初借款本息累计		8577.43					394.31	425.33	456.34	456.34	456.34	456.34	456.34
2.2	本年借款		456.34				394.31	31.02	31.02					
2.3	本年应计利息	5.85%	528.48				23.07	24.88	26.70	26.70	26.70	26.70	26.70	26.70
2.4	本年还本		456.34											
2.5	本年付息		528.48				23.07	24.88	26.70	26.70	26.70	26.70	26.70	26.70
2.6	年末借款本息累计		8577.43				394.31	425.33	456.34	456.34	456.34	456.34	456.34	456.34
3	其他短期借款													
3.1	年初借款本息累计		817.02				0.00	420.73	396.29					
3.2	本年借款		771.87				397.48	374.39	0.00					
3.3	本年应计利息	5.85%	45.15				23.25	21.90	0.00					
3.4	本年还本		771.87				0.00	397.48	374.39					
3.5	本年付息		45.15				0.00	23.25	21.90					
3.6	年末借款本息累计		817.02				420.73	396.29	0.00					
4	偿还本金来源		31664.13				939.25	1336.72	1407.50	1487.73	1546.05	1604.38	1662.71	1588.76
4.1	利润		6512.32				-805.32	-384.76	60.40	140.63	198.96	257.29	315.61	241.66
4.2	折旧		20109.98				1005.50	1005.50	1005.50	1005.50	1005.50	1005.50	1005.50	1005.50
4.3	摊销		4269.96				341.60	341.60	341.60	341.60	341.60	341.60	341.60	341.60
4.4	自由资金		0.00											
4.5	短期借款		771.87				397.48	374.39	0.00					
5	偿还本金后额		11650.99	0.00	0.00	0.00	0.00	0.00	93.86	548.48	606.81	665.14	723.46	649.51
6	偿还本金后余额累计			0.00	0.00	0.00	0.00	0.00	93.86	642.34	1249.15	1914.29	2637.75	3287.26

续附表 4-18

单位：万元人民币

借款还本付息计算表

投产营运期

序号	项目	12	13	14	15	16	17	18	19	20	21	22	23
1	国内资金借款												
1.1	年初借款本息累计	11270.96	10331.71	9392.47	8453.22	7513.97	6574.73	5635.48	4696.23	3756.99	2817.74	1878.49	939.25
1.2	本年借款												
1.3	本年应计利息	699.93	641.60	583.27	262.47	233.31	204.15	174.98	145.82	116.65	87.49	58.33	29.16
1.4	本年还本	939.25	939.25	939.25	939.25	939.25	939.25	939.25	939.25	939.25	939.25	939.25	939.25
1.5	本年付息	699.93	641.60	583.27	262.47	233.31	204.15	174.98	145.82	116.65	87.49	58.33	29.16
1.6	年末借款本息累计	10331.71	9392.47	8453.22	7513.97	6574.73	5635.48	4696.23	3756.99	2817.74	1878.49	939.25	0.00
2	流动资金借款												
2.1	年初借款本息累计	456.34	456.34	456.34	456.34	456.34	456.34	456.34	456.34	456.34	456.34	456.34	456.34
2.2	本年借款												
2.3	本年应计利息	26.70	26.70	26.70	26.70	26.70	26.70	26.70	26.70	26.70	26.70	26.70	26.70
2.4	本年还本												456.34
2.5	本年付息	26.70	26.70	26.70	26.70	26.70	26.70	26.70	26.70	26.70	26.70	26.70	26.70
2.6	年末借款本息累计	456.34	456.34	456.34	456.34	456.34	456.34	456.34	456.34	456.34	456.34	456.34	0.00
3	其他短期借款												
3.1	年初借款本息累计												
3.2	本年借款												
3.3	本年应计利息												
3.4	本年还本												
3.5	本年付息												
3.6	年末借款本息累计												
4	偿还本金来源	1564.31	1593.62	1622.93	1784.13	1713.81	1643.50	1658.15	1672.81	1687.46	1702.11	1716.77	1731.42
4.1	利润	217.21	246.52	275.83	437.04	537.52	638.00	652.65	667.31	681.96	696.62	711.27	725.93
4.2	折旧	1005.50	1005.50	1005.50	1005.50	1005.50	1005.50	1005.50	1005.50	1005.50	1005.50	1005.50	1005.50
4.3	摊销	341.60	341.60	341.60	341.60	170.80	0.00	0.00	0.00	0.00	0.00	0.00	0.00
4.4	自由资金												
4.5	短期借款												
5	偿还本金后余额	625.06	654.37	683.68	844.88	774.57	704.25	718.90	733.56	748.21	762.87	777.52	335.84
6	偿还本金后余额累计	3912.32	4566.70	5250.38	6095.26	6869.83	7574.08	8292.99	9026.54	9774.76	10537.63	11315.15	11650.99

主要参考书目

1. 刘长滨主编．建筑工程技术经济学．第 1 版．北京：中国建筑工业出版社

2. 黄渝祥、邢爱芳编著．工程经济学．第 2 版．上海：同济大学出版社，1995

3. 武春友、张半尔编著．技术经济学．第 1 版．辽宁：大连理工大学出版社

4. 谭浩邦、杨明编著．新编价值工程．第 1 版．广东：暨南大学出版社

5. 邝守仁、刘洪玉编著．建筑工程技术经济学．第 1 版．北京：清华大学出版社

6. 张兰生等编著．实用环境经济学．第 1 版．北京：清华大学出版社

7. 国家计划委员会、建设部发布．建设项目经济评价方法与参数．第 2 版．北京：中国计划出
   版社，1994

8. 国家计委投资司、建设部标准定额研究所．建设项目经济评价方法与参数实用手册．
   第 1 版．北京：新华出版社，1990

9. Elwood S. Buffa & James S. Dyer. Management Science/Operations Research：Model Formu-
   lation and Solution Methods. John Wiley & Sons，1977

10. 国家计划委员会、建设部发布．建设项目经济评价方法与参数．第 2 版．北京：中国计划
    出版社，1994

11. 刘晓君主编．新编价值工程．第 1 版．北京：中国建筑工业出版社，1998

12. 李振球主编．技术经济学．第 1 版．黑龙江：东北财经大学出版社，1999

13. 《运筹学》试用教材编写组．运筹学．第 1 版．北京：清华大学出版社，1982

14. 林文俏．项目投资经济评价与风险分析．第 1 版．广东：中山大学出版社，1995

15. Wm. E. Souder，Ph. D（姬优惠等译）．管理决策法．第 1 版．中国基本建设优化研究会

16. 汪应洛著．系统工程理论、方法与应用．第 1 版．北京：高等教育出版社，1998

17. 郑小晴．房地产技术经济学．第 1 版．重庆：重庆大学出版社，1995

18. J. L. 里格斯著、吕薇等译．工程经济学．第 1 版．北京：中国财政经济出版社，1989

19. 毕梦林主编．技术经济学．第 1 版．辽宁：东北大学出版社，1996

20. 中国国际投资咨询公司编著．投资项目经济咨询评估指南．第 1 版．北京：中国经济出版
    社，1998

21. 胡明德编著．工程估价及资产评估．第 1 版．北京：中国建筑工业出版社，1997

22. 王德仁主编．给水排水设计手册　第十册　技术经济．第 2 版．北京：中国建筑工业出版
    社，2000

23. 余守法主著．建设项目经济评价——方法与参数应用讲座．第 1 版．北京：中国计划出版
    社，1995

24. 胡明德主编．建筑工程定额原理与概预算．第 2 版．北京：中国建筑工业出版社，1996

25. 刘新梅主编．工程经济学．第 1 版．陕西：西安交通大学出版社，1998

26. 国家计委、建设部．城市供水价格管理办法．北京：1998

27. 沈大军、梁瑞驹、王浩、杨小柳著．水价理论与实践．第 1 版．北京：科学出版社，2001

28. 姜文来著．水资源价值论．第 1 版．北京：科学出版社，1999

29. 冯尚友著．水资源持续利用与管理导论．第 1 版．北京：科学出版社，2000

30. 李金昌主编．资源核算论．第 1 版．北京：海洋出版社，1991

31. 郑达谦主编．给水排水工程施工．第 3 版．北京：中国建筑工业出版社，1998

32. 李金昌等编著．生态价值论．第 1 版．重庆：重庆大学出版社，1999